"纳税无忧"系列丛书
（第一辑）

如何发现企业的税收"软肋"？

——基于样本上市公司
2016年度财务税收数据的分析

唐守信　邬昕宇◆编著

东北大学出版社

ⓒ 唐守信 邬昕宇 2017

图书在版编目（CIP）数据

如何发现企业的税收"软肋"？：基于样本上市公司 2016 年度财务税收数据的分析 / 唐守信，邬昕宇编著. —沈阳：东北大学出版社，2017.10
ISBN 978-7-5517-1702-1

Ⅰ. ①如… Ⅱ. ①唐… ②邬… Ⅲ. ①上市公司—税收管理—数据分析—中国—2016 Ⅳ. ①F279.246

中国版本图书馆 CIP 数据核字（2017）第 252342 号

出 版 者：东北大学出版社
　　　　　　地址：沈阳市和平区文化路三号巷 11 号
　　　　　　邮编：110819
　　　　　　电话：024-83687331（市场部） 83680267（社务部）
　　　　　　传真：024-83680180（市场部） 83687332（社务部）
　　　　　　网址：http://www.neupress.com
　　　　　　E-mail：neuph@neupress.com
印 刷 者：沈阳市第二市政建设工程公司印刷厂
发 行 者：东北大学出版社
幅面尺寸：170mm×240mm
印　　张：25.25
字　　数：418 千字
出版时间：2017 年 10 月第 1 版
印刷时间：2017 年 10 月第 1 次印刷
组稿编辑：牛连功
责任编辑：潘佳宁 杨世剑
责任校对：图图
封面设计：潘正一
责任出版：唐敏志

ISBN 978-7-5517-1702-1　　　　　　　　　　　定 价：98.00 元

分析上市公司税收：这些知识不可少

（代序）

　　如何知道一家上市公司缴纳了多少税？都缴纳了哪些税？会不会存在税收问题？由于上市公司需要定期披露年度报告（其中包含财务报告，以下简称财报），财报经过有资质的会计师事务所审计，披露的财务信息比较全面，因此，通过阅读上市公司的年度报告了解企业的纳税情况是一种比较有效的方式。然而，上市公司的年报大都很长，如何才能有效阅读上市公司的财报？如何才能看懂这些专业的财报信息，较全面掌握公司的税收信息呢？

　　要有效阅读上市公司的财报，需要掌握有效阅读年报、财报税收信息的方法，了解各种税收数据的含义及如何使用这些税收信息等。

一份财报都包括哪些内容？

　　上市公司公布的财报由审计报告正文和经审计的财务报表（"四表一注"）两大部分组成。审计报告正文一般由3段组成，其中第三段是审计意见。通过阅读审计意见的表述，可以对财报的可信度进行判断。

　　财务报表要公布公司近两年比较式资产负债表、比较式利润表和比较式现金流量表、比较式所有者权益变动表以及财务报表附注。除编制合并财务报表外，还要编制母公司的财务报表。因此，一份财务报告不仅包括了上市公司本身（即母公司）的财务报表，还包括母公司及其纳入合并报表范围的子公司整体的合并报表。

审计报告中的审计结论有几种类型？

　　会计师事务所对审计的财报要发表审计意见，审计意见分两种类型：第一种类型是标准审计意见（也称无保留意见），第二种类型是非标准审计意见。

当注册会计师在审计财务报表时，存在根据获取的审计证据得出财务报表整体存在重大错报的结论，或无法获取充分、适当的审计证据，不能得出财务报表整体不存在重大错报的结论情形的，应出具非标准审计意见。非标准审计意见根据具体情形分为4种：带强调事项段的无保留意见、保留意见、否定意见和无法表示意见。

带强调事项段的无保留意见，即审计报告中含有的一个段落，注册会计师对已在财务报表中恰当列报或披露的事项，提示财务报表使用者予以重视或关注。

财务报表如果存在错报对财务报表影响重大，但不具有广泛性，或者认为未发现的错报对财务报表可能产生的影响重大，但不具有广泛性时，注册会计师应当发表保留意见。

审计中，在获取充分、适当的审计证据后，如果认为错报对财务报表的影响重大且具有广泛性，注册会计师应当发表否定意见。

审计中，如果无法获取充分、适当的审计证据以作为形成审计意见的基础，但认为未发现的错报对财务报表可能产生的影响重大且具有广泛性，注册会计师应当发表无法表示意见。

2016年，有多家公司因存在税收等问题被出具了非标准审计意见的审计报告。如金泰股份公司因"本部经营困难，不能按规定履行纳税义务"等原因被审计机构出具了带强调事项段的无保留意见财务报表审计报告；某公司因"截至财务报告批准报出日，仍存在逾期应交税费"等原因被审计机构出具了保留意见的财务报表审计报告。

财报都披露了哪些税收信息？

上市公司应在财报中披露公司最近两个年度的下列税收信息：

1. 在资产负债表中披露"递延所得税资产""应交税费"和"递延所得税负债"的期初、期末余额。

2. 在利润表中披露"税金及附加"（原为营业税金及附加）和"所得税费用"当期和上期发生金额。

3. 在现金流量表中披露"收到的税费返还""支付的各项税费"当期和上期发生金额。

4. 在附注中，按税费种类披露"应交税费"的期初、期末余额，"税金及附加"当期和上期发生金额，"递延所得税资产""递延所得税负债"

当期和上期的计算过程，"递延所得税费用"当期和上期发生金额以及"会计利润与所得税费用调整过程"当期的计算过程。

"收到的税费返还"和"支付的各项税费"一般不披露附注，所以读者不能直接从财报中了解到公司当期各项税费的缴纳金额和收到了哪些税费返还。

提示：

1. 企业收到的出口退税在"收到的税费返还"中反映。

2. 税费包括目前所有的税种，以及由法规、规章等形式确定的各种政府收费，如教育费附加、地方教育费附加、水利建设基金、文化事业建设费、价格调节基金、残疾人保障金等。

3. "应交税费"期初和期末余额、"税金及附加""所得税费用"金额的计算原则是权责发生制。

4. "收到的税费返还"和"支付的各项税费"金额的计算原则是收付实现制，即年度内收到的或支付的各项税费金额。

5. 利润表中"所得税费用"金额是根据会计准则计算的企业所得税金额，原则上不是公司当期应缴纳的企业所得税。企业当期应缴纳的企业所得税应到"所得税费用"附注中查阅。"所得税费用"附注中有两个项目，一是"当期所得税费用"，二是"递延所得税费用"。"当期所得税费用"是当期应缴纳的企业所得税额（包括对以前纳税情况的调整额），"递延所得税费用"是可抵扣的时间性差异的纳税调整税额。

怎样知道企业当年应缴纳多少税费？

财报中没有直接披露企业当年的应交税费额，但通过财报中披露的"应交税费"明细及已缴税费金额，使用下列公式就可以计算出企业整体或一些税种的应纳税额或已缴税额。

本年应纳税额＝应缴税年末余额－应交税费年初余额+本年已支付的税费额。

"应交税费"的期初、期末余额列示在资产负债表及附注中；"税金及附加"和"所得税费用"的当期金额列示在利润表及附注中；本年已支付的税费额列示在现金流量表中。

"应交税费"年末为负数是否正常？

一般情况下企业的"应交税费"年末不能为负数，这是由会计准则中关于"应交税费"的核算规定的。

《企业会计准则——会计科目和主要账务处理》（财会〔2006〕18号）规定，"应交税费"属负债项下的会计科目，产生应缴税时计入本科目的贷方，支付税款时计入本科目的借方。"本科目期末贷方余额，反映企业尚未交纳的税费；期末如为借方余额，反映企业多交或尚未抵扣的税费。"个人所得税法第九条规定，扣缴义务人每月所扣的税款，应当在次月十五日内缴入国库。其他税种也是如此规定，产生纳税义务在前，完成税款缴纳在后。因此，一般情况下，"应交税费"年末余额体现在贷方且为正数，"资产负债表"的"应交税费"栏为正数；如果是负数，一般不正常。

以往，年末"应交税费——增值税"余额为负数也比较常见，这是因为部分增值税一般纳税人企业期末有增值税留抵税额，企业没有将增值税留抵税额计入资产类会计科目中（如其他流动资产等），而是用负数反映在"应交税费——增值税"科目中。在财政部2016年作出新规定后，"应交税费"余额为负数就属于不正常现象。

财报还反映了企业的哪些涉税信息？

我们还可以在财报的附注中了解企业享受的税收优惠、合并报表各主体的企业所得税税率、预缴税款、增值税留抵税额、待抵扣进项税额等税收信息。

（作者：唐守信，刊于2017年8月4日《中国税务报》第5版）

编写说明

1. 数据源：上市公司 2016 年年报等公开信息。

2. 基础数据：取自同花顺 iFinD。

3. 数据整理与加工：本书作者。

4. 数据口径。

（1）实际缴纳的各项税费额：取自样本公司 2016 年年度报告——财务报告合并现金流量表中的"支付的各项税费"栏。

（2）收到的税费返还额：取自样本公司 2016 年年度报告——财务报告合并现金流量表中的"收到的税费返还"栏。

（3）营业总收入额：取自样本公司 2016 年年度报告——财务报告合并利润表中的"营业总收入"栏。

（4）应交税费年末、年初余额：取自样本公司 2016 年年度报告——财务报告合并资产负债表中的"应交税费"年末、年初栏。

（5）分税种的应交税费年末、年初余额：取自样本公司 2016 年年度报告——财务报告中的"应交税费"附注。

（6）本期应缴企业所得税数据：取自样本公司 2016 年年度报告——财务报告"所得税费用"附注中的"当期所得税费用"。部分公司的数据调整了"以前期间所得税的影响"金额。

（7）研发投入、研发投入资本化金额：取自样本公司 2016 年年度报告"研发投入"项目披露的数据。

（8）计入管理费用的研发支出金额：取自样本公司 2016 年年度报告——财务报告中的"管理费用"附注。

5. 指标计算公式。

（1）行业（样本）数据 = Σ 该行业（样本）公司数据。

（2）本期实缴税费负担率 = 本期支付的各项税费/本期营业总收入数 × 100%。

（3）本期应交税费负担率 = 本期应交税费额/本期营业总收入数 ×

100%。

（4）万元资产实缴税收贡献额，即企业每万元总资产每年产生的税款额。

万元资产实缴税收贡献额＝年度实际支付的各项税费/ [（总资产年初余额+总资产年末余额）/2]。

注：各项税费单位是元、平均总资产单位是万元。

6. 行业分类原则与方法。

截至2017年4月30日，在沪、深证券交易所上市的公司共3 223家。其中，沪市上市公司1 264家，深市上市公司1 959家（主板公司477家，中小板公司851家，创业板公司631家）。根据中国证监会公布的2017年一季度上市公司行业分类结果，这些公司分布在19个行业门类、78个行业大类中。

根据国家的统一规范，目前税务机关在税收管理中使用的是国家标准《国民经济行业分类》（GB/T 4754—2011）。尽管中国证监会的《上市公司行业分类指引》（2012年修订）在编码方法中参照了《国民经济行业分类》（GB/T 4754—2011），将上市公司的经济活动分为门类、大类两级，其中除S综合门类、90综合大类外，其余的18个行业门类77个行业大类的行业代码和名称与国民经济行业分类是一致的，证监会每季度也公布一次上市公司的行业分类结果，但这个分类结果很难适用于税收管理的需要。原因：一是证监会的上市公司行业分类原则和国民经济行业分类原则不同（二者的分类原则及异、同点详见本书第三章附件四）。二是证监会的行业分类缺少行业中类和小类。三是目前多数上市公司合并报表内容的企业众多、业态繁杂，大部分公司主要业务行业不突出，很难以证监会公布的公司行业分类结果作为税收分析的依据。因此，本书以上市公司合并报表的营业总收入数据为依据，采用国民经济行业分类的原则对上市公司的行业进行了重分类，以此满足税收分析的需要。

7. 行业样本公司选取标准。

目前，上市公司行业分布极不均衡，有的行业公司数量众多（如7010. 房地产开发经营企业超过100家），有的行业公司数量仅有1家（如88. 体育）。为了更有利于对比分析，本书的样本公司一律使用行业小类分类结果，并且满足下列标准：

（1）行业收入超过75%。符合条件数量众多的，行业收入比重高者优先。

（2）非ST。

（3）2016年度未实施重组的公司（特别的除外）。

由于作者水平所限，加之掌握的资料有限和时间限制（未对原始数据逐一核对），可能存在使用的数据有误、统计分析方法存在缺陷、认识存在局限性和片面性等情况，敬请读者批评指正。

2017年8月6日
于中国国家图书馆

| 目 录 |

附　录

第一章　中国上市公司2016年度税收概况

截至2017年4月30日，在沪、深证券交易所上市的公司共3 223家。其中，沪市上市公司1 264家，深市上市公司1 959家（主板公司477家，中小板公司851家，创业板公司631家），分别比上年同期增加170家和193家。有3 222家上市公司披露了2016年年报或2016年度财务数据。

据对3 222家上市公司财务报告合并报表（以下没有特别说明，统计口径都是合并报表）"现金流量表——支付的各项税费"的数据统计，2016年，样本公司支付的各项税费共计28 372.54亿元，按调整后口径计算比上年增加了337.85亿元，增幅1.21%；平均每家上市公司贡献了8.81亿元税款，平均单户企业缴税额比上年减少0.69亿元。

第一节　上市公司2016年度分行业缴税情况

根据中国证监会公布的2017年1季度上市公司行业分类结果，2016年度缴税额前三位的行业（大类）分别为货币金融服务业（25家银行）6 804亿元、石油和天然气开采业（5家）5 896亿元、房地产业（128家）2 081亿元，排序与上年相同。各行业的缴税情况见表1-1。

表1-1　　　　　　　　2016年上市公司行业（大类）缴税情况

序号	行标签	公司数量	2016年支付税费额/万元	同比变动率/%	平均每公司支付税费额/万元
1	01农业	16	49 826	59.23	3 114
2	02林业	4	10 670	27.59	2 668
3	03畜牧业	14	83 644	33.09	5 975
4	04渔业	10	18 389	3.04	1 839
5	05农、林、牧、渔服务业	2	2 921	-24.46	1 460

续表1-1

序号	行标签	公司数量	2016年支付税费额/万元	同比变动率/%	平均每公司支付税费额/万元
6	06煤炭开采和洗选业	27	7 332 950	-8.38	271 591
7	07石油和天然气开采业	5	58 963 661	-11.02	11 792 732
8	08黑色金属矿采选业	5	111 164	-25.73	22 233
9	09有色金属矿采选业	24	1 037 114	2.10	43 213
10	11开采辅助活动	15	934 771	-25.45	62 318
11	13农副食品加工业	43	923 729	17.48	21 482
12	14食品制造业	39	1 291 723	6.97	33 121
13	15酒、饮料和精制茶制造业	41	5 662 760	11.30	138 116
14	17纺织业	42	464 109	-3.89	11 050
15	18纺织服装、服饰业	33	888 472	7.86	26 923
16	19皮革、毛皮、羽毛及其制品和制鞋业	9	136 314	-8.93	15 146
17	20木材加工及木、竹、藤、棕、草制品业	9	135 563	12.07	15 063
18	21家具制造业	17	371 015	24.59	21 824
19	22造纸及纸制品业	28	681 636	19.54	24 344
20	23印刷和记录媒介复制业	11	145 983	17.36	13 271
21	24文教、工美、体育和娱乐用品制造业	12	127 633	13.91	10 636
22	25石油加工、炼焦及核燃料加工业	17	2 327 243	4.41	136 897
23	26化学原料及化学制品制造业	213	3 675 042	10.47	17 254
24	27医药制造业	184	5 625 895	10.84	30 576
25	28化学纤维制造业	22	432 785	41.26	19 672
26	29橡胶和塑料制品业	64	914 838	6.14	14 294
27	30非金属矿物制品业	82	3 107 386	11.05	37 895
28	31黑色金属冶炼及压延加工业	32	3 076 129	19.91	96 129
29	32有色金属冶炼及压延加工业	64	2 147 697	-1.83	33 558
30	33金属制品业	57	887 531	1.64	15 571
31	34通用设备制造业	122	2 462 871	-6.02	20 187

续表1-1

序号	行标签	公司数量	2016年支付税费额/万元	同比变动率/%	平均每公司支付税费额/万元
32	35专用设备制造业	187	2 599 465	5.25	13 901
33	36汽车制造业	106	9 150 499	23.65	86 325
34	37铁路、船舶、航空航天和其它运输设备制造业	38	2 297 186	4.25	60 452
35	38电气机械及器材制造业	201	6 290 234	5.73	31 295
36	39计算机、通信和其他电子设备制造业	291	5 579 096	13.43	19 172
37	40仪器仪表制造业	43	314 090	11.93	7 304
38	41其他制造业	19	349 161	28.56	18 377
39	42废弃资源综合利用业	4	62 234	40.78	15 558
40	44电力、热力生产和供应业	66	10 066 457	−9.17	152 522
41	45燃气生产和供应业	18	468 167	1.89	26 009
42	46水的生产和供应业	15	402 316	42.08	26 821
43	47房屋建筑业	2	166 310	11.86	83 155
44	48土木工程建筑业	63	17 710 641	8.10	281 121
45	49建筑安装业	1	10 953	194.61	10 953
46	50建筑装饰和其他建筑业	29	514 536	0.63	17 743
47	51批发业	70	2 887 786	4.89	41 254
48	52零售业	89	4 178 431	−0.27	46 949
49	53铁路运输业	4	579 563	−17.72	144 891
50	54道路运输业	33	948 377	4.53	28 739
51	55水上运输业	29	1 073 492	−4.80	37 017
52	56航空运输业	12	2 488 579	17.09	207 382
53	58装卸搬运和其他运输代理业	4	35 675	−4.96	8 919
54	59仓储业	9	121 060	18.79	13 451
55	60邮政业	4	427 930	20.29	106 983
56	61住宿业	8	178 387	88.35	22 298
57	62餐饮业	3	19 234	−21.87	6 411
58	63电信、广播电视和卫星传输服务	14	1 366 079	−2.98	97 577

续表1-1

序号	行标签	公司数量	2016年支付税费额/万元	同比变动率/%	平均每公司支付税费额/万元
59	64互联网和相关服务	41	486 198	24.15	11 858
60	65软件和信息技术服务业	164	1 484 467	23.64	9 052
61	66货币金融服务	25	68 037 368	1.39	2 721 495
62	67资本市场服务	32	6 835 617	−7.34	213 613
63	68保险业	6	7 541 154	−1.99	1 256 859
64	69其他金融业	7	358 768	22.55	51 253
65	70房地产业	128	20 811 696	23.13	162 591
66	71租赁业	4	89 125	64.28	22 281
67	72商务服务业	40	1 092 275	−21.92	27 307
68	73研究和试验发展	3	14 016	−35.50	4 672
69	74专业技术服务业	26	191 002	−3.13	7 346
70	77生态保护和环境治理业	22	346 756	53.77	15 762
71	78公共设施管理业	16	932 825	13.27	58 302
72	82教育	3	38 256	32.71	12 752
73	83卫生	7	72 659	42.96	10 380
74	85新闻和出版业	22	295 996	6.75	13 454
75	86广播、电视、电影和影视录音制作业	20	396 926	16.96	19 846
76	87文化艺术业	7	63 665	48.69	9 095
77	88体育	1	1 361	−11.16	1 361
78	90综合	23	317 904	21.04	13 822
	总计	3222	283 725 434	1.21	88 059

说明：（1）基础数据来源：同花顺iFinD。

（2）统计整理：上市公司税收研究中心。

第二节　上市公司2016年度分行业收到的税费返还情况

2016年，有2 257家公司收到了税费返还，占样本公司的70.05%，收到的税费返还（含出口退税）合计1 670.28亿元，比上年（调整后数据）

增加78.01亿元,增长4.90%。收到税费返还最多的行业是计算机、通信和其他电子设备制造业399.68亿元,其次为电气机械及器材制造业165.55亿元,第三为批发业153.59亿元。有8个行业的企业没有收到税费返还。各行业收到的税费返还情况见表1-2。

表1-2 　　　　 2016年上市公司行业(大类)收到的税费返还情况

行业大类名称	收到的税费返还额/万元	营业总收入额/万元	税收返还率/%
01 农业	2 466	2 994 071	0.08
02 林业	1 430	200 432	0.71
03 畜牧业	7 123	9 823 770	0.07
04 渔业	32 791	1 374 543	2.39
05 农、林、牧、渔服务业		167 851	
06 煤炭开采和洗选业	98 434	56 900 025	0.17
07 石油和天然气开采业	577 728	355 446 528	0.16
08 黑色金属矿采选业		1 309 344	
09 有色金属矿采选业	24 011	28 151 359	0.09
11 开采辅助活动	126 117	13 315 314	0.95
13 农副食品加工业	40 889	29 717 730	0.14
14 食品制造业	63 919	17 702 424	0.36
15 酒、饮料和精制茶制造业	24 254	19 843 302	0.12
17 纺织业	250 629	8 999 854	2.78
18 纺织服装、服饰业	54 606	10 924 326	0.50
19 皮革、毛皮、羽毛及其制品和制鞋业	11 482	1 613 731	0.71
20 木材加工及木、竹、藤、棕、草制品业	34 044	1 680 025	2.03
21 家具制造业	82 883	4 299 674	1.93
22 造纸及纸制品业	73 202	11 564 355	0.63
23 印刷和记录媒介复制业	2 529	1 238 006	0.20
24 文教、工美、体育和娱乐用品制造业	18 091	1 893 397	0.96
25 石油加工、炼焦及核燃料加工业	3 068	15 958 727	0.02
26 化学原料及化学制品制造业	394 732	76 762 955	0.51
27 医药制造业	202 950	52 504 788	0.39
28 化学纤维制造业	678 361	18 582 706	3.65
29 橡胶和塑料制品业	87 632	17 891 732	0.49

续表1-2

行业大类名称	收到的税费返还额/万元	营业总收入额/万元	税收返还率/%
30 非金属矿物制品业	277 686	32 840 488	0.85
31 黑色金属冶炼及压延加工业	180 412	91 194 117	0.20
32 有色金属冶炼及压延加工业	183 267	86 917 019	0.21
33 金属制品业	335 787	21 847 771	1.54
34 通用设备制造业	305 941	38 193 545	0.80
35 专用设备制造业	585 697	42 383 188	1.38
36 汽车制造业	761 988	183 277 689	0.42
37 铁路、船舶、航空航天和其它运输设备制造业	704 163	48 251 331	1.46
38 电气机械及器材制造业	1 655 517	103 535 256	1.60
39 计算机、通信和其他电子设备制造业	3 996 790	132 017 004	3.03
40 仪器仪表制造业	66 487	3 529 746	1.88
41 其他制造业	25 572	9 603 926	0.27
42 废弃资源综合利用业	8 737	1 274 181	0.69
44 电力、热力生产和供应业	760 523	71 901 132	1.06
45 燃气生产和供应业	8 299	8 363 880	0.10
46 水的生产和供应业	90 810	3 236 610	2.81
47 房屋建筑业	138	4 431 899	0.00
48 土木工程建筑业	670 602	373 759 588	0.18
49 建筑安装业		208 453	
50 建筑装饰和其他建筑业	6 934	11 608 467	0.06
51 批发业	1 535 915	139 569 977	1.10
52 零售业	35 402	117 159 765	0.03
53 铁路运输业		6 868 099	
54 道路运输业	7 942	9 784 214	0.08
55 水上运输业	113 717	27 909 988	0.41
56 航空运输业	380 569	41 893 136	0.91
58 装卸搬运和其他运输代理业	1 073	1 804 546	0.06
59 仓储业	15 222	2 443 945	0.62

续表1-2

行业大类名称	收到的税费返还额/万元	营业总收入额/万元	税收返还率/%
60 邮政业	6 177	9 153 091	0.07
61 住宿业	3 086	1 947 485	0.16
62 餐饮业		244 802	
63 电信、广播电视和卫星传输服务	312 342	32 743 883	0.95
64 互联网和相关服务	68 540	14 068 899	0.49
65 软件和信息技术服务业	321 206	22 938 535	1.40
66 货币金融服务		376 698 528	
67 资本市场服务		27 496 127	
68 保险业		172 301 021	
69 其他金融业	2 451	1 808 674	0.14
70 房地产业	131 463	154 953 423	0.08
71 租赁业	8 455	2 751 281	0.31
72 商务服务业	50 365	38 997 625	0.13
73 研究和试验发展	4 915	165 463	2.97
74 专业技术服务业	15 981	3 429 707	0.47
77 生态保护和环境治理业	45 097	4 388 484	1.03
78 公共设施管理业	575	4 590 231	0.01
82 教育	497	385 205	0.13
83 卫生	1 012	1 511 023	0.07
85 新闻和出版业	63 032	10 247 901	0.62
86 广播、电视、电影和影视录音制作业	28 299	5 034 801	0.56
87 文化艺术业	6 557	659 799	0.99
88 体育		24 098	
90 综合	24 136	3 634 564	0.66
总计	16 702 750	3 266 844 576	0.51

说明：（1）基础数据来源：同花顺iFinD。

（2）统计整理：上市公司税收研究中心。

（3）税收返还率＝收到的税费返还额/营业总收入额×100%。

第三节　上市公司2016年度存在的主要共性税收问题

一、超两成的上市公司2016年末欠缴营业税

根据国家的统一安排，自2016年5月1日起全面实行营改增，即从2016年5月1日起所有经济行为不再产生营业税纳税义务。

1. 营业税的纳税期限

《营业税暂行条例》规定，营业税的纳税期限分别为5日、10日、15日、1个月或者1个季度。纳税人以1个月或者1个季度为一个纳税期的，自期满之日起15日内申报纳税。也就是说，在2016年7月16日以后如果企业还有未缴纳的营业税，基本都超过了正常的纳税期限了，属于欠税。

2. 财务报表"应交税费"年末余额的含义

《〈企业会计准则第30号——财务报表列报（财会〔2014〕7号）〉应用指南》指出，资产负债表中"应交税费"等项目的期末余额栏的数据是根据总账科目的余额填列，负债项目的借方余额用"－"列示。

财政部在《企业会计准则——会计科目和主要账务处理》（财会〔2006〕18号）中规定："2221 应交税费，一、本科目核算企业按照税法等规定计算应交纳的各种税费，包括增值税、消费税、营业税、所得税、资源税、土地增值税、城市维护建设税、房产税、土地使用税、车船使用税、教育费附加、矿产资源补偿费等。企业代扣代交的个人所得税等，也通过本科目核算。……七、本科目期末贷方余额，反映企业尚未交纳的税费；期末如为借方余额，反映企业多交或尚未抵扣的税费。"

因此，一般可以认为，企业2016年度财报附注"应交税费——营业税"年末余额如果是正数应属于欠税，年末余额如果是负数应属多交。

3. 样本公司年末应交税费余额披露情况

样本公司2016年财务报告披露的"应交税费——营业税"（合并报表）中有余额的公司774家，其中余额为正数的有725家（见表1-3），占样本公司的22.50%，余额合计为468 424.88万元；余额为负数的有49家（见表1-6），余额合计为-434 539.18万元。

2016年年末"应交税费——营业税"余额数据，有的公司金额比较大（见图1-1）；有的公司金额比较小，不足1元（见图1-2）。

28、应将税费

	2016年12月31日	2015年12月31日
应交营业税	617 199	13 421 466
应交土地增值税	12 731 085	9 812 155
应交企业所得税	13 710 085	13 096 392
未交增值税	3 208 067	274 885
应交个人所得税	611 787	444 489
应交城市维护建设税	221 769	932 919
应交教育费附加税	132 806	490 415
其他	246 394	771 882
	31 480 001	39 244 603

图1-1

说明：金额单位为人民币千元。

38、应交税费
✓适用 □不适用

单位:元　币种:人民币

项目	期末余额	期初余额
增值税	9 55 178 46	6 540 096.48
消费税		
营业税	0.52	0.67
企业所得税	4 438 273.93	2 065 943.95
个人所得税	375 674.46	537 791.69
城市维护设税	537 674.46	547 283.55
房产税	332 082.68	227 417.43
教育费附加	262 012.62	247 943.71
地方能费附加	175 563.58	165 089.28
印花税	14 890.52	35 787.49
地方水利基金	30 365.73	142 446.58
土地使用税	677 421.66	416 471.79
合计	16 399 513.94	10 926 272.62

图1-2

二、披露的研发投入数据与逻辑不符或不具有合理性

1. 研发投入与税收的关系

《企业所得税法》第三十条第一项和《企业所得税法实施条例》第九十五条规定，企业开发新技术、新产品、新工艺发生的研究开发费用支出，可以在计算应纳税所得额时加计扣除，未形成无形资产计入当期损益的，在按照规定据实扣除的基础上，按照研究开发费用的50%加计扣除；形成无形资产的，按照无形资产成本的150%摊销（目前科技型中小企业是加计75%扣除）。

《企业所得税法》第二十八条第二款规定，国家需要重点扶持的高新技术企业，减按15%的税率征收企业所得税。

科技部、财政部和国家税务总局《关于修订印发〈高新技术企业认定管理办法〉的通知》（国科发火〔2016〕32号）第十一条规定，企业申请认定为高新技术企业，需符合研究开发费用总额占同期销售收入总额的比例要求。

综上，企业的研发投入与企业所得税有密切的关系。

2. 研发支出会计处理、报告列报规定

《企业会计准则第6号——无形资产》第八条规定，企业内部研究开发项目在研究阶段的支出，应当于发生时计入当期损益。第九条规定，企业内部研究开发项目在开发阶段的支出，同时满足五个条件的确认为无形资产，否则计入当期损益。根据会计准则的规定，计入当期损益的研发支出纳入"管理费用"科目中核算。

因此，公司的研发投入有下列等式：

研发投入总额＝研发投入费用金额＋研发投入资本化金额＝管理费用中研发费用金额＋开发支出、无形资产中的研发支出金额

3. 研发投入信息在年报中的披露规定

中国证监会《信息披露内容与格式准则第2号——年度报告的内容与格式》规定，企业应在年度报告"第四节 经营情况讨论与分析"中披露公司年度研发投入信息（说明本年度所进行研发项目的目的、项目进展和拟达到的目标，并预计对公司未来发展的影响。公司应当披露研发人员的数量、占比及其变动情况；说明本年度研发投入总额及占营业收入的比重，如数据较上年发生显著变化，还应当解释变化的原因；应当披露研发投入资本化的比重及变化情况，并对其合理性进行分析等）。

4. 上市公司研发投入披露情况

据对2016年度上市公司年报或财报统计，有2 668家上市公司披露了2016年研发投入数据，占样本公司的82.74%，研发投入总计4 554.48亿元，其中资本化研发投入487.19亿元，计入管理费用的研发支出金额合计2 746.68亿元。

5. 企业研发投入存在的主要问题

（1）部分公司在年报"经营情况讨论与分析"一节披露的2016年研发投入数据与年报——财务报告"管理费用附注"等项目披露的数据不吻合，即研发支出等式不成立。如"××通讯"在年报中披露，研发投入1 276 210.00万元，资本化金额144 730.00万元，但在年报的财务报告附注中，披露的本年增加内部开发合计为147 122万元，管理费用总计为

248 791.8万元。如果企业在两处披露的数据均来自企业的内部统计，则企业对研发投入的核算是不准确的。研发支出等式不成立一般存在研发支出的会计核算不健全、费用归集不规范或存在虚报研发投入额等问题，存在税收风险（非高新企业、研发支出不加计扣除的公司除外）。

财政部、国家税务总局和科技部《关于完善研究开发费用税前加计扣除政策的通知》（财税〔2015〕119号，以下简称财税〔2015〕119号）文件第三条规定，企业的研发支出加计扣除需符合下列规定：

• 企业会计核算应健全，应按照国家财务会计制度要求，对研发支出进行会计处理。

• 企业应对研发费用和生产经营费用应分别核算，准确、合理归集各项费用支出，对划分不清的不得加计扣除。

如果企业的研发费用和生产经营费用没有分别核算，准确、合理归集各项费用支出，划分不清的研发费用将不得加计扣除。

（2）部分公司披露的研发投入金额或研发人员数据不具有合理性。如"×钢股份"年报披露，2016年研发投入金额10 166.06万元，研发人员数量938人。根据披露的数据计算，人均年研发支出为10.84万元，而同期该公司年人均职工薪酬额为18.74万元、年人均工资、奖金、津贴和补贴为12.21万元。

财税〔2015〕119号第一条第（一）项规定，允许加计扣除的研发费用的具体范围包括：

• 直接从事研发活动人员的人工费用（工资薪金、"五险一金"，以及外聘研发人员的劳务费用）。

• 直接投入费用。

• 用于研发活动的仪器、设备的折旧费。

• 用于研发活动的无形资产摊销费用。

• 新产品设计费、新工艺规程制定费、新药研制的临床试验费、勘探开发技术的现场试验费。

• 与研发活动直接相关的其他费用等。

国家税务总局《关于企业研究开发费用税前加计扣除政策有关问题的公告》（国家税务总局公告2015年第97号）第一条规定，研究开发人员范围包括：企业直接从事研发活动人员包括研究人员、技术人员、辅助人员。

研究人员，是指主要从事研究开发项目的专业人员；

技术人员，是指具有工程技术、自然科学和生命科学中一个或一个以上领域的技术知识和经验，在研究人员指导下参与研发工作的人员；

辅助人员，是指参与研究开发活动的技工。

企业外聘研发人员，是指与本企业签订劳务用工协议（合同）和临时聘用的研究人员、技术人员、辅助人员。

从事研发活动人员的比例是认定高新企业的条件之一。科技部、财政部和国家税务总局在《高新技术企业认定管理工作指引》（国科发火〔2016〕195号）"三、认定条件"的（五）1中规定，企业科技人员是指直接从事研发和相关技术创新活动，以及专门从事上述活动的管理和提供直接技术服务的，累计实际工作时间在183天以上的人员，包括在职、兼职和临时聘用人员。

6. 企业不能准确归集研发支出的税收风险

财税〔2015〕119号文件第五条规定，企业研发费用各项目的实际发生额归集不准确、汇总额计算不准确的，税务机关有权对其税前扣除额或加计扣除额进行合理调整。

三、企业所得税预缴不充分

企业所得税法规定，企业所得税实行预缴制，企业应当自季度终了之日起十五日内向税务机关预缴税款。预缴企业所得税时，一般应当按照季度的实际利润额预缴。在一个公历年度内，企业一般应预缴三个季度的企业所得税，在利润均匀的情况下预缴比例在75%左右才是合理的（季节特征明显的行业除外），但部分企业的预缴比例低于75%。

四、增值税等流转税与其附加交纳不同步

根据现行税法的规定，城市维护建设税、教育费附加和地方教育费附加是增值税、消费税和营业税的附加，纳税人以实际缴纳的消费税、增值税、营业税税额为计税依据,分别与消费税、增值税、营业税同时缴纳。除特殊情况（如生产企业实行出口免抵退计税方式等）外，年末公司未交消费税、增值税、营业税余额与未交城建税、教育费附加余额应存在一定的比例关系（这种比例关系就是城建税、教育费附加率），即一般情况下城建税与流转税之比在7%左右、教育费附加费与流转税之比在5%左右。但部分公司这一比例超过了一般的正常值，说明企业存在流转税与其附加交纳不同步问题，即企业存在预缴某税种税款问题或欠缴某税种税款的问题。

第二章 样本公司2016年度财务税收数据及税收风险分析

第一节 采矿业

0610. 烟煤和无烟煤开采洗选

烟煤和无烟煤开采洗选，是指对地下或露天烟煤、无烟煤的开采，以及对采出的烟煤、无烟煤及其他硬煤进行洗选、分级等提高质量的活动。

国民经济行业代码：0610。

一、2016年行业概况

国家统计局数据显示，全国规模以上煤炭企业主营业务收入2.32万亿元，同比下降1.6%；利润总额1 090.9亿元，同比增长223.6%（前2个月行业整体亏损，前7个月利润水平同比下降19%，8月份后利润实现正增长）。

2016年全国规模以上煤炭企业原煤产量33.64亿吨，同比减少3.49亿吨，下降9.4%。全年共进口煤炭2.56亿吨，同比下降25.2%；出口878万吨，同比增长64.5%；净进口2.47亿吨，同比增加4 800万吨，增长24.42%。全国铁路发运煤炭19亿吨，同比下降4.7%；主要港口发运煤炭6.44亿吨，同比基本持平。至2016年末，全社会存煤持续四年增加后出现下降。重点煤炭企业存煤9 300万吨，比年初减少3 499万吨，下降27.3%。重点发电企业存煤6 546万吨，比年初减少812万吨，下降11%，可用16天。

2016年12月上旬，秦皇岛港5 500大卡市场动力煤平仓价655元/吨，比年初回升285元/吨，涨幅77%。

2016年12月28日环渤海动力煤（5 500 大卡）价格指数为593元，较年初（371元/吨）上升222元/吨，同比增长59.8%。

2016年2月1日，国务院印发日《关于煤炭行业化解过剩产能实现脱困发展的意见》（国发〔2016〕7号）制定的工作目标为：在近年来淘汰落后煤炭产能的基础上，从2016年开始，用3至5年的时间，再退出产能5亿吨左右、减量重组5亿吨左右，较大幅度压缩煤炭产能，适度减少煤矿数量，煤炭行业过剩产能得到有效化解，市场供需基本平衡，产业结构得到优化，转型升级取得实质性进展。

2016年3月21日，国家发改委、人社部、国家能源局、国家煤矿安监局联合下发了《关于进一步规范和改善煤炭生产经营秩序的通知》（发改运作〔2016〕593号），明确了煤矿生产按276个工作日产能核定标准。

2016年9月27日，国家发改委、国家能源局、国家煤矿安监局联合下发《关于适度增加部分先进产能投放保障今冬明春煤炭稳定供应的通知》，拓展四季度参与增产煤矿的范围，恢复煤矿330天工作日，保障煤炭市场稳定供应。

国家《能源发展"十三五"规划》指出，煤炭在一次能源消费中占比将由2015年的64%降至2020年的58%以下，煤炭消费结构比例下降将是长期的。

二、样本公司2016年度合并报表财务数据

1. 样本公司

表2-1　　　　　　　　　　　样本上市公司名单

样本号	证券代码	证券简称	母公司全称	注册省份	备注
1	600348.SH	阳泉煤业	阳泉煤业（集团）股份有限公司	山西	
2	600395.SH	盘江股份	贵州盘江精煤股份有限公司	贵州	
3	600971.SH	恒源煤电	安徽恒源煤电股份有限公司	安徽	
4	601001.SH	大同煤业	大同煤业股份有限公司	山西	
5	601101.SH	昊华能源	北京昊华能源股份有限公司	北京	
6	601225.SH	陕西煤业	陕西煤业股份有限公司	陕西	
7	601666.SH	平煤股份	平顶山天安煤业股份有限公司	河南	
8	601699.SH	潞安环能	山西潞安环保能源开发股份有限公司	山西	

续表2-1

样本号	证券代码	证券简称	母公司全称	注册省份	备注
9	900948.SH	伊泰B股	内蒙古伊泰煤炭股份有限公司	内蒙古	
10	000937.SZ	冀中能源	冀中能源股份有限公司	河北	

说明：行业样本公司选取标准为：上市公司2016年度合并报表中该行业营业收入超过主营业务总收入75%（公司的行业归类同时参考了证监会的行业分类结果和中证行业分类结果），行业代码采用国民经济行业分类（GB/T 4754—2011）的行业代码。

2. 营业总收入、第一行业收入比重及毛利率

表2-2 　　　　　　　　　　　营业总收入及毛利率情况表

样本公司	营业总收入额/万元	调整后营业总收入变动率/%	第一行业名称	第一行业收入占比/%	第一行业毛利率/%
样本1	1 870 141.75	10.9	煤炭无烟煤	91	22.5
样本2	391 422.29	−3.8	煤炭焦煤	95	22.6
样本3	462 561.24	16.6	煤炭	89	33.1
样本4	739 144.35	3.7	煤炭	96	50.4
样本5	510 322.90	−22.3	煤炭	93	22.8
样本6	3 313 174.64	1.9	煤炭	96	44.3
样本7	1 471 279.46	18.2	煤炭	84	23.1
样本8	1 422 936.83	27.6	煤炭	87	40.2
样本9	2 285 850.50	16.8	煤炭业务	90	29.2
样本10	1 363 565.90	8.8	煤炭	85	25.1

说明：第一行业收入占比＝第一行业收入/营业总收入额×100%。

3. 政府补贴、工资薪酬

表2-3 　　　　　　　　　　　政府补贴、工资薪酬情况表

样本公司	计入营业外收入的政府补贴额/万元	政府补贴占利润总额的比重/%	年人均工资额/万元	薪酬工资率/%
样本1	8 891.98	10.1	7.19	69.8
样本2	4 578.78	22.4	5.50	61.7
样本3	4 906.27	107.4	6.63	62.5
样本4	1 665.11	2.3	10.28	72.3
样本5	8 128.33	76.8	7.94	68.7

续表 2-3

样本公司	计入营业外收入的政府补贴额/万元	政府补贴占利润总额的比重/%	年人均工资额/万元	薪酬工资率/%
样本6	5 685.34	1.1	12.58	71.2
样本7	1 461.90	1.9	4.73	64.8
样本8	8 841.16	7.0	7.94	70.1
样本9	2 100.10	0.8	15.67	80.0
样本10	22 049.45	58.8	4.71	63.4

说明:(1)年人均工资额=工资总额/领取工资的职工人数。

(2)薪酬工资率=工资总额/(薪酬总额-辞退福利等非正常工资)×100%。

(3)政府补贴占利润总额的比重为负数时表明企业亏损。

4. 研发投入

表 2-4   研发投入情况表

样本公司	研发投入总额/万元	资本化的研发费用金额/万元	研发费用占营业收入的比重/%	管理费用中研发费金额/万元
样本1	16 094.11	—	0.86	16 094.11
样本2	2 862.60	—	0.73	2 862.60
样本3	4 862.41	—	1.05	—
样本4	98.45	—	0.01	98.45
样本5	12 802.54	—	0.29	1 497.56
样本6	27 173.94	19,283.00	0.82	112.42
样本7	20 487.55	—	1.39	20 487.55
样本8	7 329.22	—	0.52	7 329.22
样本9	4 878.78	—	0.21	—
样本10	2 953.04	—	0.22	1 046.25

5. 主要财务指标

表 2-5   2016年主要财务指标表

样本公司	存货周转率/次	应收账款周转率/次	总资产周转率/次	净资产收益率/%	流动比率/次	速动比率/次
样本1	22.47	5.09	0.50	3.14	0.67	0.62
样本2	26.64	4.25	0.36	3.35	1.11	1.06

续表2-5

样本公司	存货周转率/次	应收账款周转率/次	总资产周转率/次	净资产收益率/%	流动比率/次	速动比率/次
样本3	13.65	10.55	0.35	0.63	1.09	1.03
样本4	9.42	3.82	0.28	3.74	1.31	1.23
样本5	8.04	11.90	0.25	−0.13	0.83	0.54
样本6	18.99	6.52	0.36	8.35	0.69	0.62
样本7	10.81	14.20	0.40	7.68	0.68	0.58
样本8	8.17	3.84	0.26	4.75	0.71	0.66
样本9	11.31	9.94	0.33	8.60	1.01	0.68
样本10	9.49	3.02	0.32	1.32	1.02	0.91

说明：（1）存货周转率＝主营业务成本/平均存货成本。

（2）应收账款周转率＝主营业务收入/平均应收账款余额。

（3）总资产周转率＝主营业务收入/平均资产总额。

（4）净资产收益率＝税后利润/所有者权益×100%。

（5）流动比率＝流动资产/流动负债。

（6）速动比率＝（流动资产－存货）/流动负债。

6. 最近五年的企业毛利率

表2-6　　　　　　　　　最近五年公司毛利率情况表　　　　　　　　　　%

样本公司	2016年	2015年	2014年	2013年	2012年	备注
样本1	23.90	18.68	17.20	16.33	8.60	
样本2	23.48	21.96	33.29	34.57	41.62	
样本3	32.14	−11.89	15.11	17.22	22.33	
样本4	48.99	35.61	37.53	33.34	27.99	
样本5	23.60	13.70	17.68	26.13	35.83	
样本6	43.39	32.20	34.54	33.43	42.60	
样本7	19.52	8.96	17.33	20.64	19.30	
样本8	37.04	33.23	31.24	36.31	41.06	
样本9	28.55	22.13	30.10	36.55	37.66	
样本10	22.41	12.12	20.36	24.18	28.03	

三、样本公司2016年度合并报表税收数据

1. 整体税费

表2-7　　　　　　　　　　　　　整体税费情况表

样本公司	年末应交税费余额/万元	本年应交税费额/万元	整体应缴负担率/%	整体税费入库率/%	母公司企业所得税税率/%	备注
样本1	80 485.22	222 623.85	11.9	63.8	25.00	
样本2	13 613.08	64 613.65	16.5	78.9	15.00	
样本3	24 372.75	78 629.53	17.0	69.0	25.00	b
样本4	42 808.57	155 856.96	21.1	72.5	25.00	
样本5	16 289.14	75 480.63	14.8	78.4	15.00	
样本6	241 117.45	590 330.18	17.8	59.2	25.00	b
样本7	18 722.09	166 251.84	11.3	88.7	25.00	
样本8	113 016.72	324 485.23	22.8	65.2	25.00	b
样本9	105 009.68	228 369.77	10.0	54.0	25.00	
样本10	39 687.70	195 263.40	14.3	79.7	25.00	b

说明：（1）当期应缴各项税费额不含个人所得税（部分公司未公布年末应交个人所得税额）。

（2）整体应交税费负担率＝当期应交税费额/当期营业总收入数×100%

（3）整体税费入库率＝（整体应交税费额－年末税费余额)/整体应交税费额×100%。

（4）备注栏中b表示2016年公司有营业税收入。

2. 增值税、企业所得税税负率、入库率

表2-8　　　　　增值税、企业所得税税负率、入库率情况表　　　　　%

样本公司	增值税应缴负担率	增值税入库率	所得税应缴负担率	所得税入库率	年末应缴税余额：城建税与流转税之比	年末应缴税余额：教育附加费与流转税之比	备注
样本1	5.1	91.9	2.8	8.4	2.5	2.8	
样本2	12.0	76.7	-0.5	100.2	2.4	2.4	
样本3	13.1	69.5	0.1	69.0	4.8	4.7	b
样本4	11.1	85.2	4.2	46.1	2.2	2.4	
样本5	9.4	84.4	1.4	14.0	6.4	5.0	
样本6	10.2	77.4	2.6	9.6	5.5	5.3	b

续表2-8

样本公司	增值税应缴负担率/%	增值税入库率/%	所得税应缴负担率/%	所得税入库率/%	年末应缴税余额：城建税与流转税之比/%	年末应缴税余额：教育附加费与流转税之比/%	备注
样本7	8.3	91.5			6.6	5.0	
样本8	11.9	78.1	2.9	10.5	3.9	5.4	b
样本9	5.8	83.2	0.7	39.8	4.2	3.8	
样本10	11.9	78.1	2.9	10.5	3.9	5.4	b

说明：（1）增值税应缴负担率＝增值税应缴税额/增值税销售额×100%。

（2）企业所得税应缴负担率＝当期企业所得税应缴税额/营业总收入×100%（部分公司当期企业所得税应缴税额含以前年度调整额）。

（3）税种入库率＝(税种应交税费－税种年末余额)/税种应交税费×100%。

（4）营业总收入额：取自样本公司2016年度报告——合并利润表中的"营业总收入"栏。

（5）备注栏中b表示2016年公司有营业税收入。

3. 收到税费返还、支付各项税费、年末应交营业税余额

表2-9　　　　　收到税费返还、支付各项税费、年末应交营业税余额情况表

样本公司	收到的税费返还金额/万元	支付的各项税费金额/万元	年末应交营业税余额/万元	万元总资产实际贡献税费额/元
样本1	—	171 410.35	—	453.38
样本2	—	54 586.94	—	499.07
样本3	—	73 172.23		485.52
样本4	5 648.82	60 099.51	0.10	453.25
样本5	143.40	136 198.30		516.74
样本6	4 600.00	3 273 000.00	1 100.00	581.54
样本7	820.38	63 397.34	—	316.65
样本8	—	455 618.66	36.71	480.84
样本9		166 363.99		452.36
样本10	—	246 237.08	10.18	454.13

说明：（1）收到的税费返还额：取自样本公司2016年度报告——合并现金流量表中的"收到的税费返还"栏。

（2）支付的各项税费金额：取自样本公司2016年度报告——合并现金流量表中的"支

付的各项税费"栏。

（3）年末应交营业税余额：取自样本公司2016年度报告——财务报告附注中的"应交税费——应交营业税"。

（4）万元总资产实际贡献税费额＝年度实际支付的各项税费/〔（总资产年初余额+总资产年末余额)/2〕（注：各项税费单位是元，平均总资产单位是万元）。

四、税收风险分析

（一）样本公司可能存在的风险

（1）个别样本公司薪酬工资率高于75%（见表2-3）。

在10家样本公司中，薪酬工资率超过75%的有1家，最高的为80.0%。工资只是薪酬的一部分；"五险"是法定的，约为工资的33%。薪酬工资率大于75%可能存在企业有未参保人员问题，其工资的合理性值得关注。

（2）个别样本公司研发投入数据与财报中的相关数据逻辑不符（见表2-4）。

对这个问题的分析，详见本书第一章"第三节 上市公司2016年度存在的主要共性税收问题"。

（3）个别样本公司企业所得税预缴率低于75%（表2-8）。

样本公司中，企业所得税预交率低于75%有8家，最低的为8.4%。对这一问题的原理分析，详见本书第一章"第三节 上市公司2016年度存在的主要共性税收问题"。

（4）个别样本公司流转税与其附加交纳不同步（见表2-8）。

对这一问题的原理分析，详见本书第一章"第三节 上市公司2016年度存在的主要共性税收问题"。

（5）个别样本公司可能存在欠缴营业税问题（见表2-9）。

样本公司中，有4家公司应交营业税2016年末有余额，××公司2016年末应交税费——营业税余额最多的为1 100.00万元，最少的为0.10万元。对这一问题的原理分析，详见本书第一章"第三节 上市公司2016年度存在的主要共性税收问题"。

（二）行业特殊税收政策

增值税：自2015年11月1日起，煤炭采掘企业购进的下列项目，其进项税额允许从销项税额中抵扣：

（1）巷道附属设备及其相关的应税货物、劳务和服务；

（2）用于除开拓巷道以外的其他巷道建设和掘进，或者用于巷道回填、露天煤矿生态恢复的应税货物、劳务和服务。

巷道，是指为采矿提升、运输、通风、排水、动力供应、瓦斯治理等而掘进的通道，包括开拓巷道和其他巷道。其中，开拓巷道，是指为整个矿井或一个开采水平（阶段）服务的巷道。巷道附属设备，是指以巷道为载体的给排水、采暖、降温、卫生、通风、照明、通信、消防、电梯、电气、瓦斯抽排等设备。

相关文件：财税〔2015〕117号。

第二节　制造业

1320. 饲料加工

饲料加工，指适用于农场、农户饲养牲畜、家禽的饲料生产加工，包括宠物食品的生产活动，也包括用屠宰下脚料加工生产的动物饲料，即动物源性饲料的生产活动。

国民经济行业代码：1320。

一、2016年行业概况

2016年全球主要饲料原料产量继续维持高位水平，大豆和玉米供应充足，国内逐步放开主要农作物农产品价格，调整收储政策，价格继续低位运行。玉米价格下降，蛋白类原料价格上涨，整体上饲料原料成本有所下降。

全国饲料产量在2013年首次出现同比下降，2014年同比增长3.8%，2015年同比增长1.4%。

2014年，中国开始实施《畜禽规模养殖污染防治条例》。

2015年，全国饲料企业的数量从10 000多家降到6 000多家。

2015年4月16日，国务院印发《水污染的防治行动计划》。

2016年中央一号文件明确提出，要"根据环境容量调整区域养殖布局，优化畜禽养殖结构"。

2016年4月，农业部发布《全国生猪生产发展规划（2016—2020年）》，明确把南方八个水网密集省份划为限养区。

2016年11月底，国务院发布《"十三五"生态环境保护规划》，明确提出，"2017年底前，各地区依法关闭或搬迁禁养区内的畜禽养殖场（小区）和养殖专业户"。

二、样本公司2016年度合并报表财务数据

1. 样本公司

表2-10 样本公司名单

序号	证券代码	证券简称	母公司全称	注册省份	备注
1	002157.SZ	正邦科技	江西正邦科技股份有限公司	江西	
2	002311.SZ	海大集团	广东海大集团股份有限公司	广东	
3	002385.SZ	大北农	北京大北农科技集团股份有限公司	北京	
4	002567.SZ	唐人神	唐人神集团股份有限公司	湖南	

说明：行业样本公司选取标准为：上市公司2016年度合并报表中该行业营业收入超过主营业务总收入75%（公司的行业归类同时参考了证监会的行业分类结果和中证行业分类结果），行业代码采用国民经济行业分类（GB/T 4754—2011）的行业代码。

2. 营业总收入、第一行业收入比重及毛利率

表2-11 营业总收入及毛利率情况表

样本公司	营业总收入额/万元	调整后营业总收入变动率/%	第一行业名称	第一行业收入占比/%	第一行业毛利率/%
样本1	1 892 014.48	15.3	饲料	77	7.3
样本2	2 718 531.00	6.3	饲料销售	80	9.7
样本3	1 684 093.71	4.6	饲料	88	22.3
样本4	1 088 414.17	15.6	饲料	92	8.5

说明：第一行业收入占比＝第一行业收入/营业总收入额×100%。

3. 政府补贴、工资薪酬

表2-12 政府补贴、工资薪酬情况表

样本公司	计入营业外收入的政府补贴额/万元	政府补贴占利润总额的比重/%	年人均工资额/万元	薪酬工资率/%
样本1	2 416.35	2.3	6.26	91.5
样本2	4 525.26	4.3	8.74	89.7

续表2-12

样本公司	计入营业外收入的政府补贴额/万元	政府补贴占利润总额的比重/%	年人均工资额/万元	薪酬工资率/%
样本3	10 847.29	9.7	7.76	81.2
样本4	979.85	3.3	6.89	85.1

说明：（1）年人均工资额 = 工资总额/领取工资的职工人数。

（2）薪酬工资率 = 工资总额/（薪酬总额 − 辞退福利等非正常工资）× 100%。

4. 研发投入

表2-13　　　　　　　　　　研发投入情况表

样本公司	研发投入总额/万元	资本化的研发费用金额/万元	研发费用占营业收入的比重/%	管理费用——研究与开发费金额/万元
样本1	20 843.41	—	1.10	3,537.64
样本2	19 613.03	2,674.88	0.72	18,340.08
样本3	52 451.48	13,138.20	3.11	43,210.73
样本4	7 876.85	—	0.72	—

5. 主要财务指标

表2-14　　　　　　　　　　2016年主要财务指标表

样本公司	存货周转率/次	应收账款周转率/次	总资产周转率/次	净资产收益率/%	流动比率/次	速动比率/次
样本1	9.11	42.39	1.72	28.58	1.14	0.63
样本2	13.34	48.05	2.94	16.17	1.23	0.56
样本3	6.82	17.39	1.16	9.88	1.67	0.72
样本4	14.13	106.16	2.48	8.18	1.24	0.52

说明：（1）存货周转率 = 主营业务成本/平均存货成本。

（2）应收账款周转率 = 主营业务收入/平均应收账款余额。

（3）总资产周转率 = 主营业务收入/平均资产总额。

（4）净资产收益率 = 税后利润/所有者权益 × 100%。

（5）流动比率 = 流动资产/流动负债。

（6）速动比率 = （流动资产 − 存货）/流动负债。

6. 最近五年的企业毛利率

表2-15　　　　　　　近五年公司毛利率情况表　　　　　　　　　　%

样本公司	2016年	2015年	2014年	2013年	2012年	备注
样本1	13.79	9.28	5.79	5.36	5.80	
样本2	9.42	9.42	9.82	8.47	9.40	
样本3	24.88	24.29	21.98	20.74	21.45	
样本4	9.47	9.67	9.12	9.56	9.93	

三、样本公司2016年度合并报表税收数据

1. 整体税费

表2-16　　　　　　　　　整体税费情况表

样本公司	年末应交税费余额/万元	本年应交税费额/万元	整体应缴负担率/%	整体税费入库率/%	母公司企业所得税税率/%	备注
样本1	3 528.59	8 968.06	0.5	60.7	15.0	
样本2	4 269.89	29 006.01	1.1	85.3	15.0	
样本3	8 649.25	28 925.00	1.7	70.1	15.0	
样本4	6 947.01	11 600.74	1.1	40.1	25.0	

说明：（1）当期应缴各项税费额不含个人所得税（部分公司没有公布年末应交个人所得税数据）。

（2）整体应交税费负担率＝当期应缴税费额/当期营业总收入数×100%。

（3）整体税费入库率＝（整体应缴税费额－年末税费余额）/整体应缴税费额×100%。

2. 增值税、企业所得税税负率、入库率

表2-17　　　　　增值税、企业所得税税负率、入库率情况表　　　　　%

样本公司	增值税应缴负担率	增值税入库率	所得税应缴负担率	所得税入库率	年末应缴税余额：城建税与流转税之比	年末应缴税余额：教育附加费与流转税之比	备注
样本1	0.2	74.5	0.2	42.8	2.1	4.2	b
样本2			1.0	90.2	6.7	4.9	
样本3	0.2	86.3	1.2	63.6			
样本4	0.4	96.7	0.4		9.7		b

说明：（1）增值税应缴负担率＝增值税应缴税额/增值税销售额×100%。

（2）企业所得税应缴负担率＝当期企业所得税应缴税额/营业总收入×100%（部分公司当期企业所得税应缴税额含以前年度调整额）。

（3）税种入库率＝（税种应交税费－税种年末余额）/税种应交税费×100%。

（4）营业总收入额：取自样本公司2016年度报告——合并利润表中的"营业总收入"栏。

（5）备注栏中b表示2016年公司有营业税收入。

3. 收到税费返还、支付各项税费、年末应交营业税余额

表2-18　　　　收到税费返还、支付各项税费、年末应交营业税余额情况表

样本公司	收到的税费返还金额/万元	支付的各项税费金额/万元	年末应交营业税余额/万元	万元总资产实际贡献税费额/元
样本1	150.46	9 435.25	99.07	85.69
样本2	1 368.61	30 426.32		329.42
样本3	—	28 507.66		195.88
样本4	136.05	9 585.12	1.44	218.73

说明：（1）收到的税费返还额：取自样本公司2016年度报告——合并现金流量表中的"收到的税费返还"栏。

（2）支付的各项税费金额：取自样本公司2016年度报告——合并现金流量表中的"支付的各项税费"栏。

（3）年末应交营业税余额：取自样本公司2016年度报告——财务报告附注中的"应交税费——应交营业税"。

（4）万元总资产实际贡献税费额＝年度实际支付的各项税费/[（总资产年初余额+总资产年末余额）/2]（注：各项税费单位是元，平均总资产单位是万元）。

四、税收风险点

（一）样本公司可能存在的风险

（1）个别样本公司薪酬工资率高于75%（见表2-12）。

在4家样本公司中，薪酬工资率全部超过75%，最高的为91.5%。工资只是薪酬的一部分；"五险"是法定的，约为工资的33%。薪酬工资率大于75%可能存在企业有未参保人员问题，其工资的合理性值得关注。

（2）个别样本公司研发投入数据与财报中的相关数据逻辑不符（见表2-14）。

对这个问题的分析，详见本书第一章"第三节 上市公司2016年度存在的主要共性税收问题"。

（3）个别样本公司企业所得税预缴率低于75%（见表2-17）。

样本公司中，企业所得税预交率低于75%的有2家，最低的为42.8%。对这一问题的原理分析，详见本书第一章"第三节 上市公司2016年度存在的主要共性税收问题"。

（4）个别样本公司流转税与其附加交纳不同步（见表2-17）。

对这一问题的原理分析，详见本书第一章"第三节 上市公司2016年度存在的主要共性税收问题"。

（5）个别样本公司可能存在欠缴营业税问题（见表2-18）。

样本公司中，有4家公司应交营业税2016年末有余额，××公司2016年末应交税费——营业税余额最多的99.07万元，最少的1.44万元。对这一问题的原理分析，详见本书第一章"第三节 上市公司2016年度存在的主要共性税收问题"。

（二）行业特殊税收政策

（1）增值税方面：饲料产品免征增值税。

相关文件：《财政部 国家税务总局关于饲料产品免征增值税问题的通知》（财税〔2001〕121号）、《财政部 国家税务总局关于豆粕等粕类产品征免增值税政策的通知》（财税〔2001〕30号）

（2）企业所得税：固定资产可以加速折旧。

相关文件：财税〔2015〕106号。

1440. 乳制品制造

乳制品制造，指以生鲜牛（羊）乳及其制品为主要原料，经加工制成的液体乳及固体乳（乳粉、炼乳、乳脂肪、干酪等）制品的生产活动；不包括含乳饮料和植物蛋白饮料生产活动。

国民经济行业代码：1440。

一、2016年行业概况

国家统计局数据显示，2016年全国乳制品产量为2 993.2万吨，较上一年增长7.6%；2016年进入统计范围的企业为627家，销售收入3 504亿元，同比增长5.3%；利润总额260亿元，同比增长7.6%。

二、样本公司2016年度合并报表财务数据

1. 样本公司

表2-19 样本公司名单

样本号	证券代码	证券简称	母公司全称	注册省份	备注
1	600887.SH	伊利股份	内蒙古伊利实业集团股份有限公司	内蒙古	
2	002570.SZ	贝因美	贝因美婴童食品股份有限公司	浙江	
3	002770.SZ	科迪乳业	河南科迪乳业股份有限公司	河南	

说明：行业样本公司选取标准：上市公司2016年度合并报表中该行业营业收入超过主营业务总收入75%（公司的行业归类同时参考了证监会的行业分类结果和中证行业分类结果），行业代码采用国民经济行业分类（GBT 4754—2011）的行业代码。

2. 营业总收入、第一行业收入比重及毛利率

表2-20 营业总收入及毛利率情况表

样本公司	营业总收入额/万元	调整后营业总收入变动率/%	第一行业名称	第一行业收入占比/%	第一行业毛利率/%
样本1	6 060 922.15	0.4	液体乳	82	36.0
样本2	276 449.71	−39.0	奶粉类	95	61.0
样本3	80 475.86	17.8	乳制品	96	33.0

说明：第一行业收入占比 = 第一行业收入/营业总收入额 × 100%。

3. 政府补贴、工资薪酬

表2-21 政府补贴、工资薪酬情况表

样本公司	计入营业外收入的政府补贴额/万元	政府补贴占利润总额的比重/%	年人均工资额/万元	薪酬工资率/%
样本1	105 826.50	16.0	8.90	79.0
样本2	3 370.88	−5.4	9.75	72.8
样本3	252.98	2.1	3.52	82.5

说明：（1）年人均工资额 = 工资总额/领取工资的职工人数。

（2）薪酬工资率 = 工资总额/（薪酬总额 − 辞退福利等非正常工资）× 100%。

（3）政府补贴占利润总额的比重为负数时表明企业亏损。

4. 研发投入

表2-22 研发投入情况表

样本公司	研发投入总额/万元	资本化的研发费用金额/万元	研发费用占营业收入的比重/%	管理费用——研究与开发费金额/万元
样本1	17 196.22	—	0.28	17 196.22
样本2	4 452.62	—	1.61	4 452.62
样本3	—			

5. 主要财务指标

表2-23 2016年主要财务指标表

样本公司	存货周转率/次	应收账款周转率/次	总资产周转率/次	净资产收益率/%	流动比率/次	速动比率/次
样本1	8.33	105.41	1.53	26.58	1.35	0.98
样本2	1.80	2.19	0.49	−23.83	1.41	0.92
样本3	9.13	13.43	0.34	7.91	1.21	1.12

说明：（1）存货周转率＝主营业务成本/平均存货成本。

（2）应收账款周转率＝主营业务收入/平均应收账款余额。

（3）总资产周转率＝主营业务收入/平均资产总额。

（4）净资产收益率＝税后利润/所有者权益×100%。

（5）流动比率＝流动资产/流动负债。

（6）速动比率＝(流动资产 − 存货)/流动负债。

6. 最近五年的企业毛利率

表2-24 近五年公司毛利率情况表 %

样本公司	2016年	2015年	2014年	2013年	2012年	备注
样本1	37.94	35.89	32.54	28.67	29.73	
样本2	59.66	56.55	53.94	61.42	64.65	
样本3	31.58	35.50	32.12	26.39	28.24	

三、样本公司2016年度合并报表税收数据

1. 整体税费

表2-25 整体税费情况表

样本公司	年末应交税费余额/万元	本年应交税费额/万元	整体应缴负担率/%	整体税费入库率/%	母公司企业所得税税率/%	备注
样本1	48 228.69	404 833.19	6.7	88.1	15.0	

表2-25

样本公司	年末应交税费余额/万元	本年应交税费额/万元	整体应缴负担率/%	整体税费入库率/%	母公司企业所得税税率/%	备注
样本2	7 386.69	36 547.10	13.2	79.8	25.0	
样本3	3 186.94	8 429.50	10.5	62.2	25.0	

说明：（1）当期应缴各项税费额不含个人所得税（部分公司没有公布年末应交个人所得税数据）。

（2）整体应交税费负担率＝当期应交税费额/当期营业总收入数×100%。

（3）整体税费入库率＝（整体应交税费额－年末税费余额）/整体应交税费额×100%。

2. 增值税、企业所得税税负率、入库率

表2-26 增值税、企业所得税税负率、入库率情况表 %

样本公司	增值税应缴负担率	增值税入库率	所得税应缴负担率	所得税入库率	年末应缴税余额：城建税与流转税之比	年末应缴税余额：教育附加费与流转税之比	备注
样本1	4.1	95.7	1.8	71.3	10.3	7.9	
样本2	10.2	82.5	1.6	68.1	8.0	5.7	
样本3	6.3	89.1	3.3	9.1	3.6	3.5	

说明：（1）增值税应缴负担率＝增值税应缴税额/增值税销售额×100%。

（2）企业所得税应缴负担率＝当期企业所得税应缴税额/营业总收入×100%（部分公司当期企业所得税应缴税额含以前年度调整额）。

（3）税种入库率＝（税种应交税费－税种年末余额）/税种应交税费×100%。

（4）营业总收入额：取自样本公司2016年度报告——合并利润表中的"营业总收入"栏。

3. 收到税费返还、支付各项税费、年末应交营业税余额

表2-27 收到税费返还、支付各项税费、年末应交营业税余额情况表

样本公司	收到的税费返还金额/万元	支付的各项税费金额/万元	年末应交营业税余额/万元	万元总资产实际贡献税费额/元
样本1	—	579.18	6.00	22.97
样本2	—	4 695.71	2.93	419.69
样本3	1 348.00	29 155.40	—	364.51

说明：（1）收到的税费返还额：取自样本公司2016年度报告——合并现金流量表中的"收到的税费返还"栏。

（2）支付的各项税费金额：取自样本公司2016年度报告——合并现金流量表中的"支

付的各项税费"栏。

（3）年末应交营业税余额：取自样本公司2016年度报告——财务报告附注中的"应交税费——应交营业税"。

（4）万元总资产实际贡献税费额＝年度实际支付的各项税费/[（总资产年初余额＋总资产年末余额）/2]（注：各项税费单位是元，平均总资产单位是万元）。

四、税收风险分析

（一）样本公司可能存在的风险

（1）个别样本公司薪酬工资率高于75%（见表2-21）。

在3家样本公司中，薪酬工资率超过75%有2家，最高的为82.5%。工资只是薪酬的一部分；"五险"是法定的，约为工资的33%。薪酬工资率大于75%可能存在企业有未参保人员问题，其工资的合理性值得关注。

（2）个别样本公司研发投入数据与财报中的相关数据逻辑不符（见表2-22）。

对这个问题的分析，详见本书第一章"第三节 上市公司2016年度存在的主要共性税收问题"。

（3）个别样本公司企业所得税预缴率低于75%（见表2-26）。

样本公司中，企业所得税预交率全部低于75%，最低的为9.1%。对这一问题的原理分析，详见本书第一章"第三节 上市公司2016年度存在的主要共性税收问题"。

（4）个别样本公司流转税与其附加交纳不同步（见表2-26）。

对这一问题的原理分析，详见本书第一章"第三节 上市公司2016年度存在的主要共性税收问题"。

（5）个别样本公司可能存在欠缴营业税问题（见表2-29）。

样本公司中，有2家公司应交营业税2016年末有余额，××公司2016年末应交税费——营业税余额最多的为6.00万元，最少的为2.93万元。对这一问题的原理分析，详见本书第一章"第三节 上市公司2016年度存在的主要共性税收问题"。

（二）行业特殊税收政策

1. 增值税

（1）采购鲜乳进项税额实行核定扣除。

相关文件：《关于在部分行业试行农产品增值税进项税额核定扣除办法的通知（财税〔2012〕38号）》。

（2）巴氏杀菌乳、灭菌乳和调制乳的增值税适用税率不同。

相关文件：《关于部分液体乳增值税适用税率的公告》（国家税务总局公告2011年第38号）。

2. 企业所得税

（1）奶类初加工项目免征企业所得税。

奶类初加工，指通过对鲜奶进行净化、均质、杀菌或灭菌、灌装等简单加工处理，制成的巴氏杀菌奶、超高温灭菌奶。

相关文件：财税〔2008〕149号。

（2）固定资产可以加速折旧。

相关文件：财税〔2015〕106号。

1462. 酱油、食醋及类似制品制造

酱油、食醋及类似制品制造，指以大豆和（或）脱脂大豆，小麦和（或）麸皮为原料，经微生物发酵制成的各种酱油和酱类制品，以及以单独或混合使用各种含有淀粉、糖的物料或酒精，经微生物发酵酿制酸性调味品的生产活动。

国民经济行业代码：1462。

一、2016年行业概况

作为居民日常生活必需品，调味品行业整体上受宏观经济影响不明显，周期性特征不突出。

二、样本公司2016年度合并报表财务数据

1. 样本公司

表2-28　　　　　　　　　　样本公司名单

样本号	证券代码	证券简称	母公司全称	注册省份	备注
1	600305.SH	恒顺醋业	江苏恒顺醋业股份有限公司	江苏	
2	603288.SH	海天味业	佛山市海天调味食品股份有限公司	广东	

说明：行业样本公司选取标准为：上市公司2016年度合并报表中该行业营业收入超过主营业务总收入75%（公司的行业归类同时参考了证监会的行业分类结果和中证行业分类结果），行业代码采用国民经济行业分类（GB/T 4754—2011）的行业代码。

2. 营业总收入、第一行业收入比重及毛利率

表2-29   营业总收入及毛利率情况表

样本公司	营业总收入额/万元	调整后营业总收入变动率/%	第一行业名称	第一行业收入占比/%	第一行业毛利率/%
样本1	144 727.48	10.9	酱醋调味品	90	42.5
样本2	1 245 855.89	10.3	酱油	75	47.5

说明：第一行业收入占比＝第一行业收入/营业总收入额×100%

3. 政府补贴、工资薪酬

表2-30   政府补贴、工资薪酬情况表

样本公司	计入营业外收入的政府补贴额/万元	政府补贴占利润总额的比重/%	年人均工资额/万元	薪酬工资率/%
样本1	1 882.95	9.1	6.30	78.4
样本2	1 203.02	0.4	12.24	86.4

说明：（1）年人均工资额＝工资总额/领取工资的职工人数。

（2）薪酬工资率＝工资总额/（薪酬总额－辞退福利等非正常工资）×100%。

4. 研发投入

表2-31   研发投入情况表

样本公司	研发投入总额/万元	资本化的研发费用金额/万元	研发费用占营业收入的比重/%	管理费用——研究与开发费金额/万元
样本1	3 870.65	—	2.67	
样本2	33 283.32	—	2.67	33,283.32

5. 主要财务指标

表2-32   2016年主要财务指标表

样本公司	存货周转率/次	应收账款周转率/次	总资产周转率/次	净资产收益率/%	流动比率/次	速动比率/次
样本1	2.68	14.63	0.64	11.19	1.21	0.51
样本2	7.20	—	1.00	32.00	2.59	1.53

说明：（1）存货周转率＝主营业务成本/平均存货成本。

（2）应收账款周转率＝主营业务收入/平均应收账款余额。

（3）总资产周转率＝主营业务收入/平均资产总额。

（4）净资产收益率＝税后利润/所有者权益×100%。

（5）流动比率＝流动资产/流动负债。

（6）速动比率＝（流动资产－存货）/流动负债。

6. 最近五年的企业毛利率

表2-33　　　　　　　　近五年公司毛利率情况表　　　　　　　　　　%

样本公司	2016年	2015年	2014年	2013年	2012年	备注
样本1	41.25	39.72	39.69	38.53	33.54	
样本2	43.95	41.94	40.41	39.23	37.28	

三、样本公司2016年度合并报表税收数据

1. 整体税费

表2-34　　　　　　　　　　整体税费情况表

样本公司	年末应交税费余额/万元	本年应交税费额/万元	整体应缴负担率/%	整体税费入库率/%	母公司企业所得税税率/%	备注
样本1	3 272.96	16 337.91	11.3	80.0	15.0	
样本2	26 090.70	147 555.96	11.8	82.3	25.0	

说明：（1）当期应缴各项税费额不含个人所得税（部分公司没有公布年末应交个人所得税数据）。

（2）整体应交税费负担率＝当期应交税费额/当期营业总收入数×100%。

（3）整体税费入库率＝（整体应交税费额－年末税费余额）/整体应交税费额×100%。

2. 增值税、企业所得税税负率、入库率

表2-35　　　　　　增值税、企业所得税税负率、入库率情况表　　　　　　%

样本公司	增值税应缴负担率	增值税入库率	所得税应缴负担率	所得税入库率	年末应缴税余额：城建税与流转税之比	年末应缴税余额：教育附加费与流转税之比	备注
样本1	6.8	95.7	2.6	33.8	6.9	4.9	b
样本2	6.5	89.1	4.3	71.6	7.0	5.0	

说明：（1）增值税应缴负担率＝增值税应缴税额/增值税销售额×100%。

（2）企业所得税应缴负担率＝当期企业所得税应缴税额/营业总收入×100%（部分公司当期企业所得税应缴税额含以前年度调整额）。

（3）税种入库率＝（税种应交税费－税种年末余额）/税种应交税费×100%。

（4）营业总收入额：取自样本公司2016年度报告——合并利润表中的"营业总收入"栏。

（5）备注栏中b表示2016年公司有营业税收入。

3. 收到税费返还、支付各项税费、年末应交营业税余额

表2-36　　　　收到税费返还、支付各项税费、年末应交营业税余额情况表

样本公司	收到的税费返还金额/万元	支付的各项税费金额/万元	年末应交营业税余额/万元	万元总资产实际贡献税费额/元
样本1	185.42	15 930.54	57.02	703.97
样本2	362.93	148 518.72	—	1 189.98

说明：（1）收到的税费返还额：取自样本公司2016年度报告——合并现金流量表中的"收到的税费返还"栏。

（2）支付的各项税费金额：取自样本公司2016年度报告——合并现金流量表中的"支付的各项税费"栏。

（3）年末应交营业税余额：取自样本公司2016年度报告——财务报告附注中的"应交税费——应交营业税"。

（4）万元总资产实际贡献税费额＝年度实际支付的各项税费/[（总资产年初余额+总资产年末余额)/2]（注：各项税费单位是元，平均总资产单位是万元）。

四、税收风险分析

（一）样本公司可能存在的风险

（1）个别样本公司薪酬工资率高于75%（见表2-30）。

在2家样本公司中，薪酬工资率全部超过75%，最高的为86.4%。工资只是薪酬的一部分；"五险"是法定的，约为工资的33%。薪酬工资率大于75%可能存在企业有未参保人员问题，其工资的合理性值得关注。

（2）个别样本公司研发投入数据与财报中的相关数据逻辑不符（见表2-31）。

对这个问题的分析，详见本书第一章"第三节　上市公司2016年度存在的主要共性税收问题"。

（3）个别样本公司企业所得税预缴率低于75%（见表2-35）。

样本公司中，企业所得税预交率全部低于75%，最低的为33.8%。对这一问题的原理分析，详见本书第一章"第三节　上市公司2016年度存在的主要共性税收问题"。

（4）个别样本公司流转税与其附加交纳不同步（见表2-35）。

对这一问题的原理分析，详见本书第一章"第三节　上市公司2016年度存在的主要共性税收问题"。

（5）个别样本公司可能存在欠缴营业税问题（见表2-36）。

样本公司中，有1家公司应交营业税2016年末有余额，××公司2016年末应交税费——营业税余额最多的为57.02万元。对这一问题的原理分析详见本书第一章"第三节上市公司2016年度存在的主要共性税收问题"。

（二）行业特殊税收政策

（1）增值税：采购农产品抵扣进项税额。

（2）企业所得税：固定资产可以加速折旧。

相关文件：财税〔2015〕106号。

1512. 白酒制造

白酒制造，指以高粱等粮谷为主要原料，以大曲、小曲或麸曲及酒母等为糖化发酵剂，经蒸煮、糖化、发酵、蒸馏、陈酿、勾兑而制成的蒸馏酒产品的生产活动。

国民经济行业代码：1512。

一、2016年行业概况

2016年度，全国白酒制造业实现主营业务收入6 125.74亿元，较上年5 565.33亿元增长10.07%；白酒产量1 358.36万千升，较上年1 315.87万千升增长3.23%；利润总额为797.15亿元，较上年729.75亿元增长9.24%。（数据来源：中国轻工业联合会、中国轻工业信息中心《全国酿酒行业信息》行业册）

二、样本公司2016年度合并报表财务数据

1. 样本公司

表2-37 样本公司名单

样本号	证券代码	证券简称	母公司全称	注册省份	备注
1	600197.SH	伊力特	新疆伊力特实业股份有限公司	新疆	
2	600519.SH	贵州茅台	贵州茅台酒股份有限公司	贵州	
3	600559.SH	老白干酒	河北衡水老白干酒业股份有限公司	河北	
4	603198.SH	迎驾贡酒	安徽迎驾贡酒股份有限公司	安徽	
5	603369.SH	今世缘	江苏今世缘酒业股份有限公司	江苏	

续表 2-37

样本号	证券代码	证券简称	母公司全称	注册省份	备注
6	603589.SH	口子窖	安徽口子酒业股份有限公司	安徽	
7	000568.SZ	泸州老窖	泸州老窖股份有限公司	四川	
8	000596.SZ	古井贡酒	安徽古井贡酒股份有限公司	安徽	
9	000858.SZ	五粮液	宜宾五粮液股份有限公司	四川	
10	002304.SZ	洋河股份	江苏洋河酒厂股份有限公司	江苏	

说明：行业样本公司选取标准为：上市公司2016年度合并报表中该行业营业收入超过主营业务总收入75%（公司的行业归类同时参考了证监会的行业分类结果和中证行业分类结果），行业代码采用国民经济行业分类（GB/T 4754—2011）的行业代码。

2. 营业总收入、第一行业收入比重及毛利率

表 2-38　　　　　　　　　营业总收入及毛利率情况表

样本公司	营业总收入额/万元	调整后营业总收入变动率/%	第一行业名称	第一行业收入占比/%	第一行业毛利率/%
样本1	169 294.52	3.4	白酒酿造及包装	95	51.9
样本2	4 015 508.44	20.1	酒类	97	91.3
样本3	243 833.25	4.4	白酒业务	85	56.7
样本4	303 833.00	3.8	白酒	92	65.5
样本5	255 437.80	5.3	酒类	99	71.0
样本6	283 017.87	9.5	高档白酒	90	75.2
样本7	830 399.68	20.3	酒类	97	61.8
样本8	601 714.37	14.5	白酒	98	75.3
样本9	2 454 379.27	13.3	高价位酒	93	75.0
样本10	1 718 310.96	7.0	白酒业务	98	65.3

说明：第一行业收入占比＝第一行业收入/营业总收入额×100%。

3. 政府补贴、工资薪酬

表 2-39　　　　　　　　　政府补贴、工资薪酬情况表

样本公司	计入营业外收入的政府补贴额/万元	政府补贴占利润总额的比重/%	年人均工资额/万元	薪酬工资率/%
样本1	474.52	1.2	8.81	72.1
样本2	3.62	0.0	14.91	68.3

续表2-39

样本公司	计入营业外收入的政府补贴额/万元	政府补贴占利润总额的比重/%	年人均工资额/万元	薪酬工资率/%
样本3	1 088.82	5.9	10.62	83.4
样本4	2 535.82	2.8	4.30	84.3
样本5	171.44	0.2	6.10	82.4
样本6	316.64	0.3	4.72	77.4
样本7	2 309.36	0.9	11.12	65.5
样本8	2 533.63	2.2	16.33	81.1
样本9	9 862.32	1.1	8.33	68.2
样本10	2 906.42	0.4	8.41	80.3

说明：（1）年人均工资额＝工资总额/领取工资的职工人数。

（2）薪酬工资率＝工资总额/（薪酬总额－辞退福利等非正常工资）×100%。

4. 研发投入

表2-40　　　　　　　　　　研发投入情况表

样本公司	研发投入总额/万元	资本化的研发费用金额/万元	研发费用占营业收入的比重/%	管理费用——研究与开发费金额/万元
样本1	1 992.00	1 677.30	1.18	314.70
样本2	60 960.89	—	1.57	1 154.44
样本3	609.81		0.25	—
样本4	1 929.06		0.63	
样本5	1 410.69		0.55	1 410.69
样本6	1 109.20	554.09	0.39	555.10
样本7	7 138.40	—	0.86	3 768.39
样本8	18 954.00		3.15	—
样本9	8 503.70		0.35	
样本10	3 673.53	1 033.97	0.21	2 367.62

5. 主要财务指标

表2-41　　　　　　　　　　2016年主要财务指标表

样本公司	存货周转率/次	应收账款周转率/次	总资产周转率/次	净资产收益率/%	流动比率/次	速动比率/次
样本1	1.26	55.35	0.66	14.90	2.93	1.98

续表 2-41

样本公司	存货周转率/次	应收账款周转率/次	总资产周转率/%	净资产收益率/%	流动比率/次	速动比率/次
样本 2	0.18	—	0.39	24.44	2.44	1.84
样本 3	0.83	6 199.25	0.81	7.05	1.56	0.70
样本 4	0.64	45.82	0.56	17.84	2.49	0.68
样本 5	0.51	100.22	0.44	17.60	2.96	0.69
样本 6	0.49	172.11	0.53	19.81	2.71	0.66
样本 7	1.17	1 029.95	0.62	17.79	3.93	2.82
样本 8	0.96	698.23	0.76	15.88	1.79	0.42
样本 9	0.81	228.68	0.43	15.01	3.98	3.29
样本 10	0.53	1 988.82	0.47	24.01	2.04	0.22

说明：（1）存货周转率=主营业务成本/平均存货成本。

（2）应收账款周转率=主营业务收入/平均应收账款余额。

（3）总资产周转率=主营业务收入/平均资产总额。

（4）净资产收益率=税后利润/所有者权益×100%。

（5）流动比率=流动资产/流动负债。

（6）速动比率=（流动资产-存货）/流动负债。

6. 最近五年的企业毛利率

表 2-42　　　　　　　近五年公司毛利率情况表　　　　　　　　　　%

样本公司	2016年	2015年	2014年	2013年	2012年	备注
样本 1	50.21	51.41	52.35	48.12	44.85	
样本 2	91.23	92.23	92.59	92.90	92.27	
样本 3	59.23	56.94	58.17	50.72	53.92	
样本 4	61.77	58.33	54.57	53.58	53.62	
样本 5	70.96	70.01	70.59	70.58	71.73	
样本 6	72.44	69.83	67.59	62.93	61.72	
样本 7	62.43	49.40	47.61	56.98	65.65	
样本 8	74.68	71.27	68.63	69.78	70.91	
样本 9	70.20	69.20	72.53	73.26	70.53	
样本 10	63.90	61.91	60.62	60.42	63.56	

三、样本公司2016年度合并报表税收数据

1. 整体税费

表2-43 整体税费情况表

样本公司	年末应交税费余额/万元	本年应交税费额/万元	整体应缴负担率/%	整体税费入库率/%	母公司企业所得税税率/%	备注
样本1	13 233.69	56 618.47	33.4	76.6	25.00	
样本2	426 472.68	1 928 516.75	48.0	77.9	25.00	
样本3	20 387.55	69 330.09	28.4	70.6	25.00	
样本4	38 588.20	101 568.47	33.4	62.0	25.00	
样本5	16 322.85	88 740.67	34.7	81.6	25.00	
样本6	23 574.03	110 191.92	38.9	78.6	25.00	
样本7	28 631.35	209 376.36	25.2	86.3	25.00	
样本8	48 539.74	217 128.19	36.1	77.6	25.00	
样本9	108 713.11	732 576.14	29.8	85.2	25.00	
样本10	180 412.15	613 251.95	35.7	70.6	25.00	

说明：（1）当期应缴各项税费额不含个人所得税（部分公司没有公布年末应交个人所得税数据）。

（2）整体应交税费负担率＝当期应交税费额/当期营业总收入数×100%。

（3）整体税费入库率＝（整体应交税费额－年末税费余额)/整体应交税费额×100%。

2. 增值税、企业所得税税负率、入库率

表2-44 增值税、企业所得税税负率、入库率情况表 %

样本公司	增值税应缴负担率	增值税入库率	所得税应缴负担率	所得税入库率	年末应缴税余额：城建税与流转税之比	年末应缴税余额：教育附加费与流转税之比	备注
样本1	10.3	93.3	7.6	56.8	1.5	3.4	b
样本2	15.1	85.9	16.5	74.8	7.1	4.9	
样本3	10.0	81.0	3.0	—	8.6	6.4	b
样本4	10.2	83.6	7.4	0.9	6.6	5.6	
样本5	14.5	94.4	10.5	61.0	5.4	5.4	
样本6	11.9	87.4	10.3	54.0	7.0	5.0	
样本7	7.9	87.4	7.0	92.9	4.5	3.3	b

续表2-44

样本公司	增值税应缴负担率	增值税入库率	所得税应缴负担率	所得税入库率	年末应缴税余额：城建税与流转税之比	年末应缴税余额：教育附加费与流转税之比	备注
样本8	14.4	86.4	5.5	71.6	5.7	5.5	
样本9	12.7	93.6	9.2	83.8	4.4	7.4	
样本10	—		11.3	20.4	4.9		a

说明：（1）增值税应缴负担率＝增值税应缴税额/增值税销售额×100％。

（2）企业所得税应缴负担率＝当期企业所得税应缴税额/营业总收入×100％（部分公司当期企业所得税应缴税额含以前年度调整额）。

（3）税种入库率＝（税种应交税费－税种年末余额）/税种应交税费×100％。

（4）营业总收入额：取自样本公司2016年度报告——合并利润表中的"营业总收入"栏。

（5）备注栏中a表示财务报告中应交税费——增值税年初余额或年末余额的列示不符合增值税在财务报表项目中的列示规定。

（6）备注栏中b表示2016年公司有营业税收入。

3. 收到税费返还、支付各项税费、年末应交营业税余额

表2-45　　收到税费返还、支付各项税费、年末应交营业税余额情况表

样本公司	收到的税费返还金额/万元	支付的各项税费金额/万元	年末应交营业税余额/万元	万元总资产实际贡献税费额/元
样本1	84.75	54 181.00	72.07	2 100.20
样本2	—	1 751 051.63		1 757.77
样本3	—	73 756.61	3.15	2 455.76
样本4	—	84 971.59		1 559.21
样本5	—	83 835.29	—	1 445.18
样本6	—	105 088.72		1 970.41
样本7	376.62	209 060.25	1.75	1 555.60
样本8	1 621.87	204 122.45	—	2 564.46
样本9	3 516.20	727 609.79		1 268.49
样本10	—	575 834.87		1 584.92

说明：（1）收到的税费返还额：取自样本公司2016年度报告——合并现金流量表中的"收到的税费返还"栏。

（2）支付的各项税费金额：取自样本公司2016年度报告——合并现金流量表中的"支

付的各项税费”栏。

（3）年末应交营业税余额：取自样本公司2016年度报告——财务报告附注中的“应交税费——应交营业税”。

（4）万元总资产实际贡献税费额＝年度实际支付的各项税费/[（总资产年初余额＋总资产年末余额)/2]（注：各项税费单位是元，平均总资产单位是万元）

四、税收风险分析

（一）样本公司可能存在的风险

（1）个别样本公司薪酬工资率高于75%（见表2-39）。

在10家样本公司中，薪酬工资率超过75%有6家，最高的为84.3%。工资只是薪酬的一部分；“五险”是法定的，约为工资的33%。薪酬工资率大于75%可能存在企业有未参保人员问题，其工资的合理性值得关注。

（2）个别样本公司研发投入数据与财报中的相关数据逻辑不符（见表2-40）。

对这个问题的分析，详见本书第一章“第三节 上市公司2016年度存在的主要共性税收问题”。

（3）个别样本公司企业所得税预缴率低于75%（见表2-44）。

样本公司中，企业所得税预交率低于75%有5家，最低的为0.9%。对这一问题的原理分析，详见本书第一章“第三节 上市公司2016年度存在的主要共性税收问题”。

（4）个别样本公司流转税与其附加交纳不同步（见表2-44）。

对这一问题的原理分析，详见本书第一章“第三节 上市公司2016年度存在的主要共性税收问题”。

（5）个别样本公司可能存在欠缴营业税问题（见表2-45）。

样本公司中，有3家公司应交营业税2016年末有余额，××公司2016年末应交税费——营业税余额最多的1 234 567 872.07万元，最少的1.75万元。对这一问题的原理分析，详见本书第一章“第三节 上市公司2016年度存在的主要共性税收问题”。

（二）行业特殊税收政策

1. 消费税

（1）白酒生产企业销售给销售单位的白酒，生产企业消费税计税价格低于销售单位对外销售价格（不含增值税）70%以下的，税务机关应核定消费税最低计税价格。

相关文件：国税函〔2009〕380号。

（2）自2015年6月1日起，纳税人将委托加工收回的白酒销售给销售单位，消费税计税价格低于销售单位对外销售价格（不含增值税）70%以下，属于《中华人民共和国消费税暂行条例》第十条规定的情形，应该按照《国家税务总局关于加强白酒消费税征收管理的通知》（国税函〔2009〕380号）规定的核价办法，核定消费税最低计税价格。

相关文件：国家税务总局公告2015年第37号《关于白酒消费税最低计税价格核定问题的公告》。

2. 增值税

采购农产进项税额抵扣。

1513. 啤酒制造

啤酒制造，指以麦芽（包括特种麦芽）、水为主要原料，加啤酒花，经酵母发酵酿制而成，含二氧化碳、起泡、低酒精度的发酵酒产品（包括无醇啤酒，也称脱醇啤酒）的生产活动，以及啤酒专用原料麦芽的生产活动。

国民经济行业代码：1513。

一、2016年行业概况

2016年，中国啤酒全年实现产量4 506万千升，同比下降0.1%。（数据来源：国家统计局）

啤酒生产流程主要包括糖化、发酵和灌装包装等环节。

二、样本公司2016年度合并报表财务数据

1. 样本公司

表2-46　　　　　　　　样本公司名单

样本号	证券代码	证券简称	母公司全称	注册省份	备注
1	600132.SH	重庆啤酒	重庆啤酒股份有限公司	重庆	
2	600573.SH	惠泉啤酒	福建省燕京惠泉啤酒股份有限公司	福建	
3	600600.SH	青岛啤酒	青岛啤酒股份有限公司	山东	
4	000729.SZ	燕京啤酒	北京燕京啤酒股份有限公司	北京	

续表2-46

样本号	证券代码	证券简称	母公司全称	注册省份	备注
5	000752.SZ	西藏发展	西藏银河科技发展股份有限公司	西藏	
6	002461.SZ	珠江啤酒	广州珠江啤酒股份有限公司	广东	

说明：行业样本公司选取标准为：上市公司2016年度合并报表中该行业营业收入超过主营业务总收入75%（公司的行业归类同时参考了证监会的行业分类结果和中证行业分类结果），行业代码采用国民经济行业分类（GB/T 4754—2011）的行业代码。

2. 营业总收入、第一行业收入比重及毛利率

表2-47　　　　　　　　　营业总收入及毛利率情况表

样本公司	营业总收入额/万元	调整后营业总收入变动率/%	第一行业名称	第一行业收入占比/%	第一行业毛利率/%
样本1	319 592.15	−3.8	啤酒	97	39.4
样本2	61 757.90	−17.8	啤酒	99	33.5
样本3	2 610 634.37	−5.5	啤酒	99	41.6
样本4	1 157 319.55	−7.7	啤酒	94	40.9
样本5	35 745.29	−8.5	啤酒	100	24.9
样本6	354 299.38	0.7	啤酒销售	97	39.9

说明：第一行业收入占比＝第一行业收入/营业总收入额×100%。

3. 政府补贴、工资薪酬

表2-48　　　　　　　　　政府补贴、工资薪酬情况表

样本公司	计入营业外收入的政府补贴额/万元	政府补贴占利润总额的比重/%	年人均工资额/万元	薪酬工资率/%
样本1	763.60	4.9	9.57	72.0
样本2	297.38	28.6	4.62	79.2
样本3	51 709.55	24.4	6.92	
样本4	13 294.71	25.9	5.13	73.6
样本5	24.55	0.5	10.15	79.6
样本6	84 386.41	517.4	7.89	72.5

说明：（1）年人均工资额＝工资总额/领取工资的职工人数。

（2）薪酬工资率＝工资总额/（薪酬总额－辞退福利等非正常工资）×100%。

（3）政府补贴占利润总额的比重为负数时表明企业亏损。

4. 研发投入

表2-49　　　　　　　　　　　研发投入情况表

样本公司	研发投入总额/万元	资本化的研发费用金额/万元	研发费用占营业收入的比重/%	管理费用——研究与开发费金额/万元
样本1	—	—	—	—
样本2	853.06	—	1.38	—
样本3	1 461.30	—	0.06	—
样本4	—	—	—	—
样本5	—	—	—	—
样本6	12 888.89	—	3.64	—

5. 主要财务指标

表2-50　　　　　　　　　　　2016年主要财务指标表

样本公司	存货周转率/次	应收账款周转率/次	总资产周转率/次	净资产收益率/%	流动比率/次	速动比率/次
样本1	2.04	57.49	0.90	15.37	0.88	0.30
样本2	2.35	117.17	0.52	0.15	7.79	5.53
样本3	6.64	215.19	0.89	6.43	1.23	0.88
样本4	1.80	68.97	0.63	2.45	1.33	0.42
样本5	10.65		0.25	1.01	6.54	6.36
样本6	3.35	16.83	0.54	3.30	1.14	0.18

说明：（1）存货周转率＝主营业务成本/平均存货成本。

（2）应收账款周转率＝主营业务收入/平均应收账款余额。

（3）总资产周转率＝主营业务收入/平均资产总额。

（4）净资产收益率＝税后利润/所有者权益×100%。

（5）流动比率＝流动资产/流动负债。

（6）速动比率＝（流动资产－存货）/流动负债。

6. 最近五年的企业毛利率

表2-51　　　　　　　　　近5年公司毛利率情况表　　　　　　　　　　　%

样本公司	2016年	2015年	2014年	2013年	2012年	备注
样本1	39.31	36.92	44.60	45.25	43.25	
样本2	33.66	34.55	34.04	32.11	23.39	

续表2-51

样本公司	2016年	2015年	2014年	2013年	2012年	备注
样本3	41.53	37.79	38.38	39.88	40.14	
样本4	39.70	39.93	40.66	39.35	38.43	
样本5	24.88	27.69	28.95	31.15	28.98	
样本6	40.29	41.05	40.64	42.08	43.05	

三、样本公司2016年度合并报表税收数据

1. 整体税费

表2-52 整体税费情况表

样本公司	年末应交税费余额/万元	本年应交税费额/万元	整体应缴负担率/%	整体税费入库率/%	母公司企业所得税税率/%	备注
样本1	2 553.50	60 149.49	18.8	95.8	15.00	
样本2	960.32	13 164.96	21.3	92.7	25.00	
样本3	39 646.66	539 577.73	20.7	92.7	25.00	
样本4	14 809.21	246 031.32	21.3	94.0	15.00	
样本5	571.08	3 950.24	11.1	85.5	9.00	
样本6	25 235.39	82 673.82	23.3	69.5	15.00	

说明：（1）当期应缴各项税费额不含个人所得税（部分公司没有公布年末应交个人所得税数据）。

（2）整体应交税费负担率＝当期应缴税费额/当期营业总收入数×100%。

（3）整体税费入库率＝（整体应交税费额－年末税费余额)/整体应交税费额×100%。

2. 增值税、企业所得税税负率、入库率

表2-53 增值税、企业所得税税负率、入库率情况表 ％

样本公司	增值税应缴负担率	增值税入库率	所得税应缴负担率	所得税入库率	年末应缴税余额：城建税与流转税之比	年末应缴税余额：教育附加费与流转税之比	备注
样本1	9.5	97.1	0.8	87.9	6.2	7.4	
样本2	8.6	97.7	1.3	32.1	2.0	1.4	
样本3	6.9	95.7	5.0	90.0	4.6	4.3	b

续表 2-53

样本公司	增值税应缴负担率	增值税入库率	所得税应缴负担率	所得税入库率	年末应缴税余额：城建税与流转税之比	年末应缴税余额：教育附加费与流转税之比	备注
样本4	8.3	98.7	1.7	72.2	3.5	3.0	
样本5	8.3	91.2	1.8	57.7	8.2	5.6	
样本6	6.3	98.9	7.1	7.8	5.9	4.8	

说明：（1）增值税应缴负担率 = 增值税应缴税额/增值税销售额 × 100%。

（2）企业所得税应缴负担率 = 当期企业所得税应缴税额/营业总收入 × 100%（部分公司当期企业所得税应缴税额含以前年度调整额）。

（3）税种入库率 =（税种应交税费 − 税种年末余额）/税种应交税费 × 100%。

（4）营业总收入额：取自样本公司2016年度报告——合并利润表中的"营业总收入"栏。

（5）备注栏中b表示2016年公司有营业税收入。

3. 收到税费返还、支付各项税费、年末应交营业税余额

表2-54　　　　收到税费返还、支付各项税费、年末应交营业税余额情况表

样本公司	收到的税费返还金额/万元	支付的各项税费金额/万元	年末应交营业税余额/万元	万元总资产实际贡献税费额/元
样本1	—	60 814.28	—	1 716.26
样本2	—	12 623.50	—	1 067.13
样本3	2 280.85	526 119.98	138.04	1 796.31
样本4	1 996.66	246 824.05		1 352.54
样本5	—	3 685.53		260.93
样本6	87.06	64 522.50		985.09

说明：（1）收到的税费返还额：取自样本公司2016年度报告——合并现金流量表中的"收到的税费返还"栏。

（2）支付的各项税费金额：取自样本公司2016年度报告——合并现金流量表中的"支付的各项税费"栏。

（3）年末应交营业税余额：取自样本公司2016年度报告——财务报告附注中的"应交税费——应交营业税"。

（4）万元总资产实际贡献税费额 = 年度实际支付的各项税费/[（总资产年初余额+总资产年末余额）/2]（注：各项税费单位是元，平均总资产单位是万元）。

四、税收风险分析

（一）样本公司可能存在的风险

（1）个别样本公司薪酬工资率高于75%（见表2-48）。

在6家样本公司中，薪酬工资率超过75%有3家，最高的为79.6%。工资只是薪酬的一部分；"五险"是法定的，约为工资的33%。薪酬工资率大于75%可能存在企业有未参保人员问题，其工资的合理性值得关注。

（2）个别样本公司研发投入数据与财报中的相关数据逻辑不符（见表2-49）。

对这个问题的分析，详见本书第一章"第三节 上市公司2016年度存在的主要共性税收问题"。

（3）个别样本公司企业所得税预缴率低于75%（见表2-53）。

样本公司中，企业所得税预交率低于75%有4家，最低的为7.8%。对这一问题的原理分析，详见本书第一章"第三节 上市公司2016年度存在的主要共性税收问题"。

（4）个别样本公司流转税与其附加交纳不同步（见表2-53）。

对这一问题的原理分析，详见本书第一章"第三节 上市公司2016年度存在的主要共性税收问题"。

（5）个别样本公司可能存在欠缴营业税问题（见表2-54）。

样本公司中，有1家公司应交营业税2016年末有余额，××公司2016年末应交税费——营业税余额最多的为138.04万元。对这一问题的原理分析，详见本书第一章"第三节 上市公司2016年度存在的主要共性税收问题"。

（二）行业特殊税收政策

增值税：采购农产进项税额抵扣。

1515. 葡萄酒制造

葡萄酒制造，指以新鲜葡萄或葡萄汁为原料，经全部或部分发酵酿制而成，含有一定酒精度的发酵酒产品的生产活动。

国民经济行业代码：1515。

一、2016年行业概况

国家统计局数据显示，2016年，国产葡萄酒产量为113.7万千升，同比下降1%，自2013年以来连续第4年下滑。2016年我国进口葡萄酒总量达6.38亿升，同比增长15%；其中瓶装葡萄酒4.81亿升，同比增长21.8%。

二、样本公司2016年度合并报表财务数据

1. 样本公司

表2-55   样本公司名单

样本号	证券代码	证券简称	母公司全称	注册省份	备注
1	600084.SH	中葡股份	中信国安葡萄酒业股份有限公司	新疆	
2	600543.SH	莫高股份	甘肃莫高实业发展股份有限公司	甘肃	
3	603779.SH	威龙股份	威龙葡萄酒股份有限公司	山东	
4	000869.SZ	张裕A	烟台张裕葡萄酿酒股份有限公司	山东	

说明：行业样本公司选取标准为：上市公司2016年度合并报表中该行业营业收入超过主营业务总收入75%（公司的行业归类同时参考了证监会的行业分类结果和中证行业分类结果），行业代码采用国民经济行业分类（GB/T 4754—2011）的行业代码。

2. 营业总收入、第一行业收入比重及毛利率

表2-56   营业总收入及毛利率情况表

样本公司	营业总收入额/万元	调整后营业总收入变动率/%	第一行业名称	第一行业收入占比/%	第一行业毛利率/%
样本1	26 463.42	-12.7	酒业类	95	61.0
样本2	21 186.22	-14.8	葡萄酒	85	62.0
样本3	78 159.90	6.0	酒及酒精饮料业	99	58.1
样本4	471 759.65	1.5	酒精及饮料酒制造业	100	66.6

说明：第一行业收入占比 = 第一行业收入/营业总收入额×100%。

3. 政府补贴、工资薪酬

表2-57   政府补贴、工资薪酬情况表

样本公司	计入营业外收入的政府补贴额/万元	政府补贴占利润总额的比重/%	年人均工资额/万元	薪酬工资率/%
样本1	138.03	10.8	8.80	76.0
样本2	660.00	26.4	4.01	78.7
样本3	438.93	5.0	4.85	77.0
样本4	4 913.06	3.7	8.11	83.4

说明：（1）年人均工资额 = 工资总额/领取工资的职工人数。

（2）薪酬工资率＝工资总额/（薪酬总额－辞退福利等非正常工资）×100%。

4. 研发投入

表2-58　　　　　　　　　　　　研发投入情况表

样本公司	研发投入总额/万元	资本化的研发费用金额/万元	研发费用占营业收入的比重/%	管理费用——研究与开发费金额/万元
样本1	56.60	—	0.21	—
样本2	42.38	—	0.20	—
样本3	295.22	—	0.38	—
样本4	—	—	—	—

5. 主要财务指标

表2-59　　　　　　　　　　　　2016年主要财务指标表

样本公司	存货周转率/次	应收账款周转率/次	总资产周转率/次	净资产收益率/%	流动比率/次	速动比率/次
样本1	0.09	3.80	0.07	0.52	3.93	1.23
样本2	0.78	13.00	0.16	1.85	4.23	0.88
样本3	0.49	10.87	0.53	8.74	1.35	0.29
样本4	0.70	25.44	0.43	12.55	1.59	0.68

说明：（1）存货周转率＝主营业务成本/平均存货成本。

（2）应收账款周转率＝主营业务收入/平均应收账款余额。

（3）总资产周转率＝主营业务收入/平均资产总额。

（4）净资产收益率＝税后利润/所有者权益×100%。

（5）流动比率＝流动资产/流动负债。

（6）速动比率＝（流动资产－存货）/流动负债。

6. 最近五年的企业毛利率

表2-60　　　　　　　　　　　　近五年公司毛利率情况表　　　　　　　　　%

样本公司	2016年	2015年	2014年	2013年	2012年	备注
样本1	61.02	59.01	65.44	55.51	48.48	
样本2	60.73	59.95	47.56	48.99	62.13	
样本3	57.78	57.96	60.37	62.97	66.27	
样本4	66.60	67.47	66.98	68.57	75.17	

三、样本公司2016年度合并报表税收数据

1. 整体税费

表2-61　　　　　　　　　　　整体税费情况表

样本公司	年末应交税费余额/万元	本年应交税费额/万元	整体应缴负担率/%	整体税费入库率/%	母公司企业所得税税率%	备注
样本1	915.17	3 168.77	12.0	71.1	25.00	
样本2	1 993.92	4 583.09	21.6	56.5	15.00	
样本3	3 937.76	16 536.15	21.2	76.2	25.00	
样本4	13 623.13	123 476.64	26.2	89.0	25.00	

说明：（1）当期应缴各项税费额不含个人所得税（部分公司没有公布年末应交个人所得税数据）。

（2）整体应交税费负担率＝当期应交税费额/当期营业总收入数×100%。

（3）整体税费入库率＝（整体应交税费额－年末税费余额）/整体应交税费额×100%。

2. 增值税、企业所得税税负率、入库率

表2-62　　　　　　增值税、企业所得税税负率、入库率情况表　　　　　　%

样本公司	增值税应缴负担率	增值税入库率	所得税应缴负担率	所得税入库率	年末应缴税余额：城建税与流转税之比	年末应缴税余额：教育附加费与流转税之比	备注
样本1	4.0	91.1	0.4	—	7.4	5.7	b
样本2	12.9	86.4	2.5	—	8.5	7.2	
样本3	9.5	81.2	3.4	50.6	7.1	5.3	
样本4	—	—	7.6	80.7	7.9	—	a

说明：（1）增值税应缴负担率＝增值税应缴税额/增值税销售额×100%。

（2）企业所得税应缴负担率＝当期企业所得税应缴税额/营业总收入×100%（部分公司当期企业所得税应缴税额含以前年度调整额）。

（3）税种入库率＝（税种应交税费－税种年末余额）/税种应交税费×100%。

（4）营业总收入额：取自样本公司2016年度报告——合并利润表中的"营业总收入"栏。

（5）备注栏中a表示财务报告中应交税费——增值税年初余额或年末余额的列示不符合增值税在财务报表项目中的列示规定。

（6）备注栏中b表示2016年公司有营业税收入。

3. 收到税费返还、支付各项税费、年末应交营业税余额

表2-63 收到税费返还、支付各项税费、年末应交营业税余额情况表

样本公司	收到的税费返还金额/万元	支付的各项税费金额/万元	年末应交营业税余额/万元	万元总资产实际贡献税费额/元
样本1	—	5 183.82	11.23	137.51
样本2		4 731.23	—	365.85
样本3	211.62	15 881.59		1 069.91
样本4	1 786.05	113 323.30	—	1 036.23

说明：（1）收到的税费返还额：取自样本公司2016年度报告——合并现金流量表中的"收到的税费返还"栏。

（2）支付的各项税费金额：取自样本公司2016年度报告——合并现金流量表中的"支付的各项税费"栏。

（3）年末应交营业税余额：取自样本公司2016年度报告——财务报告附注中的"应交税费——应交营业税"。

（4）万元总资产实际贡献税费额＝年度实际支付的各项税费/[（总资产年初余额+总资产年末余额)/2]（注：各项税费单位是元，平均总资产单位是万元）。

四、税收风险分析

（一）样本公司可能存在的风险

（1）个别样本公司薪酬工资率高于75%（见表2-57）。

在4家样本公司中，薪酬工资率全部超过75%，最高的为83.4%。工资只是薪酬的一部分；"五险"是法定的，约为工资的33%。薪酬工资率大于75%可能存在企业有未参保人员问题，其工资的合理性值得关注。

（2）个别样本公司研发投入数据与财报中的相关数据逻辑不符（见表2-58）。

对这个问题的分析，详见本书第一章"第三节 上市公司2016年度存在的主要共性税收问题"。

（3）个别样本公司企业所得税预缴率低于75%（见表2-62）。

样本公司中，企业所得税预交率低于75%有1家，最低的为50.6%。对这一问题的原理分析，详见本书第一章"第三节 上市公司2016年度存在的主要共性税收问题"。

（4）个别样本公司流转税与其附加交纳不同步（见表2-62）。

对这一问题的原理分析，详见本书第一章"第三节 上市公司2016年度存在的主要共性税收问题"。

（5）个别样本公司可能存在欠缴营业税问题（见表2-63）。

样本公司中，有1家公司应交营业税2016年末有余额，××公司2016年末应交税费——营业税余额最多的为11.23万元。对这一问题的原理分析，详见本书第一章"第三节 上市公司2016年度存在的主要共性税收问题"。

（二）行业特殊税收政策

葡萄酒征收消费税的范围为葡萄酒是指以葡萄为原料，经破碎（压榨）、发酵而成的酒精度在1°（含）以上的葡萄原酒和成品酒（不含以葡萄为原料的蒸馏酒）。

相关文件：《葡萄酒消费税管理办法（试行）》（国家税务总局公告2015年第15号）。

1810. 机织服装制造

机织服装制造，指以机织面料为主要原料，缝制各种男女服装，以及儿童成衣的活动；包括非自产原料制作的服装，以及固定生产地点的服装制作活动。

国民经济行业代码：1810。

一、2016年行业概况

国家统计局数据显示，2016年，我国社会消费品零售总额332 316亿元，同比增长10.4%，增速比2015年回落0.3个百分点；服装类商品零售额累计10 218亿元，同比增长6.8%，增速比2015年回落2.5个百分点；我国服装行业规模以上企业累计完成服装产量314.52亿件，同比下降1.64%，其中梭织服装产量同比下降2.76%，针织服装产量同比下降0.26%。

2016年全国居民人均衣着支出增长3.3%，在消费支出中的比重为7.0%，比上年下降0.4个百分点。

2016年纺织行业规模以上企业工业增加值同比增长4.9%，低于上年同期增速1.4个百分点；实现主营业务收入73 302.3亿元，同比增长4.1%，增速较上年同期放缓0.9个百分点；实现利润总额4 003.6亿元，同比增长4.5%，增速较上年同期放缓0.9个百分点；固定资产投资完成额12 838.7亿

元，同比增长7.8%，增速较上年同期降低7.2个百分点。（数据来源：中国纺织工业联合会网站）

海关数据显示，2016年，纺织品服装贸易额2 906亿美元（下降6.1%），其中出口2 672.5亿美元（下降5.9%）、进口233.5亿美元（下降8.8%），东南亚等低成本国家对我国纺织服装行业的出口带来了较大的竞争压力。

二、样本公司2016年度合并报表财务数据

1. 样本公司

表2-64 样本公司名单

样本号	证券代码	证券简称	母公司全称	注册省份	备注
1	601566.SH	九牧王	九牧王股份有限公司	福建	
2	002029.SZ	七匹狼	福建七匹狼实业股份有限公司	福建	
3	002154.SZ	报喜鸟	报喜鸟控股股份有限公司	浙江	
4	002485.SZ	希努尔	希努尔男装股份有限公司	山东	
5	002569.SZ	步森股份	浙江步森服饰股份有限公司	浙江	
6	002687.SZ	乔治白	浙江乔治白服饰股份有限公司	浙江	
7	603518.SH	维格娜丝	维格娜丝时装股份有限公司	江苏	
8	603808.SH	歌力思	深圳歌力思服饰股份有限公司	广东	
9	603839.SH	安正时尚	安正时尚集团股份有限公司	浙江	2
10	002612.SZ	朗姿股份	朗姿股份有限公司	北京	

说明：（1）行业样本公司选取标准为：上市公司2016年度合并报表中该行业营业收入超过主营业务总收入75%（公司的行业归类同时参考了证监会的行业分类结果和中证行业分类结果），行业代码采用国民经济行业分类（GB/T 4754—2011）的行业代码。

（2）备注栏中2表示2017年上市。

2. 营业总收入、第一行业收入比重及毛利率

表2-65 营业总收入及毛利率情况表

样本公司	营业总收入额/万元	调整后营业总收入变动率/%	第一行业名称	第一行业收入占比/%	第一行业毛利率/%
样本1	227 132.85	0.7	男装：男裤	99	57.0

续表2-65

样本公司	营业总收入额/万元	调整后营业总收入变动率/%	第一行业名称	第一行业收入占比/%	第一行业毛利率/%
样本2	263 960.30	6.2	男装:其他类	31	31.5
样本3	200 822.48	-10.4	男装:上衣	24	49.7
样本4	69 607.59	-31.3	男装:休闲西装	36	15.3
样本5	36 958.59	-8.2	男装:衬衫	21	36.8
样本6	70 239.05	4.6	男装:职业装	93	49.1
样本7	74 431.72	-9.7	女装:裙子	50	71.7
样本8	113 206.33	35.5	女装:上衣	31	72.5
样本9	120 617.23	-1.5	女装:上衣	33	71.3
样本10	136 773.83	19.5	女装:裙子	26	62.0

说明:第一行业收入占比=第一行业收入/营业总收入额×100%。

3. 政府补贴、工资薪酬

表2-66 政府补贴、工资薪酬情况表

样本公司	计入营业外收入的政府补贴额/万元	政府补贴占利润总额的比重/%	年人均工资额/万元	薪酬工资率/%
样本1	3 763.48	7.7	5.94	85.5
样本2	4 740.83	13.2	9.49	88.0
样本3	958.98	-2.5	6.75	84.8
样本4	55.38	5.9	3.89	76.8
样本5	27.60	1.4	5.65	84.7
样本6	886.88	9.9	5.26	88.0
样本7	1 718.34	13.0	8.99	84.9
样本8	1 587.03	5.9	9.52	86.7
样本9	896.39	3.3	7.53	77.0
样本10	4 916.64	25.8	7.43	82.3

说明:(1)年人均工资额=工资总额/领取工资的职工人数。

(2)薪酬工资率=工资总额/(薪酬总额-辞退福利等非正常工资)×100%。

(3)政府补贴占利润总额的比重为负数时表明企业亏损。

4. 研发投入

表2-67 　　　　　　　　　　　　研发投入情况表

样本公司	研发投入总额/万元	资本化的研发费用金额/万元	研发费用占营业收入的比重/%	管理费用——研究与开发费金额/%
样本1	2 643.79	—	1.16	2 643.79
样本2	7 380.40	518.46	2.80	1 692.15
样本3	3 356.23	—	1.67	3 356.23
样本4	2 207.26	—	3.17	301.17
样本5	552.45	—	1.49	—
样本6	1 977.37	—	2.82	1 977.87
样本7	4 155.46	—	5.58	4 155.46
样本8	4 172.23	—	3.69	504.59
样本9	5 618.67	—	4.66	5 618.67
样本10	6 485.49	—	4.74	6 485.49

5. 主要财务指标

表2-68 　　　　　　　　　　　　2016年主要财务指标表

样本公司	存货周转率/次	应收账款周转率/次	总资产周转率/次	净资产收益率/%	流动比率/次	速动比率/次
样本1	1.48	14.47	0.42	9.73	3.75	0.89
样本2	1.70	12.22	0.34	5.24	2.12	0.86
样本3	1.05	4.25	0.46	-14.90	1.24	0.56
样本4	1.65	1.82	0.27	0.38	2.23	0.96
样本5	1.26	5.09	0.56	1.26	5.31	3.43
样本6	2.05	4.34	0.50	6.40	2.21	1.53
样本7	0.83	12.50	0.48	7.08	7.35	3.70
样本8	1.55	6.93	0.51	12.29	1.69	1.26
样本9	0.90	11.66	0.71	19.72	2.30	0.55
样本10	1.07	5.87	0.38	6.90	1.82	0.67

说明：（1）存货周转率＝主营业务成本/平均存货成本。

（2）应收账款周转率＝主营业务收入/平均应收账款余额。

（3）总资产周转率＝主营业务收入/平均资产总额。

（4）净资产收益率＝税后利润/所有者权益×100%。

（5）流动比率＝流动资产/流动负债。

（6）速动比率＝（流动资产－存货）/流动负债。

6. 最近五年的企业毛利率

表2-69　　　　　　　　近五年公司毛利率情况表　　　　　　　　%

样本公司	2016年	2015年	2014年	2013年	2012年	备注
样本1	56.86	57.96	56.25	56.81	57.79	
样本2	43.93	42.85	44.74	47.01	45.48	
样本3	50.68	57.97	57.86	63.18	62.14	
样本4	19.97	27.64	28.88	37.35	41.59	
样本5	33.08	38.82	34.21	38.27	37.78	
样本6	47.53	48.16	47.37	49.67	47.43	
样本7	70.24	70.33	71.05	68.80	67.16	
样本8	68.96	67.61	67.51	69.60	66.25	
样本9	70.63	68.61	69.61	68.41	67.06	
样本10	54.96	58.99	60.66	61.72	61.10	

三、样本公司2016年度合并报表税收数据

1. 整体税费

表2-70　　　　　　　　　　　　　整体税费情况表

样本公司	年末应交税费余额/万元	本年应交税费额/万元	整体应缴负担率/%	整体税费入库率/%	母公司企业所得税税率/%	备注
样本1	4 850.06	29 747.54	13.1	83.7	25.0	
样本2	3 501.08	20 710.98	7.8	83.1	25.0	
样本3	6 813.25	20 356.99	10.1	66.5	25.0	
样本4	1 068.42	5 594.65	8.0	80.9	25.0	
样本5	1 501.50	3 568.09	9.7	57.9	25.0	
样本6	5 266.05	10 626.15	15.1	50.4	25.0	
样本7	1 837.27	14 718.91	19.8	87.5	25.0	
样本8	5 995.45	21 286.36	18.8	71.8	25.0	
样本9	7 356.04	19 539.73	16.2	62.4	15.0	
样本10	2 434.56	15 665.66	11.5	84.5	15.0	

说明：（1）当期应缴各项税费额不含个人所得税（部分公司没有公布年末应交个人

所得税数据)。

(2)整体应交税费负担率=当期应交税费额/当期营业总收入数×100%。

(3)整体税费入库率=(整体应交税费额−年末税费余额)/整体应交税费额×100%。

2. 增值税、企业所得税税负率、入库率

表2-71　　　　　　　增值税、企业所得税税负率、入库率情况表　　　　　　　%

样本公司	增值税应缴负担率	增值税入库率	所得税应缴负担率	所得税入库率	年末应缴税余额:城建税与流转税之比	年末应缴税余额:教育附加费与流转税之比	备注
样本1	8.6	91.7	3.1	59.5	6.6	4.8	
样本2	4.9	95.5	2.0	53.0	6.9	6.2	
样本3	7.7	73.6	1.2	35.5	5.8	5.3	b
样本4	5.0	84.1	0.0	100.0	8.2	5.8	
样本5	4.6	91.9	3.5	1.0	8.5	6.4	
样本6	10.0	56.6	3.4	21.9	4.5	4.5	b
样本7	12.6	93.2	5.7	74.2	8.8	6.3	
样本8	12.2	84.3	4.9	37.1	7.0	5.0	b
样本9	10.7	74.9	3.9	24.2	6.7	5.1	
样本10	9.5	90.1	1.0	24.4	4.5	4.2	

说明：(1)增值税应缴负担率=增值税应缴税额/增值税销售额×100%。

(2)企业所得税应缴负担率=当期企业所得税应缴税额/营业总收入×100%(部分公司当期企业所得税应缴税额含以前年度调整额)。

(3)税种入库率=(税种应交税费−税种年末余额)/税种应交税费×100%。

(4)营业总收入额：取自样本公司2016年度报告——合并利润表中的"营业总收入"栏。

(5)备注栏中b表示2016年公司有营业税收入。

3. 收到税费返还、支付各项税费、年末应交营业税余额

表2-72　　　　收到税费返还、支付各项税费、年末应交营业税余额情况表

样本公司	收到的税费返还金额/万元	支付的各项税费金额/万元	年末应交营业税余额/万元	万元总资产实际贡献税费额/元
样本1	—	29 548.03	—	541.48
样本2	164.71	19 586.12	—	255.74
样本3	1 462.29	18 645.05	129.21	428.85

续表2-72

样本公司	收到的税费返还金额/万元	支付的各项税费金额/万元	年末应交营业税余额/万元	万元总资产实际贡献税费额/元
样本4	362.04	5 948.84	—	228.97
样本5	28.34	2 915.21	—	444.45
样本6	—	9 868.46	0.16	708.99
样本7	209.82	3 573.89	45.22	172.19
样本8	—	14 786.34	—	952.07
样本9	305.00	20 003.64	0.06	902.12
样本10	214.53	19 491.30	—	1 142.67

说明：（1）收到的税费返还额：取自样本公司2016年度报告——合并现金流量表中的"收到的税费返还"栏。

（2）支付的各项税费金额：取自样本公司2016年度报告——合并现金流量表中的"支付的各项税费"栏。

（3）年末应交营业税余额：取自样本公司2016年度报告——财务报告附注中的"应交税费——应交营业税"。

（4）万元总资产实际贡献税费额＝年度实际支付的各项税费/[（总资产年初余额+总资产年末余额)/2]（注：各项税费单位是元，平均总资产单位是万元）。

四、税收风险分析

（一）样本公司可能存在的风险

（1）个别样本公司薪酬工资率高于75%（见表2-60）。

在10家样本公司中，薪酬工资率全部超过75%，最高的为88.0%。工资只是薪酬的一部分；"五险"是法定的，约为工资的33%。薪酬工资率大于75%可能存在企业有未参保人员问题，其工资的合理性值得关注。

（2）个别样本公司研发投入数据与财报中的相关数据逻辑不符（见表2-67）。

对这个问题的分析，详见本书第一章"第三节 上市公司2016年度存在的主要共性税收问题"。

（3）个别样本公司企业所得税预缴率低于75%（见表2-71）。

样本公司中，企业所得税预交率低于75%有9家，最低的为1.0%。对这一问题的原理分析，详见本书第一章"第三节 上市公司2016年度存在的主要共性税收问题"。

（4）个别样本公司流转税与其附加交纳不同步（见表2-71）。

对这一问题的原理分析，详见本书第一章"第三节 上市公司2016年度存在的主要共性税收问题"。

（5）个别样本公司可能存在欠缴营业税问题（见表2-72）。

样本公司中，有4家公司应交营业税2016年末有余额，××公司2016年末应交税费——营业税余额最多的为129.21万元，最少的为0.06万元。对这一问题的原理分析，详见本书第一章"第三节 上市公司2016年度存在的主要共性税收问题"。

（二）行业特殊税收政策

固定资产可以加速折旧。

相关文件：财税〔2015〕106号。

2110. 木质家具制造

木质家具制造，指以天然木材和木质人造板为主要材料，配以其他辅料（如油漆、贴面材料、玻璃、五金配件等）制作各种家具的生产活动。

国民经济行业代码：2110。

一、2016年行业概况

国家统计局数据显示，2016年规模以上工业企业主要财务指标（分行业），家具制造业主营业务收入为8 559.46亿元，比上年同期增长8.57%。累计完成利润总额537.48亿元，同比增长7.88%；累计完成产量79 464.15万件，同比增长1.27%。家具全行业累计出口491.89亿美元，同比增长-9.38%。

二、样本公司2016年度合并报表财务数据

1. 样本公司

表2-73　　　　　　　　　　　　样本公司名单

样本号	证券代码	证券简称	母公司全称	注册省份	备注
1	600978.SH	宜华生活	宜华生活科技股份有限公司	广东	
2	603008.SH	喜临门	喜临门家具股份有限公司	浙江	
3	603389.SH	亚振家居	亚振家具股份有限公司	江苏	

续表2-73

样本号	证券代码	证券简称	母公司全称	注册省份	备注
4	603600.SH	永艺股份	永艺家具股份有限公司	浙江	
5	603818.SH	曲美家居	曲美家居集团股份有限公司	北京	
6	603833.SH	欧派家居	欧派家居集团股份有限公司	广东	2
7	603898.SH	好莱客	广州好莱客创意家居股份有限公司	广东	
8	002572.SZ	索菲亚	索菲亚家居股份有限公司	广东	
9	002853.SZ	皮阿诺	广东皮阿诺科学艺术家居股份有限公司	广东	2
10	300616.SZ	尚品宅配	广州尚品宅配家居股份有限公司	广东	2

说明：（1）行业样本公司选取标准为：上市公司2016年度合并报表中该行业营业收入超过主营业务总收入75%（公司的行业归类同时参考了证监会的行业分类结果和中证行业分类结果），行业代码采用国民经济行业分类（GB/T 4754—2011）的行业代码。

（2）备注栏中2表示2017年上市。

2. 营业总收入、第一行业收入比重及毛利率

表2-74 营业总收入及毛利率情况表

样本公司	营业总收入额/万元	调整后营业总收入变动率/%	第一行业名称	第一行业收入占比/%	第一行业毛利率/%
样本1	570 016.88	24.1	木制品生产与销售	98	36.3
样本2	221 711.55	31.4	民用家具	82	35.8
样本3	56 195.51	-3.7	沙发类	23	58.7
样本4	140 192.25	23.4	办公椅	65	21.7
样本5	166 377.36	32.5	人造板家具	48	42.3
样本6	713 413.06	27.2	橱柜	61	38.1
样本7	143 302.82	32.4	整体衣柜及配套家具	99	39.6
样本8	452 996.43	41.8	木制家具制造业	99	36.5
样本9	63 038.28	23.1	定制橱柜及其配套家居产品	81	38.9
样本10	402 600.18	30.4	定制家具产品	81	47.2

说明：第一行业收入占比＝第一行业收入/营业总收入额×100%。

3. 政府补贴、工资薪酬

表 2–75　　　　　　　　政府补贴、工资薪酬情况表

样本公司	计入营业外收入的政府补贴额/万元	政府补贴占利润总额的比重/%	年人均工资额/万元	薪酬工资率/%
样本 1	1 374.12	1.6	3.98	85.5
样本 2	1 438.69	5.4	6.01	83.3
样本 3	972.07	10.7	6.55	78.2
样本 4	1 803.62	12.6	5.72	80.4
样本 5	586.28	2.5	9.49	77.3
样本 6	4 939.93	4.4	8.82	90.2
样本 7	1 024.98	3.5	7.26	83.4
样本 8	639.61	0.8	7.04	83.5
样本 9	298.78	2.9	7.30	87.4
样本 10	1 344.20	4.2	6.74	91.1

说明：（1）年人均工资额 = 工资总额/领取工资的职工人数。

（2）薪酬工资率 = 工资总额/（薪酬总额 − 辞退福利等非正常工资）× 100%。

4. 研发投入

表 2–76　　　　　　　　研发投入情况表

样本公司	研发投入总额/万元	资本化的研发费用金额/万元	研发费用占营业收入的比重/%	管理费用——研究与开发费金额/万元
样本 1	14 022.68	—	2.46	—
样本 2	4 666.67	—	2.10	4 710.87
样本 3	1 834.68	—	3.26	1 834.68
样本 4	4 615.24	—	3.29	4 615.24
样本 5	4 206.79	—	2.53	4 206.79
样本 6	24 925.04	—	3.49	—
样本 7	4 888.89	—	3.41	2 815.17
样本 8	9 035.46	1 222.08	1.99	7 813.37
样本 9	1 978.50	—	3.14	1 978.50
样本 10	14 116.86	—	3.51	14 116.86

5. 主要财务指标

表2-77 **2016年主要财务指标表**

样本公司	存货周转率/次	应收账款周转率/次	总资产周转率/次	净资产收益率/%	流动比率/次	速动比率/次
样本1	1.56	3.94	0.40	9.91	1.44	0.89
样本2	3.32	3.66	0.58	12.39	1.24	0.87
样本3	1.14	19.43	0.69	17.57	5.14	3.72
样本4	9.33	8.77	1.61	20.61	1.89	1.01
样本5	6.34	56.27	1.02	14.24	2.76	1.46
样本6	7.32	70.14	1.51	39.45	0.87	0.52
样本7	19.59	367.33	1.05	24.10	2.15	0.64
样本8	12.34	47.53	1.07	22.55	2.46	1.19
样本9	9.36	15.38	1.09	25.75	1.55	1.33
样本10	7.11	1,544.99	2.15	35.20	0.92	0.67

说明：（1）存货周转率＝主营业务成本/平均存货成本。

（2）应收账款周转率＝主营业务收入/平均应收账款余额。

（3）总资产周转率＝主营业务收入/平均资产总额。

（4）净资产收益率＝税后利润/所有者权益×100%。

（5）流动比率＝流动资产/流动负债。

（6）速动比率＝（流动资产－存货）/流动负债。

6. 最近五年的企业毛利率

表2-78 **近五年公司毛利率情况表** %

样本公司	2016年	2015年	2014年	2013年	2012年	备注
样本1	36.09	32.75	34.21	31.57	30.45	
样本2	36.98	39.61	37.53	37.03	35.80	
样本3	58.77	58.34	57.65	54.55	54.35	
样本4	21.10	20.21	18.89	17.97	19.77	
样本5	40.54	37.59	36.48	39.42	38.30	
样本6	36.55	31.65	28.23	29.86	28.84	2
样本7	39.98	38.17	37.34	37.60	36.27	
样本8	36.57	37.80	37.36	37.05	34.90	

续表2-78

样本公司	2016年	2015年	2014年	2013年	2012年	备注
样本9	37.85	41.41	40.20	38.95	34.75	2
样本10	46.19	44.96	44.82	47.01	50.96	2

说明：备注栏中2表示2017年上市。

三、样本公司2016年度合并报表税收数据

1. 整体税费

表2-79 整体税费情况表

样本公司	年末应交税费余额/万元	本年应交税费额/万元	整体应缴负担率/%	整体税费入库率/%	母公司企业所得税税率/%	备注
样本1	25 430.74	31 775.77	5.6	20.0	15.00	
样本2	7 559.38	15 657.64	7.1	51.7	15.00	
样本3	1 619.48	8 428.61	15.0	80.8	15.00	
样本4	415.97	6 729.57	4.8	93.8	15.00	
样本5	1 627.36	20 513.47	12.3	92.1	15.00	
样本6	12 928.58	70 542.88	9.9	81.7	15.00	
样本7	2 751.64	17 620.76	12.3	84.4	15.00	
样本8	10 601.63	57 761.09	12.8	81.6	15.00	
样本9	955.09	6 523.67	10.3	85.4	15.00	
样本10	7 602.26	41 944.60	10.4	81.9	25.00	

说明：（1）当期应缴各项税费额不含个人所得税（部分公司没有公布年末应交个人所得税数据）。

（2）整体应交税费负担率＝当期应交税费额/当期营业总收入数×100%。

（3）整体税费入库率＝（整体应交税费额－年末税费余额）/整体应交税费额×100%。

2. 增值税、企业所得税税负率、入库率

表2-80 增值税、企业所得税税负率、入库率情况表 %

样本公司	增值税应缴负担率	增值税入库率	所得税应缴负担率	所得税入库率	年末应缴税余额：城建税与流转税之比	年末应缴税余额：教育附加费与流转税之比	备注
样本1	1.4	57.2	3.1	20.0	—	—	

续表2-80

样本公司	增值税应缴负担率	增值税入库率	所得税应缴负担率	所得税入库率	年末应缴税余额：城建税与流转税之比	年末应缴税余额：教育附加费与流转税之比	备注
样本2	3.0	66.1	3.1	28.1	9.4	6.9	
样本3	11.2	84.6	2.4	64.3	5.3	5.0	
样本4	2.1	92.8	1.6	99.9	32.3	32.3	
样本5	8.3	92.1	2.8	91.3	5.6	5.0	
样本6	6.2	90.7	2.6	58.6	7.8	5.6	
样本7	7.9	89.3	3.1	69.2	6.8	5.0	
样本8	6.8	84.7	4.9	76.7	6.0	4.6	
样本9	7.2	94.9	2.2	54.7	5.1	5.1	
样本10	7.7	87.6	1.5	49.3	7.0	5.0	

说明：（1）增值税应缴负担率＝增值税应缴税额/增值税销售额×100%。

（2）企业所得税应缴负担率＝当期企业所得税应缴税额/营业总收入×100%（部分公司当期企业所得税应缴税额含以前年度调整额）。

（3）税种入库率＝(税种应交税费－税种年末余额)/税种应交税费×100%。

（4）营业总收入额：取自样本公司2016年度报告——合并利润表中的"营业总收入"栏。

3. 收到税费返还、支付各项税费、年末应交营业税余额

表2-81   收到税费返还、支付各项税费、年末应交营业税余额情况表

样本公司	收到的税费返还金额/万元	支付的各项税费金额/万元	年末应交营业税余额/万元	万元总资产实际贡献税费额/元
样本1	14 286.39	25 995.47	—	181.16
样本2	1 935.56	13 204.32	—	347.47
样本3	—	7 970.78	—	979.60
样本4	11 380.54	6 668.98	—	766.62
样本5	98.69	21 240.34	—	1 304.83
样本6	—	60 909.74	—	1 285.54
样本7	—	16 993.82	—	1 243.37

续表2-81

样本公司	收到的税费返还金额/万元	支付的各项税费金额/万元	年末应交营业税余额/万元	万元总资产实际贡献税费额/元
样本8	—	55 762.20	—	1 313.21
样本9	—	6 643.65	—	1 145.24
样本10	950.49	39 909.92	—	2 131.64

说明：（1）收到的税费返还额：取自样本公司2016年度报告——合并现金流量表中的"收到的税费返还"栏。

（2）支付的各项税费金额：取自样本公司2016年度报告——合并现金流量表中的"支付的各项税费"栏。

（3）年末应交营业税余额：取自样本公司2016年度报告——财务报告附注中的"应交税费——应交营业税"。

（4）万元总资产实际贡献税费额＝年度实际支付的各项税费/[（总资产年初余额+总资产年末余额)/2]（注：各项税费单位是元，平均总资产单位是万元）。

四、税收风险分析

（一）样本公司可能存在的风险

（1）个别样本公司薪酬工资率高于75%（见表2-75）。

在10家样本公司中，薪酬工资率全部超过75%，最高的为90.2%。工资只是薪酬的一部分；"五险"是法定的，约为工资的33%。薪酬工资率大于75%可能存在企业有未参保人员问题，其工资的合理性值得关注。

（2）个别样本公司研发投入数据与财报中的相关数据逻辑不符（见表2-76）。

对这个问题的分析，详见本书第一章"第三节 上市公司2016年度存在的主要共性税收问题"。

（3）个别样本公司企业所得税预缴率低于75%（见表2-80）。

样本公司中，企业所得税预交率低于75%有7家，最低的为20.0%。对这一问题的原理分析，详见本书第一章"第三节 上市公司2016年度存在的主要共性税收问题"。

（4）个别样本公司流转税与其附加交纳不同步（见表2-80）。

对这一问题的原理分析，详见本书第一章"第三节 上市公司2016年度存在的主要共性税收问题"。

（二）行业特殊税收政策

（1）增值税：采购木材进项税抵扣问题。

（2）企业所得税：固定资产可以加速折旧。

相关文件：财税〔2015〕106号。

2520. 炼 焦

炼焦，指主要从硬煤和褐煤中生产焦炭、干馏炭及煤焦油或沥青等副产品的炼焦炉的操作活动。

国民经济行业代码：2520。

一、2016年行业概况

煤炭和钢铁行业的去产能化使焦炭行业受益，在煤炭行业执行276个工作日制度后，国内煤炭产量出现下滑，炼焦煤价格上涨。在下游钢铁行业市场好转的情况下，焦炭需求增加，焦炭价格不断攀升，焦化行业利润率显著增长。

2016年8月18日，国家相关部门发布《关于进一步做好货车非法改装和超限超载治理工作的意见》等文件。焦炭的货物运输周期拉长，运输成本上涨。

二、样本公司2016年度合并报表财务数据

1. 样本公司

表2-82　　　　　　　　　　样本公司名单

样本号	证券代码	证券简称	母公司全称	注册省份	备注
1	600740.SH	山西焦化	山西焦化股份有限公司	山西	
2	601015.SH	陕西黑猫	陕西黑猫焦化股份有限公司	陕西	
3	000723.SZ	美锦能源	山西美锦能源股份有限公司	山西	

说明：行业样本公司选取标准为：上市公司2016年度合并报表中该行业营业收入超过主营业务总收入75%（公司的行业归类同时参考了证监会的行业分类结果和中证行业分类结果），行业代码采用国民经济行业分类（GB/T 4754—2011）的行业代码。

2. 营业总收入、第一行业收入比重及毛利率

表2-83　　　　　　　　　　营业总收入及毛利率情况表

样本公司	营业总收入额/万元	调整后营业总收入变动率/%	第一行业名称	第一行业收入占比/%	第一行业毛利率/%
样本1	403 815.02	20.0	焦化	99	11.9
样本2	555 843.09	6.5	焦炭	82	9.5
样本3	710 991.66	24.7	炼焦	100	30.6

说明：第一行业收入占比 = 第一行业收入/营业总收入额×100%。

3. 政府补贴、工资薪酬

表2-84　　　　　　　　　　政府补贴、工资薪酬情况表

样本公司	计入营业外收入的政府补贴额/万元	政府补贴占利润总额的比重/%	年人均工资额/万元	薪酬工资率/%
样本1	1 027.00	22.2	4.04	66.4
样本2	502.11	1.7	4.92	72.5
样本3	65.60	0.1	5.60	83.3

说明：（1）年人均工资额 = 工资总额/领取工资的职工人数。

（2）薪酬工资率 = 工资总额/（薪酬总额 − 辞退福利等非正常工资）×100%。

4. 研发投入

表2-85　　　　　　　　　　研发投入情况表

样本公司	研发投入总额/万元	资本化的研发费用金额/万元	研发费用占营业收入的比重/%	管理费用——研究与开发费金额/元
样本1	1 777.56	—	0.44	1 779.04
样本2	—	—	—	—
样本3	300.00	—	0.04	—

5. 主要财务指标

表2-86　　　　　　　　　　2016年主要财务指标表

样本公司	存货周转率/次	应收账款周转率/次	总资产周转率/次	净资产收益率/%	流动比率/次	速动比率/次
样本1	11.50	6.21	0.38	2.19	0.72	0.66

续表 2-86

样本公司	存货周转率/次	应收账款周转率/次	总资产周转率/次	净资产收益率/%	流动比率/次	速动比率/次
样本2	9.41	5.56	0.53	8.26	0.90	0.57
样本3	4.55	4.23	0.52	10.31	0.98	0.41

说明：（1）存货周转率＝主营业务成本/平均存货成本。

（2）应收账款周转率＝主营业务收入/平均应收账款余额。

（3）总资产周转率＝主营业务收入/平均资产总额。

（4）净资产收益率＝税后利润/所有者权益×100%。

（5）流动比率＝流动资产/流动负债。

（6）速动比率＝（流动资产－存货）/流动负债。

6. 样品公司近五年的企业毛利率

表 2-87　　　　　　　近五年公司毛利率情况表　　　　　　　%

样本公司	2016年	2015年	2014年	2013年	2012年	备注
样本1	11.94	-8.19	10.48	7.17	9.48	
样本2	15.49	2.73	13.70	11.80	12.14	
样本3	30.64	11.57	17.38	13.32	6.42	

三、样本公司2016年度合并报表税收数据

1. 整体税费

表 2-88　　　　　　　　　　整体税费情况表

样本公司	年末应交税费余额/万元	本年应交税费额/万元	整体应缴负担率/%	整体税费入库率/%	母公司企业所得税税率/%	备注
样本1	5 506.96	17 608.40	4.4	68.7	25.00	
样本2	4 783.78	11 839.10	2.1	59.6	15.00	
样本3	33 777.94	66 645.32	9.4	49.3	25.00	

说明：（1）当期应缴各项税费额不含个人所得税（部分公司没有公布年末应交个人所得税数据）。

（2）整体应交税费负担率＝当期应交税费额/当期营业总收入数×100%。

（3）整体税费入库率 =（整体应交税费额 – 年末税费余额）/整体应交税费额 × 100%。

2. 增值税、企业所得税税负率、入库率

表2–89　　　　　　增值税、企业所得税税负率、入库率情况表　　　　　　%

样本公司	增值税应缴负担率	增值税入库率	所得税应缴负担率	所得税入库率	年末应缴税余额：城建税与流转税之比	年末应缴税余额：教育附加费与流转税之比	备注
样本1	3.7	76.6	0.0	48.8	5.0	5.0	
样本2	1.2	77.4	0.6	22.4	5.2	5.0	
样本3	4.0	80.4	3.4	2.3	1.1	5.1	

说明：（1）增值税应缴负担率 = 增值税应缴税额/增值税销售额 × 100%。

（2）企业所得税应缴负担率 = 当期企业所得税应缴税额/营业总收入 × 100%（部分公司当期企业所得税应缴税额含以前年度调整额）。

（3）税种入库率 =（税种应交税费 – 税种年末余额）/税种应交税费 × 100%。

（4）营业总收入额：取自样本公司2016年度报告——合并利润表中的"营业总收入"栏。

3. 收到税费返还、支付各项税费、年末应交营业税余额

表2–90　　收到税费返还、支付各项税费、年末应交营业税余额情况表

样本公司	收到的税费返还金额/万元	支付的各项税费金额/万元	年末应交营业税余额/万元	万元总资产实际贡献税费额/元
样本1	—	13 265.80	—	124.50
样本2	—	8 103.61	—	77.36
样本3	—	63 584.93	—	463.16

说明：（1）收到的税费返还额：取自样本公司2016年度报告——合并现金流量表中的"收到的税费返还"栏。

（2）支付的各项税费金额：取自样本公司2016年度报告——合并现金流量表中的"支付的各项税费"栏。

（3）年末应交营业税余额：取自样本公司2016年度报告——财务报告附注中的"应交税费——应交营业税"。

（4）万元总资产实际贡献税费额 = 年度实际支付的各项税费/[（总资产年初余额+总资产年末余额）/2]（注：各项税费单位是元，平均总资产单位是万元）。

四、税收风险分析

（一）样本公司可能存在的风险

（1）个别样本公司薪酬工资率高于75%（见表2-84）。

在3家样本公司中，薪酬工资率超过75%有2家，最高的为83.3%。工资只是薪酬的一部分；"五险"是法定的，约为工资的33%。薪酬工资率大于75%可能存在企业有未参保人员问题，其工资的合理性值得关注。

（2）个别样本公司研发投入数据与财报中的相关数据逻辑不符（见表2-85）。

对这个问题的分析，详见本书第一章"第三节 上市公司2016年度存在的主要共性税收问题"。

（3）个别样本公司企业所得税预缴率低于75%（见表2-89）。

样本公司中，企业所得税预交率全部低于75%，最低的为2.3%。对这一问题的原理分析，详见本书第一章"第三节 上市公司2016年度存在的主要共性税收问题"。

（4）个别样本公司流转税与其附加交纳不同步（见表2-89）。

对这一问题的原理分析，详见本书第一章"第三节 上市公司2016年度存在的主要共性税收问题"。

（二）行业特殊税收政策

增值税：炼焦副产品的计税问题。

2624. 复混肥料制造

复混肥料制造，指经过化学或物理方法加工制成的，含有两种以上作物所需主要营养元素（氮、磷、钾）的化肥的生产活动；包括通用型复混肥料和专用型复混肥料。

国民经济行业代码：2624。

一、2016年行业概况

2016年，中国化肥总产量（折纯）7 004.9万吨，同比下降4.8%。（数据来源：中国石油和化工工业联合会《2016年中国石油和化工行业经济运行报告》）

2016年化肥产品价格跌幅超过400元/吨，有以下三方面的原因。

（1）产能过剩严重。目前行业产能2亿吨，但实际产销量6 000万~7 000万吨，开工率不足35%。

（2）行业集中度低。目前国内复合肥生产企业数量众多，产能相对分散。目前国内获得复合肥生产许可证的企业有5 000家左右，其中大多企业产能在1万吨至5万吨。

（3）优惠政策逐步取消，经营成本增加。

二、样本公司2016年度合并报表财务数据

1. 样本公司

表2-91　　　　　　　　　样本公司名单

样本号	证券代码	证券简称	母公司全称	注册省份	备注
1	600470.SH	六国化工	安徽六国化工股份有限公司	安徽	
2	002170.SZ	芭田股份	深圳市芭田生态工程股份有限公司	广东	
3	002538.SZ	司尔特	安徽省司尔特肥业股份有限公司	安徽	

说明：行业样本公司选取标准为：上市公司2016年度合并报表中该行业营业收入超过主营业务总收入75%（公司的行业归类同时参考了证监会的行业分类结果和中证行业分类结果），行业代码采用国民经济行业分类（GB/T 4754—2011）的行业代码。

2. 营业总收入、第一行业收入比重及毛利率

表2-92　　　　　　　　营业总收入及毛利率情况表

样本公司	营业总收入额/万元	调整后营业总收入变动率/%	第一行业名称	第一行业收入占比/%	第一行业毛利率/%
样本1	445 695.56	−20.1	复合肥	43	8.3
样本2	827 633.99	−14.0	尿基复合肥	21	17.1
样本3	201 174.39	−7.3	芭田复合肥系列	86	22.2

说明：第一行业收入占比＝第一行业收入/营业总收入额×100%。

3. 政府补贴、工资薪酬

表2-93　　　　　　　　政府补贴、工资薪酬情况表

样本公司	计入营业外收入的政府补贴额/万元	政府补贴占利润总额的比重/%	年人均工资额/万元	薪酬工资率/%
样本1	2 975.00	−14.9	4.55	69.2

续表2-93

样本公司	计入营业外收入的政府补贴额/万元	政府补贴占利润总额的比重/%	年人均工资额/万元	薪酬工资率/%
样本2	1 067.74	1.5	5.16	83.4
样本3	1 551.91	21.1	6.29	82.5

说明：（1）年人均工资额＝工资总额/领取工资的职工人数。

（2）薪酬工资率＝工资总额/（薪酬总额－辞退福利等非正常工资）×100%。

（3）政府补贴占利润总额的比重为负数时表明企业亏损。

4. 研发投入

表2-94　　　　　　　　　　研发投入情况表

样本公司	研发投入总额/万元	资本化的研发费用金额/万元	研发费用占营业收入的比重/%	管理费用——研究与开发费金额/万元
样本1	11 170.25	—	2.51	575.43
样本2	10 010.40	—	1.21	2 546.49
样本3	6 800.28	—	3.38	2 267.94

5. 主要财务指标

表2-95　　　　　　　　　2016年主要财务指标表

样本公司	存货周转率/次	应收账款周转率/次	总资产周转率/次	净资产收益率/%	流动比率/次	速动比率/次
样本1	4.37	35.94	0.74	-2.99	0.58	0.25
样本2	4.17	156.66	1.11	11.53	1.65	0.46
样本3	4.91	29.49	0.49	4.42	0.95	0.22

说明：（1）存货周转率＝主营业务成本/平均存货成本。

（2）应收账款周转率＝主营业务收入/平均应收账款余额。

（3）总资产周转率＝主营业务收入/平均资产总额。

（4）净资产收益率＝税后利润/所有者权益×100%。

（5）流动比率＝流动资产/流动负债。

（6）速动比率＝（流动资产－存货）/流动负债。

6. 最近五年的企业毛利率

表2-96　　　　　　　　近五年公司毛利率情况表　　　　　　　　　　%

样本公司	2016年	2015年	2014年	2013年	2012年	备注
样本1	6.35	11.61	5.15	6.32	6.20	

续表2-96

样本公司	2016年	2015年	2014年	2013年	2012年	备注
样本2	16.13	18.77	18.57	5.70	4.94	
样本3	21.63	21.43	21.06	16.82	12.88	

三、样本公司2016年度合并报表税收数据

1. 整体税费

表2-97 整体税费情况表

样本公司	年末应交税费余额/万元	本年应交税费额/万元	整体应缴负担率/%	整体税费入库率/%	母公司企业所得税税率/%	备注
样本1	1 299.43	5 285.53	1.2	75.4	15.00	
样本2	6 203.02	42 475.23	5.1	85.4	15.00	
样本3	3 140.96	10 044.57	5.0	68.7	15.00	

说明：（1）当期应缴各项税费额不含个人所得税（部分公司没有公布年末应交个人所得税数据）。

（2）整体应交税费负担率＝当期应交税费额/当期营业总收入数×100%。

（3）整体税费入库率＝（整体应交税费额－年末税费余额）/整体应交税费额×100%。

2. 增值税、企业所得税税负率、入库率

表2-98 增值税、企业所得税税负率、入库率情况表 %

样本公司	增值税应缴负担率	增值税入库率	所得税应缴负担率	所得税入库率	年末应缴余额：城建税与流转税之比	年末应缴余额：教育附加费与流转税之比	备注
样本1	0.3	86.7	0.0	—	2.4	—	
样本2	2.5	99.4	1.9	68.5	62.6	37.8	b
样本3	2.6	70.5	1.8	60.2	4.0	2.8	

说明：（1）增值税应缴负担率＝增值税应缴税额/增值税销售额×100%。

（2）企业所得税应缴负担率＝当期企业所得税应缴税额/营业总收入×100%（部分公司当期企业所得税应缴税额含以前年度调整额）。

（3）税种入库率＝（税种应交税费－税种年末余额）/税种应交税费×100%。

（4）营业总收入额：取自样本公司2016年度报告——合并利润表中的"营业总收入"栏。

（5）备注栏中b表示2016年公司有营业税收入。

3. 收到税费返还、支付各项税费、年末应交营业税余额

表2-99　　收到税费返还、支付各项税费、年末应交营业税余额情况表

样本公司	收到的税费返还金额/万元	支付的各项税费金额/万元	年末应交营业税余额/万元	万元总资产实际贡献税费额/元
样本1	1 129.73	7 228.61	——	120.28
样本2	158.04	40 901.19	58.13	550.51
样本3	——	8 732.08	——	214.63

说明：（1）收到的税费返还额：取自样本公司2016年度报告——合并现金流量表中的"收到的税费返还"栏。

（2）支付的各项税费金额：取自样本公司2016年度报告——合并现金流量表中的"支付的各项税费"栏。

（3）年末应交营业税余额：取自样本公司2016年度报告——财务报告附注中的"应交税费——应交营业税"。

（4）万元总资产实际贡献税费额＝年度实际支付的各项税费/[（总资产年初余额+总资产年末余额）/2]（注：各项税费单位是元，平均总资产单位是万元）。

四、税收风险分析

（一）样本公司可能存在的风险

（1）个别样本公司薪酬工资率高于75%（见表2-93）。

在3家样本公司中，薪酬工资率超过75%有1家，为83.4%。工资只是薪酬的一部分；"五险"是法定的，约为工资的33%。薪酬工资率大于75%可能存在企业有未参保人员问题，其工资的合理性值得关注。

（2）个别样本公司研发投入数据与财报中的相关数据逻辑不符（见表2-94）。

对这个问题的分析，详见本书第一章"第三节　上市公司2016年度存在的主要共性税收问题"。

（3）个别样本公司企业所得税预缴率低于75%（见表2-98）。

样本公司中，企业所得税预交率低于75%有2家，最低的为60.2%。对这一问题的原理分析，详见本书第一章"第三节　上市公司2016年度存在的主要共性税收问题"。

（4）个别样本公司流转税与其附加交纳不同步（见表2-98）。

对这一问题的原理分析，详见本书第一章"第三节 上市公司2016年度存在的主要共性税收问题"。

（5）个别样本公司可能存在欠缴营业税问题（见表2-99）。

样本公司中，有1家公司应交营业税2016年末有余额，××公司2016年末应交税费——营业税余额为58.13万元。对这一问题的原理分析，详见本书第一章"第三节 上市公司2016年度存在的主要共性税收问题"。

（二）行业特殊税收政策

该行业的特殊税收政策主要为增值税方面的两项政策：

（1）取消化肥免税规定。

自2015年9月1日起，对纳税人销售和进口化肥统一按13%税率征收国内环节和进口环节增值税。钾肥增值税先征后返政策同时停止执行。

自2015年9月1日至2016年6月30日，对增值税一般纳税人销售的库存化肥，允许选择按照简易计税方法依照3%征收率征收增值税。

相关文件：财税〔2015〕90号、财税〔2015〕97号、国家税务总局公告2015年第64号。

（2）批发和零售的化肥免征增值税。

相关文件：财税〔2001〕113号。

2631. 化学农药制造

化学农药制造，是指化学农药原药，以及经过机械粉碎、混合或稀释制成粉状、乳状和水状的化学农药制剂的生产活动。

国民经济行业代码：2631。

一、2016年行业概况

国家统计局数据显示，2001年至2015年我国农药产量由69.6万吨增至374.1万吨，年复合增长率为11.86%。农药行业销售额从275.4亿元增至3 107.2亿元，年复合增长率为17.53%（见图2-1）。

2015年我国农药行业实现销售收入3 107.2亿元，利润总额225.6亿元，销售利润率7.2%。

农药行业产品供大于求，价格低位运行。

目前，国内农药企业大都是以生产专利到期农药为主。

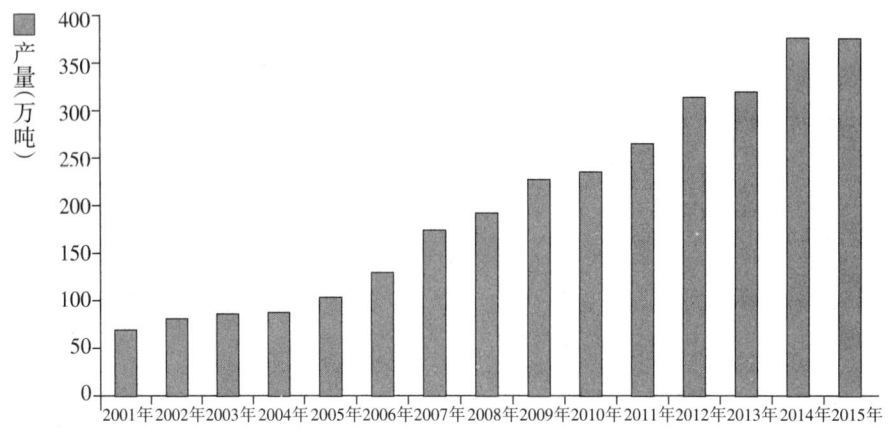

图2-1 我国农药原药产量

二、样本公司2016年度合并报表财务数据

1. 样本公司

表2-100 样本公司名单

样本号	证券代码	证券简称	母公司全称	注册省份	备注
1	600486.SH	扬农化工	江苏扬农化工股份有限公司	江苏	
2	600731.SH	湖南海利	湖南海利化工股份有限公司	湖南	
4	000525.SZ	红太阳	南京红太阳股份有限公司	江苏	
5	000553.SZ	沙隆达A	湖北沙隆达股份有限公司	湖北	
6	002749.SZ	国光股份	四川国光农化股份有限公司	四川	
7	300575.SZ	中旗股份	江苏中旗作物保护股份有限公司	江苏	

　　说明：行业样本公司选取标准为：上市公司2016年度合并报表中该行业营业收入超过主营业务总收入75%（公司的行业归类同时参考了证监会的行业分类结果和中证行业分类结果），行业代码采用国民经济行业分类（GB/T 4754—2011）的行业代码。

2. 营业总收入、第一行业收入比重及毛利率

表2-101 营业总收入及毛利率情况表

样本公司	营业总收入额/万元	调整后营业总收入变动率/%	第一行业名称	第一行业收入占比/%	第一行业毛利率/%
样本1	292 896.62	-5.9	农药	98	25.0
样本2	113 082.10	7.0	农药产品	84	24.7
样本3	150 217.12	13.3	杀菌剂	79%	38.0%

续表2-101

样本公司	营业总收入额/万元	调整后营业总收入变动率/%	第一行业名称	第一行业收入占比/%	第一行业毛利率/%
样本4	353 751.24	−22.4	农药	99	18.7
样本5	185 473.27	−14.5	农用化学品	81	15.7
样本6	61 426.30	1.5	农药	76	50.2
样本7	89 846.65	11.3	农药	91	20.1

说明：第一行业收入占比 = 第一行业收入/营业总收入额 × 100%。

3. 政府补贴、工资薪酬

表2-102　　　　　　　　政府补贴、工资薪酬情况表

样本公司	计入营业外收入的政府补贴额/万元	政府补贴占利润总额的比重/%	年人均工资额/万元	薪酬工资率/%
样本1	870.82	1.6	12.91	69.2
样本2	453.48	10.6	5.48	73.9
样本3	1 976.61	9.3	5.06	82.1
样本4	8 168.93	46.3	5.62	74.7
样本5	541.78	−5.6	7.51	68.3
样本6	388.89	2.4	6.32	83.8
样本7	298.26	3.2	7.85	79.3

说明：（1）年人均工资额 = 工资总额/领取工资的职工人数。

（2）薪酬工资率 = 工资总额/（薪酬总额 − 辞退福利等非正常工资）× 100%。

（3）政府补贴占利润总额的比重为负数时表明企业亏损。

4. 研发投入

表2-103　　　　　　　　研发投入情况表

样本公司	研发投入总额/万元	资本化的研发费用金额/万元	研发费用占营业收入的比重/%	管理费用——研究与开发费金额/万元
样本1	13 945.41	—	4.76	13 945.41
样本2	3 618.63	—	3.20	1 775.59
样本3	9 898.45	—	6.59	9 898.45
样本4	7 222.07	—	2.04	6 359.56
样本5	874.15	—	0.47	—

续表2-103

样本公司	研发投入总额/万元	资本化的研发费用金额/万元	研发费用占营业收入的比重/%	管理费用——研究与开发费金额/万元
样本6	2 135.10	—	3.48	2 135.10
样本7	2 645.46	—	2.94	1 643.57

5. 主要财务指标

表2-104　　　　　　　　2016年主要财务指标表

样本公司	存货周转率/次	应收账款周转率/次	总资产周转率/次	净资产收益率/%	流动比率/次	速动比率/次
样本1	6.35	4.83	0.57	13.44	1.63	0.87
样本2	2.77	9.42	0.62	1.87	1.00	0.55
样本3	2.00	10.90	0.47	7.82	2.47	1.33
样本4	2.28	4.11	0.38	2.70	0.91	0.54
样本5	6.94	9.53	0.62	−3.63	1.85	1.46
样本6	2.52	28.33	0.64	16.24	9.44	5.97
样本7	4.21	4.69	0.77	15.36	2.10	1.65

说明：（1）存货周转率＝主营业务成本/平均存货成本。

（2）应收账款周转率＝主营业务收入/平均应收账款余额。

（3）总资产周转率＝主营业务收入/平均资产总额。

（4）净资产收益率＝税后利润/所有者权益×100%。

（5）流动比率＝流动资产/流动负债。

（6）速动比率＝（流动资产－存货)/流动负债。

6. 最近五年的企业毛利率

表2-105　　　　　　　最近五年公司毛利率情况表　　　　　　　　　　%

样本公司	2016年	2015年	2014年	2013年	2012年	备注
样本1	24.82	26.57	26.30	23.11	17.95	
样本2	23.77	24.03	19.40	23.54	23.83	
样本3	31.48	30.44	23.68	29.28	26.74	
样本4	18.39	12.86	16.93	13.97	10.59	
样本5	13.67	20.30	29.99	23.78	16.75	
样本6	50.50	47.91	48.76	48.94	48.71	
样本7	20.77	23.70	24.62	24.93	23.51	

三、样本公司2016年度合并报表税收数据

1. 整体税费

表2-106　　　　　　　　　　　　整体税费情况表

样本公司	年末应交税费余额/万元	本年应交税费额/万元	整体应缴税负担率/%	整体税费入库率/%	母公司企业所得税税率/%	备注
样本1	1 848.51	10 926.34	3.7	83.1	15.00	
样本2	2 874.21	5 536.12	4.9	48.1	15.00	
样本3	532.49	5 073.91	3.4	89.5	15.00	
样本4	5 422.56	13 472.51	3.8	59.8	15.00	
样本5	1 840.63	6 237.34	3.4	70.5	25.00	
样本6	483.95	4 515.64	7.4	89.3	15.00	
样本7	396.42	4 084.71	4.5	90.3	15.00	a

说明：（1）当期应缴各项税费额不含个人所得税（部分公司没有公布年末应交个人所得税数据）。

（2）整体应交税费负担率＝当期应交税费额/当期营业总收入数×100%。

（3）整体税费入库率＝（整体应交税费额－年末税费余额）/整体应交税费额×100%。

（4）备注栏中a表示财务报告中"应交税费——增值税年初余额或年末余额"的列示不符合增值税在财务报表项目中的列示规定。

2. 增值税、企业所得税税负率、入库率

表2-107　　　　　　　增值税、企业所得税税负率、入库率情况表　　　　　　　%

样本公司	增值税应缴负担率	增值税入库率	所得税应缴负担率	所得税入库率	年末应缴税余额：城建税与流转税之比	年末应缴税余额：教育附加费与流转税之比	备注
样本1	0.6	100.0	2.6	81.8			
样本2	2.3	93.3	1.5		19.3	13.3	
样本3	0.1	100.0	2.3	92.2			
样本4	1.2	78.5	1.8	37.5	9.0	7.2	
样本5	2.1	78.5	0.3		6.9	3.0	
样本6	2.8	92.5	4.2	88.0	5.0	5.0	
样本7			1.9	79.8			a

说明：（1）增值税应缴负担率＝增值税应缴税额/增值税销售额×100%。

（2）企业所得税应缴负担率＝当期企业所得税应缴税额/营业总收入×100%（部分公

司当期企业所得税应缴税额含以前年度调整额）。

（3）税种入库率＝（税种应交税费－税种年末余额）/税种应交税费×100%。

（4）营业总收入额：取自样本公司2016年度报告——合并利润表中的"营业总收入"栏。

（5）备注栏中a表示财务报告中"应交税费——增值税年初余额或年末余额"的列示不符合增值税在财务报表项目中的列示规定。

3. 收到税费返还、支付各项税费、年末应交营业税余额

表2-108　　　　收到税费返还、支付各项税费、年末应交营业税余额情况表

样本公司	收到的税费返还金额/万元	支付的各项税费金额/万元	年末应交营业税余额/万元	万元总资产实际贡献税费额/元
样本1	2 388.19	2 977.56	—	93.42
样本2	12 251.68	12 720.85	—	245.63
样本3	1 983.31	4 420.44	—	240.58
样本4	365.56	2 224.41	—	211.68
样本5	1 685.04	7 248.32	0.15	502.11
样本6	4 223.25	4 791.11	—	149.21
样本7	1 086.25	6 243.77	—	603.24

说明：（1）收到的税费返还额：取自样本公司2016年度报告——合并现金流量表中的"收到的税费返还"栏。

（2）支付的各项税费金额：取自样本公司2016年度报告——合并现金流量表中的"支付的各项税费"栏。

（3）年末应交营业税余额：取自样本公司2016年度报告——财务报告附注中的"应交税费——应交营业税"。

（4）万元总资产实际贡献税费额＝年度实际支付的各项税费/〔（总资产年初余额+总资产年末余额）/2〕（注：各项税费单位是元，平均总资产单位是万元）。

四、税收风险分析

（一）样本公司可能存在的风险

（1）个别样本公司薪酬工资率高于75%（见表2-102）。

在7家样本公司中，薪酬工资率超过75%有4家。工资只是薪酬的一部分；"五险"是法定的，约为工资的33%。薪酬工资率大于75%可能存在企业有未参保人员问题，其工资的合理性值得关注。

（2）个别样本公司研发投入数据与财报中的相关数据逻辑不符（见表2-103）。

对这个问题的分析，详见本书第一章"第三节 上市公司2016年度存在的主要共性税收问题"。

（3）个别样本公司企业所得税预缴率低于75%（见表2-107）。

样本公司中，企业所得税预交率低于75%有1家。对这一问题的原理分析，详见本书第一章"第三节 上市公司2016年度存在的主要共性税收问题"。

（4）个别样本公司流转税与其附加交纳不同步（见表2-107）。

对这一问题的原理分析，详见本书第一章"第三节 上市公司2016年度存在的主要共性税收问题"。

（5）个别样本公司可能存在欠缴营业税问题（见表2-108）。

样本公司中，有1家公司应交营业税2016年末有余额，××公司2016年末应交税费——营业税余额0.15万元。对这一问题的原理分析，详见本书第一章"第三节 上市公司2016年度存在的主要共性税收问题"。

（二）行业特殊税收政策

增值税方面批发和零售的农药免征增值税。

相关文件：财税〔2001〕113号。

2643. 颜料制造（钛白粉）

颜料制造，是指用于陶瓷、搪瓷、玻璃等工业的无机颜料及类似材料的生产活动，以及油画、水粉画、广告等艺术用颜料的制造。

国民经济行业代码：2643。

一、2016年行业概况

2016年，钛白粉全行业开工率超过82%，总产量259.72万吨，较上年度增长11.8%。

二、样本公司2016年度合并报表财务数据

1. 样本公司

表2-109　　　　　　　　　　　样本公司名单

样本号	证券代码	证券简称	母公司全称	注册省份	备注
1	000545.SZ	金浦钛业	金浦钛业股份有限公司	吉林	

续表2-109

序号	证券代码	证券简称	母公司全称	注册省份	备注
2	002136.SZ	安纳达	安徽安纳达钛业股份有限公司	安徽	
3	002145.SZ	中核钛白	中核华原钛白股份有限公司	甘肃	
4	002601.SZ	龙蟒佰利	龙蟒佰利联集团股份有限公司	河南	

说明:行业样本公司选取标准为:上市公司2016年度合并报表中该行业营业收入超过主营业务总收入75%(公司的行业归类同时参考了证监会的行业分类结果和中证行业分类结果),行业代码采用国民经济行业分类(GB/T 4754—2011)的行业代码。

2. 营业总收入、第一行业收入比重及毛利率

表2-110 营业总收入及毛利率情况表

样本公司	营业总收入额/万元	调整后营业总收入变动率/%	第一行业名称	第一行业收入占比/%	第一行业毛利率/%
样本1	104 607.26	47.4	钛白粉行业	99	17.5
样本2	81 908.39	35.1	钛白粉	94	14.1
样本3	204 816.58	25.7	金红石型钛白粉	95	25.0
样本4	418 388.01	57.3	钛白粉	84	30.2

说明:第一行业收入占比 = 第一行业收入/营业总收入额×100%。

3. 政府补贴、工资薪酬

表2-111 政府补贴、工资薪酬情况表

样本公司	计入营业外收入的政府补贴额/万元	政府补贴占利润总额的比重/%	年人均工资额/万元	薪酬工资率/%
样本1	1 702.92	12.1	8.45	72.2
样本2	351.06	7.6	6.20	69.2
样本3	2 137.62	18.8	5.66	72.0
样本4	1 408.16	2.6	4.85	74.8

说明:(1)年人均工资额 = 工资总额/领取工资的职工人数。

(2)薪酬工资率 = 工资总额/(薪酬总额 – 辞退福利等非正常工资)×100%。

4. 研发投入

表2-112　　　　　　　　　　　　研发投入情况表

样本公司	研发投入总额/万元	资本化的研发费用金额/万元	研发费用占营业收入的比重/%	管理费用——研究与开发费金额/万元
样本1	2 715.44	——	2.60	2 715.44
样本2	2 648.77	——	3.23	504.88
样本3	4 458.62	1.44	2.18	4 458.62
样本4	15 019.73	——	3.63	11 589.09

5. 主要财务指标

表2-113　　　　　　　　　　　2016年主要财务指标表

样本公司	存货周转率/次	应收账款周转率/次	总资产周转率/次	净资产收益率/%	流动比率/%	速动比率/%
样本1	7.76	31.11	0.40	6.58	1.84	0.54
样本2	6.19	19.71	0.85	8.82	0.69	0.45
样本3	3.63	6.71	0.41	3.29	0.90	0.59
样本4	3.07	7.12	0.35	8.91	1.17	0.76

说明：（1）存货周转率＝主营业务成本/平均存货成本。

（2）应收账款周转率＝主营业务收入/平均应收账款余额。

（3）总资产周转率＝主营业务收入/平均资产总额。

（4）净资产收益率＝税后利润/所有者权益×100%。

（5）流动比率＝流动资产/流动负债。

（6）速动比率＝（流动资产－存货）/流动负债。

6. 最近五年的企业毛利率

表2-114　　　　　　　　近五年公司毛利率情况表　　　　　　　　　　　%

样本公司	2016年	2015年	2014年	2013年	2012年	备注
样本1	17.91	15.45	13.64	19.41	55.55	
样本2	15.26	2.24	7.72	3.90	9.00	
样本3	25.01	20.91	24.97	22.72	5.66	
样本4	29.56	18.51	18.01	12.19	22.23	

三、样本公司2016年度合并报表税收数据

1. 整体税费

表2-115　　　　　　　　　　整体税费情况表

样本公司	年末应交税费余额/万元	本年应交税费额/万元	整体应缴负担率/%	整体税费入库率/%	母公司企业所得税税率/%	备注
样本1	762.13	7 313.20	7.0	89.6	25.00	
样本2	414.97	5 396.55	6.6	92.3	15.00	
样本3	2 977.14	17 316.16	—	—	25.00	a
样本4	10 418.67	38 163.38	9.1	72.7	15.00	

说明：（1）当期应缴各项税费额不含个人所得税（部分公司没有公布年末应交个人所得税数据）。

（2）整体应交税费负担率＝当期应交税费额/当期营业总收入数×100%。

（3）整体税费入库率＝（整体应交税费额－年末税费余额）/整体应交税费额×100%。

（4）备注栏中a表示财务报告中"应交税费——增值税年初余额"或年末余额的列示不符合增值税在财务报表项目中的列示规定。

2. 增值税、企业所得税税负率、入库率

表2-116　　　　　　增值税、企业所得税税负率、入库率情况表　　　　　%

样本公司	增值税应缴负担率	增值税入库率	所得税应缴负担率	所得税入库率	年末应缴税余额：城建税与流转税之比	年末应缴税余额：教育附加费与流转税之比	备注
样本1	4.0	88.5	1.9	95.2	7.0	5.0	
样本2	5.3	93.4	0.2	100.0	7.0	5.0	
样本3	—	—	1.4	29.9	7.1	5.6	a
样本4	5.4	81.1	2.5	52.3	3.1	3.8	

说明：（1）增值税应缴负担率＝增值税应缴税额/增值税销售额×100%。

（2）企业所得税应缴负担率＝当期企业所得税应缴税额/营业总收入×100%（部分公司当期企业所得税应缴税额含以前年度调整额）。

（3）税种入库率＝（税种应交税费－税种年末余额）/税种应交税费×100%。

（4）营业总收入额：取自样本公司2016年度报告——合并利润表中的"营业总收入"栏。

（5）备注栏中a表示财务报告中"应交税费——增值税年初余额或年末余额"的列示不符合增值税在财务报表项目中的列示规定。

3. 收到税费返还、支付各项税费、年末应交营业税余额

表2-117 收到税费返还、支付各项税费、年末应交营业税余额情况表

样本公司	收到的税费返还金额/万元	支付的各项税费金额/万元	年末应交营业税余额/万元	万元总资产实际贡献税费额/元
样本1	—	7 504.31		287.48
样本2	—	5 272.70		549.35
样本3	68.80	14 684.41		293.20
样本4	2 750.27	29 800.24	—	250.32

说明：（1）收到的税费返还额：取自样本公司2016年度报告——合并现金流量表中的"收到的税费返还"栏。

（2）支付的各项税费金额：取自样本公司2016年度报告——合并现金流量表中的"支付的各项税费"栏。

（3）年末应交营业税余额：取自样本公司2016年度报告——财务报告附注中的"应交税费——应交营业税"。

（4）万元总资产实际贡献税费额＝年度实际支付的各项税费/[（总资产年初余额+总资产年末余额)/2]（注：各项税费单位是元，平均总资产单位是万元）。

四、税收风险分析

（一）样本公司可能存在的风险

（1）个别样本公司研发投入数据与财报中的相关数据逻辑不符（见表2-112）。

对这个问题的分析，详见本书第一章"第三节 上市公司2016年度存在的主要共性税收问题"。

（2）个别样本公司企业所得税预缴率低于75%（见表2-112）。

样本公司中，企业所得税预交率低于75%有2家。对这一问题的原理分析，详见本书第一章"第三节 上市公司2016年度存在的主要共性税收问题"。

（3）个别样本公司流转税与其附加交纳不同步（见表2-116）。

对这一问题的原理分析，详见本书第一章"第三节 上市公司2016年度存在的主要共性税收问题"。

（二）行业税收新政、行业特殊税收政策

无。

2710. 化学药品原料药制造

化学药品原料药制造，是指供进一步加工化学药品制剂所需的原料药生产活动。

国民经济行业代码：2710。

一、2016年行业概况

2016年规模以上医药制造业企业主营业务收入合计28 062.9亿元，同比增长9.7%，增速较上年同期提高0.6个百分点，利润总额3 002.9亿元，同比增长13.9%，增速较上年同期提高2.67个百分点。（数据来源：国家统计局）

2012—2015年医药工业销售收入及增幅如图2-2所示。

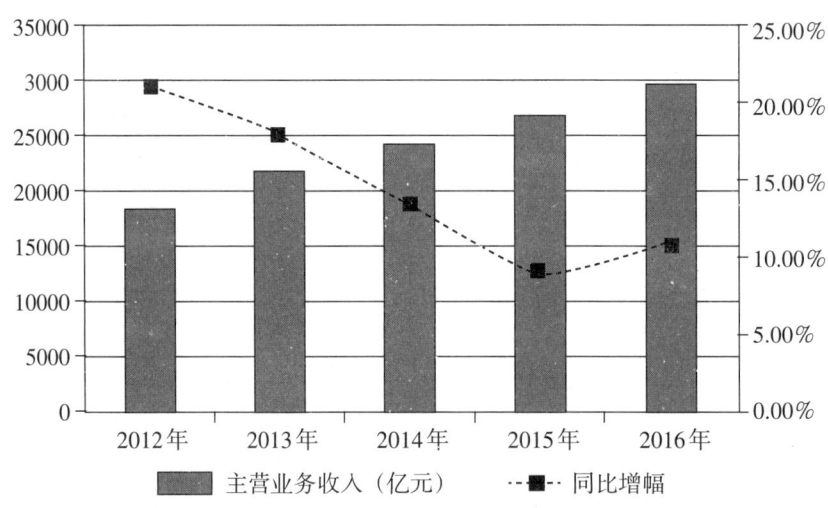

图2-2　近年医药工业销售收入及增幅

二、样本公司2016年度合并报表财务数据

1. 样本公司

表2-118　　　　　　　　　　样本公司名单

样本号	证券代码	证券简称	母公司全称	注册省份	备注
1	600488.SH	天药股份	天津天药药业股份有限公司	天津	

续表2-118

样本号	证券代码	证券简称	母公司全称	注册省份	备注
2	000739.SZ	普洛药业	普洛药业股份有限公司	浙江	
3	000952.SZ	广济药业	湖北广济药业股份有限公司	湖北	
4	002001.SZ	新和成	浙江新和成股份有限公司	浙江	
5	002365.SZ	永安药业	潜江永安药业股份有限公司	湖北	
6	002399.SZ	海普瑞	深圳市海普瑞药业集团股份有限公司	广东	
7	300108.SZ	双龙股份	通化双龙化工股份有限公司	吉林	

说明：公司所属的行业，根据上市公司2016年合并报表主营业务收入中超过50%的行业确定（同时参考了证监会的行业分类结果和中证行业分类结果），行业代码采用国民经济行业分类（GB/T 4754—2011）的行业代码。

2. 营业总收入、第一行业收入比重及毛利率

表2-119 营业总收入及毛利率情况表

样本公司	营业总收入额/万元	调整后营业总收入变动率/%	第一行业名称	第一行业收入占比/%	第一行业毛利率/%
样本1	120 660.02	−14.1	皮质激素类原料药等	94	17.0
样本2	477 218.89	10.0	原料药、中间体	80	24.0
样本3	71 472.40	27.5	原料系列产品	85	53.9
样本4	469 627.73	22.9	医药化工	95	46.8
样本5	54 939.97	−1.2	牛磺酸	84	35.1
样本6	226 093.24	−1.4	肝素钠原料药	100	32.0
样本7	74 650.41	10.0	医药产品	76	40.8

说明：第一行业收入占比=第一行业收入/营业总收入额×100%。

3. 政府补贴、工资薪酬

表2-120 政府补贴、工资薪酬情况表

样本公司	计入营业外收入的政府补贴额/万元	政府补贴占利润总额的比重/%	年人均工资额/万元	薪酬工资率/%
样本1	305.23	4.4	8.61	67.1
样本2	4 363.53	13.0	6.41	85.1
样本3	1 014.94	6.5	5.84	74.7
样本4	3 353.11	2.2	7.82	81.9

续表2-120

样本公司	计入营业外收入的政府补贴额/万元	政府补贴占利润总额的比重/%	年人均工资额/万元	薪酬工资率/%
样本5	796.24	10.9	7.08	82.3
样本6	4 016.90	8.5	20.51	84.7
样本7	5 839.74	24.9	3.24	72.1

说明:(1)年人均工资额=工资总额/领取工资的职工人数。

(2)薪酬工资率=工资总额/(薪酬总额-辞退福利等非正常工资)×100%。

4. 研发投入

表2-121　　　　　　　　　　研发投入情况表

样本公司	研发投入总额/万元	资本化的研发费用金额/万元	研发费用占营业收入的比重/%	管理费用——研究与开发费金额/万元
样本1	4 096.55	—	3.40	4,096.55
样本2	20 118.40	—	4.22	21,014.03
样本3	2 860.90	—	4.00	3,027.83
样本4	25 341.37	—	5.40	25,341.37
样本5	2 181.68	—	3.97	98.52
样本6	6 983.42	778.91	3.09	6,204.51
样本7	1 693.80	—	2.27	1,265.18

5. 主要财务指标

表2-122　　　　　　　　　　2016年主要财务指标表

样本公司	存货周转率/次	应收账款周转率/次	总资产周转率/次	净资产收益率/%	流动比率/次	速动比率/次
样本1	1.53	7.58	0.40	2.61	12.49	6.90
样本2	4.87	5.92	0.87	10.45	1.00	0.66
样本3	3.28	8.16	0.44	24.32	0.52	0.35
样本4	2.21	5.84	0.44	15.92	2.15	1.24
样本5	7.16	7.45	0.44	5.43	8.18	2.46
样本6	2.66	4.80	0.18	4.84	3.24	2.56
样本7	1.37	2.38	0.31	10.91	6.67	4.04

说明:(1)存货周转率=主营业务成本/平均存货成本。

(2)应收账款周转率=主营业务收入/平均应收账款余额。

（3）总资产周转率＝主营业务收入/平均资产总额。

（4）净资产收益率＝税后利润/所有者权益×100%。

（5）流动比率＝流动资产/流动负债。

（6）速动比率＝（流动资产－存货）/流动负债。

6. 最近五年的企业毛利率

表2-123　　　　　　　　　　　近五年公司毛利率情况表　　　　　　　　　　　%

样本公司	2016年	2015年	2014年	2013年	2012年	备注
样本1	17.39	16.18	15.38	13.77	16.78	
样本2	27.83	27.39	26.02	22.64	23.20	
样本3	52.19	32.31	9.33	12.29	3.45	
样本4	45.43	27.22	39.98	37.99	43.68	
样本5	25.66	17.73	15.44	16.25	27.21	
样本6	31.99	37.03	28.86	24.86	37.88	
样本7	38.97	36.59	36.84	38.11	43.26	

三、样本公司2016年度合并报表税收数据

1. 整体税费

表2-124　　　　　　　　　　　整体税费情况表

样本公司	年末应交税费余额/万元	本年应交税费额/万元	整体应缴负担率/%	整体税费入库率/%	母公司企业所得税税率/%	备注
样本1	274.35	7 522.92	6.2	96.4	15.00	
样本2	8 723.16	31 231.57	6.5	72.1	25.00	
样本3	1 757.68	5 686.63	8.0	69.1	15.00	
样本4	19 388.68	55 076.53	11.7	64.8	15.00	
样本5	195.12	2 836.04	5.2	93.1	15.00	
样本6	2 288.56	12 295.67	5.4	81.4	15.00	a
样本7	2 902.39	13 467.84	18.0	78.4	15.00	

说明：（1）当期应缴各项税费额不含个人所得税（部分公司没有公布年末应交个人所得税数据）。

（2）整体应交税费负担率＝当期应交税费额/当期营业总收入数×100%。

（3）整体税费入库率＝（整体应交税费额－年末税费余额）/整体应交税费额×100%。

（4）备注栏中a表示财务报告中"应交税费——增值税年初余额或年末余额"的列示不符合增值税在财务报表项目中的列示规定。

2. 增值税、企业所得税税负率、入库率

表2-125　　　　　　　增值税、企业所得税税负率、入库率情况表　　　　　　　%

样本公司	增值税应缴负担率	增值税入库率	所得税应缴负担率	所得税入库率	年末应缴税余额：城建税与流转税之比	年末应缴税余额：教育附加费与流转税之比	备注
样本1	4.5	96.8	0.4	86.0	7.0	5.0	
样本2	3.8	86.9	1.7	41.9	10.2	5.2	
样本3	3.7	100.0	1.4	25.9	—	—	
样本4	3.4	90.5	6.5	47.1	15.1	—	
样本5	1.6	97.4	2.0	92.5	5.9	4.2	
样本6	—	—	4.9	84.6	47.4	33.9	a
样本7	9.9	95.2	6.5	50.3	14.2	10.8	

说明：（1）增值税应缴负担率=增值税应缴税额/增值税销售额×100%。

（2）企业所得税应缴负担率=当期企业所得税应缴税额/营业总收入×100%（部分公司当期企业所得税应缴税额含以前年度调整额）。

（3）税种入库率=（税种应交税费–税种年末余额）/税种应交税费×100%。

（4）营业总收入额：取自样本公司2016年度报告——合并利润表中的"营业总收入"栏。

（5）备注栏中a表示财务报告中"应交税费——增值税年初余额或年末余额"的列示不符合增值税在财务报表项目中的列示规定。

3. 收到税费返还、支付各项税费、年末应交营业税余额

表2-126　　　　　收到税费返还、支付各项税费、年末应交营业税余额情况表

样本公司	收到的税费返还金额/万元	支付的各项税费金额/万元	年末应交营业税余额/万元	万元总资产实际贡献税费额/元
样本1	4 478.45	7 310.74	—	242.28
样本2	16 897.42	28 318.29	—	514.23
样本3	1 115.33	4 832.30	—	296.95
样本4	15 273.92	44 112.68	—	417.44
样本5	227.01	2 721.54	—	219.81

续表2-126

样本公司	收到的税费返还金额/万元	支付的各项税费金额/万元	年末应交营业税余额/万元	万元总资产实际贡献税费额/元
样本6	4 385.94	13 719.36	—	109.40
样本7	—	12 280.07	—	503.80

说明：（1）收到的税费返还额：取自样本公司2016年度报告——合并现金流量表中的"收到的税费返还"栏。

（2）支付的各项税费金额：取自样本公司2016年度报告——合并现金流量表中的"支付的各项税费"栏。

（3）年末应交营业税余额：取自样本公司2016年度报告——财务报告附注中的"应交税费——应交营业税"。

（4）万元总资产实际贡献税费额＝年度实际支付的各项税费/[（总资产年初余额+总资产年末余额）/2]（注：各项税费单位是元，平均总资产单位是万元）。

四、税收风险分析

（一）样本公司可能存在的风险

（1）个别样本公司薪酬工资率高于75%（见表2-120）。

在7家样本公司中，薪酬工资率超过75%的有4家。工资只是薪酬的一部分；"五险"是法定的，约为工资的33%。薪酬工资率大于75%可能存在企业有未参保人员问题，其工资的合理性值得关注。

（2）个别样本公司研发投入数据与财报中的相关数据逻辑不符（见表2-121）。

对这个问题的分析，详见本书第一章"第三节 上市公司2016年度存在的主要共性税收问题"。

（3）个别样本公司企业所得税预缴率低于75%（见表2-125）。

企业所得税预交率低于75%的有4家。对这一问题的原理分析，详见本书第一章"第三节 上市公司2016年度存在的主要共性税收问题"。

（4）个别样本公司流转税与其附加交纳不同步（见表2-125）。

对这一问题的原理分析，详见本书第一章"第三节 上市公司2016年度存在的主要共性税收问题"。

（二）行业特殊税收政策

（1）增值税：自2015年1月1日起，药品生产企业销售自产创新药的销售额，为向购买方收取的全部价款和价外费用，其提供给患者后续免费使用的相同创新药，不属于增值税视同销售范围。

创新药，是指经国家食品药品监督管理部门批准注册、获批前未曾在中国境内外上市销售，通过合成或者半合成方法制得的原料药及其制剂。

相关文件：财税〔2015〕4号。

（2）企业所得税：固定资产可以加速折旧。

相关文件：财税〔2015〕106号。

2720. 化学药品制剂制造

化学药品制剂制造，指直接用于人体疾病防治、诊断的化学药品制剂的制造。

国民经济行业代码：2720。

一、2016年行业概况

2016年规模以上医药制造业企业主营业务收入合计28 062.9亿元，同比增长9.7%，增速较上年同期提高0.6个百分点；利润总额3 002.9亿元，同比增长13.9%，增速较上年同期提高2.67个百分点。（资料来源：国家统计局）

以化学药品制剂生产为主的企业，全年实现主营业务收入7 534.7亿元，同比增长10.8%，实现利润950.5亿元，同比增长16.8%；制剂产品出口交货值143.9亿元，同比下降7%。

二、样本公司2016年度合并报表财务数据

1. 样本公司

表2-127　　　　　　　　　　样本公司名单

样本号	证券代码	证券简称	母公司全称	注册省份	备注
1	600062.SH	华润双鹤	华润双鹤药业股份有限公司	北京	
2	600079.SH	人福医药	人福医药集团股份公司	湖北	
3	600276.SH	恒瑞医药	江苏恒瑞医药股份有限公司	江苏	
4	603168.SH	莎普爱思	浙江莎普爱思药业股份有限公司	浙江	
5	002294.SZ	信立泰	深圳信立泰药业股份有限公司	广东	
6	300558.SZ	贝达药业	贝达药业股份有限公司	浙江	

说明：行业样本公司选取标准为：上市公司2016年度合并报表中该行业营业收入超过主营业务总收入75%（公司的行业归类同时参考了证监会的行业分类结果和中证行业分类

结果），行业代码采用国民经济行业分类（GB/T 4754—2011）的行业代码。

2. 营业总收入、第一行业收入比重及毛利率

表2-128　　　　　　　　　营业总收入及毛利率情况表

样本公司	营业总收入额/万元	调整后营业总收入变动率/%	第一行业名称	第一行业收入占比/%	第一行业毛利率/%
样本1	549 480.39	6.9	心脑血管	97	53.0
样本2	1 233 095.01	22.6	药品	78	39.4
样本3	1 109 372.41	19.1	针剂药	100	87.0
样本4	97 873.21	6.2	滴眼液	77	94.6
样本5	383 349.02	10.2	制剂产品	79	87.0
样本6	103 506.09	13.2	埃克替尼	100	96.8

说明：第一行业收入占比＝第一行业收入/营业总收入额×100%。

3. 政府补贴、工资薪酬

表2-129　　　　　　　　　政府补贴、工资薪酬情况表

样本公司	计入营业外收入的政府补贴额/万元	政府补贴占利润总额的比重/%	年人均工资额/万元	薪酬工资率%
样本1	5 629.83	6.2	7.39	70.9
样本2	13 631.12	10.0	5.74	74.8
样本3	3 089.25	1.0	8.59	83.2
样本4	323.12	1.0	5.34	80.2
样本5	2 723.78	1.7	9.82	79.2
样本6	6 124.27	14.4	19.78	84.9

说明：（1）年人均工资额＝工资总额/领取工资的职工人数。

（2）薪酬工资率＝工资总额/（薪酬总额－辞退福利等非正常工资）×100%。

（3）政府补贴占利润总额的比重为负数时，表明企业亏损。

4. 研发投入

表2-130　　　　　　　　　研发投入情况表

样本公司	研发投入总额/万元	资本化的研发费用金额/万元	研发费用占营业收入的比重/%	管理费用——研究与开发费金额/万元
样本1	17 164.18	6 334.43	3.12	12 055.49
样本2	50 215.12	18 028.17	4.07	32 186.95

续表2-130

样本公司	研发投入总额/万元	资本化的研发费用金额/万元	研发费用占营业收入的比重/%	管理费用——研究与开发费金额/万元
样本3	118 434.83	—	10.68	118 434.83
样本4	2 902.44	—	2.97	2 902.44
样本5	30 004.50	7 577.22	7.83	22 427.28
样本6	16 150.31	18.49	15.60	16 150.31

5. 主要财务指标

表2-131　　　　　　　　　　　2016年主要财务指标表

样本公司	存货周转率/次	应收账款周转率/次	总资产周转率/次	净资产收益率/%	流动比率/次	速动比率/次
样本1	3.28	6.14	0.69	11.15	4.24	3.22
样本2	3.98	2.96	0.55	9.09	1.15	0.87
样本3	2.47	5.02	0.86	23.24	8.35	6.38
样本4	4.27	61.75	0.63	27.63	3.80	2.70
样本5	2.86	4.75	0.64	28.68	3.77	3.29
样本6	0.54	31.58	0.62	32.88	6.35	1.20

说明：（1）存货周转率＝主营业务成本/平均存货成本。

（2）应收账款周转率＝主营业务收入/平均应收账款余额。

（3）总资产周转率＝主营业务收入/平均资产总额。

（4）净资产收益率＝税后利润/所有者权益×100%。

（5）流动比率＝流动资产/流动负债。

（6）速动比率＝（流动资产－存货）/流动负债。

6. 最近五年的企业毛利率

表2-132　　　　　　近五年公司毛利率情况表　　　　　　　　　　　%

样本公司	2016年	2015年	2014年	2013年	2012年	备注
样本1	53.11	51.87	48.47	34.60	33.31	
样本2	36.79	36.35	41.33	41.52	39.84	
样本3	87.07	85.28	82.38	81.33	83.99	
样本4	76.47	73.64	70.64	69.08	66.80	

续表2-132

样本公司	2016年	2015年	2014年	2013年	2012年	备注
样本5	75.22	73.77	73.47	75.74	74.55	
样本6	96.83	96.95	96.53	95.55	93.09	

三、样本公司2016年度合并报表税收数据

1. 整体税费

表2-133　　　　　　　　　　整体税费情况表

样本公司	年末应交税费余额/万元	本年应交税费额/万元	整体应缴负担率/%	整体税费入库率/%	母公司企业所得税税率/%	备注
样本1	10 405.53	88 702.70	16.1	88.3	15.00	
样本2	25 475.57	103 674.82	8.4	75.4	25.00	
样本3	28 849.52	214 061.77	19.3	86.5	15.00	
样本4	3 359.57	16 495.34	16.9	79.6	15.00	
样本5	18 095.60	81 067.68	21.1	77.7	15.00	
样本6	2 153.62	23 025.91	22.2	90.6	15.00	

说明：（1）当期应缴各项税费额不含个人所得税（部分公司没有公布年末应交个人所得税数据）。

（2）整体应交税费负担率＝当期应交税费额/当期营业总收入数×100%。

（3）整体税费入库率＝(整体应交税费额－年末税费余额)/整体应交税费额×100%。

2. 增值税、企业所得税税负率、入库率

表2-134　　　　　　　增值税、企业所得税税负率、入库率情况表　　　　　　%

样本公司	增值税应缴负担率	增值税入库率	所得税应缴负担率	所得税入库率	年末应缴税余额：城建税与流转税之比	年末应缴税余额：教育附加费与流转税之比	备注
样本1	10.8	92.2	3.4	74.3	6.7	5.5	
样本2	5.1	94.9	2.3	29.2	6.3	3.1	b
样本3	13.8	87.7	3.6	86.0	12.9	9.2	
样本4	10.8	96.9	4.6	37.6	17.7	13.0	

续表2-134

样本公司	增值税应缴负担率	增值税入库率	所得税应缴负担率	所得税入库率	年末应缴税余额：城建税与流转税之比	年末应缴税余额：教育附加费与流转税之比	备注
样本5	12.8	88.5	6.6	53.5	6.8	5.0	
样本6	14.7	94.1	5.6	83.0	7.0	5.0	

说明：（1）增值税应缴负担率＝增值税应缴税额/增值税销售额×100%。

（2）企业所得税应缴负担率＝当期企业所得税应缴税额/营业总收入×100%（部分公司当期企业所得税应缴税额含以前年度调整额）。

（3）税种入库率＝（税种应交税费－税种年末余额）/税种应交税费×100%。

（4）营业总收入额：取自样本公司2016年度报告——合并利润表中的"营业总收入"栏。

（5）备注栏中b表示2016年公司有营业税收入。

3. 收到税费返还、支付各项税费、年末应交营业税余额

表2-135 收到税费返还、支付各项税费、年末应交营业税余额情况表

样本公司	收到的税费返还金额/万元	支付的各项税费金额/万元	年末应交营业税余额/万元	万元总资产实际贡献税费额/元
样本1	68.94	89 987.12	—	1 124.51
样本2	1 783.64	94 167.06	264.61	422.47
样本3	—	206 274.70	—	1 597.37
样本4	—	13 916.07	—	892.88
样本5	24.86	76 510.14	—	1 283.62
样本6	219.77	23 126.97	—	1 395.57

说明：（1）收到的税费返还额：取自样本公司2016年度报告——合并现金流量表中的"收到的税费返还"栏。

（2）支付的各项税费金额：取自样本公司2016年度报告——合并现金流量表中的"支付的各项税费"栏。

（3）年末应交营业税余额：取自样本公司2016年度报告——财务报告附注中的"应交税费——应交营业税"。

（4）万元总资产实际贡献税费额＝年度实际支付的各项税费/[（总资产年初余额+总资产年末余额）/2]（注：各项税费单位是元，平均总资产单位是万元）。

四、税收风险分析

（一）样本公司可能存在的风险

（1）个别样本公司薪酬工资率高于75%（见表2-129）。

在6家样本公司中，薪酬工资率超过75%的有4家。工资只是薪酬的一部分；"五险"是法定的，约为工资的33%。薪酬工资率大于75%可能存在企业有未参保人员问题，其工资的合理性值得关注。

（2）个别样本公司研发投入数据与财报中的相关数据逻辑不符（见表2-130）。

对这个问题的分析，详见本书第一章"第三节 上市公司2016年度存在的主要共性税收问题"。

（3）个别样本公司企业所得税预缴率低于75%（见表2-133）。

样本公司中，企业所得税预交率低于75%的有4家。对这一问题的原理分析，详见本书第一章"第三节 上市公司2016年度存在的主要共性税收问题"。

（4）个别样本公司流转税与其附加交纳不同步（见表2-134）。

对这一问题的原理分析，详见本书第一章"第三节 上市公司2016年度存在的主要共性税收问题"。

（5）个别样本公司可能存在欠缴营业税问题（见表2-135）。

样本公司中，有1家公司应交营业税2016年末有余额，××医药公司2016年末应交税费——营业税余额为264.61万元。对这一问题的原理分析详见本书第一章"第三节上市公司2016年度存在的主要共性税收问题"。

（二）行业特殊税收政策

（1）增值税：自2015年1月1日起，药品生产企业销售自产创新药的销售额，为向购买方收取的全部价款和价外费用，其提供给患者后续免费使用的相同创新药，不属于增值税视同销售范围。

创新药，是指经国家食品药品监督管理部门批准注册、获批前未曾在中国境内外上市销售，通过合成或者半合成方法制得的原料药及其制剂。

相关文件：财税〔2015〕4号。

（2）企业所得税：固定资产可以加速折旧。

相关文件：财税〔2015〕106号。

2740. 中成药生产

中成药生产,指直接用于人体疾病防治的传统药的加工生产活动。

国民经济行业代码:2740。

一、2016年行业概况

2016年规模以上医药制造业企业主营业务收入合计28 062.9亿元,同比增长9.7%,增速较上年同期提高0.6个百分点;利润总额3 002.9亿元,同比增长13.9%,增速较上年同期提高2.67个百分点。(数据来源:国家统计局)

2015年医药工业规模以上企业实现主营业务收入26 885.19亿元,同比增长9.02%,其中中药饮片同比增长12.49%,生物药品制造同比增长10.33%。

2015年中国医药工业总产值已经达到2.88万亿元。中成药工业总产值达6 986亿元,同比增长13.76%。

目前我国医药制造企业超过7 000家,药品市场规模占全球15%。

自2015年下半年起,我国医药行业的政策环境出现明显变化:监管部门通过严格审批(临床自查、提高审批门槛、一致性评价),整顿流通(两票制、94号文),对产业进行从上游(文号审批)到中游(流通)的规则重构。

2016年我国医药行业三大终端药品市场规模14 975亿元,增速8.3%,较2015年增速放缓2.7个百分点。全国药品零售药店终端市场规模3 375亿元,同比增长8.5%,增幅回落1.5个百分点。(数据来源:米内网)

二、样本公司2016年度合并报表财务数据

1. 样本公司

表2-136　　　　　　　　　　样本公司名单

样本号	证券代码	证券简称	母公司全称	注册省份	备注
1	600252.SH	中恒集团	广西梧州中恒集团股份有限公司	广西	
2	603858.SH	步长制药	山东步长制药股份有限公司	山东	
3	000423.SZ	东阿阿胶	东阿阿胶股份有限公司	山东	
4	000650.SZ	仁和药业	仁和药业股份有限公司	江西	

续表2-136

样本号	证券代码	证券简称	母公司全称	注册省份	备注
5	000989.SZ	九芝堂	九芝堂股份有限公司	湖南	
6	002275.SZ	桂林三金	桂林三金药业股份有限公司	广西	
7	002424.SZ	贵州百灵	贵州百灵企业集团制药股份有限公司	贵州	
8	002737.SZ	葵花药业	葵花药业集团股份有限公司	黑龙江	
9	300039.SZ	上海凯宝	上海凯宝药业股份有限公司	上海	

说明：行业样本公司选取标准为：上市公司2016年度合并报表中该行业营业收入超过主营业务总收入75%（公司的行业归类同时参考了证监会的行业分类结果和中证行业分类结果），行业代码采用国民经济行业分类（GB/T 4754—2011）的行业代码。

2. 营业总收入、第一行业收入比重及毛利率

表2-137　　　　　　　营业总收入及毛利率情况表

样本公司	营业总收入额/万元	调整后营业总收入变动率/%	第一行业名称	第一行业收入占比/%	第一行业毛利率/%
样本1	167 006.20	24.3	心脑血管	84	80.2
样本2	1 232 088.31	5.7	心脑血管	81	85.7
样本3	631 713.53	15.9	阿胶及系列	85	74.1
样本4	356 707.83	41.3	药品	85	32.5
样本5	267 379.80	206.8	中成药	76	69.8
样本6	152 522.40	9.7	中成药	94	75.4
样本7	221 421.11	16.6	成药	96	64.9
样本8	336 358.11	10.8	中成药	77	59.1
样本9	149 715.12	7.3	针剂	94	82.4

说明：第一行业收入占比＝第一行业收入/营业总收入额×100%。

3. 政府补贴、工资薪酬

表2-138　　　　　　　政府补贴、工资薪酬情况表

样本公司	计入营业外收入的政府补贴额/万元	政府补贴占利润总额的比重/%	年人均工资额/万元	薪酬工资率/%
样本1	1 645.73	2.7	7.64	81.3
样本2	14 603.69	6.9	5.91	77.9
样本3	1 847.54	0.8	7.96	81.7

续表2-138

样本公司	计入营业外收入的政府补贴额/万元	政府补贴占利润总额的比重/%	年人均工资额/万元	薪酬工资率/%
样本4	677.93	1.2	5.17	84.9
样本5	2 988.77	3.9	4.16	69.7
样本6	1 628.11	3.4	6.14	72.7
样本7	997.51	1.7	4.41	84.9
样本8	8 023.54	19.0	5.30	81.1
样本9	728.32	2.2	10.25	87.2

说明：（1）年人均工资额 = 工资总额/领取工资的职工人数。

（2）薪酬工资率 = 工资总额/（薪酬总额 – 辞退福利等非正常工资）× 100%。

4. 研发投入

表2-139 研发投入情况表

样本公司	研发投入总额/万元	资本化的研发费用金额/万元	研发费用占营业收入的比重/%	管理费用——研究与开发费金额/万元
样本1	6 234.78	—	3.73	6 234.78
样本2	45 891.63	6 132.81	3.72	39 758.82
样本3	16 802.71	84.34	2.66	16 718.36
样本4	2 764.76	—	0.78	2 163.64
样本5	7 821.35	—	2.93	5 468.02
样本6	6 563.01	—	4.30	3 759.14
样本7	7 438.62	4 991.55	3.36	2 447.07
样本8	6 205.32	—	1.84	—
样本9	5 338.93	—	3.57	4 820.19

5. 主要财务指标

表2-140 2016年主要财务指标表

样本公司	存货周转率/次	应收账款周转率/次	总资产周转率/次	净资产收益率/%	流动比率/次	速动比率/次
样本1	0.56	44.86	0.26	9.53	3.47	2.68
样本2	1.91	10.60	0.72	21.21	1.49	1.22
样本3	0.88	18.21	0.68	24.10	5.09	1.30
样本4	5.47	13.74	1.02	14.56	3.10	2.30

续表2-140

样本公司	存货周转率/次	应收账款周转率/次	总资产周转率/次	净资产收益率/%	流动比率/次	速动比率/次
样本5	1.92	14.88	0.58	16.56	4.75	3.68
样本6	2.40	16.44	0.54	16.33	4.61	3.52
样本7	1.20	4.04	0.55	17.60	2.84	2.18
样本8	2.36	9.80	0.84	11.86	2.34	1.38
样本9	1.59	3.50	0.60	13.48	6.71	4.82

说明：（1）存货周转率＝主营业务成本/平均存货成本。

（2）应收账款周转率＝主营业务收入/平均应收账款余额。

（3）总资产周转率＝主营业务收入/平均资产总额。

（4）净资产收益率＝税后利润/所有者权益×100%。

（5）流动比率＝流动资产/流动负债。

（6）速动比率＝（流动资产－存货）/流动负债。

6. 最近五年的企业毛利率

表2-141   近五年公司毛利率情况表   %

样本公司	2016年	2015年	2014年	2013年	2012年	备注
样本1	73.69	72.53	77.99	80.75	72.32	
样本2	83.17	82.79	80.42	81.28	81.11	
样本3	66.95	64.61	65.54	63.48	73.65	
样本4	36.61	44.56	45.73	44.45	39.39	
样本5	59.88	79.17	54.69	55.66	54.53	
样本6	73.10	72.53	71.69	72.75	70.43	
样本7	64.37	62.06	60.87	60.21	54.50	
样本8	58.34	55.57	61.99	63.97	62.73	
样本9	81.25	82.06	84.47	84.56	83.79	

三、样本公司2016年度合并报表税收数据

1. 整体税费

表2-142   整体税费情况表

样本公司	年末应交税费余额/万元	本年应交税费额/万元	整体应缴负担率/%	整体税费入库率/%	母公司企业所得税税率/%	备注
样本1	11 930.35	44 419.77	26.6	73.1	25.00	

续表2-142

样本公司	年末应交税费余额/万元	本年应交税费额/万元	整体应缴负担率/%	整体税费入库率/%	母公司企业所得税税率/%	备注
样本2	28 226.86	234 107.75	19.0	87.9	25.00	
样本3	15 513.18	96 017.65	15.2	83.8	15.00	
样本4	13 513.87	38 372.54	10.8	64.8	25.00	
样本5	6 271.54	44 531.68	16.7	85.9	15.00	
样本6	6 521.56	31 159.06	20.4	79.1	15.00	
样本7	3 034.81	36 527.38	16.5	91.7	15.00	
样本8	10 898.67	52 112.91	15.5	79.1	25.00	
样本9	1 487.36	28 476.93	19.0	94.8	15.00	

说明：（1）当期应缴各项税费额不含个人所得税（部分公司没有公布年末应交个人所得税数据）。

（2）整体应交税费负担率＝当期应交税费额/当期营业总收入数×100%。

（3）整体税费入库率＝（整体应交税费额－年末税费余额）/整体应交税费额×100%。

2. 增值税、企业所得税税负率、入库率

表2-143　　　　　　增值税、企业所得税税负率、入库率情况表　　　　　　%

样本公司	增值税应缴负担率	增值税入库率	所得税应缴负担率	所得税入库率	年末应缴税余额：城建税与流转税之比	年末应缴税余额：教育附加费与流转税之比	备注
样本1	14.6	82.1	9.1	56.5	7.0	9.6	
样本2	14.3	87.1	2.6	88.3	1.8	2.9	
样本3	8.3	88.1	5.7	77.0	3.6	3.6	
样本4	6.1	88.5	3.7	21.9	10.6	7.8	
样本5	10.6	86.8	4.4	81.7	5.9	4.4	
样本6	12.8	86.1	5.7	64.6	8.4	6.1	
样本7	10.5	90.8	4.4	93.6	7.0	5.3	
样本8	10.5	79.7	3.1	71.2	5.0	3.5	
样本9	14.4	97.1	3.5	84.8	1.3	7.9	

说明：（1）增值税应缴负担率＝增值税应缴税额/增值税销售额×100%。

（2）企业所得税应缴负担率＝当期企业所得税应缴税额/营业总收入×100%（部分公司当期企业所得税应缴税额含以前年度调整额）。

（3）税种入库率＝（税种应交税费－税种年末余额）/税种应交税费×100%。

（4）营业总收入额：取自样本公司2016年度报告——合并利润表中的"营业总收入"栏。

3. 收到税费返还、支付各项税费、年末应交营业税余额

表2-144　　　收到税费返还、支付各项税费、年末应交营业税余额情况表

样本公司	收到的税费返还金额/万元	支付的各项税费金额/万元	年末应交营业税余额/万元	万元总资产实际贡献税费额/元
样本1	—	34 222.62	—	542.37
样本2	—	246 599.84	—	1 432.11
样本3	13.91	90 112.76	—	971.12
样本4	29.05	37 970.13	—	1 081.59
样本5	—	42 132.08	—	909.13
样本6	—	28 226.90	—	994.66
样本7	—	41 870.16	—	1 036.71
样本8	815.94	50 081.90	—	1 253.89
样本9	—	29 857.09	—	1 205.23

说明：（1）收到的税费返还额：取自样本公司2016年度报告——合并现金流量表中的"收到的税费返还"栏。

（2）支付的各项税费金额：取自样本公司2016年度报告——合并现金流量表中的"支付的各项税费"栏。

（3）年末应交营业税余额：取自样本公司2016年度报告——财务报告附注中的"应交税费——应交营业税"。

（4）万元总资产实际贡献税费额＝年度实际支付的各项税费/[（总资产年初余额+总资产年末余额）/2]（注：各项税费单位是元，平均总资产单位是万元）。

四、税收风险分析

（一）样本公司可能存在的风险

（1）个别样本公司薪酬工资率高于75%（见表2-138）。

在9家样本公司中，薪酬工资率超过75%的有7家。工资只是薪酬的一部分；"五险"是法定的，约为工资的33%。薪酬工资率大于75%可能存在企业有未参保人员问题，其工资的合理性值得关注。

（2）个别样本公司研发投入数据与财报中的相关数据逻辑不符（见表

2-139）。

对这个问题的分析，详见本书第一章"第三节　上市公司2016年度存在的主要共性税收问题"。

（3）个别样本公司企业所得税预缴率低于75%（见表2-143）。

样本公司中，企业所得税预交率低于75%的有4家。对这一问题的原理分析，详见本书第一章"第三节　上市公司2016年度存在的主要共性税收问题"。

（4）个别样本公司流转税与其附加交纳不同步（见表2-143）。

对这一问题的原理分析，详见本书第一章"第三节　上市公司2016年度存在的主要共性税收问题"。

（二）行业特殊税收政策

1. 增值税

（1）采购农产品进项税额抵扣问题。

（2）自2015年1月1日起，药品生产企业销售自产创新药的销售额，为向购买方收取的全部价款和价外费用，其提供给患者后续免费使用的相同创新药，不属于增值税视同销售范围。

创新药，是指经国家食品药品监督管理部门批准注册、获批前未曾在中国境内外上市销售，通过合成或者半合成方法制得的原料药及其制剂。

相关文件：财税〔2015〕4号。

2. 企业所得税

固定资产可以加速折旧。

相关文件：财税〔2015〕106号。

2822. 涤纶纤维制造行业

涤纶纤维制造，也称聚酯纤维制造，是指以聚对苯二甲酸乙二醇酯（简称聚酯）为原料生产合成纤维的活动。

国民经济行业代码：2822。

一、2016年行业概况

2016年底，我国共有PX生产厂家19家，总产能在1439.6万吨/年。

2016年国内己内酰胺的表观消费量约为231.5万吨，表观消费增长12.8%。

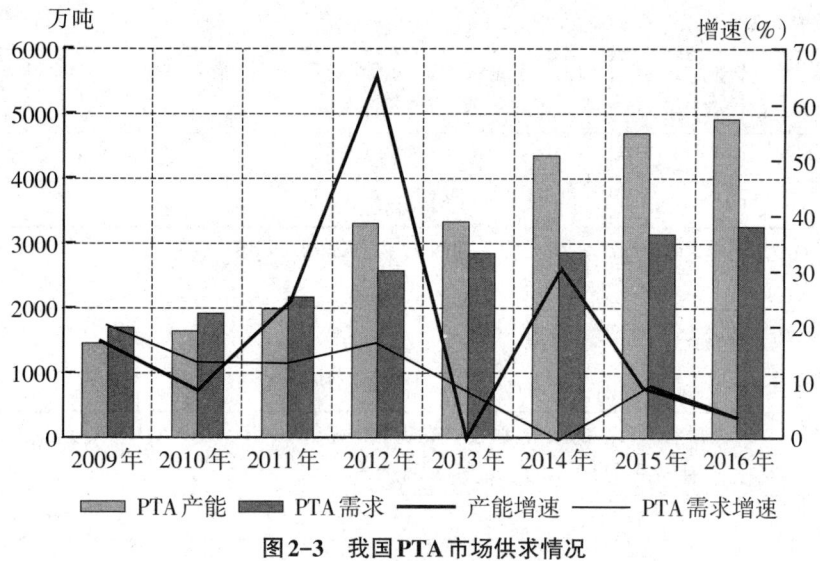

图2-3 我国PTA市场供求情况

二、样本公司2016年度合并报表财务数据

1. 样本公司

表2-145　　　　　　　　　　样本公司名单

样本号	证券代码	证券简称	母公司全称	注册省份	备注
1	600346.SH	恒力股份	恒力石化股份有限公司	辽宁	3,5
2	000936.SZ	华西股份	江苏华西村股份有限公司	江苏	
3	002427.SZ	尤夫股份	浙江尤夫高新纤维股份有限公司	浙江	

说明：（1）行业样本公司选取标准为：上市公司2016年度合并报表中该行业营业收入超过主营业务总收入75%（公司的行业归类同时参考了证监会的行业分类结果和中证行业分类结果），行业代码采用国民经济行业分类（GB/T 4754—2011）的行业代码。

（2）备注栏中3表示2016年主营业务发生变更。

（3）备注栏中5表示2016年发生重大资产重组。

2. 营业总收入、第一行业收入比重及毛利率

表2-146　　　　　　　　　营业总收入及毛利率情况表

样本公司	营业总收入额/万元	调整后营业总收入变动率/%	第一行业名称	第一行业收入占比/%	第一行业毛利率/%
样本1	1 923 995.84	4.0	聚酯纤维制造	79	13.8

续表2-146

样本公司	营业总收入额/万元	调整后营业总收入变动率/%	第一行业名称	第一行业收入占比/%	第一行业毛利率/%
样本2	212 532.13	5.6	涤纶短纤维	82	9.9
样本3	246 008.95	22.7	涤纶工业长丝	79	19.4

说明：第一行业收入占比 = 第一行业收入/营业总收入额 × 100%。

3. 政府补贴、工资薪酬

表2-147　　　　　政府补贴、工资薪酬情况表

样本公司	计入营业外收入的政府补贴额/万元	政府补贴占利润总额的比重/%	年人均工资额/万元	薪酬工资率/%
样本1	13 534.55	9.7	5.84	80.0
样本2	471.35	0.6	9.17	85.5
样本3	1 036.89	4.9	3.85	77.4

说明：（1）年人均工资额 = 工资总额/领取工资的职工人数。

（2）薪酬工资率 = 工资总额/（薪酬总额 - 辞退福利等非正常工资）× 100%。

4. 研发投入

表2-148　　　　　研发投入情况表

样本公司	研发投入总额/万元	资本化的研发费用金额/万元	研发费用占营业收入的比重/%	管理费用——研究与开发费金额/万元
样本1	12 010.28	—	0.62	12 010.28
样本2	162.39	—	0.08	162.39
样本3	9 035.56	—	3.67	9 035.56

5. 主要财务指标

表2-149　　　　　2016年主要财务指标表

样本公司	存货周转率/次	应收账款周转率/次	总资产周转率/次	净资产收益率/%	流动比率/次	速动比率/次
样本1	13.48	104.76	1.70	22.76	0.74	0.54
样本2	6.64	10.22	0.34	15.88	2.26	1.39
样本3	5.87	5.29	0.56	7.80	0.88	0.73

说明：（1）存货周转率 = 主营业务成本/平均存货成本。

（2）应收账款周转率＝主营业务收入/平均应收账款余额。

（3）总资产周转率＝主营业务收入/平均资产总额。

（4）净资产收益率＝税后利润/所有者权益×100%。

（5）流动比率＝流动资产/流动负债。

（6）速动比率＝（流动资产－存货）/流动负债。

6. 最近五年的企业毛利率

表2-150　　　　　　　　近五年公司毛利率情况表　　　　　　　　%

样本公司	2016年	2015年	2014年	2013年	2012年	备注
样本1	13.46	10.05	14.77	22.48	20.34	3,5
样本2	12.64	8.72	6.38	4.28	5.56	
样本3	19.31	16.27	15.13	11.03	12.22	

说明：（1）备注栏中3表示2016年主营业务发生变更。

（2）备注栏中5表示2016年发生重大资产重组。

三、样本公司2016年度合并报表税收数据

1. 整体税费

表2-151　　　　　　　　　　整体税费情况表

样本公司	年末应交税费余额/万元	本年应交税费额/万元	整体应缴负担率/%	整体税费入库率/%	母公司企业所得税税率/%	备注
样本1	8 085.94	97 143.20	5.0	91.7	25.00	3,5
样本2	14 979.33	23 080.28	10.9	35.1	25.00	
样本3	3 859.63	8 348.97	3.4	53.8	15.00	

说明：（1）当期应缴各项税费额不含个人所得税（部分公司没有公布年末应交个人所得税数据）。

（2）整体应交税费负担率＝当期应交税费额/当期营业总收入数×100%。

（3）整体税费入库率＝（整体应交税费额－年末税费余额）/整体应交税费额×100%。

（4）备注栏中3表示2016年主营业务发生变更。

（5）备注栏中5表示2016年发生重大资产重组。

2. 增值税、企业所得税税负率、入库率

表2-152　　　　　　　增值税、企业所得税税负率、入库率情况表　　　　　　　%

样本公司	增值税应缴负担率	增值税入库率	所得税应缴负担率	所得税入库率	年末应缴税余额：城建税与流转税之比	年末应缴税余额：教育附加费与流转税之比	备注
样本1	3.0	100.0	1.3	73.5	—		
样本2	0.8	91.9	9.7	28.7	45.9	45.7	
样本3	1.7	87.2	1.2	7.4	5.0	5.0	

说明：（1）增值税应缴负担率＝增值税应缴税额/增值税销售额×100%。

（2）企业所得税应缴负担率＝当期企业所得税应缴税额/营业总收入×100%（部分公司当期企业所得税应缴税额含以前年度调整额）。

（3）税种入库率＝（税种应交税费－税种年末余额）/税种应交税费×100%。

（4）营业总收入额：取自样本公司2016年度报告——合并利润表中的"营业总收入"栏。

3. 收到税费返还、支付各项税费、年末应交营业税余额

表2-153　　　收到税费返还、支付各项税费、年末应交营业税余额情况表

样本公司	收到的税费返还金额/万元	支付的各项税费金额/万元	年末应交营业税余额/万元	万元总资产实际贡献税费额/元
样本1	7 197.13	105 916.40	—	503.80
样本2	3 536.52	8 784.78	—	138.81
样本3	7 895.72	5 069.38	—	115.18

说明：（1）收到的税费返还额：取自样本公司2016年度报告——合并现金流量表中的"收到的税费返还"栏。

（2）支付的各项税费金额：取自样本公司2016年度报告——合并现金流量表中的"支付的各项税费"栏。

（3）年末应交营业税余额：取自样本公司2016年度报告——财务报告附注中的"应交税费——应交营业税"。

（4）万元总资产实际贡献税费额＝年度实际支付的各项税费/[（总资产年初余额+总资产年末余额）/2]（注：各项税费单位是元，平均总资产单位是万元）。

四、税收风险分析

（一）样本公司可能存在的风险

（1）个别样本公司薪酬工资率高于75%（见表2-147）。

在3家样本公司中，薪酬工资率全部超过75%。工资只是薪酬的一部分；"五险"是法定的，约为工资的33%。薪酬工资率大于75%可能存在企业有未参保人员问题，其工资的合理性值得关注。

（2）个别样本公司研发投入数据与财报中的相关数据逻辑不符（见表2-148）。

对这个问题的分析，详见本书第一章"第三节 上市公司2016年度存在的主要共性税收问题"。

（3）个别样本公司企业所得税预缴率低于75%（见表2-152）。

样本公司中，企业所得税预交率全部低于75%。对这一问题的原理分析，详见本书第一章"第三节 上市公司2016年度存在的主要共性税收问题"。

（4）个别样本公司流转税与其附加交纳不同步（见表2-152）。

对这一问题的原理分析，详见本书第一章"第三节 上市公司2016年度存在的主要共性税收问题"。

（二）行业特殊税收政策

（1）我国境内使用石脑油、燃料油生产乙烯、芳烃类化工产品的企业，仅以自营或委托方式进口油品生产化工产品，向进口消费税纳税地海关申请退还已缴纳的消费税。

相关文件：财税〔2013〕2号。

（2）企业所得税：固定资产可以加速折旧。

相关文件：财税〔2015〕106号。

2911. 轮胎制造

轮胎制造，包括橡胶轮胎外胎、橡胶内胎、橡胶实心或半实心轮胎、力车胎的制造活动。

国民经济行业代码：2911。

一、2016年行业概况

据中国橡胶协会数据，2016年全国汽车轮胎总产量约为6.10亿条，同比增长7.9%，其中子午胎5.65亿条，增长9.7%；斜胶胎0.45亿条，下降10%；子午化率92.6%。子午胎产量中，全钢胎1.21亿条，增长10%；半钢胎4.44亿条，增长9.6%。

2016年12月全钢子午胎价格指数为80.44，环比上升0.04个基点，同比上升1.92个基点；半钢轿车子午胎价格指数为90.14，环比持平，同比上升8.34个基点。

二、样本公司2016年度合并报表财务数据

1. 样本公司

表2-154　　　　　　　　　　　样本公司名单

样本号	证券代码	证券简称	母公司全称	注册省份	备注
1	600469.SH	风神股份	风神轮胎股份有限公司	河南	
2	601163.SH	三角轮胎	三角轮胎股份有限公司	山东	
3	601500.SH	通用股份	江苏通用科技股份有限公司	江苏	
4	601966.SH	玲珑轮胎	山东玲珑轮胎股份有限公司	山东	
5	000599.SZ	青岛双星	青岛双星股份有限公司	山东	

说明：行业样本公司选取标准为：上市公司2016年度合并报表中该行业营业收入超过主营业务总收入75%（公司的行业归类同时参考了证监会的行业分类结果和中证行业分类结果），行业代码采用国民经济行业分类（GB/T 4754—2011）的行业代码。

2. 营业总收入、第一行业收入比重及毛利率

表2-155　　　　　　　　　营业总收入及毛利率情况表

样本公司	营业总收入额/万元	调整后营业总收入变动率/%	第一行业名称	第一行业收入占比/%	第一行业毛利率/%
样本1	732 515.61	-10.4	轮胎	99	14.9
样本2	670 991.06	-6.6	轮胎	99	25.2
样本3	336 122.73	4.5	轮胎	99	16.1
样本4	1 051 780.83	20.4	轮胎	98	28.0
样本5	492 772.62	64.6	轮胎	80	16.9

说明：第一行业收入占比 = 第一行业收入/营业总收入额×100%。

3. 政府补贴、工资薪酬

表2-156 政府补贴、工资薪酬情况表

样本公司	计入营业外收入的政府补贴额/万元	政府补贴占利润总额的比重/%	年人均工资额/万元	薪酬工资率/%
样本1	1 210.97	8.7	4.89	70.1
样本2	2 508.22	2.6	5.07	68.6
样本3	1 263.83	6.4	5.43	84.0
样本4	4 350.28	3.9	6.12	81.5
样本5	3 424.79	36.2	8.03	76.0

说明：（1）年人均工资额 = 工资总额/领取工资的职工人数。

（2）薪酬工资率 = 工资总额/（薪酬总额 – 辞退福利等非正常工资）× 100%。

4. 研发投入

表2-157 研发投入情况表

样本公司	研发投入总额/万元	资本化的研发费用金额/万元	研发费用占营业收入的比重/%	管理费用——研究与开发费金额/万元
样本1	19 927.05	—	2.72	19 927.05
样本2	37 665.45	—	5.61	14 416.29
样本3	10 902.09	—	3.24	10 902.09
样本4	36 054.68	—	3.43	36 054.68
样本5	11 367.27	—	2.31	11 367.27

5. 主要财务指标

表2-158 2016年主要财务指标表

样本公司	存货周转率/次	应收账款周转率/次	总资产周转率/次	净资产收益率/%	流动比率/次	速动比率/次
样本1	6.93	9.72	1.00	3.78	0.73	0.45
样本2	4.45	12.90	0.61	19.57	2.08	1.16
样本3	3.26	12.56	0.92	9.15	1.59	0.75
样本4	4.47	6.64	0.61	16.34	0.87	0.59
样本5	4.48	5.13	0.75	3.67	1.16	0.76

说明：（1）存货周转率 = 主营业务成本/平均存货成本。

（2）应收账款周转率 = 主营业务收入/平均应收账款余额。

（3）总资产周转率 = 主营业务收入/平均资产总额。

（4）净资产收益率＝税后利润/所有者权益×100%。

（5）流动比率＝流动资产/流动负债。

（6）速动比率＝（流动资产－存货）/流动负债。

6. 最近五年的企业毛利率

表2-159　　　　　　　　近五年公司毛利率情况表　　　　　　　　　　　　%

样本公司	2016年	2015年	2014年	2013年	2012年	备注
样本1	14.96	19.47	22.07	20.26	18.81	
样本2	25.58	22.96	23.17	19.98	15.07	
样本3	16.73	17.06	17.41	17.47	15.74	
样本4	27.84	28.70	26.77	25.67	21.17	
样本5	14.64	19.49	14.47	10.13	9.01	

三、样本公司2016年度合并报表税收数据

1. 整体税费

表2-160　　　　　　　　　　　　整体税费情况表

样本公司	年末应交税费余额/万元	本年应交税费额/万元	整体应缴负担率/%	整体税费入库率/%	母公司企业所得税税率/%	备注
样本1	2 445.88	23 409.74	3.2	89.6	15.00	
样本2	7 439.24	53 212.35	7.9	86.0	15.00	
样本3	4 151.79	17 041.18	5.1	75.6	15.00	
样本4	11 774.52	38 454.54	3.7	69.4	15.00	
样本5	2 580.05	10 951.44	2.2	76.4	25.00	

说明：（1）当期应缴各项税费额不含个人所得税（部分公司没有公布年末应交个人所得税数据）。

（2）整体应交税费负担率＝当期应交税费额/当期营业总收入数×100%。

（3）整体税费入库率＝（整体应交税费额－年末税费余额）/整体应交税费额×100%。

2. 增值税、企业所得税税负率、入库率

表2-161　　　　　　　增值税、企业所得税税负率、入库率情况表　　　　　　　%

样本公司	增值税应缴负担率	增值税入库率	所得税应缴负担率	所得税入库率	年末应缴税余额：城建税与流转税之比	年末应缴税余额：教育附加费与流转税之比	备注
样本1	1.6	99.4	0.6	86.4	397.7	293.9	

续表2-161

样本公司	增值税应缴负担率	增值税入库率	所得税应缴负担率	所得税入库率	年末应缴税余额：城建税与流转税之比	年末应缴税余额：教育附加费与流转税之比	备注
样本2	4.1	92.5	2.5	78.0	11.6	8.3	
样本3	3.4	83.3	0.8	38.7	8.3	5.9	
样本4	1.4	63.3	1.2	73.6	—	—	
样本5	1.2	79.9	0.4	65.7	6.4	5.8	b

说明：（1）增值税应缴负担率＝增值税应缴税额/增值税销售额×100%。

（2）企业所得税应缴负担率＝当期企业所得税应缴税额/营业总收入×100%（部分公司当期企业所得税应缴税额含以前年度调整额）。

（3）税种入库率＝（税种应交税费－税种年末余额）/税种应交税费×100%。

（4）营业总收入额：取自样本公司2016年度报告——合并利润表中的"营业总收入"栏。

（5）备注栏中b表示2016年公司有营业税收入。

3. 收到税费返还、支付各项税费、年末应交营业税余额

表2-162　　　　收到税费返还、支付各项税费、年末应交营业税余额情况表

样本公司	收到的税费返还金额/万元	支付的各项税费金额/万元	年末应交营业税余额/万元	万元总资产实际贡献税费额/元
样本1	2 686.52	23 319.91	—	258.45
样本2	6 596.04	48 153.32	—	436.19
样本3	—	17 463.25	—	477.05
样本4	9 610.17	40 742.35	—	235.89
样本5	7 605.81	10 162.47	5.92	154.53

说明：（1）收到的税费返还额：取自样本公司2016年度报告——合并现金流量表中的"收到的税费返还"栏。

（2）支付的各项税费金额：取自样本公司2016年度报告——合并现金流量表中的"支付的各项税费"栏。

（3）年末应交营业税余额：取自样本公司2016年度报告——财务报告附注中的"应交税费——应交营业税"。

（4）万元总资产实际贡献税费额＝年度实际支付的各项税费/[（总资产年初余额+总资产年末余额）/2]（注：各项税费单位是元，平均总资产单位是万元）。

四、税收风险分析

（一）样本公司可能存在的风险

（1）个别样本公司薪酬工资率高于75%（见表2-156）。

在5家样本公司中，薪酬工资率超过75%的有3家。工资只是薪酬的一部分；"五险"是法定的，约为工资的33%。薪酬工资率大于75%可能存在企业有未参保人员问题，其工资的合理性值得关注。

（2）个别样本公司研发投入数据与财报中的相关数据逻辑不符（见表2-157）。

对这个问题的分析，详见本书第一章"第三节 上市公司2016年度存在的主要共性税收问题"。

（3）个别样本公司企业所得税预缴率低于75%（见表2-162）。

样本公司中，企业所得税预交率低于75%的有3家。对这一问题的原理分析，详见本书第一章"第三节 上市公司2016年度存在的主要共性税收问题"。

（5）个别样本公司流转税与其附加交纳不同步（见表2-161）。

对这一问题的原理分析，详见本书第一章"第三节 上市公司2016年度存在的主要共性税收问题"。

（5）个别样本公司可能存在欠缴营业税问题（见表2-162）。

样本公司中，有1家公司应交营业税2016年末有余额，××公司2016年末应交税费——营业税余额为5.92万元。对这一问题的原理分析，详见本书第一章"第三节 上市公司2016年度存在的主要共性税收问题"。

（二）行业税收新政、行业特殊税收政策

自2014年12月1日起，取消汽车轮胎消费税。

相关文件：财税〔2014〕93号。

3011. 水泥制造

水泥制造，指以水泥熟料加入适量石膏或一定混合材，经研磨设备（水泥磨）磨制到规定的细度，制成水凝水泥的生产活动，还包括水泥熟料的生产活动。

国民经济行业代码：3011。

一、2016 年行业概况

2016 年中国水泥产量 24.1 亿吨，同比增长 2.3%；水泥价格在 2016 年上半年探底后回升，水泥行业全年实现利润总额 518 亿元，同比增长 55%。（数据来源：国家统计局）

截至 2016 年年底，全国设计熟料产能达 18.3 亿吨，实际年熟料产能超过 20 亿吨，水泥产能超过 34 亿吨。据中国水泥协会统计，2016 年我国水泥熟料产能利用率仅 68.1%。

统计局的统计数据显示，2016 年 1—11 月，华北和西南地区水泥产量分别为 2.02 亿吨（占比约 9%）和 3.97 亿吨（占比约 18%），华东和中南地区水泥产量分别为 6.9 亿吨（占比约 31%）和 6.2 亿吨（占比约 28%），东北和西北地区水泥产量分别为 1.03 亿吨（占比 5%）和 1.9 亿吨（占比 9%）。

2016 年，国务院办公厅下发了《关于促进建材工业稳增长调结构增效益的指导意见》（国办发〔2016〕34 号文），提出控制新增产能、淘汰落后产能、推进联合重组。

二、样本公司 2016 年度合并报表财务数据

1. 样本公司

表 2-163　　　　　　　　　　　　样本公司名单

样本号	证券代码	证券简称	母公司全称	注册省份	备注
1	600449.SH	宁夏建材	宁夏建材集团股份有限公司	宁夏	
2	600585.SH	海螺水泥	安徽海螺水泥股份有限公司	安徽	
3	600720.SH	祁连山	甘肃祁连山水泥集团股份有限公司	甘肃	
4	600801.SH	华新水泥	华新水泥股份有限公司	湖北	
5	000401.SZ	冀东水泥	唐山冀东水泥股份有限公司	河北	
6	000789.SZ	万年青	江西万年青水泥股份有限公司	江西	
7	000877.SZ	天山股份	新疆天山水泥股份有限公司	新疆	
8	000885.SZ	同力水泥	河南同力水泥股份有限公司	河南	
9	000935.SZ	四川双马	四川双马水泥股份有限公司	四川	
10	002233.SZ	塔牌集团	广东塔牌集团股份有限公司	广东	

说明：行业样本公司选取标准为：上市公司 2016 年度合并报表中该行业营业收入超过主营业务总收入 75%（公司的行业归类同时参考了证监会的行业分类结果和中证行业分类

结果),行业代码采用国民经济行业分类(GB/T 4754—2011)的行业代码。

2. 营业总收入、第一行业收入比重及毛利率

表2-164 营业总收入及毛利率情况表

样本公司	营业总收入额/万元	调整后营业总收入变动率/%	第一行业名称	第一行业收入占比/%	第一行业毛利率/%
样本1	368 890.06	15.8	水泥及熟料	83	26.7
样本2	5 593 190.10	9.7	水泥	87	34.0
样本3	511 447.42	5.6	水泥	90	28.1
样本4	1 352 575.95	1.9	水泥	88	26.0
样本5	1 233 515.49	11.0	水泥	83	24.2
样本6	565 776.57	1.3	水泥	75	25.5
样本7	500 126.21	−0.9	水泥	84	23.6
样本8	313 663.46	−2.9	水泥	78	26.4
样本9	223 795.83	13.3	水泥	100	17.0
样本10	362 916.65	−5.3	水泥	91	27.0

说明:第一行业收入占比=第一行业收入/营业总收入额×100%。

3. 政府补贴、工资薪酬

表2-165 政府补贴、工资薪酬情况表

样本公司	计入营业外收入的政府补贴额/万元	政府补贴占利润总额的比重/%	年人均工资额/万元	薪酬工资率/%
样本1	10 393.99	73.8	5.98	69.6
样本2	82 063.16	7.0	6.95	72.1
样本3	1 382.69	7.4	5.80	68.7
样本4	14 186.80	17.6	6.86	65.8
样本5	31 164.26	156.7	5.82	66.4
样本6	7 222.29	14.7	4.79	77.9
样本7	8 928.84	161.5	5.28	72.7
样本8	8 195.14	54.8	8.33	67.9
样本9	4 008.95	25.3	9.97	70.1
样本10	646.40	1.1	7.65	80.0

说明:(1)年人均工资额=工资总额/领取工资的职工人数。

(2)薪酬工资率=工资总额/(薪酬总额−辞退福利等非正常工资)×100%。

（3）政府补贴占利润总额的比重为负数时表明企业亏损。

4. 研发投入

表2-166　　　　　　　　　　　　研发投入情况表

样本公司	研发投入总额/万元	资本化的研发费用金额/万元	研发费用占营业收入的比重/%	管理费用——研究与开发费金额/万元
样本1	—	—	—	—
样本2	—	—	—	—
样本3	—	—	—	—
样本4	7 312.93	—	0.54	—
样本5	648.74	—	0.05	—
样本6	—	—	—	—
样本7	19 301.00	1 548.08	3.86	—
样本8	153.56	—	0.05	—
样本9	—	—	—	—
样本10	341.17	—	0.09	—

5. 主要财务指标

表2-167　　　　　　　　　　　　2016年主要财务指标表

样本公司	存货周转率/次	应收账款周转率/次	总资产周转率/次	净资产收益率/%	流动比率/次	速动比率/次
样本1	7.39	4.47	0.47	1.38	0.96	0.78
样本2	8.60	103.89	0.52	11.59	1.72	1.38
样本3	5.50	9.27	0.48	3.43	0.75	0.47
样本4	8.59	22.71	0.51	4.61	0.76	0.62
样本5	6.08	8.37	0.30	0.52	0.52	0.38
样本6	11.57	9.60	0.65	8.44	0.98	0.75
样本7	6.14	6.52	0.26	1.61	0.40	0.30
样本8	7.31	37.19	0.51	1.93	0.43	0.19
样本9	12.90	10.03	0.41	3.16	0.43	0.33
样本10	6.62	33.26	0.57	10.10	1.64	0.65

说明：（1）存货周转率＝主营业务成本/平均存货成本。

（2）应收账款周转率＝主营业务收入/平均应收账款余额。

（3）总资产周转率＝主营业务收入/平均资产总额。

（4）净资产收益率＝税后利润/所有者权益×100%。

（5）流动比率＝流动资产/流动负债。

（6）速动比率＝（流动资产－存货）/流动负债。

6. 最近五年的企业毛利率

表2-168 近五年公司毛利率情况表 %

样本公司	2016年	2015年	2014年	2013年	2012年	备注
样本1	28.94	24.41	28.48	28.40	20.15	
样本2	32.47	27.64	33.73	33.01	27.76	
样本3	28.24	21.98	29.52	29.52	21.20	
样本4	26.28	23.66	29.49	27.93	24.40	
样本5	24.17	15.32	20.96	25.48	23.66	
样本6	23.52	21.06	27.24	26.10	19.62	
样本7	21.54	13.14	20.57	21.31	20.31	
样本8	25.34	20.97	22.61	20.19	22.71	
样本9	16.98	10.54	20.00	17.37	9.02	
样本10	26.10	23.32	29.51	25.86	21.89	

三、样本公司2016年度合并报表税收数据

1. 整体税费

表2-169 整体税费情况表

样本公司	年末应交税费余额/万元	本年应交税费额/万元	整体应缴负担率/%	整体税费入库率/%	母公司企业所得税税率/%	备注
样本1	4 879.62	40 723.90	11.0	88.0	25.00	
样本2	151 309.00	836 874.61	15.0	81.9	25.00	
样本3	3 239.21	50 016.83	9.8	93.5	25.00	
样本4	24 570.35	129 046.40	9.5	81.0	25.00	
样本5	29 895.66	150 141.03	12.2	80.1	25.00	
样本6	11 837.31	56 449.03	10.0	79.0	25.00	
样本7	5 290.42	46 240.42	9.2	88.6	25.00	
样本8	2 542.20	31 160.21	9.9	91.8	25.00	

续表2-169

样本公司	年末应交税费余额/万元	本年应交税费额/万元	整体应缴负担率/%	整体税费入库率/%	母公司企业所得税税率/%	备注
样本9	1 526.33	21 726.70	9.7	93.0	25.00	
样本10	12 717.25	48 459.47	13.4	73.8	25.00	

说明：（1）当期应缴各项税费额不含个人所得税（部分公司没有公布年末应交个人所得税数据）。

（2）整体应交税费负担率=当期应交税费额/当期营业总收入数×100%。

（3）整体税费入库率=（整体应交税费额－年末税费余额）/整体应交税费额×100%。

2. 增值税、企业所得税税负率、入库率

表2-170 增值税、企业所得税税负率、入库率情况表 %

样本公司	增值税应缴负担率	增值税入库率	所得税应缴负担率	所得税入库率	年末应缴税余额：城建税与流转税之比	年末应缴税余额：教育附加费与流转税之比	备注
样本1	7.7	98.6	1.6	63.2	21.3	16.0	
样本2	7.8	95.4	5.0	77.8	9.9	5.6	
样本3	7.1	97.5	1.5	74.1	2.5	3.0	
样本4	6.2	91.3	1.6	55.4	——		
样本5	——	——	2.6	23.3	5.1	4.5	a,b
样本6	6.5	91.9	2.6	48.7	4.6	5.7	
样本7	6.9	100.0	0.8	——	48102.3	25660.3	b
样本8	5.9	97.1	2.3	81.6	11.8	15.4	
样本9	7.1	96.0	1.3	86.1	14.6	10.4	
样本10	7.0	86.3	4.4	47.4	5.1	5.1	

说明：（1）增值税应缴负担率=增值税应缴税额/增值税销售额×100%。

（2）企业所得税应缴负担率=当期企业所得税应缴税额/营业总收入×100%（部分公司当期企业所得税应缴税额含以前年度调整额）。

（3）税种入库率=（税种应交税费－税种年末余额）/税种应交税费×100%。

（4）营业总收入额：取自样本公司2016年度报告——合并利润表中的"营业总收入"栏。

（5）备注栏中a表示财务报告中"应交税费——增值税年初余额或年末余额"的列示不符合增值税在财务报表项目中的列示规定。

（6）备注栏中b表示2016年公司有营业税收入。

3. 收到税费返还、支付各项税费、年末应交营业税余额

表 2–171　收到税费返还、支付各项税费、年末应交营业税余额情况表

样本公司	收到的税费返还金额/万元	支付的各项税费金额/万元	年末应交营业税余额/万元	万元总资产实际贡献税费额/元
样本 1	9 276.69	40 213.31	—	515.48
样本 2	31 614.24	782 786.83		727.17
样本 3	4 600.67	49 607.83		461.37
样本 4	12 933.27	127 094.16	—	480.39
样本 5	14 143.44	116 487.46	64.06	280.74
样本 6	5 282.97	49 062.61	—	561.08
样本 7	6 120.19	45 044.56	0.17	230.98
样本 8	8 036.89	30 470.80	—	497.58
样本 9	2 899.35	21 066.52	—	387.92
样本 10	—	43 531.70	—	681.85

说明：（1）收到的税费返还额：取自样本公司2016年度报告——合并现金流量表中的"收到的税费返还"栏。

（2）支付的各项税费金额：取自样本公司2016年度报告——合并现金流量表中的"支付的各项税费"栏。

（3）年末应交营业税余额：取自样本公司2016年度报告——财务报告附注中的"应交税费——应交营业税"。

（4）万元总资产实际贡献税费额 = 年度实际支付的各项税费/[（总资产年初余额+总资产年末余额)/2]（注：各项税费单位是元，平均总资产单位是万元）。

四、税收风险分析

（一）样本公司可能存在的风险

（1）个别样本公司薪酬工资率高于75%（见表2–165）。

在10家样本公司中，薪酬工资率超过75%的有2家。工资只是薪酬的一部分；"五险"是法定的，约为工资的33%。薪酬工资率大于75%可能存在企业有未参保人员问题，其工资的合理性值得关注。

（2）个别样本公司研发投入数据与财报中的相关数据逻辑不符（见表2–166）。

对这个问题的分析，详见本书第一章"第三节 上市公司2016年度存

在的主要共性税收问题"。

（3）个别样本公司企业所得税预缴率低于75%（见表2-170）。

样本公司中，企业所得税预交率低于75%的有6家。对这一问题的原理分析，详见本书第一章"第三节 上市公司2016年度存在的主要共性税收问题"。

（4）个别样本公司流转税与其附加交纳不同步（见表2-170）。

对这一问题的原理分析，详见本书第一章"第三节 上市公司2016年度存在的主要共性税收问题"。

（5）个别样本公司可能存在欠缴营业税问题（见表2-171）。

样本公司中，有2家公司应交营业税2016年末有余额，××公司2016年末应交税费——营业税余额为64.06万元。对这一问题的原理分析，详见本书第一章"第三节 上市公司2016年度存在的主要共性税收问题"。

（二）行业特殊税收政策

该行业的特殊税收政策主要是合同能源管理：余热发电。

3140. 钢压延加工

钢压延加工，指通过热轧、冷加工、锻压和挤压等塑性加工使连铸坯、钢锭产生塑性变形，制成具有一定形状尺寸的钢材产品的生产活动。

国民经济行业代码：3140。

一、2016年行业概况

2016年，全国粗钢产量8.08亿吨，同比增长1.2%；生铁产量7.01亿吨，同比增长0.7%；钢材产量11.38亿吨，同比增长2.3%。粗钢表观消费量7.09亿吨，同比增长2.0%；钢铁行业固定资产投资持续下降，2016年钢铁工业完成固定资产投资4 161亿元，同比下降2.2%。国内钢材价格成功扭转了2011年以来单边下行的态势出现明显上涨。（数据来源：国家统计局网站、中国钢铁工业协会）

中钢协数据显示，2016年大中型钢铁企业实现销售收入28 022亿元，同比下降1.81%；利润总额由2015年的亏损847亿元转为盈利303.78亿元。行业整体实现扭亏为盈，生产经营状况好转。

2016年中国出口钢材1.1亿吨，同比下降3.5%。

2016年，国内钢铁行业一举扭转了2015年全行业深度亏损的不利局面，99家大中型钢企实现利润303.8亿元，同比增加949.1亿元，扭亏为盈。

二、样本公司2016年度合并报表财务数据

1. 样本公司

表2-172　　　　　　　　　　样本公司名单

样本号	证券代码	证券简称	母公司全称	注册省份	备注
1	600010.SH	包钢股份	内蒙古包钢钢联股份有限公司	内蒙古	
2	600126.SH	杭钢股份	杭州钢铁股份有限公司	浙江	
3	600231.SH	凌钢股份	凌源钢铁股份有限公司	辽宁	
4	600282.SH	南钢股份	南京钢铁股份有限公司	江苏	
5	600307.SH	酒钢宏兴	甘肃酒钢集团宏兴钢铁股份有限公司	甘肃	
6	600569.SH	安阳钢铁	安阳钢铁股份有限公司	河南	
7	600808.SH	马钢股份	马鞍山钢铁股份有限公司	安徽	
8	000709.SZ	河钢股份	河钢股份有限公司	河北	
9	000761.SZ	本钢板材	本钢板材股份有限公司	辽宁	
10	000898.SZ	鞍钢股份	鞍钢股份有限公司	辽宁	
11	000959.SZ	首钢股份	北京首钢股份有限公司	北京	

说明：行业样本公司选取标准为：上市公司2016年度合并报表中该行业营业收入超过主营业务总收入75%（公司的行业归类同时参考了证监会的行业分类结果和中证行业分类结果），行业代码采用国民经济行业分类（GB/T 4754—2011）的行业代码。

2. 营业总收入、第一行业收入比重及毛利率

表2-173　　　　　　　　　营业总收入及毛利率情况表

样本公司	营业总收入额/万元	调整后营业总收入变动率/%	第一行业名称	第一行业收入占比/%	第一行业毛利率/%
样本1	3 102 818.03	37.9	板材	50	6.6
样本2	1 966 028.71	-10.3	热轧卷板	51	12.9
样本3	1 446 272.71	16.1	棒材	43	5.0
样本4	2 417 385.91	8.6	板材	43	10.8

续表2-173

样本公司	营业总收入额/万元	调整后营业总收入变动率/%	第一行业名称	第一行业收入占比/%	第一行业毛利率/%
样本5	3 509 385.11	−35.9	钢材	53	32.0
样本6	2 204 443.15	8.3	板材	63	9.9
样本7	4 827 510.03	7.0	板材	54	16.1
样本8	7 455 100.75	2.0	钢材	84	14.3
样本9	2 952 601.27	0.9	钢板	93	13.4
样本10	5 788 200.00	9.7	冷轧产品	36	16.4
样本11	4 185 040.80	15.2	冷轧	59	10.0

说明：第一行业收入占比＝第一行业收入/营业总收入额×100%。

3. 政府补贴、工资薪酬

表2-174　　　　　　　　　　政府补贴、工资薪酬情况表

样本公司	计入营业外收入的政府补贴额/万元	政府补贴占利润总额的比重/%	年人均工资额/万元	薪酬工资率/%
样本1	75 998.23	231.1	6.88	62.0
样本2	4 030.66	5.2	12.76	73.8
样本3	1 515.88	6.7	5.44	67.7
样本4	15 384.09	34.1	12.11	72.3
样本5	17 528.77	26.1	7.63	67.3
样本6	1 955.76	17.3	5.21	67.1
样本7	19 150.28	14.0	8.06	68.0
样本8	3 873.98	2.4	7.79	63.9
样本9	3 608.90	3.5	5.63	69.5
样本10	4 000.00	2.5	6.21	62.0
样本11	5 998.81	10.0	12.21	69.5

说明：（1）年人均工资额＝工资总额/领取工资的职工人数。

（2）薪酬工资率＝工资总额/（薪酬总额－辞退福利等非正常工资）×100%。

（3）政府补贴占利润总额的比重为负数时表明企业亏损。

4. 研发投入

表2-175　　　　　　　　　　　　研发投入情况表

样本公司	研发投入总额/万元	资本化的研发费用金额/万元	研发费用占营业收入的比重/%	管理费用——研究与开发费金额/万元
样本1	38 175.93	—	1.23	1,741.18
样本2	29 834.16	—	1.52	29,834.16
样本3	22 771.57	—	1.57	—
样本4	80 178.00	—	3.32	15,264.06
样本5	104 072.65	—	2.96	104,072.65
样本6	62 556.55	1,249.71	2.84	322.23
样本7	75 257.00	—	1.56	5,737.46
样本8	141 319.14	—	1.90	141,319.14
样本9	143 739.80	—	4.87	—
样本10	100 200.00	—	1.73	6,200.00
样本11	10 166.06	4,470.77	0.24	—

5. 主要财务指标

表2-176　　　　　　　　　　　　2016年主要财务指标表

样本公司	存货周转率/次	应收账款周转率/次	总资产周转率/次	净资产收益率/%	流动比率/次	速动比率/次
样本1	1.94	21.12	0.22	0.18	0.40	0.15
样本2	24.27	131.29	1.34	6.35	1.09	0.93
样本3	11.87	105.17	0.94	2.60	0.56	0.36
样本4	6.79	49.14	0.68	5.44	0.39	0.20
样本5	10.20	53.65	0.92	0.90	0.34	0.18
样本6	3.40	20.35	0.68	2.59	0.60	0.32
样本7	5.14	58.27	0.75	6.43	0.73	0.37
样本8	2.27	35.25	0.41	3.52	0.48	0.18
样本9	2.79	53.08	0.60	6.34	0.75	0.44
样本10	5.43	37.77	0.66	3.67	0.70	0.34
样本11	7.76	60.21	0.43	1.66	0.27	0.11

说明：（1）存货周转率＝主营业务成本/平均存货成本。

（2）应收账款周转率＝主营业务收入/平均应收账款余额。

（3）总资产周转率＝主营业务收入/平均资产总额。

（4）净资产收益率＝税后利润/所有者权益×100%。

（5）流动比率＝流动资产/流动负债。

（6）速动比率＝（流动资产－存货）/流动负债。

6. 最近五年的企业毛利率

表2-177　　　　　　　　　　近五年公司毛利率情况表　　　　　　　　　　　%

样本公司	2016年	2015年	2014年	2013年	2012年	备注
样本1	8.60	−14.27	10.90	7.98	7.63	
样本2	8.85	−6.96	3.75	3.14	1.85	
样本3	7.45	3.16	3.41	2.69	2.63	
样本4	10.18	2.92	9.39	5.26	3.80	
样本5	17.43	−0.51	7.39	4.51	8.63	
样本6	9.34	1.30	7.93	6.71	−8.30	
样本7	11.84	−0.84	6.65	4.68	2.10	
样本8	13.80	13.32	10.90	8.50	8.26	
样本9	13.03	−1.91	7.08	6.39	6.06	
样本10	13.30	6.24	11.56	11.15	2.72	
样本11	11.58	1.32	7.22	0.97	−1.22	

三、样本公司2016年度合并报表税收数据

1. 整体税费

表2-178　　　　　　　　　　　　　整体税费情况表

样本公司	年末应交税费余额/万元	本年应交税费额/万元	整体应缴负担率/%	整体税费入库率/%	母公司企业所得税税率/%	备注
样本1	4 449.79	49 383.98	1.6	91.0	25.00	
样本2	26 353.20	85 137.84	4.3	69.0	25.00	
样本3	5 056.19	28 013.37	1.9	82.0	25.00	
样本4	10 235.02	100 638.08	4.2	89.8	25.00	
样本5	11 495.18	201 548.57	5.7	94.3	15.00	
样本6	2 705.85	79 922.62	3.6	96.6	25.00	

续表2-178

样本公司	年末应交税费余额/万元	本年应交税费额/万元	整体应缴负担率/%	整体税费入库率/%	母公司企业所得税税率/%	备注
样本7	27 423.21	214 309.05	4.4	87.2	25.00	
样本8	19 063.82	127 144.30	1.7	85.0	25.00	
样本9	4 577.16	17 781.99	0.6	74.3	25.00	
样本10	-14 500.00	224 300.00	3.9	106.5	25.00	
样本11	17 250.27	186 532.89	4.5	90.8	25.00	

说明：（1）当期应缴各项税费额不含个人所得税（部分公司没有公布年末应交个人所得税数据）。

（2）整体应交税费负担率＝当期应交税费额/当期营业总收入数×100%。

（3）整体税费入库率＝（整体应交税费额－年末税费余额)/整体应交税费额×100%。

2. 增值税、企业所得税税负率、入库率

表2-179　　　　　　　增值税、企业所得税税负率、入库率情况表　　　　　%

样本公司	增值税应缴负担率	增值税入库率	所得税应缴负担率	所得税入库率	年末应缴税余额：城建税与流转税之比	年末应缴税余额：教育附加费与流转税之比	备注
样本1	0.7	97.0	0.0	—	8.4	5.9	
样本2	3.6	90.9	0.2	—	12.7	9.3	
样本3	1.4	99.4	0.2		—	—	
样本4	3.1	94.4	0.2	47.7	8.1	5.9	
样本5	—		0.2	89.4	6.0	3.9	a,b
样本6	2.7	100.0	0.0	69.4	13 269.7	847 357.7	
样本7	3.0	92.3	0.3	61.7	30.8	—	
样本8	0.9	90.7	0.3	49.7	1.2	1.0	
样本9	-0.2	104.7	0.2	72.6	645.2	461.4	
样本10	—	—	0.0	59.3	-1.5	-1.0	a
样本11	3.5	89.0	—		3.7	2.7	

说明：（1）增值税应缴负担率＝增值税应缴税额/增值税销售额×100%。

（2）企业所得税应缴负担率＝当期企业所得税应缴税额/营业总收入×100%（部分公司当期企业所得税应缴税额含以前年度调整额)。

（3）税种入库率＝（税种应交税费－税种年末余额)/税种应交税费×100%。

（4）营业总收入额：取自样本公司2016年度报告——合并利润表中的"营业总收入"栏。

（5）备注栏中a表示财务报告中"应交税费—增值税年初余额或年末余额"的列示不符合增值税在财务报表项目中的列示规定。

（6）备注栏中b表示2016年公司有营业税收入。

3. 收到税费返还、支付各项税费、年末应交营业税余额

表2-180　　收到税费返还、支付各项税费、年末应交营业税余额情况表

样本公司	收到的税费返还金额/万元	支付的各项税费金额/万元	年末应交营业税余额/万元	万元总资产实际贡献税费额/元
样本1	91.88	62 179.58	—	43.43
样本2	4 640.00	64 519.90	—	254.29
样本3	6 273.62	35 389.87	—	230.57
样本4	22 405.24	101 741.72	—	288.04
样本5	19.97	158 019.30	0.28	412.50
样本6	2 021.93	79 932.80	—	247.33
样本7	4 333.17	201 875.67	—	313.72
样本8	16 968.43	114 277.74	—	62.65
样本9	19 708.11	17 724.28	—	35.95
样本10	1 600.00	240 200.00	—	271.93
样本11	31 473.86	174 634.87	—	139.70

说明：（1）收到的税费返还额：取自样本公司2016年度报告——合并现金流量表中的"收到的税费返还"栏。

（2）支付的各项税费金额：取自样本公司2016年度报告——合并现金流量表中的"支付的各项税费"栏。

（3）年末应交营业税余额：取自样本公司2016年度报告——财务报告附注中的"应交税费——应交营业税"。

（4）万元总资产实际贡献税费额＝年度实际支付的各项税费/[（总资产年初余额+总资产年末余额)/2]（注：各项税费单位是元，平均总资产单位是万元）。

四、税收风险分析

（一）样本公司可能存在的风险

（1）个别样本公司研发投入数据与财报中的相关数据逻辑不符（见表2-175）。

对这个问题的分析，详见本书第一章"第三节 上市公司2016年度存在的主要共性税收问题"。

（2）个别样本公司企业所得税预缴率低于75%（见表2-179）。

在11家样本公司中，企业所得税预交率低于75%的有6家。对这一问题的原理分析，详见本书第一章"第三节 上市公司2016年度存在的主要共性税收问题"。

（3）个别样本公司流转税与其附加交纳不同步（见表2-179）。

对这一问题的原理分析，详见本书第一章"第三节 上市公司2016年度存在的主要共性税收问题"。

（4）个别样本公司可能存在欠缴营业税问题（见表2-180）。

样本公司中，有1家公司应交营业税2016年末有余额，××公司2016年末应交税费——营业税余额为0.28万元。对这一问题的原理分析，详见本书第一章"第三节 上市公司2016年度存在的主要共性税收问题"。

（二）行业税收新政、行业特殊税收政策

无。

3261. 铜压延加工

铜压延加工，指铜及铜合金的压延加工生产活动。

国民经济行业代码：3261。

一、2016年行业概况

2016年前10个月铜价延续了几年来的低位震荡；从11月开始，LME铜价突破6 000美元。2016年，LME三月期铜年末价较上一年度同比上涨18%，SHFE三月期铜2016年期末价格较上一年度同比上涨24.5%。

二、样本公司2016年度合并报表财务数据

1. 样本公司

表2-181 样本公司名单

样本号	证券代码	证券简称	母公司全称	注册省份	备注
1	600110.SH	诺德股份	诺德投资股份有限公司	吉林	3
2	600255.SH	鑫科材料	安徽鑫科新材料股份有限公司	安徽	
3	601137.SH	博威合金	宁波博威合金材料股份有限公司	浙江	
4	000630.SZ	铜陵有色	铜陵有色金属集团股份有限公司	安徽	

续表2-181

样本号	证券代码	证券简称	母公司全称	注册省份	备注
4	000630.SZ	铜陵有色	铜陵有色金属集团股份有限公司	安徽	
5	002171.SZ	楚江新材	安徽楚江科技新材料股份有限公司	安徽	
6	002203.SZ	海亮股份	浙江海亮股份有限公司	浙江	

说明：（1）行业样本公司选取标准为：上市公司2016年度合并报表中该行业营业收入超过主营业务总收入75%（公司的行业归类同时参考了证监会的行业分类结果和中证行业分类结果），行业代码采用国民经济行业分类（GB/T 4754—2011）的行业代码。

（2）备注栏中3表示2016年主营业务发生变更。

2. 营业总收入、第一行业收入比重及毛利率

表2-182　　　　　　　营业总收入及毛利率情况表

样本公司	营业总收入额/万元	调整后营业总收入变动率/%	第一行业名称	第一行业收入占比/%	第一行业毛利率/%
样本1	200 220.89	13.9	铜箔产品	77	24.6
样本2	514 152.00	10.9	铜基合金材料	85	3.7
样本3	424 267.70	29.7	铜合金	73	11.3
样本4	8 667 410.33	0.3	铜产品	88	3.4
样本5	791 846.75	1.2	铜板带	52	6.1
样本6	1 799 961.97	32.2	铜加工行业	90	8.1

说明：第一行业收入占比＝第一行业收入/营业总收入额×100%。

3. 政府补贴、工资薪酬

表2-183　　　　　　　政府补贴、工资薪酬情况表

样本公司	计入营业外收入的政府补贴额/万元	政府补贴占利润总额的比重/%	年人均工资额/万元	薪酬工资率/%
样本1	1 476.69	16.2	6.50	80.1
样本2	2 274.06	10.4	5.32	75.0
样本3	2 459.84	11.1	5.80	85.2
样本4	13 380.12	25.9	6.23	64.1
样本5	3 813.97	16.7	5.80	80.2
样本6	4 572.44	6.6	7.49	85.2

说明：（1）年人均工资额＝工资总额/领取工资的职工人数。

（2）薪酬工资率＝工资总额/（薪酬总额－辞退福利等非正常工资）×100%。

4. 研发投入

表2-184　　　　　　　　　　　研发投入情况表

样本公司	研发投入总额/万元	资本化的研发费用金额/万元	研发费用占营业收入的比重/%	管理费用——研究与开发费金额/万元
样本1	5 861.38	—	2.93	5,861.38
样本2	6 726.23	—	1.31	—
样本3	10 598.39	227.98	2.50	10,370.41
样本4	100 024.56	—	1.15	3,978.88
样本5	17 650.60	1,038.91	2.23	—
样本6	24 923.03	—	1.39	6,459.61

5. 主要财务指标

表2-185　　　　　　　　　　2016年主要财务指标表

样本公司	存货周转率/次	应收账款周转率/次	总资产周转率/次	净资产收益率/%	流动比率/次	速动比率/次
样本1	5.70	4.84	0.35	1.37	0.89	0.56
样本2	7.94	6.45	1.04	5.77	1.80	1.22
样本3	4.49	11.35	1.16	7.19	1.83	0.69
样本4	10.50	64.88	1.95	1.29	0.98	0.46
样本5	12.89	20.73	2.21	10.69	2.83	1.94
样本6	12.76	10.94	1.63	13.61	1.01	0.69

说明：（1）存货周转率＝主营业务成本/平均存货成本。

（2）应收账款周转率＝主营业务收入/平均应收账款余额。

（3）总资产周转率＝主营业务收入/平均资产总额。

（4）净资产收益率＝税后利润/所有者权益×100%。

（5）流动比率＝流动资产/流动负债。

（6）速动比率＝（流动资产－存货）/流动负债。

6. 最近五年的企业毛利率

表2-186　　　　　　　　近五年公司毛利率情况表　　　　　　　　　　%

样本公司	2016年	2015年	2014年	2013年	2012年	备注
样本1	25.43	12.67	8.92	11.01	16.77	3

续表2-186

样本公司	2016年	2015年	2014年	2013年	2012年	备注
样本2	8.15	5.16	3.01	2.85	3.49	
样本3	12.76	11.06	11.33	10.73	9.92	
样本4	3.67	2.60	3.01	2.67	3.70	
样本5	6.65	4.14	4.45	4.00	1.66	
样本6	7.58	5.86	6.70	4.79	5.57	

说明：备注3表示2016年主营业务发生变更。

三、样本公司2016年度合并报表税收数据

1. 整体税费

表2-187 　　　　　　　　　　　　　　　　　整体税费情况表

样本公司	年末应交税费余额/万元	本年应交税费额/万元	整体应缴负担率/%	整体税费入库率/%	母公司企业所得税税率/%	备注
样本1	4 736.77	9 655.45	4.8	50.9	25.00	
样本2	3 214.14	8 452.77	1.6	62.0	15.00	
样本3	351.69	4 947.41	1.2	92.9	15.00	
样本4	23 538.17	102 403.37	1.2	77.0	25.00	
样本5	4 947.62	27 281.10	3.4	81.9	15.00	
样本6	6 746.72	15 393.78	0.9	56.2	25.00	

说明：（1）当期应缴各项税费额不含个人所得税（部分公司没有公布年末应交个人所得税数据）。

（2）整体应交税费负担率＝当期应交税费额/当期营业总收入数×100%。

（3）整体税费入库率＝（整体应交税费额－年末税费余额）/整体应交税费额×100%。

2. 增值税、企业所得税税负率、入库率

表2-188 　　　　　　增值税、企业所得税税负率、入库率情况表 　　　　　%

样本公司	增值税应缴负担率	增值税入库率	所得税应缴负担率	所得税入库率	年末应缴税余额：城建税与流转税之比	年末应缴税余额：教育附加费与流转税之比	备注
样本1	2.1	50.9	2.1	41.1	0.3	0.2	

续表2-188

样本公司	增值税应缴负担率	增值税入库率	所得税应缴负担率	所得税入库率	年末应缴税余额:城建税与流转税之比	年末应缴税余额:教育附加费与流转税之比	备注
样本2	0.7	38.3	0.5	81.4	7.1	5.1	
样本3	0.8	95.3	0.1	67.8	7.7	5.5	
样本4	0.6	97.7	0.2	56.8	112.6	83.9	
样本5	2.4	86.4	0.5	53.9	5.0	4.8	
样本6	0.2	57.2	0.5	44.1	9.8	12.1	

说明：（1）增值税应缴负担率＝增值税应缴税额/增值税销售额×100%。

（2）企业所得税应缴负担率＝当期企业所得税应缴税额/营业总收入×100%（部分公司当期企业所得税应缴税额含以前年度调整额）。

（3）税种入库率＝（税种应交税费－税种年末余额）/税种应交税费×100%。

（4）营业总收入额：取自样本公司2016年度报告——合并利润表中的"营业总收入"栏。

3. 收到税费返还、支付各项税费、年末应交营业税余额

表2-189　　　　　收到税费返还、支付各项税费、年末应交营业税余额情况表

样本公司	收到的税费返还金额/万元	支付的各项税费金额/万元	年末应交营业税余额/万元	万元总资产实际贡献税费额/元
样本1	1 966.48	16,182.15	—	273.05
样本2	182.26	11,224.15	—	226.39
样本3	9 473.63	4,969.62	—	124.38
样本4	6 881.12	89,467.71	—	201.59
样本5	—	24,519.12	—	683.76
样本6	4 989.22	15,125.60	—	137.61

说明：（1）收到的税费返还额：取自样本公司2016年度报告——合并现金流量表中的"收到的税费返还"栏。

（2）支付的各项税费金额：取自样本公司2016年度报告——合并现金流量表中的"支付的各项税费"栏。

（3）年末应交营业税余额：取自样本公司2016年度报告——财务报告附注中的"应交税费——应交营业税"。

（4）万元总资产实际贡献税费额＝年度实际支付的各项税费/［（总资产年初余额+总资产年末余额)/2］（注：各项税费单位是元，平均总资产单位是万元）。

四、税收风险分析

（一）样本公司可能存在的风险

（1）个别样本公司薪酬工资率高于75%（见表2-183）。

在6家样本公司中，薪酬工资率超过75%的有5家。工资只是薪酬的一部分；"五险"是法定的，约为工资的33%。薪酬工资率大于75%可能存在企业有未参保人员问题，其工资的合理性值得关注。

（2）个别样本公司研发投入数据与财报中的相关数据逻辑不符（见表2-184）。

对这个问题的分析，详见本书第一章"第三节 上市公司2016年度存在的主要共性税收问题"。

（3）个别样本公司企业所得税预缴率低于75%（见表2-188）。

样本公司中，企业所得税预交率低于75%的有5家。对这一问题的原理分析，详见本书第一章"第三节 上市公司2016年度存在的主要共性税收问题"。

（4）个别样本公司流转税与其附加交纳不同步（见表2-188）。

对这一问题的原理分析，详见本书第一章"第三节 上市公司2016年度存在的主要共性税收问题"。

（二）行业税收新政、行业特殊税收政策

无。

3262. 铝压延加工

铝压延加工，指铝及铝合金的压延加工生产活动。

国民经济行业代码：3262。

一、2016年行业概况

2016年，国外氧化铝现货均价为253.5美元/吨，较上一年度下降15.8%；国内氧化铝平均价格为2 079元/吨，同比下滑11.7%。

2016年，中国氧化铝受下游电解铝产能关停的影响需求下滑，氧化铝产量较2015年仅增长2.6%，达到6 016万吨，增速下降11.7个百分点。国外氧化铝产量为6 038万吨，同比下降2.9%。同时，受人民币汇率影响，2016年中国进口氧化铝302万吨，同比下降35%。

2016年铝价全年均价较2015年略有增加。2016年全年沪铝铝价均值为12 260.83元，2015年全年沪铝铝价均值为12 195.50元，2014年全年沪铝铝价均值为13 603.58元。

2015年，我国铝型材产量达到5 236.4万吨，同比增长14.6%。2016年，铝型材产量5 796.1万吨，同比增长3.3%。

二、样本公司2016年度合并报表财务数据

1. 样本公司

表2-190   样本公司名单

样本号	证券代码	证券简称	母公司全称	注册省份	备注
1	600219.SH	南山铝业	山东南山铝业股份有限公司	山东	
2	600768.SH	宁波富邦	宁波富邦精业集团股份有限公司	浙江	
3	601677.SH	明泰铝业	河南明泰铝业股份有限公司	河南	
4	002160.SZ	常铝股份	江苏常铝铝业股份有限公司	江苏	
5	002379.SZ	宏创控股	鲁丰环保科技股份有限公司	山东	
6	002501.SZ	利源精制	吉林利源精制股份有限公司	吉林	
7	002578.SZ	闽发铝业	福建省闽发铝业股份有限公司	福建	
8	002824.SZ	和胜股份	广东和胜工业铝材股份有限公司	广东	2

说明：（1）行业样本公司选取标准为：上市公司2016年度合并报表中该行业营业收入超过主营业务总收入75%（公司的行业归类同时参考了证监会的行业分类结果和中证行业分类结果），行业代码采用国民经济行业分类（GB/T 4754—2011）的行业代码。

（2）备注栏中2表示2017年上市。

2. 营业总收入、第一行业收入比重及毛利率

表2-191   营业总收入及毛利率情况表

样本公司	营业总收入额/万元	调整后营业总收入变动率/%	第一行业名称	第一行业收入占比/%	第一行业毛利率/%
样本1	1 322 788.62	-4.0	铝制品行业	99	22.8
样本2	75 680.60	-7.1	铝材	99	3.6
样本3	748 132.74	18.8	铝板带	85	7.1
样本4	328 536.93	29.5	铝箔制品	75	18.4
样本5	97 712.05	-36.1	铝卷	99	2.2
样本6	255 803.15	11.4	铝材	100	37.0

续表2-191

样本公司	营业总收入额/万元	调整后营业总收入变动率/%	第一行业名称	第一行业收入占比/%	第一行业毛利率/%
样本7	104 219.68	-8.9	铝型材销售	98	8.9
样本8	76 665.16	9.0	铝材	93	23.3

说明：第一行业收入占比＝第一行业收入/营业总收入额×100%。

3. 政府补贴、工资薪酬

表2-192   政府补贴、工资薪酬情况表

样本公司	计入营业外收入的政府补贴额/万元	政府补贴占利润总额的比重/%	年人均工资额/万元	薪酬工资率/%
样本1	2 599.81	1.5	5.44	84.3
样本2	140.44	7.6	5.41	79.7
样本3	320.94	0.9	5.68	81.7
样本4	393.14	2.2	8.24	78.3
样本5	3.46	0.2	6.15	85.2
样本6	5 633.40	8.6	3.44	82.3
样本7	370.57	18.6	5.09	91.3
样本8	356.56	4.0	5.73	86.8

说明：（1）年人均工资额＝工资总额/领取工资的职工人数。

（2）薪酬工资率＝工资总额/（薪酬总额－辞退福利等非正常工资）×100%。

4. 研发投入

表2-193   研发投入情况表

样本公司	研发投入总额/万元	资本化的研发费用金额/万元	研发费用占营业收入的比重/%	管理费用——研究与开发费金额/万元
样本1	45 494.10	30,880.66	3.44	—
样本2	145.19	—	0.19	—
样本3	12 820.33	—	1.71	—
样本4	10 950.54	—	3.33	10 950.54
样本5	267.87	—	0.27	—
样本6	8 020.37	—	3.14	260.92

续表2-193

样本公司	研发投入总额/万元	资本化的研发费用金额/万元	研发费用占营业收入的比重/%	管理费用—研究与开发费金额/万元
样本7	3 178.86	—	3.05	1 735.65
样本8	2 185.43	—	25.85	2 185.43

5. 主要财务指标

表2-194   2016年主要财务指标表

样本公司	存货周转率/次	应收账款周转率/次	总资产周转率/次	净资产收益率/%	流动比率/次	速动比率/次
样本1	2.75	14.22	0.34	4.22	1.67	1.03
样本2	7.86	26.94	1.14	33.16	0.73	0.50
样本3	7.43	26.65	1.30	7.23	1.92	0.96
样本4	3.44	4.90	0.63	5.43	1.09	0.65
样本5	15.77	4.27	0.54	1.18	3.49	2.81
样本6	7.95	27.30	0.24	12.92	0.22	0.17
样本7	5.15	9.44	0.70	1.80	4.18	2.79
样本8	5.34	5.58	1.33	19.09	1.77	1.07

说明：（1）存货周转率＝主营业务成本/平均存货成本。

（2）应收账款周转率＝主营业务收入/平均应收账款余额。

（3）总资产周转率＝主营业务收入/平均资产总额。

（4）净资产收益率＝税后利润/所有者权益×100%。

（5）流动比率＝流动资产/流动负债。

（6）速动比率＝（流动资产－存货）/流动负债。

6. 最近五年的企业毛利率

表2-195   近五年公司毛利率情况表   %

样本公司	2016年	2015年	2014年	2013年	2012年	备注
样本1	22.66	12.93	14.77	15.09	12.71	
样本2	4.23	1.40	1.10	1.83	3.62	
样本3	8.43	6.93	7.12	4.99	4.67	
样本4	19.90	21.01	14.00	8.20	6.51	
样本5	2.28	0.25	−1.54	12.41	12.29	

续表2-195

样本公司	2016年	2015年	2014年	2013年	2012年	备注
样本6	37.15	35.77	33.55	26.35	25.00	
样本7	9.33	6.74	7.93	7.46	7.04	
样本8	23.68	20.45	19.65	19.04	19.71	2

说明：备注栏中2表示2017年上市。

三、样本公司2016年度合并报表税收数据

1. 整体税费

表2-196　　　　　　　　　　整体税费情况表

样本公司	年末应交税费余额/万元	本年应交税费额/万元	整体应缴负担率/%	整体税费入库率/%	母公司企业所得税税率/%	备注
样本1	13 461.87	123 073.85	9.3	89.1	15.00	
样本2	192.02	1 277.85	1.7	85.0	25.00	
样本3	6 685.01	12 938.52	1.7	48.3	25.00	
样本4	3 732.31	5 205.85	1.6	28.3	25.00	
样本5	274.72	1 925.05	2.0	85.7	25.00	
样本6	12 784.15	39 963.62	15.6	68.0	15.00	
样本7	1 385.12	1 314.33	1.3	—	15.00	
样本8	856.63	3 382.21	4.4	74.7	15.00	

说明：（1）当期应缴各项税费额不含个人所得税（部分公司没有公布年末应交个人所得税数据）。

（2）整体应交税费负担率＝当期应交税费额/当期营业总收入数×100%。

（3）整体税费入库率＝（整体应交税费额－年末税费余额)/整体应交税费额×100%。

2. 增值税、企业所得税税负率、入库率

表2-197　　　　　　　　增值税、企业所得税税负率、入库率情况表　　　　　　　%

样本公司	增值税应缴负担率	增值税入库率	所得税应缴负担率	所得税入库率	年末应缴税余额：城建税与流转税之比	年末应缴税余额：教育附加费与流转税之比	备注
样本1	4.7	94.3	3.2	83.0	7.3	6.2	
样本2	1.1	90.6	0.1	97.9	4.9	3.4	b
样本3	0.2	99.4	1.2	32.4	450.5	321.8	

续表 2-197

样本公司	增值税应缴负担率	增值税入库率	所得税应缴负担率	所得税入库率	年末应缴税余额：城建税与流转税之比	年末应缴税余额：教育附加费与流转税之比	备注
样本4	0.1	-437.0	1.0	36.6	8.4	6.9	
样本5	1.4	93.4	—	—	5.0	5.0	
样本6	9.4	86.3	4.4	18.8	7.1	5.1	
样本7	0.0	583.9	0.3	—	68.8	68.8	b
样本8	1.8	60.7	1.9	90.9	5.3	5.3	

说明：（1）增值税应缴负担率＝增值税应缴税额/增值税销售额×100%。

（2）企业所得税应缴负担率＝当期企业所得税应缴税额/营业总收入×100%（部分公司当期企业所得税应缴税额含以前年度调整额）。

（3）税种入库率＝（税种应交税费－税种年末余额）/税种应交税费×100%。

（4）营业总收入额：取自样本公司2016年度报告——合并利润表中的"营业总收入"栏。

（5）备注栏中b表示2016年公司有营业税收入。

3. 收到税费返还、支付各项税费、年末应交营业税余额

表 2-198　　　　　　收到税费返还、支付各项税费、年末应交营业税余额情况表

样本公司	收到的税费返还金额/万元	支付的各项税费金额/万元	年末应交营业税余额/万元	万元总资产实际贡献税费额/元
样本1	32 983.49	135 383.45	—	319.17
样本2	131.61	1 319.65	95.99	198.50
样本3	18 523.73	8 672.74	—	150.58
样本4	9 704.61	5 461.22	—	104.87
样本5	0.47	1 866.71	—	102.48
样本6	157.00	31 220.47	—	298.63
样本7	344.85	1 427.18	0.04	96.11
样本8	48.35	3 642.64	—	631.95

说明：（1）收到的税费返还额：取自样本公司2016年度报告——合并现金流量表中的"收到的税费返还"栏。

（2）支付的各项税费金额：取自样本公司2016年度报告——合并现金流量表中的"支付的各项税费"栏。

（3）年末应交营业税余额：取自样本公司2016年度报告——财务报告附注中的"应交

税费——应交营业税"。

（4）万元总资产实际贡献税费额＝年度实际支付的各项税费/[（总资产年初余额+总资产年末余额)/2]（注：各项税费单位是元，平均总资产单位是万元）。

四、税收风险分析

（一）样本公司可能存在的风险

（1）个别样本公司薪酬工资率高于75%（见表2-192）。

在8家样本公司中，薪酬工资率全部超过75%。工资只是薪酬的一部分；"五险"是法定的，约为工资的33%。薪酬工资率大于75%可能存在企业有未参保人员问题，其工资的合理性值得关注。

（2）个别样本公司研发投入数据与财报中的相关数据逻辑不符（见表2-193）。

对这个问题的分析，详见本书第一章"第三节 上市公司2016年度存在的主要共性税收问题"。

（3）个别样本公司企业所得税预缴率低于75%（见表2-197）。

样本公司中，企业所得税预交率低于75%的有3家。对这一问题的原理分析，详见本书第一章"第三节 上市公司2016年度存在的主要共性税收问题"。

4. 个别样本公司流转税与其附加交纳不同步（见表2-197）。

对这一问题的原理分析，详见本书第一章"第三节 上市公司2016年度存在的主要共性税收问题"。

5. 个别样本公司可能存在欠缴营业税问题（见表2-198）。

样本公司中，有2家公司应交营业税2016年末有余额，××公司2016年末应交税费——营业税余额为95.99万元。对这一问题的原理分析详见本书第一章"第三节上市公司2016年度存在的主要共性税收问题"。

（二）行业税收新政、行业特殊税收政策

无。

3311. 金属结构制造（风电塔筒）

金属结构制造，指以铁、钢或铝等金属为主要材料，制造金属构件、金属构件零件、建筑用钢制品及类似品的生产活动。这些制品可以运输，并便于装配、安装或竖立。

国民经济行业代码：3311。

一、2016年行业概况

2016年，中国风电新增装机容量23 328兆瓦，同比下降24%，回归至2014年水平（数据来源：全球风能理事会）；新增并网容量19 300兆瓦，同比下降41%，累计并网容量149吉瓦，占全部发电装机容量的9%；风电年发电量为2 410亿千瓦时，同比增长29%，占全国发电量的4%（数据来源：国家能源局网站）。累计装机量达到1.69亿千瓦；其中海上风电新增装机59万千瓦，累积装机容量为163万千瓦。

据国家能源局统计数据，2016年，全国风电平均利用小时数1742小时，同比增加14小时，全年弃风电量497亿千瓦时。全国弃风较为严重的地区是甘肃（弃风率43%、弃风电量104亿千瓦时）、新疆（弃风率38%、弃风电量137亿千瓦时）、吉林（弃风率30%、弃风电量29亿千瓦时）和内蒙古（弃风率21%、弃风电量124亿千瓦时）。

国家能源局发布的《2017年能源工作指导意见》指出，要稳步推进风电项目建设，年内计划安排新开工建设规模2 500万千瓦，新增装机规模2 000万千瓦；扎实推进部分地区风电项目前期工作，项目规模2 500万千瓦；优化风电建设开发布局，新增规模重心主要向中东部和南方地区倾斜；严格控制弃风限电严重地区新增并网项目，对弃风率超过20%的省份暂停安排新建风电规模；有序推动京津冀周边、金沙江河谷和雅砻江河谷风光水互补等风电基地规划建设工作；加快海上风电开发利用。

二、样本公司2016年度合并报表财务数据

1. 样本公司

表2-199　　　　　　　　　　　　样本公司名单

样本号	证券代码	证券简称	母公司全称	注册省份	备注
1	002487.SZ	大金重工	辽宁大金重工股份有限公司	辽宁	
2	002531.SZ	天顺风能	天顺风能（苏州）股份有限公司	江苏	
3	300129.SZ	泰胜风能	上海泰胜风能装备股份有限公司	上海	
4	300569.SZ	天能重工	青岛天能重工股份有限公司	山东	

说明：行业样本公司选取标准为：上市公司2016年度合并报表中该行业营业收入超过主营业务总收入75%（公司的行业归类同时参考了证监会的行业分类结果和中证行业分类结果），行业代码采用国民经济行业分类（GB/T 4754—2011）的行业代码。

2. 营业总收入、第一行业收入比重及毛利率

表2-200　　　　　　　　　营业总收入及毛利率情况表

样本公司	营业总收入额/万元	调整后营业总收入变动率/%	第一行业名称	第一行业收入占比/%	第一行业毛利率/%
样本1	96 034.99	20.6	风电塔筒	86	25.9
样本2	230 801.89	6.1	风塔	91	32.6
样本3	150 562.34	−5.7	塔架和基础环	92	33.2
样本4	96 077.96	−5.1	风机塔筒	99	35.7

说明：第一行业收入占比＝第一行业收入/营业总收入额×100%。

3. 政府补贴、工资薪酬

表2-201　　　　　　　　　政府补贴、工资薪酬情况表

样本公司	计入营业外收入的政府补贴额/万元	政府补贴占利润总额的比重/%	年人均工资额/万元	薪酬工资率/%
样本1	196.19	2.2	5.24	80.4
样本2	5 018.20	10.4	12.81	87.5
样本3	397.44	1.5	8.36	81.4
样本4	145.41	0.7	7.38	85.8

说明：（1）年人均工资额＝工资总额/领取工资的职工人数。

（2）薪酬工资率＝工资总额/（薪酬总额−辞退福利等非正常工资）×100%。

4. 研发投入

表2-202　　　　　　　　　研发投入情况表

样本公司	研发投入总额/万元	资本化的研发费用金额/万元	研发费用占营业收入的比重/%	管理费用——研究与开发费金额/万元
样本1	3 857.66	138.53	4.02	1 339.68
样本2	11 566.08	—	5.11	—
样本3	4 950.40	—	3.29	4 950.40
样本4	2 891.12	—	3.01	2 891.12

5. 主要财务指标

表2-203　　　　　　　　　2016年主要财务指标表

样本公司	存货周转率/次	应收账款周转率/次	总资产周转率/次	净资产收益率/%	流动比率/次	速动比率/次
样本1	2.16	2.02	0.38	4.27	2.74	1.47

续表2-203

样本公司	存货周转率/次	应收账款周转率/次	总资产周转率/次	净资产收益率/%	流动比率/次	速动比率/次
样本2	4.30	2.55	0.36	14.67	2.54	1.27
样本3	1.95	2.09	0.49	10.67	2.28	1.36
样本4	1.57	2.43	0.55	21.69	3.95	2.34

说明：（1）存货周转率=主营业务成本/平均存货成本。

（2）应收账款周转率=主营业务收入/平均应收账款余额。

（3）总资产周转率=主营业务收入/平均资产总额。

（4）净资产收益率=税后利润/所有者权益×100%。

（5）流动比率=流动资产/流动负债。

（6）速动比率=（流动资产－存货）/流动负债。

6. 最近五年的企业毛利率

表2-204 近五年公司毛利率情况表 %

样本公司	2016年	2015年	2014年	2013年	2012年	备注
样本1	21.99	26.29	17.26	12.70	14.70	
样本2	34.04	28.20	22.74	22.54	24.67	
样本3	33.98	32.51	22.27	20.61	23.53	
样本4	36.09	37.06	27.63	25.01	18.98	

三、样本公司2016年度合并报表税收数据

1. 整体税费

表2-205 整体税费情况表

样本公司	年末应交税费余额/万元	本年应交税费额/万元	整体应缴负担率/%	整体税费入库率/%	母公司企业所得税税率/%	备注
样本1	547.68	6 353.53	6.6	91.4	15.00	
样本2	2 166.18	14 857.36	6.4	85.4	15.00	
样本3	7 267.01	15 005.05	10.0	51.6	15.00	
样本4	1 208.59	12 882.40	13.4	90.6	15.00	

说明：（1）当期应交各项税费额不含个人所得税（部分公司没有公布年末应交个人

所得税数据）。

（2）整体应交税费负担率＝当期应交税费额/当期营业总收入数×100%。

（3）整体税费入库率＝（整体应交税费额－年末税费余额）/整体应交税费额×100%。

2. 增值税、企业所得税税负率、入库率

表2-206　　　　　　增值税、企业所得税税负率、入库率情况表　　　　　　%

样本公司	增值税应缴负担率	增值税入库率	所得税应缴负担率	所得税入库率	年末应缴税余额：城建税与流转税之比	年末应缴税余额：教育附加费与流转税之比	备注
样本1	3.5	100.0	1.7	74.5	7.0	5.0	
样本2	2.7	94.6	2.9	77.3	1.2	1.6	
样本3	5.5	40.0	3.4	65.5	4.5	4.2	
样本4	8.4	92.2	3.6	87.5	6.2	5.0	

说明：（1）增值税应缴负担率＝增值税应缴税额/增值税销售额×100%。

（2）企业所得税应缴负担率＝当期企业所得税应缴税额/营业总收入×100%（部分公司当期企业所得税应缴税额含以前年度调整额）。

（3）税种入库率＝（税种应交税费－税种年末余额）/税种应交税费×100%。

（4）营业总收入额：取自样本公司年度财务报告———合并利润表中的"营业总收入"项目数据。

3. 收到税费返还、支付各项税费、年末应交营业税余额

表2-207　　　　收到税费返还、支付各项税费、年末应交营业税余额情况表

样本公司	收到的税费返还金额/万元	支付的各项税费金额/万元	年末应交营业税余额/万元	万元总资产实际贡献税费额/元
样本1	—	6 567.12	—	263.20
样本2	16 561.97	14 464.40	—	229.91
样本3	2 579.44	13 182.01	—	427.67
样本4	—	14 075.38	—	798.95

说明：（1）收到的税费返还额：取自样本公司2016年度财务报告——合并现金流量表中的"收到的税费返还"项目数据。

（2）支付的各项税费金额：取自样本公司2016年度财务报告——合并现金流量表中的"支付的各项税费"项目数据。

（3）年末应交营业税余额：取自样本公司2016年度报告——财务报告附注中的"应交

税费——应交营业税"项目数据。

（4）万元总资产实际贡献税费额＝年度实际支付的各项税费/〔（总资产年初余额+总资产年末余额)/2〕（注：各项税费单位是元，平均总资产单位是万元）。

四、税收风险分析

（一）样本公司可能存在的风险

（1）个别样本公司薪酬工资率高于75%（见表2-201）。

在4家样本公司中，薪酬工资率全部超过75%。工资只是薪酬的一部分；"五险"是法定的，约为工资的33%。薪酬工资率大于75%可能存在企业有未参保人员问题，其工资的合理性值得关注。

（2）个别样本公司研发投入数据与财报中的相关数据逻辑不符（见表2-202）。

对这个问题的分析，详见本书第一章"第三节 上市公司2016年度存在的主要共性税收问题"。

（3）个别样本公司企业所得税预缴率低于75%（见表2-206）。

样本公司中，企业所得税预交率低于75%的有2家。对这一问题的原理分析，详见本书第一章"第三节 上市公司2016年度存在的主要共性税收问题"。

（4）个别样本公司流转税与其附加交纳不同步（见表2-206）。

对这一问题的原理分析，详见本书第一章"第三节 上市公司2016年度存在的主要共性税收问题"。

（二）行业税收新政、行业特殊税收政策

固定资产可以加速折旧。

相关文件：财税〔2015〕106号。

3412. 内燃机及配件制造（柴油机）

内燃机及配件制造，指用于移动或固定用途的往复式、旋转式、火花点火式或压燃式内燃机及配件的制造，但不包括飞机和摩托车发动机的制造。内燃机按照所用燃料分为汽油发动机、柴油发动机、天然气发动机等。

国民经济行业代码：3412。

（注：此部分选取的样本公司与国民经济行业分类略有不同。）

一、2016年行业概况

中国汽车工业协会数据显示，2016年，国内商用车市场止跌回升，商用车市场销量同比增长5.8%（其中重卡市场同比增长33.1%，客车市场同比下跌8.7%）。

据中国工程机械工业协会数据，2016年，国内工程机械行业、起重机、压路机、装载机等主要工程机械市场同比增长7%左右，柴油机行业整体结构性产能过剩。

二、样本公司2016年度合并报表财务数据

1. 样本公司

表2-208　　　　　　　　　　　　　样本公司名单

样本号	证券代码	证券简称	母公司全称	注册省份	备注
1	600218.SH	全柴动力	安徽全柴动力股份有限公司	安徽	
2	600841.SH	上柴股份	上海柴油机股份有限公司	上海	
3	000570.SZ	苏常柴A	常柴股份有限公司	江苏	
4	000880.SZ	潍柴重机	潍柴重机股份有限公司	山东	

说明：行业样本公司选取标准为：上市公司2016年度合并报表中该行业营业收入超过主营业务总收入75%（公司的行业归类同时参考了证监会的行业分类结果和中证行业分类结果），行业代码采用国民经济行业分类（GB/T 4754—2011）的行业代码。

2. 营业总收入、第一行业收入比重及毛利率

表2-209　　　　　　　　　　营业总收入及毛利率情况表

样本公司	营业总收入额/万元	调整后营业总收入变动率/%	第一行业名称	第一行业收入占比/%	第一行业毛利率/%
样本1	298 098.70	4.4	柴油机	91	13.9
样本2	254 512.15	17.7	柴油机及配件	98	14.4
样本3	228 302.89	−9.4	柴油机及配件	99	18.1
样本4	174 421.82	−28.4	柴油机	96	12.5

说明：第一行业收入占比＝第一行业收入/营业总收入额×100%。

3. 政府补贴、工资薪酬

表2-210 政府补贴、工资薪酬情况表

样本公司	计入营业外收入的政府补贴额/万元	政府补贴占利润总额的比重/%	年人均工资额/万元	薪酬工资率/%
样本1	1 401.44	12.4	5.77	73.8
样本2	1 654.24	19.7	12.57	69.4
样本3	794.81	10.6	7.34	75.0
样本4	1 538.21	91.8	5.76	62.9

说明：（1）年人均工资额 = 工资总额/领取工资的职工人数。

（2）薪酬工资率 = 工资总额/（薪酬总额 − 辞退福利等非正常工资）× 100%。

（3）政府补贴占利润总额的比重为负数时表明企业亏损。

4. 研发投入

表2-211 研发投入情况表

样本公司	研发投入总额/万元	资本化的研发费用金额/万元	研发费用占营业收入的比重/%	管理费用——研究与开发费金额/万元
样本1	10 905.34	—	3.66	10 905.34
样本2	13 532.02		5.32	6 658.82
样本3	7 881.18	—	3.45	5 331.91
样本4	9 128.97	935.94	5.23	8 843.73

5. 主要财务指标

表2-212 2016年主要财务指标表

样本公司	存货周转率/次	应收账款周转率/次	总资产周转率/次	净资产收益率/%	流动比率/次	速动比率/次
样本1	5.25	9.63	0.92	5.15	1.58	0.83
样本2	9.11	13.41	0.46	2.80	1.92	1.60
样本3	4.19	6.84	0.66	3.00	1.72	1.27
样本4	3.27	10.60	0.53	1.52	0.63	0.34

说明：（1）存货周转率 = 主营业务成本/平均存货成本。

（2）应收账款周转率 = 主营业务收入/平均应收账款余额。

（3）总资产周转率 = 主营业务收入/平均资产总额。

（4）净资产收益率＝税后利润/所有者权益×100%。

（5）流动比率＝流动资产/流动负债。

（6）速动比率＝（流动资产－存货）/流动负债。

6. 最近五年的企业毛利率

表2-213　　　　　　　近五年公司毛利率情况表　　　　　　　　　　%

样本公司	2016年	2015年	2014年	2013年	2012年	备注
样本1	13.74	12.38	11.85	10.13	7.75	
样本2	15.32	18.00	19.82	21.72	20.63	
样本3	18.24	16.25	13.36	13.56	10.34	
样本4	13.41	12.59	11.75	12.19	11.51	

三、样本公司2016年度合并报表税收数据

1. 整体税费

表2-214　　　　　　　　　　　整体税费情况表

样本公司	年末应交税费余额/万元	本年应交税费额/万元	整体应缴负担率/%	整体税费入库率/%	母公司企业所得税率/%	备注
样本1	833.09	11 191.91	3.8	92.6	15.00	
样本2	3 133.95	10 997.13	4.3	71.5	15.00	
样本3	868.17	6 209.94	2.7	86.0	15.00	
样本4	2 172.59	9 531.38	5.5	77.2	15.00	

说明：（1）当期应缴各项税费额不含个人所得税（部分公司没有公布年末应交个人所得税数据）。

（2）整体应交税费负担率＝当期应交税费额/当期营业总收入数×100%。

（3）整体税费入库率＝（整体应交税费额－年末税费余额）/整体应交税费额×100%。

2. 增值税、企业所得税税负率、入库率

表2-215　　　　　　　增值税、企业所得税税负率、入库率情况表　　　　　　　%

样本公司	增值税应缴负担率	增值税入库率	所得税应缴负担率	所得税入库率	年末应缴税余额：城建税与流转税之比	年末应缴税余额：教育附加费与流转税之比	备注
样本1	2.3	98.7	0.7	96.4	14.0	13.8	
样本2	3.4	81.5	0.0	56.2	10.2	—	

续表2-215

样本公司	增值税应缴负担率	增值税入库率	所得税应缴负担率	所得税入库率	年末应缴税余额：城建税与流转税之比	年末应缴税余额：教育附加费与流转税之比	备注
样本3	1.7	97.4	0.5	50.3	92.8	5.3	
样本4	3.6	77.4	0.4	72.0	8.0	—	

说明：（1）增值税应缴负担率 = 增值税应缴税额/增值税销售额×100%。

（2）企业所得税应缴负担率 = 当期企业所得税应缴税额/营业总收入×100%（部分公司当期企业所得税应缴税额含以前年度调整额）。

（3）税种入库率 =（税种应交税费 – 税种年末余额)/税种应交税费×100%。

（4）营业总收入额：取自样本公司2016年度报告——合并利润表中的"营业总收入"栏。

3. 收到税费返还、支付各项税费、年末应交营业税余额

表2-216　　　　　收到税费返还、支付各项税费、年末应交营业税余额情况表

样本公司	收到的税费返还金额/万元	支付的各项税费金额/万元	年末应交营业税余额/万元	万元总资产实际贡献税费额/元
样本1	40.17	11 361.55	—	351.91
样本2	—	9 202.21	—	166.96
样本3	4 156.10	6 416.58	—	184.46
样本4	—	10 707.97	—	325.25

说明：（1）收到的税费返还额：取自样本公司2016年度报告——合并现金流量表中的"收到的税费返还"栏。

（2）支付的各项税费金额：取自样本公司2016年度报告——合并现金流量表中的"支付的各项税费"栏。

（3）年末应交营业税余额：取自样本公司2016年度报告——财务报告附注中的"应交税费——应交营业税"。

（4）万元总资产实际贡献税费额 = 年度实际支付的各项税费/[（总资产年初余额+总资产年末余额)/2]（注：各项税费单位是元，平均总资产单位是万元）。

四、税收风险分析

（一）样本公司可能存在的风险

（1）个别样本公司研发投入数据与财报中的相关数据逻辑不符（见表2-210）。

对这个问题的分析，详见本书第一章"第三节 上市公司2016年度存在的主要共性税收问题"。

（2）个别样本公司企业所得税预缴率低于75%（见表2-212）。

样本公司中，企业所得税预交率低于75%的有3家。对这一问题的原理分析，详见本书第一章"第三节 上市公司2016年度存在的主要共性税收问题"。

（3）个别样本公司流转税与其附加交纳不同步（见表2-215）。

对这一问题的原理分析，详见本书第一章"第三节 上市公司2016年度存在的主要共性税收问题"。

（二）行业税收新政、行业特殊税收政策

固定资产可以加速折旧。

相关文件：财税〔2015〕106号。

3610. 汽车整车制造（乘用车）

汽车整车制造，指由动力装置驱动，具有四个以上车轮的非轨道、无架线的车辆，并主要用于载送人员和（或）货物，牵引输送人员和（或）货物的车辆制造，还包括汽车发动机的制造。

国民经济行业代码：3610。

一、2016年行业概况

中国汽车工业协会数据显示，2016年，中国汽车产销2 811.9万辆和2 802.8万辆，同比增长14.5%和13.7%，增幅比上年提升11.2%和9%，高于2015年度的11.2和9.0个百分点，已连续8年位居世界首位。

乘用车产销增速高于行业，SUV仍为增长亮点。

乘用车产销2 442.1万辆和2 437.7万辆，同比增长15.5%和14.9%，分别高于汽车总体1.0和1.2个百分点。

① 基本型乘用车（轿车）销售1 214.9万辆，同比增长3.4%；

② 运动型多用途乘用车（SUV）销售904.7万辆，同比增长44.6%；

③ 多功能乘用车（MPV）销售249.7万辆，同比增长18.4%；

④ 交叉型乘用车销售68.4万辆，同比下降37.8%。

新能源汽车产销51.7万辆和50.7万辆，比上年同期分别增长51.7%和53%。其中纯电动汽车产销分别完成41.7万辆和40.9万辆，比上年同期分别增长63.9%和65.1%；插电式混合动力汽车产销分别完成9.9万辆和9.8万辆，比上年同期分别增长15.7%和17.1%。

2010—2016年我国汽车产销情况如图2-4所示。

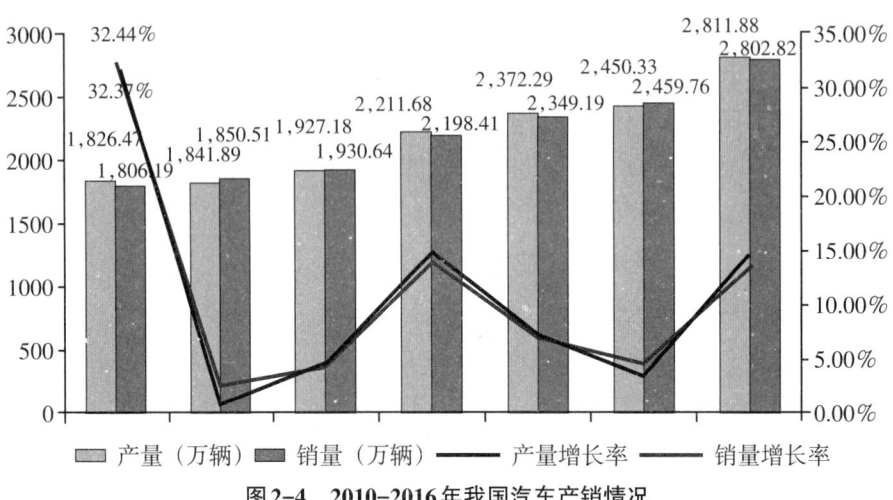

图2-4　2010-2016年我国汽车产销情况

二、样本公司2016年度合并报表财务数据

1. 样本公司

表2-217　　　　　　　　　　样本公司名单

样本号	证券代码	证券简称	母公司全称	注册省份	备注
1	600104.SH	上汽集团	上海汽车集团股份有限公司	上海	
2	601127.SH	小康股份	重庆小康工业集团股份有限公司	重庆	
3	601633.SH	长城汽车	长城汽车股份有限公司	河北	
4	000572.SZ	海马汽车	海马汽车集团股份有限公司	海南	
5	000625.SZ	长安汽车	重庆长安汽车股份有限公司	重庆	
6	000800.SZ	一汽轿车	一汽轿车股份有限公司	吉林	审计

说明：（1）行业样本公司选取标准为：上市公司2016年度合并报表中该行业营业收入超过主营业务总收入75%（公司的行业归类同时参考了证监会的行业分类结果和中证行业分类结果），行业代码采用国民经济行业分类（GB/T 4754—2011）的行业代码。

（2）备注审计：审计结论为保留意见或无法表示意见。

2. 营业总收入、第一行业收入比重及毛利率

表 2-218 营业总收入及毛利率情况表

样本公司	营业总收入额/万元	调整后营业总收入变动率/%	第一行业名称	第一行业收入占比/%	第一行业毛利率/%
样本 1	75 641 616.51	12.8	汽车制造业	99	12.9
样本 2	1 619 243.33	53.4	汽车	93	18.4
样本 3	9 861 570.24	29.7	整车	96	24.2
样本 4	1 423 927.82	16.9	汽车制造及服务	93	14.0
样本 5	7 854 244.18	17.6	整车	100	17.9
样本 6	2 270 998.42	−14.8	整车	84	16.7

说明：第一行业收入占比＝第一行业收入/营业总收入额×100%。

3. 政府补贴、工资薪酬

表 2-219 政府补贴、工资薪酬情况表

样本公司	计入营业外收入的政府补贴额/万元	政府补贴占利润总额的比重/%	年人均工资额/万元	薪酬工资率/%
样本 1	254 714.17	5.0	0.76	76.3
样本 2	5 121.57	6.6	9.43	88.8
样本 3	13 354.37	1.1	7.95	81.4
样本 4	8 262.76	133.0	6.32	75.6
样本 5	86 425.90	8.4	10.46	73.1
样本 6	6 921.70	7.0	11.31	

说明：（1）年人均工资额＝工资总额/领取工资的职工人数。

（2）薪酬工资率＝工资总额/（薪酬总额−辞退福利等非正常工资）×100%。

（3）政府补贴占利润总额的比重为负数时表明企业亏损。

4. 研发投入

表 2-220 研发投入情况表

样本公司	研发投入总额/万元	资本化的研发费用金额/万元	研发费用占营业收入的比重/%	管理费用——研究与开发费金额/万元
样本 1	940 871.09	—	1.26	941 061.80
样本 2	47 461.95	24,451.53	2.93	23 010.42
样本 3	318 023.64	—	3.23	318 023.64

续表2-220

样本公司	研发投入总额/万元	资本化的研发费用金额/万元	研发费用占营业收入的比重/%	管理费用——研究与开发费金额/万元
样本4	72 014.79	48,854.98	5.18	24 342.75
样本5	320 300.00	94,500.00	4.08	225 776.92
样本6	56 204.55	17,221.76	2.47	45 997.42

5. 主要财务指标

表2-221　　　　　　　　　**2016年主要财务指标表**

样本公司	存货周转率/次	应收账款周转率/次	总资产周转率/%	净资产收益率/%	流动比率/次	速动比率/次
样本1	17.51	24.88	1.35	17.53	1.11	0.60
样本2	14.43	43.71	1.00	15.93	0.90	0.79
样本3	14.61	164.91	1.20	24.73	1.25	1.02
样本4	7.59	88.71	0.78	3.10	0.79	0.55
样本5	8.36	66.16	0.80	26.81	1.10	0.95
样本6	5.96	238.58	1.22	−11.64	0.98	0.69

说明：（1）存货周转率＝主营业务成本/平均存货成本。

（2）应收账款周转率＝主营业务收入/平均应收账款余额。

（3）总资产周转率＝主营业务收入/平均资产总额。

（4）净资产收益率＝税后利润/所有者权益×100%。

（5）流动比率＝流动资产/流动负债。

（6）速动比率＝（流动资产－存货）/流动负债。

6. 最近五年的企业毛利率

表2-222　　　　　　　　　**近五年公司毛利率情况表**　　　　　　　　　　%

样本公司	2016年	2015年	2014年	2013年	2012年	备注
样本1	12.87	11.42	12.36	12.84	16.28	
样本2	19.34	19.31	20.12	21.11	20.80	
样本3	24.46	25.13	27.70	28.61	26.87	
样本4	13.62	15.52	15.61	16.42	15.75	
样本5	17.89	20.02	18.23	17.50	18.40	
样本6	19.75	20.59	21.42	23.44	15.73	

三、样本公司2016年度合并报表税收数据

1. 整体税费

表2-223 　　　　　　　　　　　整体税费情况表

样本公司	年末应交税费余额/万元	本年应交税费额/万元	整体应缴负担率/%	整体税费入库率/%	母公司企业所得税税率/%	备注
样本1	1 367 287.54	3 646 447.19	4.8	62.5	25.00	
样本2	27 121.23	125 390.02	7.7	78.4	15.00	
样本3	196 208.40	974 688.81	9.9	79.9	15.00	
样本4	14 111.89	103 114.00	7.2	86.3	25.00	b
样本5	55 267.24	710 269.70	9.0	92.2	15.00	a
样本6	11 499.53	243 531.81	10.7	95.3	15.00	

说明：（1）当期应交各项税费额不含个人所得税（部分公司没有公布年末应交个人所得税数据）。

（2）整体应交税费负担率＝当期应交税费额/当期营业总收入数×100%。

（3）整体税费入库率＝（整体应交税费额－年末税费余额）/整体应交税费额×100%。

（4）备注栏中a表示财务报告中"应交税费——增值税年初余额或年末余额"的列示不符合增值税在财务报表项目中的列示规定。

（5）备注栏中b表示2016年公司有营业税收入。

2. 增值税、企业所得税税负率、入库率

表2-224 　　　　　　增值税、企业所得税税负率、入库率情况表 　　　　　%

样本公司	增值税应缴负担率	增值税入库率	所得税应缴负担率	所得税入库率	年末应缴税额：城建税与流转税之比	年末应缴税余额：教育附加费与流转税之比	备注
样本1	2.4	69.8	1.4	36.3	3.7	5.2	
样本2	3.4	89.7	0.9	46.8	9.2	8.5	
样本3	3.7	85.5	2.2	75.2	5.3	4.1	
样本4	1.7	96.1	1.1	64.1	6.8	5.0	b
样本5	—		0.1		4.5	3.8	a
样本6	4.7	99.7	0.2	73.5	7.0	5.0	

说明：（1）增值税应缴负担率＝增值税应缴税额/增值税销售额×100%。

（2）企业所得税应缴负担率＝当期企业所得税应缴税额/营业总收入×100%（部分公

司当期企业所得税应缴税额含以前年度调整额）。

（3）税种入库率＝（税种应交税费－税种年末余额)/税种应交税费×100%。

（4）营业总收入额：取自样本公司年度财务报告——合并利润表中的"营业总收入"项目数据。

（5）备注栏中a表示财务报告中"应交税费——增值税年初余额或年末余额"的列示不符合增值税在财务报表项目中的列示规定。

（6）备注栏中b表示2016年公司有营业税收入。

3. 收到税费返还、支付各项税费、年末应交营业税余额

表2-225　收到税费返还、支付各项税费、年末应交营业税余额情况表

样本公司	收到的税费返还金额/万元	支付的各项税费金额/万元	年末应交营业税余额/万元	万元总资产实际贡献税费额/元
样本1	31 580.47	3 130 775.93	—	567.38
样本2	4 182.64	107 477.39	—	666.02
样本3	4 652.32	874 996.08	—	1 065.64
样本4	3 828.57	104 237.27	92.85	585.68
样本5	17 895.60	690 156.19	—	704.51
样本6	--	270 136.36	—	1 456.76

说明：（1）收到的税费返还额：取自样本公司2016年度财务报告——合并现金流量表中的"收到的税费返还"项目数据。

（2）支付的各项税费金额：取自样本公司2016年度财务报告——合并现金流量表中的"支付的各项税费"项目数据。

（3）年末应交营业税余额：取自样本公司2016年度报告——财务报告附注中的"应交税费——应交营业税"项目数据。

（4）万元总资产实际贡献税费额＝年度实际支付的各项税费/[（总资产年初余额+总资产年末余额)/2]（注：各项税费单位是元，平均总资产单位是万元）。

四、税收风险分析

（一）样本公司可能存在的风险

（1）个别样本公司薪酬工资率高于75%（见表2-219）。

在6家样本公司中，薪酬工资率超过75%的有4家。工资只是薪酬的一部分；"五险"是法定的，约为工资的33%。薪酬工资率大于75%可能存在企业有未参保人员问题，其工资的合理性值得关注。

（2）个别样本公司研发投入数据与财报中的相关数据逻辑不符（见表

2-220）。

对这个问题的分析，详见本书第一章"第三节 上市公司2016年度存在的主要共性税收问题"。

（3）个别样本公司企业所得税预缴率低于75%（见表2-224）。

样本公司中，企业所得税预交率低于75%的有4家。对这一问题的原理分析，详见本书第一章"第三节 上市公司2016年度存在的主要共性税收问题"。

（4）个别样本公司流转税与其附加交纳不同步（见表2-224）。

对这一问题的原理分析，详见本书第一章"第三节 上市公司2016年度存在的主要共性税收问题"。

（5）个别样本公司可能存在欠缴营业税问题（见表2-225）。

样本公司中，有1家公司应交营业税2016年末有余额，××公司2016年末应交税费——营业税余额为92.85万元。对这一问题的原理分析，详见本书第一章"第三节 上市公司2016年度存在的主要共性税收问题"。

（二）行业税收新政、行业特殊税收政策

固定资产可以加速折旧。

相关文件：财税〔2015〕106号。

3731. 金属船舶制造

金属船舶制造，指以钢质、铝质等各种金属为主要材料，为民用或军事部门建造远洋、近海或内陆河湖的金属船舶的制造。

国民经济行业代码：3731。

一、2016年行业概况

2016年商船市场低迷，三大造船指标同比下降，全国造船完工量为3 532万载重吨，同比下降15.6%；承接新船订单量为2 107万载重吨，同比下降32.6%；截至2016年12月底，手持船舶订单量为9 961万载重吨，同比下降19%。

中国船舶重工经济研究中心数据显示，截至2016 年底，国内活跃船厂数量为130家，相比2012年151家下降14%。结合对各船厂手持订单及市场发展情况，2017年活跃船厂的数量将进一步降低。

中国船舶工业经济研究中心统计数据显示，2016 年全球船舶市场中，新船市场需求萎缩及竞争形势加剧，全年基本呈现单边下行态势。截至2016年12月31日，克拉克松新船价格指数已跌至123点，低于2008年金融危机后126点的最低记录。新船成交量方面，全年累计成交量仅539艘2 741.8万载重吨，成交载重吨较2015年大幅下滑75.7%，创下20年来新低。其中，主要造船国中国、日本、韩国新接订单分别为 1 617万载重吨、410万载重吨和584万载重吨，同比分别减少51%、89%和 83%。截至 2016 年 12 月底，全球手持订单量为 22 332.2 万载重吨，同比下降26.3%。其中，主要造船国中、日、韩手持订单量分别为9 594.7万载重吨（占比43%）、5 919.2万载重吨（占比26.5%）和5 028 万载重吨（占比22.5%）。

2017年1月12日，工业和信息化部、国家发展和改革委员会、财政部、中国人民银行、银监会、国防科工局联合发布《船舶工业深化结构调整加快转型升级行动计划（2016—2020年)》。

二、样本公司 2016 年度合并报表财务数据

1. 样本公司

表2-226　　　　　　　　　　样本公司名单

样本号	证券代码	证券简称	母公司全称	注册省份	备注
1	600150.SH	中国船舶	中国船舶工业股份有限公司	上海	
2	600685.SH	中船防务	中船海洋与防务装备股份有限公司	广东	

说明：行业样本公司选取标准为：上市公司2016年度合并报表中该行业营业收入超过主营业务总收入75%（公司的行业归类同时参考了证监会的行业分类结果和中证行业分类结果），行业代码采用国民经济行业分类（GB/T 4754—2011）的行业代码。

2. 营业总收入、第一行业收入比重及毛利率

表2-227　　　　　　　　　　营业总收入及毛利率情况表

样本公司	营业总收入额/万元	调整后营业总收入变动率/%	第一行业名称	第一行业收入占比/%	第一行业毛利率/%
样本1	2 145 707.04	−22.7	船舶造修	75	16.8
样本2	2 334 960.49	−8.5	船舶	80	4.8

说明：第一行业收入占比 = 第一行业收入/营业总收入额×100%。

3. 政府补贴、工资薪酬

表2-228 政府补贴、工资薪酬情况表

样本公司	计入营业外收入的政府补贴额/万元	政府补贴占利润总额的比重/%	年人均工资额/万元	薪酬工资率/%
样本1	10 455.08	-3.9	11.59	66.2
样本2	20 608.31	172.5	8.80	71.0

说明：（1）年人均工资额＝工资总额/领取工资的职工人数。

（2）薪酬工资率＝工资总额/（薪酬总额－辞退福利等非正常工资）×100%。

（3）政府补贴占利润总额的比重为负数时表明企业亏损。

4. 研发投入

表2-229 研发投入情况表

样本公司	研发投入总额/万元	资本化的研发费用金额/万元	研发费用占营业收入的比重/%	管理费用——研究与开发费金额/万元
样本1	104 795.00	—	0.00	66 391.39
样本2	65 672.70	—	2.81	44 032.17

5. 主要财务指标

表2-230 2016年主要财务指标表

样本公司	存货周转率/次	应收账款周转率/次	总资产周转率/次	净资产收益率/%	流动比率/次	速动比率/次
样本1	1.18	15.51	0.41	-16.03	2.15	0.96
样本2	1.88	15.61	0.49	0.69	1.21	0.55

说明：（1）存货周转率＝主营业务成本/平均存货成本。

（2）应收账款周转率＝主营业务收入/平均应收账款余额。

（3）总资产周转率＝主营业务收入/平均资产总额。

（4）净资产收益率＝税后利润/所有者权益×100%。

（5）流动比率＝流动资产/流动负债。

（6）速动比率＝（流动资产－存货）/流动负债。

6. 最近五年的企业毛利率

表2-231 近五年公司毛利率情况表 %

样本公司	2016年	2015年	2014年	2013年	2012年	备注
样本1	17.74	8.49	9.81	11.55	13.00	
样本2	7.01	2.74	-1.05	7.17	7.06	

三、样本公司2016年度合并报表税收数据

1. 整体税费

表2-232　　　　　　　　　　　　整体税费情况表

样本公司	年末应交税费余额/万元	本年应交税费额/万元	整体应缴负担率/%	整体税费入库率/%	母公司企业所得税税率/%	备注
样本1	23 122.41	243 816.70	11.4	90.5	25.00	a
样本2	10 520.80	155 869.38	6.7	93.3	25.00	a

说明：（1）当期应交各项税费额不含个人所得税（部分公司没有公布年末应交个人所得税数据）。

（2）整体应交税费负担率＝当期应交税费额/当期营业总收入数×100%。

（3）整体税费入库率＝（整体税费额－年末税费余额）/整体应交税费额×100%。

（4）备注栏中a表示财务报告中"应交税费——增值税年初余额或年末余额"的列示不符合增值税在财务报表项目中的列示规定。

2. 增值税、企业所得税税负率、入库率

表2-233　　　　　　增值税、企业所得税税负率、入库率情况表　　　　　　%

样本公司	增值税应缴负担率	增值税入库率	所得税应缴负担率	所得税入库率	年末应缴税余额：城建税与流转税之比	年末应缴税余额：教育附加费与流转税之比	备注
样本1	—	—	0.3	12.9	4.6	5.2	a
样本2	—	—	0.3	11.8	7.6	5.4	a

说明：（1）增值税应缴负担率＝增值税应缴税额/增值税销售额×100%。

（2）企业所得税应缴负担率＝当期企业所得税应缴税额/营业总收入×100%（部分公司当期企业所得税应缴税额含以前年度调整额）。

（3）税种入库率＝（税种应交税费－税种年末余额）/税种应交税费×100%。

（4）营业总收入额：取自样本公司年度财务报告——合并利润表中的"营业总收入"项目数据。

（5）备注栏中a表示财务报告中"应交税费——增值税年初余额或年末余额"的列示不符合增值税在财务报表项目中的列示规定。

3. 收到税费返还、支付各项税费、年末应交营业税余额

表2-234　　　收到税费返还、支付各项税费、年末应交营业税余额情况表

样本公司	收到的税费返还金额/万元	支付的各项税费金额/万元	年末应交营业税余额/万元	万元总资产实际贡献税费额/元
样本1	144 445.81	64 222.57	—	123.72
样本2	111 631.19	30 426.52	—	63.88

说明：（1）收到的税费返还额：取自样本公司2016年度财务报告——合并现金流量表中的"收到的税费返还"项目数据。

（2）支付的各项税费金额：取自样本公司2016年度财务报告——合并现金流量表中的"支付的各项税费"项目数据。

（3）年末应交营业税余额：取自样本公司2016年度报告——财务报告附注中的"应交税费——应交营业税"项目数据。

（4）万元总资产实际贡献税费额＝年度实际支付的各项税费/［（总资产年初余额+总资产年末余额)/2］（注：各项税费单位是元，平均总资产单位是万元）。

四、税收风险分析

（一）样本公司可能存在的风险

（1）个别样本公司研发投入数据与财报中的相关数据逻辑不符（见表2-229）。

对这个问题的分析，详见本书第一章"第三节 上市公司2016年度存在的主要共性税收问题"。

（2）个别样本公司企业所得税预缴率低于75%（见表2-233）。

在2家样本公司中，企业所得税预交率都低于75%。对这一问题的原理分析，详见本书第一章"第三节 上市公司2016年度存在的主要共性税收问题"。

（3）个别样本公司流转税与其附加交纳不同步（见表2-233）。

对这一问题的原理分析，详见本书第一章"第三节 上市公司2016年度存在的主要共性税收问题"。

（二）行业特殊税收政策

（1）增值税：军品采购和出口船舶的税收优惠。

（2）企业所得税：固定资产可以加速折旧。

相关文件：财税〔2014〕75号。

3963. 集成电路制造

集成电路制造,指单片集成电路、混合式集成电路的制造。

国民经济行业代码:3963。

一、2016年行业概况

集成电路产业主要由集成电路设计、晶圆制造、封装和测试等环节组成。

据中国半导体行业协会统计,2016年中国集成电路产业销售额4 335.5亿元,同比增长20.1%。其中,设计、制造、封装测试销售额分别达到1 644.3亿元、1 126.9亿元和1 564.3亿元,封装测试同比增长13%。

2016年12月19日,国务院印发《"十三五"国家战略性新兴产业发展规划》,规划启动集成电路重大生产力布局规划工程,推动产业能力实现快速跃升;加快先进制造工艺、存储器、特色工艺等生产线建设,提升安全可靠CPU、数模/模数转换芯片、数字信号处理芯片等关键产品设计开发能力和应用水平,推动封装测试、关键装备和材料等产业快速发展;支持提高代工企业及第三方IP核企业的服务水平,支持设计企业与制造企业协同创新,推动重点环节提高产业集中度。《国家集成电路产业发展推进纲要》要求,2020年前我国集成电路产业的年均增长率要达到20%。

二、样本公司2016年度合并报表财务数据

1. 样本公司

表2–235　　　　　　　　　　样本公司名单

样本号	证券代码	证券简称	母公司全称	注册省份	备注
1	600584.SH	长电科技	江苏长电科技股份有限公司	江苏	
2	603005.SH	晶方科技	苏州晶方半导体科技股份有限公司	江苏	
3	603160.SH	汇顶科技	深圳市汇顶科技股份有限公司	广东	
4	002156.SZ	通富微电	通富微电子股份有限公司	江苏	
5	002185.SZ	华天科技	天水华天科技股份有限公司	甘肃	
6	300327.SZ	中颖电子	中颖电子股份有限公司	上海	

说明:行业样本公司选取标准为:上市公司2016年度合并报表中该行业营业收入超过主营业务总收入75%(公司的行业归类同时参考了证监会的行业分类结果和中证行业分类结果),行业代码采用国民经济行业分类(GB/T 4754—2011)的行业代码。

2. 营业总收入、第一行业收入比重及毛利率

表2-236 营业总收入及毛利率情况表

样本公司	营业总收入额/万元	调整后营业总收入变动率/%	第一行业名称	第一行业收入占比/%	第一行业毛利率/%
样本1	1 915 452.77	77.2	芯片封测	98	11.4
样本2	51 239.04	−11.0	芯片封装	98	31.2
样本3	307 933.13	175.0	指纹识别芯片	75	43.0
样本4	459 165.67	97.8	集成电路封装测试	100	18.0
样本5	547 502.78	41.3	集成电路封装产品	97	18.5
样本6	51 770.24	25.8	集成电路产品	100	44.2

说明：第一行业收入占比＝第一行业收入/营业总收入额×100%。

3. 政府补贴、工资薪酬

表2-237 政府补贴、工资薪酬情况表

样本公司	计入营业外收入的政府补贴额/万元	政府补贴占利润总额的比重/%	年人均工资额/万元	薪酬工资率/%
样本1	20 675.01	−82.4	11.14	76.4
样本2	1 806.19	31.7	7.90	82.2
样本3	10 997.23	11.1	21.90	81.1
样本4	9 443.48	38.7	6.96	83.1
样本5	7 218.17	15.1	5.24	82.9
样本6	992.38	8.9	26.35	83.1

说明：（1）年人均工资额＝工资总额/领取工资的职工人数。

（2）薪酬工资率＝工资总额/（薪酬总额−辞退福利等非正常工资）×100%。

（3）政府补贴占利润总额的比重为负数时表明企业亏损。

4. 研发投入

表2-238 研发投入情况表

样本公司	研发投入总额/万元	资本化的研发费用金额/万元	研发费用占营业收入的比重/%	管理费用——研究与开发费金额/万元
样本1	63 788.32	—	3.33	63 788.32
样本2	10 374.91	—	20.25	10 374.91
样本3	30 798.92	—	10.00	30 798.92

续表2–238

样本公司	研发投入总额/万元	资本化的研发费用金额/万元	研发费用占营业收入的比重/%	管理费用——研究与开发费金额/万元
样本4	31 634.91	—	6.89	31 634.91
样本5	28 993.18	—	5.30	28 993.18
样本6	7 535.12	—	14.55	7 535.12

5. 主要财务指标

表2–239　　　　　　　　　　　2016年主要财务指标表

样本公司	存货周转率/次	应收账款周转率/次	总资产周转率/%	净资产收益率/%	流动比率/次	速动比率/次
样本1	10.74	8.40	0.69	2.45	0.68	0.48
样本2	8.39	6.32	0.26	3.18	4.31	3.50
样本3	4.70	7.29	1.34	47.13	6.29	5.03
样本4	6.85	5.32	0.52	4.74	1.19	0.87
样本5	6.49	7.97	0.74	8.19	1.73	1.15
样本6	3.42	7.39	0.66	16.35	6.97	2.27

说明：（1）存货周转率＝主营业务成本/平均存货成本。

（2）应收账款周转率＝主营业务收入/平均应收账款余额。

（3）总资产周转率＝主营业务收入/平均资产总额。

（4）净资产收益率＝税后利润/所有者权益×100%。

（5）流动比率＝流动资产/流动负债。

（6）速动比率＝（流动资产－存货）/流动负债。

6. 最近五年的企业毛利率

表2–240　　　　　　　　近五年公司毛利率情况表　　　　　　　　　　　　　　%

样本公司	2016年	2015年	2014年	2013年	2012年	备注
样本1	11.82	17.83	21.13	19.80	14.24	
样本2	32.22	35.82	52.22	56.28	56.45	
样本3	47.14	57.86	65.53	65.79	66.43	
样本4	18.00	21.80	19.08	16.58	14.19	
样本5	18.04	20.52	21.89	21.53	18.87	
样本6	44.20	42.33	36.41	37.23	37.46	

三、样本公司2016年度合并报表税收数据

1. 整体税费

表 2-241 整体税费情况表

样本公司	年末应交税费余额/万元	本年应交税费额/万元	整体应缴负担率/%	整体税费入库率/%	母公司企业所得税税率/%	备注
样本 1	5 103.66	24 616.58	1.3	79.3	15.00	
样本 2	122.26	1 425.83	2.8	91.4	15.00	
样本 3	5 441.67	33 052.82	10.7	83.5	15.00	
样本 4	2 987.86	5 450.56	1.2	45.2	15.00	a
样本 5	1 890.87	17 729.35	3.2	89.3	15.00	a
样本 6	325.22	2 002.10	3.9	83.8	10.00	

说明：（1）当期应交各项税费额不含个人所得税（部分公司没有公布年末应交个人所得税数据）。

（2）整体应交税费负担率＝当期应交税费额/当期营业总收入数×100%。

（3）整体税费入库率＝（整体应交税费额－年末税费余额)/整体应交税费额×100%。

（4）备注栏中 a 表示财务报告中"应交税费——增值税年初余额或年末余额"的列示不符合增值税在财务报表项目中的列示规定。

2. 增值税、企业所得税税负率、入库率

表 2-242 增值税、企业所得税税负率、入库率情况表 %

样本公司	增值税应缴负担率	增值税入库率	所得税应缴负担率	所得税入库率	年末应缴税余额：城建税与流转税之比	年末应缴税余额：教育附加费与流转税之比	备注
样本 1	0.5	83.8	0.5	73.0	3.0	2.2	
样本 2	0.2	100.0	0.9	100.0	—	—	
样本 3	5.5	85.7	4.4	79.8	7.0	5.0	
样本 4	—	—	1.1	48.8	—	—	a
样本 5	—	—	1.2	75.8	6.6	4.7	a
样本 6	1.8	74.5	1.8	93.4	4.8	3.5	

说明：（1）增值税应缴负担率＝增值税应缴税额/增值税销售额×100%。

（2）企业所得税应缴负担率＝当期企业所得税应缴税额/营业总收入×100%（部分公司当期企业所得税应缴税额含以前年度调整额）。

（3）税种入库率＝（税种应交税费－税种年末余额)/税种应交税费×100%。

（4）营业总收入额：取自样本公司年度财务报告——合并利润表中的"营业总收入"项目数据。

（5）备注栏中a表示财务报告中"应交税费——增值税年初余额或年末余额"的列示不符合增值税在财务报表项目中的列示规定。

3. 收到税费返还、支付各项税费、年末应交营业税余额

表2-243　　　　　收到税费返还、支付各项税费、年末应交营业税余额情况表

样本公司	收到的税费返还金额/万元	支付的各项税费金额/万元	年末应交营业税余额/万元	万元总资产实际贡献税费额/元
样本1	36 802.87	22 487.04	—	81.36
样本2	3 483.42	1 580.16	—	80.35
样本3	15 526.80	29 308.33	—	1 272.02
样本4	27 678.19	3 001.58	—	33.89
样本5	9 488.23	11 152.44	—	151.26
样本6	2 079.46	1 812.73	—	231.60

说明：（1）收到的税费返还额：取自样本公司2016年度财务报告——合并现金流量表中的"收到的税费返还"项目数据。

（2）支付的各项税费金额：取自样本公司2016年度财务报告——合并现金流量表中的"支付的各项税费"项目数据。

（3）年末应交营业税余额：取自样本公司2016年度报告——财务报告附注中的"应交税费——应交营业税"项目数据。

（4）万元总资产实际贡献税费额＝年度实际支付的各项税费/〔（总资产年初余额+总资产年末余额)/2〕（注：各项税费单位是元，平均总资产单位是万元）。

四、税收风险分析

（一）样本公司可能存在的风险

（1）个别样本公司薪酬工资率高于75%（见表2-237）。

在6家样本公司中，薪酬工资率全部超过75%。工资只是薪酬的一部分；"五险"是法定的，约为工资的33%。薪酬工资率大于75%可能存在企业有未参保人员问题，其工资的合理性值得关注。

（2）个别样本公司研发投入数据与财报中的相关数据逻辑不符（见表2-238）。

对这个问题的分析，详见本书第一章"第三节 上市公司2016年度存在的主要共性税收问题"。

（3）个别样本公司企业所得税预缴率低于75%（见表2-242）。

样本公司中，企业所得税预交率低于75%的有2家。对这一问题的原理分析，详见本书第一章"第三节 上市公司2016年度存在的主要共性税收问题"。

（4）个别样本公司流转税与其附加交纳不同步（见表2-242）。

对这一问题的原理分析，详见本书第一章"第三节 上市公司2016年度存在的主要共性税收问题"。

（5）样本公司的研发支出全部费用化。

（二）行业特殊税收政策

1. 增值税

软件收入与非软件收入的划分问题。

2. 企业所得税

（1）集成电路线宽小于0.8微米（含）的集成电路生产企业，经认定后，在2017年12月31日前自获利年度起计算优惠期，第一年至第二年免征企业所得税，第三年至第五年按照25%的法定税率减半征收企业所得税，并享受至期满为止。

（2）集成电路线宽小于0.25微米或投资额超过80亿元的集成电路生产企业，经认定后，减按15%的税率征收企业所得税，其中经营期在15年以上的，在2017年12月31日前自获利年度起计算优惠期，第一年至第五年免征企业所得税，第六年至第十年按照25%的法定税率减半征收企业所得税，并享受至期满为止。

（3）我国境内新办的集成电路设计企业和符合条件的软件企业，经认定后，在2017年12月31日前自获利年度起计算优惠期，第一年至第二年免征企业所得税，第三年至第五年按照25%的法定税率减半征收企业所得税，并享受至期满为止。

相关文件：《关于进一步鼓励软件产业和集成电路产业发展企业所得税政策的通知》（财税〔2012〕27号）。

（4）固定资产可以加速折旧。

相关文件：财税〔2014〕75号。

第三节　电力、热力、燃气及水生产和供应业

4411. 火力发电

火力发电，指利用煤炭、石油、天然气等燃料燃烧产生的热能，通过火电动力装置转换成电能的生产活动。

国民经济行业代码：4411。

一、2016年行业概况

据中国电力企业联合会统计，2016 年全国全社会用电量5.92万亿千瓦时，同比增长5.0%。分产业消费情况看，第一产业用电量1 075亿千瓦时，同比增长5.3%；第二产业用电量42 108亿千瓦时，同比增长2.9%；第三产业用电量7 961亿千瓦时，同比增长11.2%；城乡居民生活用电量8 054亿千瓦时，同比增长10.8%。

中国电力企业联合会及国家能源局数据显示，2016年全国全口径发电装机容量16.5亿千瓦，同比增长8.2%；全国并网风电装机1.5亿千瓦，同比增长13.2%；并网风电发电量2 410亿千瓦时，同比增长30.1%。

2016年，国家电力体制改革全面铺开，试点已覆盖全国29个省（区、市）。

2016年，煤电上网标杆电价下调，电力直接交易进一步降低上网电价，煤炭价格大幅上涨，煤电效益大幅下滑。

年底全国全口径发电装机容量16.5亿千瓦，同比增长8.2%；非化石能源发电量持续快速增长，火电设备利用小时降至4 165小时。

二、样本公司2016年度合并报表财务数据

1. 样本公司

表2-244　　　　　　　　　样本公司名单

样本号	证券代码	证券简称	母公司全称	注册省份	备注
1	600011.SH	华能国际	华能国际电力股份有限公司	北京	
2	600021.SH	上海电力	上海电力股份有限公司	上海	
3	600023.SH	浙能电力	浙江浙能电力股份有限公司	浙江	

续表 2-244

样本号	证券代码	证券简称	母公司全称	注册省份	备注
4	600027.SH	华电国际	华电国际电力股份有限公司	山东	
5	600795.SH	国电电力	国电电力发展股份有限公司	辽宁	
6	601991.SH	大唐发电	大唐国际发电股份有限公司	北京	
7	000027.SZ	深圳能源	深圳能源集团股份有限公司	广东	
8	000539.SZ	粤电力A	广东电力发展股份有限公司	广东	

说明：行业样本公司选取标准为：上市公司2016年度合并报表中该行业营业收入超过主营业务总收入75%（公司的行业归类同时参考了证监会的行业分类结果和中证行业分类结果），行业代码采用国民经济行业分类（GB/T 4754—2011）的行业代码。

2. 营业总收入、第一行业收入比重及毛利率

表 2-245 营业总收入及毛利率情况表

样本公司	营业总收入额/万元	调整后营业总收入变动率/%	第一行业名称	第一行业收入占比/%	第一行业毛利率/%
样本 1	11 381 423.60	-11.7	电力及热力	99	21.4
样本 2	1 604 644.17	-5.6	电力	80	23.4
样本 3	3 917 661.23	-1.3	电力	97	22.1
样本 4	6 334 605.10	-10.8	售电	92	24.3
样本 5	5 841 604.98	3.0	电力产品	87	27.0
样本 6	5 912 431.90	-4.5	电力销售	88	30.2
样本 7	1 131 811.22	1.7	电力	90	25.9
样本 8	2 268 112.00	-11.8	电力	99	21.2

说明：第一行业收入占比 = 第一行业收入/营业总收入额×100%。

3. 政府补贴、工资薪酬

表 2-246 政府补贴、工资薪酬情况表

样本公司	计入营业外收入的政府补贴额/万元	政府补贴占利润总额的比重/%	年人均工资额/万元	薪酬工资率/%
样本 1	50 480.72	3.5	12.00	60.4
样本 2	12 211.97	5.6	18.07	59.0
样本 3	23 667.08	2.7	15.51	64.0
样本 4	44 307.10	6.9	8.66	50.0

续表2-246

样本公司	计入营业外收入的政府补贴额/万元	政府补贴占利润总额的比重/%	年人均工资额/万元	薪酬工资率/%
样本5	35 512.14	3.9	11.36	61.0
样本6	47 265.70	38.1	14.06	66.0
样本7	15 709.65	7.7	16.52	68.3
样本8	2 738.97	1.4	17.89	

说明：（1）年人均工资额＝工资总额/领取工资的职工人数。

（2）薪酬工资率＝工资总额/（薪酬总额－辞退福利等非正常工资）×100%。

（3）政府补贴占利润总额的比重为负数时表明企业亏损。

4. 研发投入

表2-247　　　　　　　　　　研发投入情况表

样本公司	研发投入总额/万元	资本化的研发费用金额/万元	研发费用占营业收入的比重/%	管理费用——研究与开发费金额/万元
样本1	6 027.94	—	0.05	—
样本2	830.32	—	0.05	—
样本3	—	—	—	—
样本4	—	—	—	—
样本5	4 259.00	—	0.07	11.32
样本6	1 851.30	1.10	0.03	—
样本7	4 566.71	3 152.35	0.40	2 151.01
样本8	1 536.24	—	0.07	1 536.24

5. 主要财务指标

表2-248　　　　　　　　　　2016年主要财务指标表

样本公司	存货周转率/次	应收账款周转率/次	总资产周转率/次	净资产收益率/%	流动比率/次	速动比率/次
样本1	14.53	8.03	0.37	10.91	0.28	0.21
样本2	30.45	6.24	0.30	8.77	0.44	0.38
样本3	14.27	7.60	0.37	11.09	1.60	1.37
样本4	20.47	9.06	0.30	7.93	0.28	0.21
样本5	20.30	10.90	0.22	9.11	0.18	0.13

续表2-248

样本公司	存货周转率/次	应收账款周转率/次	总资产周转率/次	净资产收益率/%	流动比率/次	速动比率/次
样本6	13.17	7.96	0.22	-6.45	0.35	0.24
样本7	5.65	3.56	0.19	6.02	0.73	0.61
样本8	12.50	8.62	0.32	3.99	0.67	0.47

说明：（1）存货周转率＝主营业务成本/平均存货成本。

（2）应收账款周转率＝主营业务收入/平均应收账款余额。

（3）总资产周转率＝主营业务收入/平均资产总额。

（4）净资产收益率＝税后利润/所有者权益×100%。

（5）流动比率＝流动资产/流动负债。

（6）速动比率＝（流动资产－存货)/流动负债。

6. 最近五年的企业毛利率

表2-249　　　　　　　近五年公司毛利率情况表　　　　　　　%

样本公司	2016年	2015年	2014年	2013年	2012年	备注
样本1	21.46	29.00	25.04	23.14	16.30	
样本2	22.80	25.91	21.74	21.84	17.39	
样本3	22.34	26.08	19.85	18.92	15.06	
样本4	22.59	33.52	27.88	23.39	16.01	
样本5	25.58	31.01	28.28	26.72	21.84	
样本6	26.23	31.48	30.05	28.11	21.75	
样本7	28.93	29.95	25.99	21.30	16.76	
样本8	21.55	29.82	27.91	26.42	20.87	

三、样本公司2016年度合并报表税收数据

1. 整体税费

表2-250　　　　　　　　整体税费情况表

样本公司	年末应交税费余额/万元	本年应交税费额/万元	整体应缴负担率/%	整体税费入库率/%	母公司企业所得税税率/%	备注
样本1	108 910.49	1 581 328.19	13.9	93.1	25.00	a
样本2	41 611.36	240 814.85	15.0	82.7	25.00	a
样本3	56 926.40	428 737.03	10.9	86.7	25.00	

续表 2-250

样本公司	年末应交税费余额/万元	本年应交税费额/万元	整体应缴税负担率/%	整体税费入库率/%	母公司企业所得税税率/%	备注
样本4	69 259.20	769 588.90	12.1	91.0	25.00	
样本5	67 745.16	753 350.83	12.9	91.0	25.00	b
样本6	85 387.70	1 244 688.80	21.1	93.1	25.00	a,b
样本7	42 636.51	179 514.54	15.9	76.2	25.00	b
样本8	29 369.69	247 138.75	10.9	88.1	25.00	

说明：（1）当期应交各项税费额不含个人所得税（部分公司没有公布年末应交个人所得税数据）。

（2）整体应交税费负担率＝当期应交税费额/当期营业总收入数×100%。

（3）整体税费入库率＝（整体应交税费额－年末税费余额）/整体应交税费额×100%。

（4）备注栏中a表示财务报告中"应交税费——增值税年初余额或年末余额"的列示不符合增值税在财务报表项目中的列示规定。

（5）备注栏中b表示2016年公司有营业税收入。

2. 增值税、企业所得税税负率、入库率

表 2-251　　　　增值税、企业所得税税负率、入库率情况表　　　　　　　%

样本公司	增值税应缴负担率	增值税入库率	所得税应缴负担率	所得税入库率	年末应缴税余额：城建税与流转税之比	年末应缴税余额：教育附加费与流转税之比	备注
样本1	—	—	3.4	88.7	—	—	a
样本2	—	—	3.3	51.7	4.5	5.5	a
样本3	6.1	92.5	3.7	78.1	10.8	7.5	
样本4	7.5	92.7	3.1	90.7	2.6	2.4	
样本5	8.5	96.1	3.1	85.5	9.7	8.0	b
样本6	—	—	3.2	82.8	7.3	6.7	a,b
样本7	8.5	92.5	6.1	60.8	5.3	4.6	b
样本8	5.9	90.1	3.6	84.4	1.7	1.5	

说明：（1）增值税应缴负担率＝增值税应缴税额/增值税销售额×100%。

（2）企业所得税应缴负担率＝当期企业所得税应缴税额/营业总收入×100%（部分公司当期企业所得税应缴税额含以前年度调整额）。

（3）税种入库率＝（税种应交税费－税种年末余额）/税种应交税费×100%。

（4）营业总收入额：取自样本公司年度财务报告——合并利润表中的"营业总收入"项目数据。

（5）备注栏中 a 表示财务报告中"应交税费——增值税年初余额或年末余额"的列示不符合增值税在财务报表项目中的列示规定。

（6）备注栏中 b 表示 2016 年公司有营业税收入。

3. 收到税费返还、支付各项税费、年末应交营业税余额

表2-252　　　　收到税费返还、支付各项税费、年末应交营业税余额情况表

样本公司	收到的税费返还金额/万元	支付的各项税费金额/万元	年末应交营业税余额/万元	万元总资产实际贡献税费额/元
样本 1	6 811.40	1 349 794.27	—	443.17
样本 2	1 597.26	160 857.36	—	299.15
样本 3	1 238.72	448 650.44	—	428.31
样本 4	2 828.10	862 762.50	—	414.03
样本 5	13 207.19	776 400.82	174.15	292.85
样本 6	16 159.00	793 275.10	439.50	295.67
样本 7	6 671.15	160 710.17	254.34	270.26
样本 8	554.86	254 226.85	—	356.57

说明：（1）收到的税费返还额：取自样本公司 2016 年度财务报告——合并现金流量表中的"收到的税费返还"项目数据。

（2）支付的各项税费金额：取自样本公司 2016 年度财务报告——合并现金流量表中的"支付的各项税费"项目数据。

（3）年末应交营业税余额：取自样本公司 2016 年度报告——财务报告附注中的"应交税费——应交营业税"项目数据。

（4）万元总资产实际贡献税费额＝年度实际支付的各项税费/[（总资产年初余额+总资产年末余额）/2]（注：各项税费单位是元，平均总资产单位是万元）。

四、税收风险分析

（一）样本公司可能存在的风险

（1）个别样本公司研发投入数据与财报中的相关数据逻辑不符（见表2-248）。

对这个问题的分析，详见本书第一章"第三节 上市公司 2016 年度存在的主要共性税收问题"。

（2）个别样本公司企业所得税预缴率低于 75%（见表2-251）。

在8家样本公司中，企业所得税预交率低于75%的有2家。对这一问题的原理分析，详见本书第一章"第三节 上市公司2016年度存在的主要共性税收问题"。

（3）个别样本公司流转税与其附加交纳不同步（见表2-251）。

对这一问题的原理分析，详见本书第一章"第三节 上市公司2016年度存在的主要共性税收问题"。

（4）个别样本公司可能存在欠缴营业税问题（见表2-252）。

样本公司中，有3家公司应交营业税2016年末有余额，××公司2016年末应交税费——营业税余额为439.50万元。对这一问题的原理分析，详见本书第一章"第三节 上市公司2016年度存在的主要共性税收问题"。

（二）行业特殊事项税收问题

（1）合同能源管理税收问题。

（2）两个系数考核的税收问题。

4500. 燃气生产和供应业

燃气生产和供应业，指利用煤炭、油、燃气等能源生产燃气，或利用畜禽粪便和秸秆等农业、农村废弃物生产沼气，或外购液化石油气、天然气等燃气，并进行输配，向用户销售燃气的活动，以及对煤气、液化石油气、天然气输配及使用过程中的维修和管理活动。

国民经济行业代码：4500。

一、2016年行业概况

国家发改委运行快报统计，2016年全国天然气产量1 371亿立方米，同比增长1.5%，天然气消费量2 058亿立方米，同比增长6.6%。

国家发改委《国家应对气候变化规划（2014—2020年）》，计划到2020 年将我国天然气消费量在一次能源消费中的比重提高到10%以上，天然气利用量达到3 600亿立方米。

2016年国家推进天然气管理体制和市场化改革，出台《天然气管道运输价格管理办法（试行）》、《天然气管道运输定价成本监审办法（试行）》、《加强地方天然气输配价格监管降低企业用气成本的通知》以及《关于推进化肥用气价格市场化改革的通知》等相关文件。

2016年我国天然气出现总体供大于求的市场格局。

二、样本公司2016年度合并报表财务数据

1. 样本公司

表2-253 样本公司名单

样本号	证券代码	证券简称	母公司全称	注册省份	备注
1	600635.SH	大众公用	上海大众公用事业（集团）股份有限公司	上海	
2	603393.SH	新天然气	新疆鑫泰天然气股份有限公司	新疆	
3	603689.SH	皖天然气	安徽省天然气开发股份有限公司	安徽	2
4	000669.SZ	金鸿能源	中油金鸿能源投资股份有限公司	吉林	
5	002700.SZ	新疆浩源	新疆浩源天然气股份有限公司	新疆	

说明：（1）行业样本公司选取标准为：上市公司2016年度合并报表中该行业营业收入超过主营业务总收入75%（公司的行业归类同时参考了证监会的行业分类结果和中证行业分类结果），行业代码采用国民经济行业分类（GB/T 4754—2011）的行业代码。

（2）备注栏中2表示2017年上市。

2. 营业总收入、第一行业收入比重及毛利率

表2-254 营业总收入及毛利率情况表

样本公司	营业总收入额/万元	调整后营业总收入变动率/%	第一行业名称	第一行业收入占比/%	第一行业毛利率/%
样本1	453 468.04	-0.8	燃气生产销售	83	11.3
样本2	91 450.67	-3.7	天然气供应	100	31.5
样本3	215 549.97	-17.9	天然气销售	100	9.7
样本4	247 114.30	-4.0	天然气行业	91	32.4
样本5	34 807.29	-17.6	城市燃气行业	100	40.9

说明：第一行业收入占比 = 第一行业收入/营业总收入额×100%。

3. 政府补贴、工资薪酬

表2-255 政府补贴、工资薪酬情况表

样本公司	计入营业外收入的政府补贴额/万元	政府补贴占利润总额的比重/%	年人均工资额/万元	薪酬工资率/%
样本1	1 305.96	1.9	18.11	70.1
样本2	2 206.92	9.1	5.52	76.4
样本3	536.81	4.6	7.41	65.5

续表2-255

样本公司	计入营业外收入的政府补贴额/万元	政府补贴占利润总额的比重/%	年人均工资额/万元	薪酬工资率/%
样本4	2 304.66	6.9	4.32	76.2
样本5	110.86	1.2	4.55	77.5

说明：（1）年人均工资额 = 工资总额/领取工资的职工人数。

（2）薪酬工资率 = 工资总额/（薪酬总额 - 辞退福利等非正常工资）× 100%。

（3）政府补贴占利润总额的比重为负数时表明企业亏损。

4. 研发投入

表2-256 　　　　　　　　　　　研发投入情况表

样本公司	研发投入总额/万元	资本化的研发费用金额/万元	研发费用占营业收入的比重/%	管理费用——研究与开发费金额/万元
样本1	—	—	—	—
样本2	—	—	—-	—
样本3	—	—	—	—
样本4	718.56	—	0.29	718.56
样本5	—	—	—	—

5. 主要财务指标

表2-257 　　　　　　　　　　2016年主要财务指标表

样本公司	存货周转率/次	应收账款周转率/次	总资产周转率/次	净资产收益率/%	流动比率/次	速动比率/次
样本1	12.82	14.51	0.28	9.47	0.86	0.69
样本2	55.28	23.45	0.59	21.72	5.48	1.81
样本3	108.91	35.15	0.80	8.61	0.56	0.39
样本4	45.52	5.77	0.23	4.92	0.48	0.41
样本5	8.52	10.64	0.33	9.24	3.43	3.21

说明：（1）存货周转率 = 主营业务成本/平均存货成本。

（2）应收账款周转率 = 主营业务收入/平均应收账款余额。

（3）总资产周转率 = 主营业务收入/平均资产总额。

（4）净资产收益率 = 税后利润/所有者权益 × 100%。

（5）流动比率 = 流动资产/流动负债。

（6）速动比率 = （流动资产 - 存货）/流动负债。

6. 最近五年的企业毛利率

表2–258　　　　　　　　近五年公司毛利率情况表　　　　　　　　　　%

样本公司	2016年	2015年	2014年	2013年	2012年	备注
样本1	14.02	13.95	10.77	10.48	9.91	
样本2	31.63	28.74	28.37	33.95	37.58	
样本3	9.70	9.96	10.61	10.92	10.12	
样本4	33.33	31.89	30.34	39.27	43.10	
样本5	40.92	44.04	46.54	48.54	51.80	

三、样本公司2016年度合并报表税收数据

1. 整体税费

表2–259　　　　　　　　　　整体税费情况表

样本公司	年末应交税费余额/万元	本年应交税费额/万元	整体应缴税负担率/%	整体税费入库率/%	母公司企业所得税税率/%	备注
样本1	− 2 025.15	17 249.20	3.8	111.7	25.00	
样本2	1 822.34	8 384.73	9.2	78.3	25.00	
样本3	1 442.94	7 855.95	3.6	81.6	25.00	
样本4	9 758.05	23 533.41	9.5	58.5	25.00	
样本5	605.49	4 243.52	12.2	85.7	15.00	

说明：（1）当期应交各项税费额不含个人所得税（部分公司没有公布年末应交个人所得税数据）。

（2）整体应交税费负担率＝当期应交税费额/当期营业总收入数×100%。

（3）整体税费入库率＝（整体应交税费额－年末税费余额）/整体应交税费额×100%。

2. 增值税、企业所得税税负率、入库率

表2–260　　　　　　增值税、企业所得税税负率、入库率情况表　　　　　　%

样本公司	增值税应缴负担率	增值税入库率	所得税应缴负担率	所得税入库率	年末应缴税余额：城建税与流转税之比	年末应缴税余额：教育附加费与流转税之比	备注
样本1	1.9	90.6	1.0	40.5	1.5	1.4	b

续表2-260

样本公司	增值税应缴负担率	增值税入库率	所得税应缴负担率	所得税入库率	年末应缴税余额：城建税与流转税之比	年末应缴税余额：教育附加费与流转税之比	备注
样本2	4.0	95.7	4.3	58.1	6.4	5.6	
样本3	1.3	93.5	1.8	74.9	7.2	5.2	b
样本4	3.7	75.3	5.0	45.7	—	—	b
样本5	6.1	94.0	4.6	72.0	3.3	2.0	

说明：（1）增值税应缴负担率＝增值税应缴税额/增值税销售额×100%。

（2）企业所得税应缴负担率＝当期企业所得税应缴税额/营业总收入×100%（部分公司当期企业所得税应缴税额含以前年度调整额）。

（3）税种入库率＝（税种应交税费－税种年末余额）/税种应交税费×100%。

（4）营业总收入额：取自样本公司年度财务报告——合并利润表中的"营业总收入"项目数据。

（5）备注栏中b表示2016年公司有营业税收入。

3. 收到税费返还、支付各项税费、年末应交营业税余额

表2-261　　　　收到税费返还、支付各项税费、年末应交营业税余额情况表

样本公司	收到的税费返还金额/万元	支付的各项税费金额/万元	年末应交营业税余额/万元	万元总资产实际贡献税费额/元
样本1	457.30	19 139.45	−5 694.53	120.19
样本2	—	8 411.12	—	543.53
样本3	530.28	6 924.57	6.49	257.26
样本4	1 205.72	22 069.17	311.38	206.66
样本5	—	4 380.01	—	411.66

说明：（1）收到的税费返还额：取自样本公司2016年度财务报告——合并现金流量表中的"收到的税费返还"项目数据。

（2）支付的各项税费金额：取自样本公司2016年度财务报告——合并现金流量表中的"支付的各项税费"项目数据。

（3）年末应交营业税余额：取自样本公司2016年度报告——财务报告附注中的"应交税费——应交营业税"项目数据。

（4）万元总资产实际贡献税费额＝年度实际支付的各项税费/［（总资产年初余额+总资产年末余额）/2］（注：各项税费单位是元，平均总资产单位是万元）。

四、税收风险分析

（一）样本公司可能存在的风险

（1）个别样本公司薪酬工资率高于75%（见表2-255）。

在5家样本公司中，薪酬工资率超过75%的有3家。工资只是薪酬的一部分；"五险"是法定的，约为工资的33%。薪酬工资率大于75%可能存在企业有未参保人员问题，其工资的合理性值得关注。

（2）个别样本公司研发投入数据与财报中的相关数据逻辑不符（见表2-256）。

对这个问题的分析，详见本书第一章"第三节 上市公司2016年度存在的主要共性税收问题"。

（3）个别样本公司企业所得税预缴率低于75%（见表2-260）。

样本公司中，企业所得税预交率全部低于75%。对这一问题的原理分析，详见本书第一章"第三节 上市公司2016年度存在的主要共性税收问题"。

（4）个别样本公司流转税与其附加交纳不同步（见表2-260）。

对这一问题的原理分析，详见本书第一章"第三节 上市公司2016年度存在的主要共性税收问题"。

（5）个别样本公司可能存在欠缴营业税问题（见表2-261）。

样本公司中，有2家公司应交营业税2016年末有余额，××公司2016年末应交税费——营业税余额为311.38万元、××公司2016年末应交税费——营业税余额为-5 694.53万元。对这一问题的原理分析，详见本书第一章"第三节 上市公司2016年度存在的主要共性税收问题"。

（二）行业特殊事项税收问题

管网入网费的税收问题。

4620. 污水处理及其再生利用

污水处理及其再生利用，指对污水污泥的处理和处置，及净化后的再利用活动。

国民经济行业代码：4620。

一、2016年行业概况

《"十三五"全国城镇污水处理及再生利用设施建设规划》提出，到

2015年，全国城镇污水处理能力已达2.17亿立方米/日，城市污水处理率达到92%，县城污水处理率达到85%。

据《2016年国民经济和社会发展统计公报》，全年总用水量6 150亿立方米，比上年增长0.8%。其中，生活用水增长2.7%，工业用水减少0.4%，农业用水增长0.7%，生态补水增长1.9%。万元国内生产总值用水量84立方米，比上年下降5.6%。万元工业增加值用水量53立方米，下降6.0%。人均用水量446立方米，比上年增长0.2%。年末城市污水处理厂日处理能力14 823万立方米，比上年末增长5.6%；城市污水处理率为92.4%，提高0.5个百分点。

二、样本公司2016年度合并报表财务数据

1. 样本公司

表2-262 样本公司名单

样本号	证券代码	证券简称	母公司全称	注册省份	备注
1	600168.SH	武汉控股	武汉三镇实业控股股份有限公司	湖北	
2	603817.SH	海峡环保	福建海峡环保集团股份有限公司	福建	2
3	000544.SZ	中原环保	中原环保股份有限公司	河南	

说明：（1）行业样本公司选取标准为：上市公司2016年度合并报表中该行业营业收入超过主营业务总收入75%（公司的行业归类同时参考了证监会的行业分类结果和中证行业分类结果），行业代码采用国民经济行业分类（GB/T 4754—2011）的行业代码。

（2）备注栏中2表示2017年上市。

2. 营业总收入、第一行业收入比重及毛利率

表2-263 营业总收入及毛利率情况表

样本公司	营业总收入额/万元	调整后营业总收入变动率/%	第一行业名称	第一行业收入占比/%	第一行业毛利率/%
样本1	119 810.42	0.0	城市污水处理	81	41.2
样本2	33 030.22	17.7	污水处理	86	45.6
样本3	93 677.57	51.5	污水处理	87	42.4

说明：第一行业收入占比=第一行业收入/营业总收入额×100%。

3. 政府补贴、工资薪酬

表2-264   政府补贴、工资薪酬情况表

样本公司	计入营业外收入的政府补贴额/万元	政府补贴占利润总额的比重/%	年人均工资额/万元	薪酬工资率/%
样本1	21 937.48	65.8	12.29	68.1
样本2	3 296.91	30.0	9.37	70.4
样本3	10 150.43	32.2	8.38	72.4

说明：（1）年人均工资额＝工资总额/领取工资的职工人数。

（2）薪酬工资率＝工资总额/（薪酬总额－辞退福利等非正常工资）×100%。

4. 研发投入

表2-265   研发投入情况表

样本公司	研发投入总额/万元	资本化的研发费用金额/万元	研发费用占营业收入的比重/%	管理费用——研究与开发费金额/万元
样本1	29.03	—	0.02	—
样本2	326.99	—	0.99	326.99
样本3	—	—	—	—

5. 主要财务指标

表2-266   2016年主要财务指标表

样本公司	存货周转率/次	应收账款周转率/次	总资产周转率/次	净资产收益率/%	流动比率/次	速动比率/次
样本1	358.60	1.17	0.14	6.76	1.05	1.05
样本2	32.86	3.09	0.19	10.98	0.36	0.35
样本3	27.47	6.67	0.22	7.14	3.84	3.60

说明：（1）存货周转率＝主营业务成本/平均存货成本。

（2）应收账款周转率＝主营业务收入/平均应收账款余额。

（3）总资产周转率＝主营业务收入/平均资产总额。

（4）净资产收益率＝税后利润/所有者权益×100%。

（5）流动比率＝流动资产/流动负债。

（6）速动比率＝（流动资产－存货）/流动负债。

6. 最近五年的企业毛利率

表2-267 近五年公司毛利率情况表 %

样本公司	2016年	2015年	2014年·	2013年	2012年	备注
样本1	27.44	31.38	34.39	31.99	-15.74	
样本2	47.56	51.80	53.51	55.60	57.69	
样本3	40.77	28.49	31.78	29.41	31.63	

三、样本公司2016年度合并报表税收数据

1. 整体税费

表2-268 整体税费情况表

样本公司	年末应交税费余额/万元	本年应交税费额/万元	整体应缴负担率/%	整体税费入库率/%	母公司企业所得税税率/%	备注
样本1	4 529.91	16 237.25	13.6	72.1	25.00	
样本2	998.98	6 946.37	21.0	85.6	25.00	
样本3	1 774.01	15 506.59	16.6	88.6	25.00	

说明：（1）当期应交各项税费额不含个人所得税（部分公司没有公布年末应交个人所得税数据）。

（2）整体应交税费负担率＝当期应交税费额/当期营业总收入数×100%。

（3）整体税费入库率＝（整体应交税费额－年末税费余额）/整体应交税费额×100%。

2. 增值税、企业所得税税负率、入库率

表2-269 增值税、企业所得税税负率、入库率情况表 %

样本公司	增值税应缴负担率	增值税入库率	所得税应缴负担率	所得税入库率	年末应缴税余额：城建税与流转税之比	年末应缴税余额：教育附加费与流转税之比	备注
样本1	8.4	94.6	3.1	6.1	6.9	3.6	
样本2	—	—	3.9	48.5	4.4	3.2	a,b
样本3	11.0	92.8	1.5	71.4	7.1	5.1	

说明：（1）增值税应缴负担率＝增值税应缴税额/增值税销售额×100%。

（2）企业所得税应缴负担率＝当期企业所得税应缴税额/营业总收入×100%（部分公司当期企业所得税应缴税额含以前年度调整额）。

（3）税种入库率＝（税种应交税费－税种年末余额）/税种应交税费×100%。

（4）营业总收入额：取自样本公司2016年度财务报告——合并利润表中的"营业总收入"项目数据。

（5）备注栏中a表示财务报告中"应交税费——增值税年初余额或年末余额"的列示不符合增值税在财务报表项目中的列示规定。

（6）备注栏中b表示2016年公司有营业税收入。

3. 收到税费返还、支付各项税费、年末应交营业税余额

表2-270 　　　　收到税费返还、支付各项税费、年末应交营业税余额情况表

样本公司	收到的税费返还金额/万元	支付的各项税费金额/万元	年末应交营业税余额/万元	万元总资产实际贡献税费额/元
样本1	6 863.32	18 371.43	—	221.41
样本2	3 056.23	7 014.71	0.05	408.67
样本3	6 172.23	14 824.19	—	256.88

说明：（1）收到的税费返还额：取自样本公司2016年度财务报告——合并现金流量表中的"收到的税费返还"项目数据。

（2）支付的各项税费金额：取自样本公司2016年度财务报告——合并现金流量表中的"支付的各项税费"项目数据。

（3）年末应交营业税余额：取自样本公司2016年度报告——财务报告附注中的"应交税费——应交营业税"项目数据。

（4）万元总资产实际贡献税费额＝年度实际支付的各项税费/[（总资产年初余额+总资产年末余额)/2]（注：各项税费单位是元，平均总资产单位是万元）。

四、税收风险分析

（一）样本公司可能存在的风险

（1）个别样本公司研发投入数据与财报中的相关数据逻辑不符（见表2-265）。

对这个问题的分析，详见本书第一章"第三节 上市公司2016年度存在的主要共性税收问题"。

（2）个别样本公司企业所得税预缴率低于75%（见表2-269）。

在3户样本公司中，企业所得税预交率全部低于75%。对这一问题的原理分析，详见本书第一章"第三节 上市公司2016年度存在的主要共性税收问题"。

（3）个别样本公司流转税与其附加交纳不同步（见表2-269）。

对这一问题的原理分析，详见本书第一章"第三节 上市公司2016年度存在的主要共性税收问题"。

（4）个别样本公司可能存在欠缴营业税问题（见表2-270）。

样本公司中，有1家公司应交营业税2016年末有余额，××公司2016年末应交税费——营业税余额为0.05万元。对这一问题的原理分析，详见本书第一章"第三节 上市公司2016年度存在的主要共性税收问题"。

（二）行业特殊税收政策

（1）增值税：污水处理收入按17%征收增值税，享受即征即退70%的优惠。

相关文件：财税〔2015〕78号。

（2）企业所得税：公共污水处理所得，自取得第一笔生产经营收入所属纳税年度起，第一年至第三年免征企业所得税，第四年至第六年减半征收企业所得税。

相关文件：《中华人民共护国企业所得税法实施条例》第八十八条。

第四节　建筑业

4812. 公路工程建筑

公路工程建筑，包括对下列公路工程的建筑活动：

——公路工程服务：公路路基工程服务、公路路面工程服务、其他公路工程服务；

——公路工程设施：高速公路工程设施、非高速公路工程设施、公路隧道工程设施、公路桥梁工程设施、公路收费站工程设施、停车场工程设施、其他公路工程设施。

国民经济行业代码：4812。

一、2016年行业概况

据交通运输部和国家统计局统计数据，2016年全国新改建公路里程324 898公里，其中高速公路6 745公里。2016年全国新增高速公路6 000

多公里，总里程突破13万公里。

2016年政府工作报告指出：要发挥有效投资对稳增长调结构的关键作用，启动一批"十三五"规划重大项目，完成公路投资1.65万亿元，再开工20项重大水利工程，建设城市轨道交通等重大项目，中央预算内投资增加到5000亿元。要加大农村基础设施建设力度，新建改建农村公路20万公里，具备条件的乡镇和建制村要加快通硬化路。

2005—2016年建筑业总产值及增长率变化如图2-5所示。

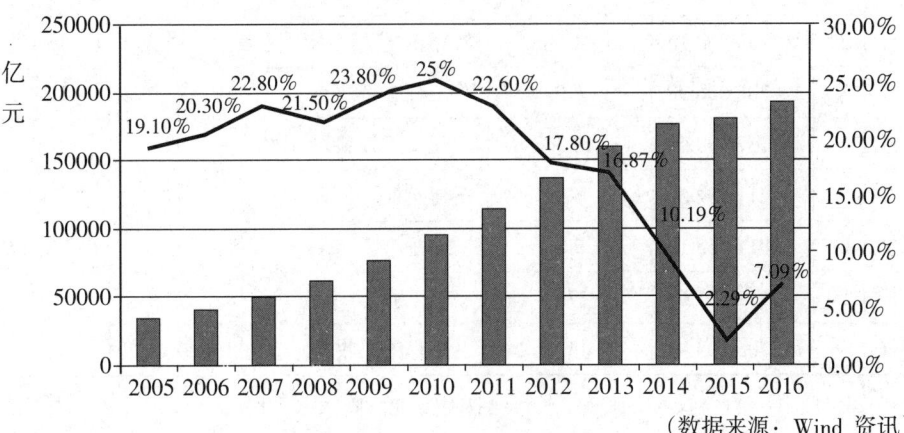

（数据来源：Wind 资讯）

图2-5　2005—2016年建筑业总产值及增长率变化

二、样本公司2016年度合并报表财务数据

1. 样本公司

表2-271　　　　　　　　　　　样本公司名单

样本号	证券代码	证券简称	母公司全称	注册省份	备注
1	600039.SH	四川路桥	四川路桥建设集团股份有限公司	四川	
2	600284.SH	浦东建设	上海浦东路桥建设股份有限公司	上海	
3	600512.SH	腾达建设	腾达建设集团股份有限公司	浙江	
4	600853.SH	龙建股份	龙建路桥股份有限公司	黑龙江	
5	603843.SH	正平股份	正平路桥建设股份有限公司	青海	
6	000498.SZ	山东路桥	山东高速路桥集团股份有限公司	山东	
7	002307.SZ	北新路桥	新疆北新路桥集团股份有限公司	新疆	
8	002628.SZ	成都路桥	成都市路桥工程股份有限公司	四川	

说明：行业样本公司选取标准为：上市公司2016年度合并报表中该行业营业收入超过

主营业务总收入75%（公司的行业归类同时参考了证监会的行业分类结果和中证行业分类结果），行业代码采用国民经济行业分类（GB/T 4754—2011）的行业代码。

2. 营业总收入、第一行业收入比重及毛利率

表2-272　　　　　　　　　　营业总收入及毛利率情况表

样本公司	营业总收入额/万元	调整后营业总收入变动率/%	第一行业名称	第一行业收入占比/%	第一行业毛利率/%
样本1	3 010 834.51	-7.1	工程施工	80	12.1
样本2	253 763.16	-19.8	路桥施工工程项目	96	15.1
样本3	306 826.98	5.0	工程施工收入	91	12.7
样本4	757 990.68	6.3	建造工程项目	99	6.1
样本5	211 484.50	-12.2	建筑业	92	8.4
样本6	814 765.13	9.8	路桥施工	85	12.7
样本7	652 995.63	27.6	施工业	92	7.7
样本8	206 203.94	42.7	工程施工收入	99	4.7

说明：第一行业收入占比 = 第一行业收入/营业总收入额×100%。

3. 政府补贴、工资薪酬

表2-273　　　　　　　　　　政府补贴、工资薪酬情况表

样本公司	计入营业外收入的政府补贴额/万元	政府补贴占利润总额的比重/%	年人均工资额/万元	薪酬工资率/%
样本1	816.49	0.6	10.08	73.3
样本2	133.47	0.3	13.94	88.2
样本3	183.85	1.8	14.69	97.3
样本4	2 040.00	45.7	7.90	73.9
样本5	722.70	6.9	8.99	90.3
样本6	177.00	0.3	8.67	82.1
样本7	1 637.64	28.9	36.53	93.1
样本8	77.71	1.5	10.40	81.9

说明：（1）年人均工资额 = 工资总额/领取工资的职工人数。

（2）薪酬工资率 = 工资总额/（薪酬总额 − 辞退福利等非正常工资）×100%。

4. 研发投入

表2-274　　　　　　　　　　　　研发投入情况表

样本公司	研发投入总额/万元	资本化的研发费用金额/万元	研发费用占营业收入的比重/%	管理费用——研究与开发费金额/万元
样本1	—	—	—	—
样本2	5 909.61	—	2.33	—
样本3	—	—	—	—
样本4	1 490.71	—	0.03	—
样本5	—	—	—	—
样本6	1 882.59	—	0.23	—
样本7	983.77	—	0.15	—
样本8	—	—	—	—

5. 主要财务指标

表2-275　　　　　　　　　　　　2016年主要财务指标表

样本公司	存货周转率/次	应收账款周转率/次	总资产周转率/次	净资产收益率/%	流动比率/次	速动比率/次
样本1	1.91	17.71	0.51	11.24	1.00	0.50
样本2	0.96	5.49	0.21	6.99	1.95	0.52
样本3	0.88	7.21	0.46	3.13	2.47	1.17
样本4	2.24	4.13	0.88	3.50	1.17	0.60
样本5	2.26	3.24	0.68	10.16	1.37	0.91
样本6	1.59	2.27	0.64	13.21	1.30	0.67
样本7	1.76	2.98	0.46	2.47	1.20	0.70
样本8	2.10	2.29	0.36	1.67	1.57	1.00

说明：（1）存货周转率＝主营业务成本/平均存货成本。

（2）应收账款周转率＝主营业务收入/平均应收账款余额。

（3）总资产周转率＝主营业务收入/平均资产总额。

（4）净资产收益率＝税后利润/所有者权益×100%。

（5）流动比率＝流动资产/流动负债。

（6）速动比率＝（流动资产－存货）/流动负债。

6. 最近五年的企业毛利率

表2-276　　　　　　　　近五年公司毛利率情况表　　　　　　　　%

样本公司	2016年	2015年	2014年	2013年	2012年	备注
样本1	12.65	12.34	13.02	12.65	11.10	
样本2	15.10	10.79	13.16	46.32	48.52	
样本3	12.02	10.53	10.74	14.52	14.71	
样本4	6.12	7.73	8.00	7.78	7.57	
样本5	10.85	11.84	12.71	14.39	14.30	
样本6	14.30	16.21	15.67	14.36	13.87	
样本7	9.49	11.03	11.08	12.81	12.76	
样本8	4.85	12.07	16.06	14.98	14.73	

三、样本公司2016年度合并报表税收数据

1. 整体税费

表2-277　　　　　　　　整体税费情况表

样本公司	年末应交税费余额/万元	本年应交税费额/万元	整体应缴负担率/%	整体税费入库率/%	母公司企业所得税税率/%	备注
样本1	34 076.76	112 953.00	3.8	69.8	25.00	
样本2	14 950.80	18 885.67	7.4	20.8	15.00	
样本3	8 919.08	14 775.67	4.8	39.6	25.00	
样本4	6 530.28	19 315.13	2.5	66.2	25.00	
样本5	2 356.22	4 903.45	2.3	51.9	15.00	
样本6	12 100.28	27 271.73	3.3	55.6	25.00	
样本7	8 162.11	24 151.29	3.7	66.2	15.00	
样本8	8 972.38	4 076.75	2.0	−120.1	25.00	

说明：（1）当期应交各项税费额不含个人所得税（部分公司没有公布年末应交个人所得税数据）。

（2）整体应交税费负担率＝当期应交税费额/当期营业总收入数×100%。

（3）整体税费入库率＝（整体应交税费额－年末税费余额)/整体应交税费额×100%。

2. 增值税、企业所得税税负率、入库率

表2-278　　　　　　增值税、企业所得税税负率、入库率情况表　　　　　　　%

样本公司	增值税应缴负担率	增值税入库率	所得税应缴负担率	所得税入库率	年末应缴税余额：城建税与流转税之比	年末应缴税余额：教育附加费与流转税之比	备注
样本1	2.2	71.2	1.0	38.1	6.8	5.8	b
样本2	2.3	—	4.3	27.0	1.9	9.0	b
样本3	2.9	8.8	1.3	36.3	6.9	5.4	b
样本4	1.7	63.1	0.3	57.8	4.3	3.1	b
样本5	1.3	77.2	0.5	52.4	12.0	17.8	b
样本6	0.8	98.0	2.2	36.5	42.5	31.1	b
样本7	2.4	71.6	0.7	25.6	3.2	1.7	b
样本8	0.6	41.8	1.0	63.9	5.5	4.8	b

说明：（1）增值税应缴负担率＝增值税应缴税额/增值税销售额（测算值）×100%。

（2）企业所得税应缴负担率＝当期企业所得税应缴税额/营业总收入×100%（部分公司当期企业所得税应缴税额含以前年度调整额）。

（3）税种入库率＝（税种应交税费－税种年末余额）/税种应交税费×100%。

（4）营业总收入额：取自样本公司2016年度财务报告——合并利润表中的"营业总收入"项目数据。

（5）备注栏中b表示2016年公司有营业税收入

3. 收到税费返还、支付各项税费、年末应交营业税余额

表2-279　　　　收到税费返还、支付各项税费、年末应交营业税余额情况表

样本公司	收到的税费返还金额/万元	支付的各项税费金额/万元	年末应交营业税余额/万元	万元总资产实际贡献税费额/元
样本1	—	101 360.76	—	168.16
样本2	—	28 283.80	956.99	231.36
样本3	—	11 266.99	—	169.83
样本4	—	38 481.22	—	440.91
样本5	—	7 570.58	809.63	243.60
样本6	325.87	42 291.85	83.58	332.23

续表2-279

样本公司	收到的税费返还金额/万元	支付的各项税费金额/万元	年末应交营业税余额/万元	万元总资产实际贡献税费额/元
样本7	140.40	32 333.23	—	230.30
样本8	—	7 284.74	6 728.72	127.14

说明：（1）收到的税费返还额：取自样本公司2016年度财务报告——合并现金流量表中的"收到的税费返还"项目数据。

（2）支付的各项税费金额：取自样本公司2016年度财务报告——合并现金流量表中的"支付的各项税费"项目数据。

（3）年末应交营业税余额：取自样本公司2016年度报告——财务报告附注中的"应交税费——应交营业税"项目数据。

（4）万元总资产实际贡献税费额＝年度实际支付的各项税费/[（总资产年初余额+总资产年末余额)/2]（注：各项税费单位是元，平均总资产单位是万元）。

四、税收风险分析

（一）样本公司可能存在的风险

（1）个别样本公司薪酬工资率高于75%（见表2-273）。

在8家样本公司中，薪酬工资率超过75%的有6家。工资只是薪酬的一部分；"五险"是法定的，约为工资的33%。薪酬工资率大于75%可能存在企业有未参保人员问题，其工资的合理性值得关注。

（2）个别样本公司研发投入数据与财报中的相关数据逻辑不符（见表2-274）。

对这个问题的分析，详见本书第一章"第三节 上市公司2016年度存在的主要共性税收问题"。

（3）个别样本公司企业所得税预缴率低于75%（见表2-278）。

样本公司企业所得税预交率全部低于75%。对这一问题的原理分析，详见本书第一章"第三节 上市公司2016年度存在的主要共性税收问题"。

（4）个别样本公司流转税与其附加交纳不同步（见表2-278）。

对这一问题的原理分析，详见本书第一章"第三节 上市公司2016年度存在的主要共性税收问题"。

（5）个别样本公司可能存在欠缴营业税问题（见表2-279）。

样本公司中，有4家公司应交营业税2016年末有余额，××公司2016

年末应交税费——营业税余额6 728.72万元。对这一问题的原理分析，详见本书第一章"第三节 上市公司2016年度存在的主要共性税收问题"。

（二）行业特殊税收政策

2016年"营改增"行业。

相关文件：《关于全面推开营业税改征增值税试点的通知》（财税〔2016〕36号）。

5010. 建筑装饰业

建筑装饰业，指对建筑工程后期的装饰、装修和清理活动，以及对居室的装修活动。

国民经济行业代码：5010。

一、2016年行业概况

据中国建筑装饰协会发布的《2015—2020年中国建筑装饰行业发展前景分析》和《2015年度中国建筑装饰行业发展报告》测算，预计2016年全国建筑装饰行业将完成工程总产值3.77万亿元，比2015年增加3 700亿元，增长幅度为10.88%。

2015年，北京市发布《关于在本市保障性住房中实施全装修成品交房有关意见的通知》，自2015年5月1日起有本市保障房建设投资中心新建、收购的项目率先全面推行全装修成品交房。

2015年，《山东省房地产业转型升级实施方案》指出，2017年城市新建高层住房实行全装修，2018年新建高层、小高层住宅淘汰毛坯房。

2016年，浙江省《关于推进绿色建筑住宅和建设工业化发展的实施意见》指出，2016年10月1日起全省各市、县中心城区出让或划拨土地上的新建住宅，全部实行全装修和成品交付。

2016年，上海市住宅和城乡建设委员会《关于进一步加强本市新建全装修住宅建设管理的通知》指出，2017年1月1日起，凡出让的本市新建商品房建设用地，全装修住宅面积占新建商品住宅面积（三层及以下的低层住宅除外）的比例为：外环线以内的城区达到100%，除奉贤区、金山区、崇明区外，其他地区应达到50%。奉贤区、金山区、崇明区实施全装修住宅的比例为30%，至2020年应达到50%。本市保障性住房中，公共租赁住房（含集中新建和商品住房中配建）的全装修比例为100%。以出让

（划拨）方式供应土地的住宅项目，在用地招拍挂前期征询供地条件环节，住房建设等相关管理部门反馈征询意见时，应按上述要求落实全装修比例要求，并在土地出让（划拨）合同中予以明确。

二、样本公司2016年度合并报表财务数据

1. 样本公司

表2-280 样本公司名单

样本号	证券代码	证券简称	母公司全称	注册省份	备注
1	601886.SH	江河集团	江河创建集团股份有限公司	北京	
2	603030.SH	全筑股份	上海全筑建筑装饰集团股份有限公司	上海	
3	002081.SZ	金螳螂	苏州金螳螂建筑装饰股份有限公司	江苏	
4	002325.SZ	洪涛股份	深圳市洪涛装饰股份有限公司	广东	
5	002375.SZ	亚厦股份	浙江亚厦装饰股份有限公司	浙江	
6	002482.SZ	广田集团	深圳广田集团股份有限公司	广东	
7	002620.SZ	瑞和股份	深圳瑞和建筑装饰股份有限公司	广东	
8	002781.SZ	奇信股份	深圳市奇信建设集团股份有限公司	广东	
9	002789.SZ	建艺集团	深圳市建艺装饰集团股份有限公司	广东	
10	002822.SZ	中装建设	深圳市中装建设集团股份有限公司	广东	

说明：行业样本公司选取标准为：上市公司2016年度合并报表中该行业营业收入超过主营业务总收入75%（公司的行业归类同时参考了证监会的行业分类结果和中证行业分类结果），行业代码采用国民经济行业分类（GB/T 4754—2011）的行业代码。

2. 营业总收入、第一行业收入比重及毛利率

表2-281 营业总收入及毛利率情况表

样本公司	营业总收入额/万元	调整后营业总收入变动率/%	第一行业名称	第一行业收入占比/%	第一行业毛利率/%
样本1	1 523 958.55	-5.7	装修装饰业	96	13.1
样本2	333 588.89	52.7	公装施工	96	9.7
样本3	1 960 065.54	5.1	建筑装饰业	91	15.8
样本4	287 712.40	-4.3	建筑装饰业	90	19.8
样本5	893 685.35	-0.4	建筑装饰业	98	13.4

续表2-281

样本公司	营业总收入额/万元	调整后营业总收入变动率/%	第一行业名称	第一行业收入占比/%	第一行业毛利率/%
样本6	1 011 253.74	26.2	装修装饰业	99	10.0
样本7	243 668.02	33.9	装饰业务	99	12.2
样本8	328 966.97	-1.5	装饰	99	15.6
样本9	212 690.36	14.8	装饰工程业务	99	13.0
样本10	269 171.42	3.6	装饰施工	94	15.7

说明：第一行业收入占比＝第一行业收入/营业总收入额×100%。

3. 政府补贴、工资薪酬

表2-282　　　　　　　　　　　政府补贴、工资薪酬情况表

样本公司	计入营业外收入的政府补贴额/万元	政府补贴占利润总额的比重/%	年人均工资额/万元	薪酬工资率/%
样本1	2 907.50	4.8	18.33	86.9
样本2	1 021.93	9.0	6.66	78.7
样本3	452.42	0.2	12.56	
样本4	528.91	3.5	10.35	87.6
样本5	820.80	2.2	35.39	95.7
样本6	1 308.29	2.7	9.40	83.9
样本7	15.20	0.1	9.91	90.7
样本8	532.93	3.3	7.87	85.4
样本9	302.40	2.7	12.34	89.6
样本10	105.94	0.5	8.11	84.2

说明：（1）年人均工资额＝工资总额/领取工资的职工人数。

（2）薪酬工资率＝工资总额/（薪酬总额－辞退福利等非正常工资）×100%。

（3）政府补贴占利润总额的比重为负数时，表明企业亏损。

4. 研发投入

表2-283　　　　　　　　　　　研发投入情况表

样本公司	研发投入总额/万元	资本化的研发费用金额/万元	研发费用占营业收入的比重/%	管理费用——研究与开发费金额/万元
样本1	47 680.84	—	3.10	7,922.17

续表2-283

样本公司	研发投入总额/万元	资本化的研发费用金额/万元	研发费用占营业收入的比重/%	管理费用——研究与开发费金额/万元
样本2	—	—		—
样本3	60 663.48	—	3.09	—
样本4	8 247.99	—	2.87	212.55
样本5	26 470.26	—	2.96	
样本6	29 962.80	1 836.99	2.96	
样本7	8 019.47	—	3.29	1 048.59
样本8	10 554.00	—	3.21	—
样本9	6 875.52	—	3.23	
样本10	10 398.16	—	3.86	

5. 主要财务指标

表2-284　　　　　　　　　　2016年主要财务指标表

样本公司	存货周转率/次	应收账款周转率/次	总资产周转率/次	净资产收益率/%	流动比率/次	速动比率/次
样本1	5.05	1.34	0.64	5.61	1.17	1.00
样本2	10.82	2.20	1.05	9.89	1.39	1.15
样本3	93.57	1.14	0.76	18.11	1.32	1.26
样本4	130.02	0.70	0.36	3.93	1.61	1.37
样本5	6.96	0.78	0.48	4.52	1.44	1.27
样本6	11.64	1.22	0.69	6.80	1.64	1.46
样本7	14.21	2.13	0.83	6.20	1.60	1.44
样本8	19.75	1.50	0.93	6.89	1.77	1.64
样本9	26.84	1.88	0.91	8.64	1.25	1.16
样本10	31.80	1.70	0.95	12.67	2.23	2.17

说明：（1）存货周转率＝主营业务成本/平均存货成本。

（2）应收账款周转率＝主营业务收入/平均应收账款余额。

（3）总资产周转率＝主营业务收入/平均资产总额。

（4）净资产收益率＝税后利润/所有者权益×100%。

（5）流动比率＝流动资产/流动负债。

（6）速动比率＝（流动资产－存货）/流动负债。

6. 最近五年的企业毛利率

表2-285　　　　　　　　　　近5年公司毛利率情况表　　　　　　　　　　%

样本公司	2016年	2015年	2014年	2013年	2012年	备注
样本1	13.94	14.58	15.03	16.16	19.76	
样本2	10.24	13.54	13.51	12.92	13.67	
样本3	16.55	17.81	18.43	17.75	17.15	
样本4	24.80	26.31	20.03	18.42	18.16	
样本5	12.89	16.68	18.90	17.91	16.52	
样本6	10.80	16.89	16.96	15.84	14.49	
样本7	12.21	14.30	14.17	14.50	14.35	
样本8	15.75	17.37	17.34	17.38	17.22	
样本9	13.15	14.48	14.33	13.86	12.91	
样本10	16.16	17.13	17.13	16.92	16.65	

三、样本公司2016年度合并报表税收数据

1. 整体税费

表2-286　　　　　　　　　　整体税费情况表

样本公司	年末应交税费余额/万元	本年应交税费额/万元	整体应缴负担率/%	整体税费入库率/%	母公司企业所得税税率/%	备注
样本1	12 613.96	41 389.61	2.7	69.5	15.00	
样本2	2 125.39	4 569.55	1.4	53.5	15.00	
样本3	19 281.99	50 131.06	2.6	61.5	25.00	
样本4	4 330.94	—	—	—	15.00	
样本5	42 281.90	38 586.70	—	—	15.00	
样本6	36 267.22	45 322.70	4.5	20.0	15.00	
样本7	6 434.80	12 136.74	5.0	47.0	25.00	
样本8	13 591.58	15 500.20	4.7	12.3	15.00	

续表 2-286

样本公司	年末应交税费余额/万元	本年应交税费额/万元	整体应缴税负担率/%	整体税费入库率/%	母公司企业所得税税率/%	备注
样本 9	5 942.66	10 317.12	4.9	42.4	15.00	
样本 10	12 185.55	15 609.85	5.8	21.9	15.00	

说明：（1）当期应交各项税费额不含个人所得税（部分公司没有公布年末应交个人所得税数据）。

（2）整体应交税费负担率 = 当期应交税费额/当期营业总收入数 × 100%。

（3）整体税费入库率 =（整体应交税费额 - 年末税费余额）/整体应交税费额 × 100%。

2. 增值税、企业所得税税负率、入库率

表 2-287　　　　　　增值税、企业所得税税负率、入库率情况表　　　　　　%

样本公司	增值税应缴负担率	增值税入库率	所得税应缴负担率	所得税入库率	年末应缴余额城建税与流转税之比	年末应缴余额教育附加费与流转税之比	备注
样本 1	1.5	73.5	1.1	53.4	3.0	3.1	b
样本 2	—	—	0.9	30.9	4.9	3.5	b
样本 3	—	—	1.9	71.3	1.4	1.2	b
样本 4	—	—	1.4	65.7	6.6	4.7	b
样本 5	3.1	—	0.9	49.9	6.8	4.9	b
样本 6	—	—	0.8	73.9	4.6	2.5	a,b
样本 7	3.7	27.8	1.2	49.9	2.4	2.7	b
样本 8	2.4	—	1.6	68.4	7.0	4.1	b
样本 9	3.5	13.5	1.1	77.7	9.1	5.6	b
样本 10	3.9	—	1.5	77.0	8.5	5.6	b

说明：（1）增值税应缴负担率 = 增值税应缴税额/增值税销售额（测算值）× 100%。

（2）企业所得税应缴负担率 = 当期企业所得税应缴税额/营业总收入 × 100%（部分公司当期企业所得税应缴税额含以前年度调整额）。

（3）税种入库率 =（税种应交税费 - 税种年末余额）/税种应交税费 × 100%。

（4）营业总收入额：取自样本公司2016年度财务报告——合并利润表中的"营业总收入"项目数据。

（5）备注栏中a表示财务报告中"应交税费——增值税年初余额或年末余额"的列示

不符合增值税在财务报表项目中的列示规定。

（6）备注栏中b表示2016年公司有营业税收入。

3. 收到税费返还、支付各项税费、年末应交营业税余额

表2-288　　　　　收到税费返还、支付各项税费、年末应交营业税余额情况表

样本公司	收到的税费返还金额/万元	支付的各项税费金额/万元	年末应交营业税余额/万元	万元总资产实际贡献税费额/元
样本1	1 549.51	54 674.34	—	229.32
样本2	—	8 797.32	—	276.17
样本3	20.27	95 436.11	—	369.71
样本4	—	15 326.69	—	192.41
样本5	368.13	48 387.33	—	260.57
样本6	31.64	41 696.01	—	282.67
样本7	—	10 713.77	110.35	365.44
样本8	—	15 348.84	—	436.08
样本9	—	10 088.56	—	430.43
样本10	—	11 328.80	—	400.08

说明：（1）收到的税费返还额：取自样本公司2016年度财务报告——合并现金流量表中的"收到的税费返还"项目数据。

（2）支付的各项税费金额：取自样本公司2016年度财务报告——合并现金流量表中的"支付的各项税费"项目数据。

（3）年末应交营业税余额：取自样本公司2016年度报告——财务报告附注中的"应交税费——应交营业税"项目数据。

（4）万元总资产实际贡献税费额＝年度实际支付的各项税费/〔（总资产年初余额+总资产年末余额)/2〕（注：各项税费单位是元，平均总资产单位是万元）。

四、税收风险分析

（一）样本公司可能存在的风险

（1）个别样本公司薪酬工资率高于75%（见表2-282）。

在10家样本公司中，薪酬工资率超过75%的有9家。工资只是薪酬的一部分；"五险"是法定的，约为工资的33%。薪酬工资率大于75%可能存在企业有未参保人员问题，其工资的合理性值得关注。

（2）个别样本公司研发投入数据与财报中的相关数据逻辑不符（见表2-282）。

对这个问题的分析，详见本书第一章"第三节 上市公司2016年度存在的主要共性税收问题"。

（3）个别样本公司企业所得税预缴率低于75%（见表2-287）。

样本公司中，企业所得税预交率低于75%的有8家。对这一问题的原理分析，详见本书第一章"第三节 上市公司2016年度存在的主要共性税收问题"。

（4）个别样本公司流转税与其附加交纳不同步（见表2-287）。

对这一问题的原理分析，详见本书第一章"第三节 上市公司2016年度存在的主要共性税收问题"。

（5）个别样本公司可能存在欠缴营业税问题（见表2-288）。

样本公司中，有1家公司应交营业税2016年末有余额，××公司2016年末应交税费——营业税余额110.35万元。对这一问题的原理分析，详见本书第一章"第三节 上市公司2016年度存在的主要共性税收问题"。

（二）行业特殊税收政策

2016年"营改增"行业。

相关文件：《关于全面推开营业税改征增值税试点的通知》（财税〔2016〕36号）。

第五节　批发和零售业

5151．西药批发

西药批发，包括内服药品批发和进出口、注射药品批发和进出口、外用药品批发和进出口、生物药批发和进出口、兽用药品批发和进出口、其他西药批发和进出口。

国民经济行业代码：5151。

一、2016年行业概况

据中国医药物资协会医疗器械分会抽样调查统计，2016全年中国医疗器械市场销售规模约为3 700亿元，比2015年增长了620亿元，增长率约为20.1%。

2015年全国药品流通行业销售总额比上年增长10.2%，其中药品零售市场销售总额3 323亿元，同比增长8.6%。

国务院办公厅印发的《深化医药卫生体制改革2016年重点工作任务》对2016年医改工作进行统筹部署，提出全面深化公立医院改革，加快推进分级诊疗制度建设，巩固完善全民医保体系，健全药品供应保障机制，建立健全综合监管体系等任务，2016年先后出台《关于整合城乡居民基本医疗保险制度的意见》《关于在公立医疗机构药品采购中推行"两票制"的实施意见（试行）》等政策文件。

2015年3月2日，国务院办公厅发布《关于完善公立医院药品集中采购工作的指导意见》，提出坚持药品集中采购方向不变，将公立医院用药全部放在省级集中采购平台采购，破除以药补医机制、加快公立医院特别是县级公立医院改革，推动药品生产流通企业整合重组、公平竞争，促进医药产业健康发展。

2017年2月9日，国务院办公厅正式印发《关于进一步改革完善药品生产流通使用政策的若干意见》（国办发〔2017〕13号）。

《印发关于在公立医疗机构药品采购中推行"两票制"的实施意见（试行）的通知》（国医改办发〔2016〕4号），对"两票制"的界定，药品生产、流通企业和公立医疗机构在执行"两票制"中承担的任务都作了明确规定。

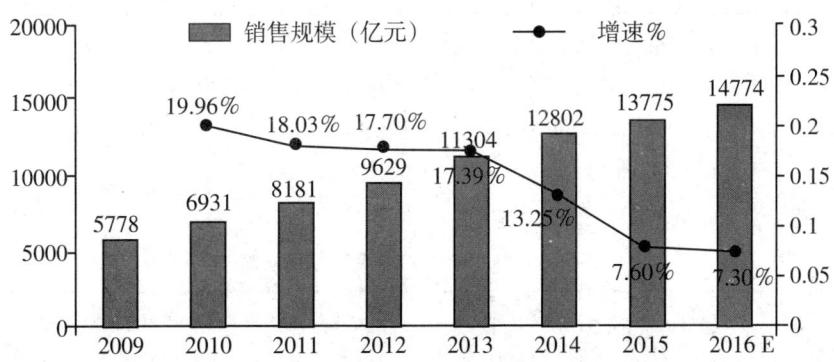

图2-6 2009—2016年我国药品市场销售规模（亿元）及增长情况

（数据来源：中康资讯《2015—2016中国药品零售产业研究报告》）

2016年2月26日，国务院印发《中医药发展战略规划纲要（2016—2030年）》。

2016年4月26日，国务院印发《深化医药卫生体制改革2016年重点工作任务》。

2016年12月29日，商务部印发《全国药品流通行业发展规划（2016—2020年）》。

二、样本公司2016年度合并报表财务数据

1. 样本公司

表2-289 样本公司名单

样本号	证券代码	证券简称	母公司全称	注册省份	备注
1	600511.SH	国药股份	国药集团药业股份有限公司	北京	
2	600829.SH	人民同泰	哈药集团人民同泰医药股份有限公司	黑龙江	
3	600998.SH	九州通	九州通医药集团股份有限公司	湖北	
4	603368.SH	柳州医药	广西柳州医药股份有限公司	广西	
5	000028.SZ	国药一致	国药集团一致药业股份有限公司	广东	
6	000411.SZ	英特集团	浙江英特集团股份有限公司	浙江	
7	000705.SZ	浙江震元	浙江震元股份有限公司	浙江	
8	002462.SZ	嘉事堂	嘉事堂药业股份有限公司	北京	
9	002589.SZ	瑞康医药	瑞康医药股份有限公司	山东	
10	002788.SZ	鹭燕医药	鹭燕医药股份有限公司	福建	

说明：行业样本公司选取标准为：上市公司2016年度合并报表中该行业营业收入超过主营业务总收入75%（公司的行业归类同时参考了证监会的行业分类结果和中证行业分类结果），行业代码采用国民经济行业分类（GB/T 4754—2011）的行业代码。

2. 营业总收入、第一行业收入比重及毛利率

表2-290 营业总收入及毛利率情况表

样本公司	营业总收入额/万元	调整后营业总收入变动率/%	第一行业名称	第一行业收入占比/%	第一行业毛利率/%
样本1	1 338 641.75	10.8	商品销售	101	7.1
样本2	900 555.90	1.1	医药商业	99	9.6

续表2-290

样本公司	营业总收入额/万元	调整后营业总收入变动率/%	第一行业名称	第一行业收入占比/%	第一行业毛利率/%
样本3	6 155 683.99	24.1	医药批发	96	7.2
样本4	755 939.54	16.2	药品批发	92	7.8
样本5	4 124 842.93	9.1	医药批发	75	5.4
样本6	1 725 732.66	11.6	药品销售	92	5.0
样本7	244 000.39	12.7	医药批发	84	5.8
样本8	1 097 157.66	33.8	药品批发	97	10.2
样本9	1 561 866.62	60.2	药品销售	81	12.0
样本10	698 288.50	5.4	医药批发	95	6.5

说明：第一行业收入占比＝第一行业收入/营业总收入额×100%。

3. 政府补贴、工资薪酬

表2-291　　　　　　　　　　　政府补贴、工资薪酬情况表

样本公司	计入营业外收入的政府补贴额/万元	政府补贴占利润总额的比重/%	年人均工资额/万元	薪酬工资率/%
样本1	1 478.81	2.1	12.09	72.6
样本2	827.26	2.7	8.98	68.8
样本3	7 199.52	6.5	7.92	84.3
样本4	375.49	0.9	5.41	77.1
样本5	3 564.59	2.2	6.38	78.3
样本6	1 378.07	5.2	10.60	75.6
样本7	405.04	6.9	6.35	73.0
样本8	649.26	1.2	7.68	74.8
样本9	2 194.72	2.5	4.30	79.7
样本10	303.79	1.9	6.18	86.2

说明：（1）年人均工资额＝工资总额/领取工资的职工人数。

（2）薪酬工资率＝工资总额/（薪酬总额－辞退福利等非正常工资）×100%。

4. 研发投入

表2-292　　　　　　　　　　　研发投入情况表

样本公司	研发投入总额/万元	资本化的研发费用金额/万元	研发费用占营业收入的比重/%	管理费用——研究与开发费金额/万元
样本1	1 834.51	521.59	0.14	1 312.92
样本2	37.40	—	0.00	37.40
样本3	5 643.38	—	0.09	1 142.62
样本4	—	—	—	—
样本5	4 373.17	—	0.11	4 373.17
样本6	—	—	—	—
样本7	1 684.37	—	0.69	1 684.37
样本8	—	—	—	—
样本9	—	—	—	—
样本10	—	—	—	—

5. 主要财务指标

表2-293　　　　　　　　　　　2016年主要财务指标表

样本公司	存货周转率/次	应收账款周转率/次	总资产周转率/次	净资产收益率/%	流动比率/次	速动比率/次
样本1	10.65	5.55	1.92	16.70	1.88	1.51
样本2	9.78	3.82	1.99	14.62	1.43	1.15
样本3	6.21	7.30	1.73	8.29	1.27	0.78
样本4	8.99	2.88	1.43	11.49	1.91	1.58
样本5	11.13	5.97	2.39	15.06	1.46	1.08
样本6	9.79	5.80	2.63	12.12	1.20	0.83
样本7	5.84	5.89	1.23	3.53	1.61	1.05
样本8	9.21	3.04	1.65	11.94	1.43	1.12
样本9	9.64	2.55	1.27	13.02	1.58	1.32
样本10	9.79	4.18	2.01	14.91	1.41	0.99

说明：（1）存货周转率 = 主营业务成本/平均存货成本。

（2）应收账款周转率 = 主营业务收入/平均应收账款余额。

（3）总资产周转率＝主营业务收入/平均资产总额。

（4）净资产收益率＝税后利润/所有者权益×100%。

（5）流动比率＝流动资产/流动负债。

（6）速动比率＝（流动资产－存货）/流动负债。

6. 最近五年的企业毛利率

表2-294　　　　　　　　　　　近5年公司毛利率情况表　　　　　　　　　　%

样本公司	2016年	2015年	2014年	2013年	2012年	备注
样本1	7.42	7.95	7.91	7.41	6.61	
样本2	10.02	11.09	51.57	40.94	50.68	
样本3	7.84	7.57	7.10	6.67	6.41	
样本4	9.41	8.68	8.85	8.77	8.57	
样本5	11.15	7.78	8.15	8.32	8.90	
样本6	5.66	5.56	5.79	6.14	6.31	
样本7	14.37	15.10	15.46	14.72	14.27	
样本8	10.91	12.84	12.88	9.52	8.69	
样本9	15.67	10.97	9.06	8.59	8.15	
样本10	7.59	7.97	8.52	8.54	7.68	

三、样本公司2016年度合并报表税收数据

1. 整体税费

表2-295　　　　　　　　　　　整体税费情况表

样本公司	年末应交税费余额/万元	本年应交税费额/万元	整体应缴负担率/%	整体税费入库率/%	母公司企业所得税税率/%	备注
样本1	1 881.90	34 780.92	2.6	94.6	25.00	
样本2	7 210.25	28 510.25	3.2	74.7	25.00	
样本3	13 953.15	99 481.09	1.6	86.0	25.00	
样本4	6 651.95	23 636.28	3.1	71.9	15.00	
样本5	18 201.49	116 727.83	2.8	84.4	25.00	
样本6	7 756.77	27 802.40	1.6	72.1	25.00	
样本7	1 652.46	8 831.47	3.6	81.3	25.00	
样本8	6 092.33	34 894.88	3.2	82.5	25.00	

续表2-295

样本公司	年末应交税费余额/万元	本年应交税费额/万元	整体应缴负担率/%	整体税费入库率/%	母公司企业所得税税率/%	备注
样本9	18 413.30	68 935.74	4.4	73.3	25.00	
样本10	1 975.13	12 730.17	1.8	84.5	25.00	

说明：（1）当期应交各项税费额不含个人所得税（部分公司没有公布年末应交个人所得税数据）。

（2）整体应交税费负担率＝当期应交税费额/当期营业总收入数×100%。

（3）整体税费入库率＝（整体应交税费额－年末税费余额）/整体应交税费额×100%。

2. 增值税、企业所得税税负率、入库率

表2-296　　　　　　　　增值税、企业所得税税负率、入库率情况表　　　　　　%

样本公司	增值税应缴负担率	增值税入库率	所得税应缴负担率	所得税入库率	年末应缴余额城建税与流转税之比	年末应缴余额教育附加费与流转税之比	备注
样本1	1.2	98.5	1.2	89.9	6.9	5.0	
样本2	1.8	91.4	1.1	43.3	8.2	5.8	b
样本3	1.0	97.3	0.4	61.5	28.0	20.0	
样本4	1.9	77.8	0.8	65.9	5.3	5.2	
样本5	1.9	91.9	0.6	65.8	7.8	5.7	
样本6	1.0	81.6	0.4	46.7	5.9	4.3	
样本7	2.4	88.7	0.6	46.6	10.8	7.7	
样本8	1.6	90.2	1.3	71.6	6.3	5.0	
样本9	2.6	86.6	1.4	46.7	6.8		
样本10	0.9	92.9	0.7	73.0	7.5	5.5	

说明：（1）增值税应缴负担率＝增值税应缴税额/增值税销售额×100%。

（2）企业所得税应缴负担率＝当期企业所得税应缴税额/营业总收入×100%（部分公司当期企业所得税应缴税额含以前年度调整额）。

（3）税种入库率＝（税种应交税费－税种年末余额）/税种应交税费×100%。

（4）营业总收入额：取自样本公司2016年度财务报告——合并利润表中的"营业总收入"项目数据。

（5）备注栏中b表示2016年公司有营业税收入。

3. 收到税费返还、支付各项税费、年末应交营业税余额

表2–297　　　　收到税费返还、支付各项税费、年末应交营业税余额情况表

样本公司	收到的税费返还金额/万元	支付的各项税费金额/万元	年末应交营业税余额/万元	万元总资产实际贡献税费额/元
样本1	—	35 450.37	—	507.98
样本2	—	26 369.41	0.25	583.23
样本3	452.96	100 840.24	—	282.81
样本4	—	21 133.03	—	399.34
样本5	1 698.59	112 464.85	—	540.36
样本6	220.60	24 434.54	—	372.70
样本7	123.66	8 311.17	—	419.10
样本8	242.77	33 562.46	—	505.98
样本9	34.67	55 517.54	—	452.86
样本10		13 143.96		378.67

说明：（1）收到的税费返还额：取自样本公司2016年度财务报告——合并现金流量表中的"收到的税费返还"项目数据。

（2）支付的各项税费金额：取自样本公司2016年度财务报告——合并现金流量表中的"支付的各项税费"项目数据。

（3）年末应交营业税余额：取自样本公司2016年度报告——财务报告附注中的"应交税费——应交营业税"项目数据。

（4）万元总资产实际贡献税费额＝年度实际支付的各项税费/〔（总资产年初余额+总资产年末余额)/2〕（注：各项税费单位是元，平均总资产单位是万元）。

四、税收风险分析

（一）样本公司可能存在的风险

（1）个别样本公司薪酬工资率高于75%（见表2–291）。

在10家样本公司中，薪酬工资率超过75%的有6家。工资只是薪酬的一部分；"五险"是法定的，约为工资的33%。薪酬工资率大于75%可能存在企业有未参保人员的问题，其工资的合理性值得关注。

（2）个别样本公司研发投入数据与财报中的相关数据逻辑不符（见表2–292）。

对这个问题的分析，详见本书第一章"第三节 上市公司2016年度存在的主要共性税收问题"。

（3）个别样本公司企业所得税预缴率低于75%（见表2-296）。

样本公司中，企业所得税预交率低于75%的有9家。对这一问题的原理分析，详见本书第一章"第三节 上市公司2016年度存在的主要共性税收问题"。

（4）个别样本公司流转税与其附加交纳不同步（见表2-296）。

对这一问题的原理分析，详见本书第一章"第三节 上市公司2016年度存在的主要共性税收问题"。

（5）个别样本公司可能存在欠缴营业税问题（见表2-297）。

样本公司中，有1家公司应交营业税2016年末有余额，××公司2016年末应交税费——营业税余额0.25万元。对这一问题的原理分析，详见本书第一章"第三节 上市公司2016年度存在的主要共性税收问题"。

（二）行业特殊税收政策

研发支出不得加计扣除。

相关文件：《关于完善研究开发费用税前加计扣除政策的通知》（财税〔2015〕119号）。

5211. 百货零售

百货零售，指经营的商品品种较齐全，经营规模较大的综合零售活动。国民经济行业代码：5211。

一、2016年行业概况

国家统计局数据显示，2016年全年社会消费品零售总额为332 316亿元，同比增长10.4%（扣除价格因素实际增长9.6%），同比增速虽继续下降，但下降趋势已有所放缓；其中，全国网上零售额为51 556亿元，同比增长26.25%。2016年全国居民人均可支配收入为23 821元，同比增长8.4%。

2016年11月国务院办公厅发布《关于推动实体零售创新转型的意见》。

二、样本公司2016年度合并报表财务数据

1. 样本公司

表2-298 样本公司名单

样本号	证券代码	证券简称	母公司全称	注册省份	备注
1	600280.SH	中央商场	南京中央商场(集团)股份有限公司	江苏	
2	600682.SH	南京新百	南京新街口百货商店股份有限公司	江苏	

续表2-298

样本号	证券代码	证券简称	母公司全称	注册省份	备注
3	600723.SH	首商股份	北京首商集团股份有限公司	北京	
4	600814.SH	杭州解百	杭州解百集团股份有限公司	浙江	
5	600859.SH	王府井	王府井集团股份有限公司	北京	
6	603123.SH	翠微股份	北京翠微大厦股份有限公司	北京	
7	000564.SZ	供销大集	供销大集集团有限公司	陕西	
8	002187.SZ	广百股份	广州市广百股份有限公司	广东	
9	002277.SZ	友阿股份	湖南友谊阿波罗商业股份有限公司	湖南	

说明：行业样本公司选取标准为：上市公司2016年度合并报表中该行业营业收入超过主营业务总收入75%（公司的行业归类同时参考了证监会的行业分类结果和中证行业分类结果），行业代码采用国民经济行业分类（GB/T 4754—2011）的行业代码。

2. 营业总收入、第一行业收入比重及毛利率

表2-299   营业总收入及毛利率情况表

样本公司	营业总收入额/万元	调整后营业总收入变动率/%	第一行业名称	第一行业收入占比/%	第一行业毛利率/%
样本1	643 025.93	−3.2	商业	88	19.6
样本2	1 627 569.15	2.7	商品流通业	89	33.9
样本3	1 007 740.32	−7.8	销售商品	89	18.2
样本4	524 145.03	−2.3	商品销售业务	94	18.4
样本5	1 779 511.98	2.7	商品销售收入	95	17.9
样本6	537 960.26	−6.6	百货业务	88	19.5
样本7	1 342 474.15	29.6	批发零售连锁经营商业业务	87	34.8
样本8	652 580.85	−11.0	商业	95	15.6
样本9	626 533.74	0.4	零售行业	91	15.9

说明：第一行业收入占比 = 第一行业收入/营业总收入额×100%。

3. 政府补贴、工资薪酬

表2-300   政府补贴、工资薪酬情况表

样本公司	计入营业外收入的政府补贴额/万元	政府补贴占利润总额的比重/%	年人均工资额/万元	薪酬工资率/%
样本1	937.76	3.9	8.44	73.2

续表 2-300

样本公司	计入营业外收入的政府补贴额/万元	政府补贴占利润总额的比重/%	年人均工资额/万元	薪酬工资率/%
样本2	623.60	1.2	13.64	83.9
样本3	865.06	1.5	10.24	67.7
样本4	958.00	2.2	9.41	69.9
样本5	955.81	1.1	6.87	72.1
样本6	519.64	3.4	7.51	64.7
样本7	1 507.21	2.9	3.56	68.5
样本8	1 092.30	5.2	6.35	69.0
样本9	216.55	0.6	5.29	66.1

说明：（1）年人均工资额 = 工资总额/领取工资的职工人数。

（2）薪酬工资率 = 工资总额/（薪酬总额 - 辞退福利等非正常工资）× 100%。

4. 研发投入

所选样本公司均未公布研发投入数据。

5. 主要财务指标

表 2-301　　　　　　　2016年主要财务指标表

样本公司	存货周转率/次	应收账款周转率/次	总资产周转率/次	净资产收益率/%	流动比率/次	速动比率/次
样本1	0.50	416.90	0.40	7.00	1.02	0.15
样本2	3.25	156.31	0.90	15.97	0.69	0.37
样本3	20.98	155.36	1.59	8.74	1.87	1.18
样本4	64.38	129.97	1.10	9.42	1.31	0.86
样本5	34.69	142.22	1.12	7.10	2.20	2.05
样本6	44.84	129.62	1.07	3.87	1.15	0.96
样本7	2.25	100.79	0.49	3.06	1.82	1.08
样本8	28.16	77.36	1.48	6.20	1.41	1.23
样本9	1.84	794.84	0.56	7.33	1.27	0.40

说明：（1）存货周转率 = 主营业务成本/平均存货成本。

（2）应收账款周转率 = 主营业务收入/平均应收账款余额。

（3）总资产周转率 = 主营业务收入/平均资产总额。

（4）净资产收益率 = 税后利润/所有者权益 × 100%。

（5）流动比率＝流动资产/流动负债。

（6）速动比率＝（流动资产－存货）/流动负债。

6. 最近五年的企业毛利率

表2-302　　　　　　　近5年公司毛利率情况表　　　　　　　%

样本公司	2016年	2015年	2014年	2013年	2012年	备注
样本1	21.52	21.69	21.42	25.51	22.44	
样本2	35.91	35.00	32.04	23.16	22.04	
样本3	23.17	22.76	21.57	21.47	21.26	
样本4	22.60	21.63	20.42	16.64	18.35	
样本5	21.38	21.43	20.75	19.82	19.35	
样本6	20.13	21.02	21.06	20.13	20.18	
样本7	22.99	23.59	25.77	24.40	23.62	
样本8	18.88	19.30	18.27	19.42	19.60	
样本9	18.78	17.67	16.74	17.26	17.38	

三、样本公司2016年度合并报表税收数据

1. 整体税费

表2-303　　　　　　　　　　整体税费情况表

样本公司	年末应交税费余额/万元	本年应交税费额/成元	整体应缴负担率/%	整体税费入库率/%	母公司企业所得税税率/%	备注
样本1	14 047.48	42 393.72	6.6	66.9	25.00	
样本2	30 286.90	109 354.89	6.7	72.3	25.00	
样本3	3 483.25	49 480.93	4.9	93.0	25.00	
样本4	10 109.46	32 878.19	6.3	69.3	25.00	
样本5	20 420.08	102 766.93	5.8	80.1	25.00	
样本6	3 085.25	18 871.66	3.5	83.7	25.00	
样本7	49 550.76	81 434.40	6.1	39.2	25.00	
样本8	5 423.75	27 261.77	4.2	80.1	25.00	
样本9	1 467.29	36 664.85	5.9	96.0	25.00	

说明：（1）当期应交各项税费额不含个人所得税（部分公司没有公布年末应交个人所得税数据）。

（2）整体应交税费负担率＝当期应交税费额/当期营业总收入数×100%。

（3）整体税费入库率＝(整体应交税费额－年末税费余额)/整体应交税费额×100%。

2. 增值税、企业所得税税负率、入库率

表2-304　　　　　增值税、企业所得税税负率、入库率情况表　　　　　%

样本公司	增值税应缴负担率	增值税入库率	所得税应缴负担率	所得税入库率	年末应缴余额城建税与流转税之比	年末应缴余额教育附加费与流转税之比	备注
样本1	2.8	94.8	2.1	48.2	20.9	15.8	
样本2	4.0	75.8	1.4	40.8	0.6	0.4	b
样本3	2.5	91.7	1.4	93.7	6.9	—	
样本4	2.6	68.8	2.3	68.2	5.0	3.6	
样本5	3.0	81.6	1.6	77.3	5.7	4.1	
样本6	1.3	95.1	0.8	40.4	9.1	6.5	
样本7	—	88.8	—	—	7.4	3.3	
样本8	1.5	85.6	1.3	63.7	6.9	3.0	
样本9	2.4	94.9	2.1	97.8	13.7	9.8	

说明：（1）增值税应缴负担率＝增值税应缴税额/增值税销售额×100%。

（2）企业所得税应缴负担率＝当期企业所得税应缴税额/营业总收入×100%（部分公司当期企业所得税应缴税额含以前年度调整额）。

（3）税种入库率＝(税种应交税费－税种年末余额)/税种应交税费×100%。

（4）营业总收入额：取自样本公司2016年度财务报告——合并利润表中的"营业总收入"项目数据。

（5）备注栏中b表示2016年公司有营业税收入。

3. 收到税费返还、支付各项税费、年末应交营业税余额

表2-305　　　　收到税费返还、支付各项税费、年末应交营业税余额情况表

样本公司	收到的税费返还金额/万元	支付的各项税费金额/万元	年末应交营业税余额/万元	万元总资产实际贡献税费额/元
样本1	—	39 369.86	—	245.92
样本2	—	107 153.67	414.25	593.57
样本3	—	52 073.49		821.87
样本4	581.81	29 187.61		611.81
样本5	—	93 071.24	—	586.43

续表 2-305

样本公司	收到的税费返还金额/万元	支付的各项税费金额/万元	年末应交营业税余额/万元	万元总资产实际贡献税费额/元
样本6	—	25 956.93	—	517.22
样本7	—	46 198.69	—	132.22
样本8	—	29 682.78	—	671.87
样本9	—	36 126.10	—	323.48

说明：（1）收到的税费返还额：取自样本公司 2016 年度财务报告——合并现金流量表中的"收到的税费返还"项目数据。

（2）支付的各项税费金额：取自样本公司 2016 年度财务报告——合并现金流量表中的"支付的各项税费"项目数据。

（3）年末应交营业税余额：取自样本公司 2016 年度报告——财务报告附注中的"应交税费——应交营业税"项目数据。

（4）万元总资产实际贡献税费额 = 年度实际支付的各项税费/［（总资产年初余额+总资产年末余额)/2］（注：各项税费单位是元，平均总资产单位是万元）。

四、税收风险分析

（一）样本公司可能存在的风险

（1）个别样本公司薪酬工资率高于75%（见表2-300）。

在9家样本公司中，薪酬工资率超过75%的有1家。工资只是薪酬的一部分；"五险"是法定的，约为工资的33%。薪酬工资率大于75%可能存在企业有未参保人员问题，其工资的合理性值得关注。

（2）个别样本公司企业所得税预缴率低于75%（见表2-304）。

样本公司中，企业所得税预交率低于75%的有6家。对这一问题的原理分析，详见本书第一章"第三节 上市公司2016年度存在的主要共性税收问题"。

（3）个别样本公司流转税与其附加交纳不同步（见表2-304）。

对这一问题的原理分析，详见本书第一章"第三节 上市公司2016年度存在的主要共性税收问题"。

（4）个别样本公司可能存在欠缴营业税问题（见表2-305）。

样本公司中，有1家公司应交营业税2016年末有余额，××公司2016年末应交税费——营业税余额为414.25万元。对这一问题的原理分析，详见本书第一章"第三节 上市公司2016年度存在的主要共性税收问题"。

（二）行业特殊税收政策

研发支出不得加计扣除。

相关文件：《关于完善研究开发费用税前加计扣除政策的通知》（财税〔2015〕119号）。

5212. 超级市场零售

超级市场零售，指经营食品、日用品等的超级市场的综合零售活动。国民经济行业代码：5212。

一、2016年行业概况

国家统计局数据显示，2016年全年社会消费品零售总额为332 316亿元，同比增长10.4%（扣除价格因素实际增长9.6%），同比增速虽继续下降，但下降趋势已有所放缓；其中，全国网上零售额为51 556亿元，同比增长26.25%。2016年全国居民人均可支配收入为23 821元，同比增长8.4%。

2016年11月国务院办公厅发布《关于推动实体零售创新转型的意见》。

二、样本公司2016年度合并报表财务数据

1. 样本公司

表2-306　　　　　　　　　　　　样本公司名单

样本号	证券代码	证券简称	母公司全称	注册省份	备注
1	600361.SH	华联综超	北京华联综合超市股份有限公司	北京	
2	601116.SH	三江购物	三江购物俱乐部股份有限公司	浙江	
3	601933.SH	永辉超市	永辉超市股份有限公司	福建	
4	603031.SH	安德利	安徽安德利百货股份有限公司	安徽	
5	603708.SH	家家悦	家家悦集团股份有限公司	山东	
6	000759.SZ	中百集团	中百控股集团股份有限公司	湖北	
7	002251.SZ	步步高	步步高商业连锁股份有限公司	湖南	
8	002264.SZ	新华都	新华都购物广场股份有限公司	福建	
9	002336.SZ	人人乐	人人乐连锁商业集团股份有限公司	广东	
10	002697.SZ	红旗连锁	成都红旗连锁股份有限公司	四川	

说明：行业样本公司选取标准为：上市公司2016年度合并报表中该行业营业收入超过主营业务总收入75%（公司的行业归类同时参考了证监会的行业分类结果和中证行业分类结果），行业代码采用国民经济行业分类（GB/T 4754—2011）的行业代码。

2. 营业总收入、第一行业收入比重及毛利率

表2-307　　　　　　　　　　营业总收入及毛利率情况表

样本公司	营业总收入额/万元	调整后营业总收入变动率/%	第一行业名称	第一行业收入占比/%	第一行业毛利率/%
样本1	1 235 821.03	-8.0	食品	65	11.1
样本2	409 594.95	-6.0	超市商品零售	96	18.4
样本3	4 923 164.58	16.8	零售业	95	16.6
样本4	154 060.59	5.7	超市业态	49	16.7
样本5	1 077 696.16	2.8	生鲜	39	15.0
样本6	1 536 634.66	-6.3	超市	92	21.3
样本7	1 552 027.71	0.3	超市	60	16.7
样本8	670 954.92	3.4	食品类	29	19.9
样本9	1 015 677.81	-9.5	食品类	34	13.6
样本10	632 162.68	15.2	食品	50	20.4

说明：第一行业收入占比 = 第一行业收入/营业总收入额×100%。

3. 政府补贴、工资薪酬

表2-308　　　　　　　　　　政府补贴、工资薪酬情况表

样本公司	计入营业外收入的政府补贴额/万元	政府补贴占利润总额的比重/%	年人均工资额/万元	薪酬工资率/%
样本1	1 494.43	-4.2	4.16	76.8
样本2	2 518.48	18.4	5.67	79.9
样本3	7 265.69	4.7	4.53	85.3
样本4	897.81	14.7	2.83	73.2
样本5	2 009.88	5.5	4.27	75.1
样本6	5 076.69	78.9	3.80	76.1
样本7	7 955.91	39.8	3.41	78.2
样本8	640.58	16.4	4.02	83.9

续表 2-308

样本公司	计入营业外收入的政府补贴额/万元	政府补贴占利润总额的比重/%	年人均工资额/万元	薪酬工资率/%
样本9	1 061.24	9.5	4.35	86.3
样本10	3 316.86	18.9	3.42	81.4

说明:(1)年人均工资额 = 工资总额/领取工资的职工人数。

(2)薪酬工资率 = 工资总额/(薪酬总额 - 辞退福利等非正常工资)× 100%。

(3)政府补贴占利润总额的比重为负数时表明,企业亏损。

4. 研发投入

表 2-309　　　　　　　　　　研发投入情况表

样本公司	研发投入总额/万元	资本化的研发费用金额/万元	研发费用占营业收入的比重/%	管理费用——研究与开发费金额/万元
样本1	—	—	—	—
样本2	—	—	—	—
样本3	—	—	—	—
样本4	—	—	—	—
样本5	—	—	—	—
样本6	—	—	—	—
样本7	3 487.59(1)	3 449.78	0.23	
样本8	—	—	—	—
样本9	—	—	—	—
样本10	—	—	—	—

说明:公司披露,研发项目主要为步步高翔龙 ERP 系统、云猴平台电子交易系统开发、财务共享中心,研发项目上线后,将从流程精细化、促销管理、自动补货、品类管理等方面对现有业务进行全面提升,建立零售运营核心能力。2016年研发人员233人,占职工总人数1%。人均研发支出14.97万元。

5. 主要财务指标

表 2-310　　　　　　　　　　2016年主要财务指标表

样本公司	存货周转率/次	应收账款周转率/次	总资产周转率/次	净资产收益率/%	流动比率/次	速动比率/次
样本1	6.27	461.20	1.09	-9.21	0.99	0.69

续表2-310

样本公司	存货周转率/次	应收账款周转率/次	总资产周转率/次	净资产收益率/%	流动比率/次	速动比率/次
样本2	7.84	906.07	1.49	6.38	1.37	0.93
样本3	8.16	167.33	1.98	8.50	2.05	1.12
样本4	3.75	445.95	1.11	10.72	0.62	0.15
样本5	6.82	856.58	2.05	23.16	1.25	0.81
样本6	6.60	235.68	1.74	0.22	0.64	0.25
样本7	6.12	133.68	1.15	2.64	0.77	0.29
样本8	6.79	66.63	1.85	3.37	1.00	0.36
样本9	5.07	2 353.96	1.71	2.66	1.13	0.46
样本10	4.90	323.58	1.66	6.85	1.01	0.25

说明：（1）存货周转率 = 主营业务成本/平均存货成本。

（2）应收账款周转率 = 主营业务收入/平均应收账款余额。

（3）总资产周转率 = 主营业务收入/平均资产总额。

（4）净资产收益率 = 税后利润/所有者权益×100%。

（5）流动比率 = 流动资产/流动负债。

（6）速动比率 =（流动资产 − 存货）/流动负债。

6. 最近五年的企业毛利率

表2-311 　　　　　　近5年公司毛利率情况表 　　　　　　　　　　　　%

样本公司	2016年	2015年	2014年	2013年	2012年	备注
样本1	22.13	22.60	22.03	20.79	20.93	
样本2	21.34	19.84	20.05	19.70	18.97	
样本3	20.19	19.83	19.66	19.19	19.55	
样本4	20.64	20.87	19.84	19.08	20.61	
样本5	21.68	22.14	22.13	21.31	20.99	
样本6	21.03	20.82	20.87	20.00	19.88	
样本7	21.42	21.92	22.47	22.31	21.27	
样本8	21.61	20.47	21.21	19.71	20.34	
样本9	23.10	22.43	21.55	20.99	20.30	
样本10	27.21	27.13	26.19	26.60	26.12	

三、样本公司2016年度合并报表税收数据

1. 整体税费

表2–312   整体税费情况表

样本公司	年末应交税费余额/万元	本年应交税费额/万元	整体应缴负担率/%	整体税费入库率/%	母公司企业所得税税率/%	备注
样本1	641.32	18 097.54	1.5	96.5	25.00	
样本2	1 513.94	12 562.16	3.1	87.9	25.00	
样本3	27 702.94	159 896.21	3.2	82.7	25.00	
样本4	1 364.94	7 377.87	4.8	81.5	25.00	
样本5	4 242.44	36 305.71	3.4	88.3	25.00	
样本6	15 489.99	60 751.18	4.0	74.5	25.00	
样本7	8 801.61	50 094.23	3.2	82.4	25.00	
样本8	2 951.71	15 781.82	2.4	81.3	25.00	
样本9	4 034.05	24 540.46	2.4	83.6	25.00	
样本10	4 627.83	28 100.72	4.4	83.5	15.00	

说明：（1）当期应交各项税费额不含个人所得税（部分公司没有公布年末应交个人所得税数据）。

（2）整体应交税费负担率 = 当期应交税费额/当期营业总收入数×100%。

（3）整体税费入库率 =（整体应交税费额 – 年末税费余额)/整体应交税费额×100%。

2. 增值税、企业所得税税负率、入库率

表2–313   增值税、企业所得税税负率、入库率情况表   %

样本公司	增值税应缴负担率	增值税入库率	所得税应缴负担率	所得税入库率	年末应缴余额城建税与流转税之比	年末应缴余额教育附加费与流转税之比	备注
样本1	1.0	99.9	0.1	87.6	519.0	197.0	b
样本2	1.6	95.1	0.9	68.8	3.1	2.3	
样本3	2.1	87.9	0.7	63.0	7.7	5.9	
样本4	2.4	91.9	1.1	67.2	5.3	4.2	
样本5	1.9	89.6	0.9	86.5	7.1	5.0	
样本6	2.5	94.0	0.8	5.1	7.1	6.2	b
样本7	1.9	95.5	0.7	60.7	52.3	45.2	

续表2-313

样本公司	增值税应缴负担率	增值税入库率	所得税应缴负担率	所得税入库率	年末应缴余额城建税与流转税之比	年末应缴余额教育附加费与流转税之比	备注
样本8	1.7	84.8	0.3	55.0	7.4	—	
样本9	1.4	92.6	0.5	48.5	6.6	4.8	
样本10	3.2	92.4	0.5	6.5	8.1	6.0	

说明：（1）增值税应缴负担率＝增值税应缴税额/增值税销售额×100%。

（2）企业所得税应缴负担率＝当期企业所得税应缴税额/营业总收入×100%（部分公司当期企业所得税应缴税额含以前年度调整额）。

（3）税种入库率＝（税种应交税费－税种年末余额）/税种应交税费×100%。

（4）营业总收入额：取自样本公司2016年度财务报告——合并利润表中的"营业总收入"项目数据。

（5）备注栏中b表示2016年公司有营业税收入。

3. 收到税费返还、支付各项税费、年末应交营业税余额

表2-314　　收到税费返还、支付各项税费、年末应交营业税余额情况表

样本公司	收到的税费返还金额/万元	支付的各项税费金额/万元	年末应交营业税余额/万元	万元总资产实际贡献税费额/元
样本1	—	19 340.08	1.77	171.23
样本2	—	11 984.08		437.06
样本3	—	152 565.81	—	613.42
样本4	—	7 423.54		533.66
样本5	—	36 967.71		703.90
样本6	—	52 001.95	261.69	587.56
样本7	—	47 984.01		357.74
样本8	—	13 873.31		382.24
样本9	—	21 920.51		369.79
样本10	—	27 469.85		720.13

说明：（1）收到的税费返还额：取自样本公司2016年度财务报告——合并现金流量表中的"收到的税费返还"项目数据。

（2）支付的各项税费金额：取自样本公司2016年度财务报告——合并现金流量表中的"支付的各项税费"项目数据。

（3）年末应交营业税余额：取自样本公司2016年度报告——财务报告附注中的"应交

税费——应交营业税"项目数据。

（4）万元总资产实际贡献税费额＝年度实际支付的各项税费/〔（总资产年初余额＋总资产年末余额)/2〕（注：各项税费单位是元，平均总资产单位是万元）。

四、税收风险分析

（一）样本公司可能存在的风险

（1）个别样本公司薪酬工资率高于75%（见表2-308）。

在10家样本公司中，薪酬工资率超过75%的有9家。工资只是薪酬的一部分；"五险"是法定的，约为工资的33%。薪酬工资率大于75%可能存在企业有未参保人员问题，其工资的合理性值得关注。

（2）个别样本公司企业所得税预缴率低于75%（见表2-313）。

样本公司中，企业所得税预交率低于75%的有8家。对这一问题的原理分析，详见本书第一章"第三节 上市公司2016年度存在的主要共性税收问题"。

（3）个别样本公司流转税与其附加交纳不同步（见表2-313）。

对这一问题的原理分析，详见本书第一章"第三节 上市公司2016年度存在的主要共性税收问题"。

（4）个别样本公司可能存在欠缴营业税问题（见表2-314）。

样本公司中，有2家公司应交营业税2016年末有余额，××公司2016年末应交税费——营业税余额261.69万元。对这一问题的原理分析，详见本书第一章"第三节 上市公司2016年度存在的主要共性税收问题"。

（二）行业特殊税收政策

研发支出不得加计扣除。

相关文件：《关于完善研究开发费用税前加计扣除政策的通知》（财税〔2015〕119号）。

5251. 药品零售

药品零售，包括对下列药品的零售活动：

——西药专门零售：内服药品、注射药品、外用药品、生物药品及其他西药的专门零售；

——中药材及中成药专门零售：中药饮片、中成药、中草药专门等零售；

——中西药结合的专门零售；

——医药、医疗器材一体的专门零售；

——计划生育和性保健用品零售；

——兽用药品专门零售。

国民经济行业代码：5251。

一、2016年行业概况

据中国医药物资协会医疗器械分会抽样调查统计，2016全年中国医疗器械市场销售规模约为3 700亿元，比2015年增长了620亿元，增长率约为20.1%。

2015年全国药品流通行业销售总额比上年增长10.2%，其中药品零售市场销售总额3 323亿元，同比增长8.6%。

国务院办公厅印发的《深化医药卫生体制改革2016年重点工作任务》对2016年医改工作进行统筹部署，提出全面深化公立医院改革，加快推进分级诊疗制度建设，巩固完善全民医保体系，健全药品供应保障机制，建立健全综合监管体系等任务，2016年先后出台《关于整合城乡居民基本医疗保险制度的意见》、《关于在公立医疗机构药品采购中推行"两票制"的实施意见（试行）》等政策文件。

2015年3月2日，国务院办公厅发布《关于完善公立医院药品集中采购工作的指导意见》，提出坚持药品集中采购方向不变，将公立医院用药全部放在省级集中采购平台采购，破除以药补医机制、加快公立医院特别是县级公立医院改革，推动药品生产流通企业整合重组、公平竞争，促进医药产业健康发展。

2017年2月9日，国务院办公厅正式印发《关于进一步改革完善药品生产流通使用政策的若干意见》（国办发〔2017〕13号）。

《印发关于在公立医疗机构药品采购中推行"两票制"的实施意见（试行）的通知》（国医改办发〔2016〕4号），对"两票制"的界定，药品生产、流通企业和公立医疗机构在执行"两票制"中承担的任务都作了明确规定。

2016年2月26日，国务院印发《中医药发展战略规划纲要（2016—2030年）》。

2016年4月26日，国务院印发《深化医药卫生体制改革2016年重点工作任务》。

2016 年 12 月 29 日，商务部印发《全国药品流通行业发展规划（2016—2020 年）》。

二、样本公司2016年度合并报表财务数据

1. 样本公司

表2-315　　　　　　　　　　样本公司名单

样本号	证券代码	证券简称	母公司全称	注册省份	备注
1	600272.SH	开开实业	上海开开实业股份有限公司	上海	
2	603883.SH	老百姓	老百姓大药房连锁股份有限公司	湖南	
3	603939.SH	益丰药房	益丰大药房连锁股份有限公司	湖南	
4	000078.SZ	海王生物	深圳市海王生物工程股份有限公司	广东	
5	000963.SZ	华东医药	华东医药股份有限公司	浙江	
6	002727.SZ	一心堂	云南鸿翔一心堂药业（集团）股份有限公司	云南	

说明：行业样本公司选取标准为：上市公司2016年度合并报表中该行业营业收入超过主营业务总收入75%（公司的行业归类同时参考了证监会的行业分类结果和中证行业分类结果），行业代码采用国民经济行业分类（GB/T 4754—2011）的行业代码。

2. 营业总收入、第一行业收入比重及毛利率

表2-316　　　　　　　　　营业总收入及毛利率情况表

样本公司	营业总收入额/万元	调整后营业总收入变动率/%	第一行业名称	第一行业收入占比/%	第一行业毛利率/%
样本1	90 605.85	2.8	医药类	83	19.8
样本2	609 443.13	33.4	医药零售	94	38.0
样本3	373 361.91	31.2	医药零售	94	38.1
样本4	1 360 592.17	22.4	医药商业流通	84	10.7
样本5	2 537 966.75	16.8	商业	78	7.3
样本6	624 933.57	17.4	医药零售	95	40.6

说明：第一行业收入占比＝第一行业收入/营业总收入额×100%。

3. 政府补贴、工资薪酬

表2-317 政府补贴、工资薪酬情况表

样本公司	计入营业外收入的政府补贴额/万元	政府补贴占利润总额的比重/%	年人均工资额/万元	薪酬工资率/%
样本1	657.87	20.2	6.70	71.1
样本2	1 652.23	3.9	5.00	81.5
样本3	873.24	2.9	4.75	79.7
样本4	1 229.58	1.9	4.89	78.9
样本5	4 923.61	2.6	11.09	76.7
样本6	1 887.58	4.6	3.87	78.0

说明：（1）年人均工资额＝工资总额/领取工资的职工人数。

（2）薪酬工资率＝工资总额/（薪酬总额－辞退福利等非正常工资）×100%。

4. 研发投入

表2-318 研发投入情况表

样本公司	研发投入总额	资本化的研发费用金额	研发费用占营业收入的比重	管理费用——研究与开发费金额
样本1	—	—	—	
样本2	—	—	—	
样本3	1 478.86	1 478.86	0.40	
样本4	5 066.39	1 052.38	0.37	4 014.01
样本5	26 409.46	—	4.68	26 409.46
样本6	—	—	—	

5. 主要财务指标

表2-319 2016年主要财务指标表

样本公司	存货周转率/次	应收账款周转率/次	总资产周转率/次	净资产收益率/%	流动比率/次	速动比率/次
样本1	5.38	7.49	0.88	4.10	1.45	0.93
样本2	3.71	12.22	1.40	14.06	1.37	0.69
样本3	3.70	17.40	1.12	10.78	2.60	0.58
样本4	9.08	2.16	0.92	11.87	1.35	1.17

续表2-319

样本公司	存货周转率/次	应收账款周转率/次	总资产周转率/次	净资产收益率/%	流动比率/次	速动比率/次
样本5	6.98	6.26	1.96	22.19	2.03	1.40
样本6	3.06	17.14	1.23	14.96	1.62	0.81

说明:(1)存货周转率=主营业务成本/平均存货成本。

(2)应收账款周转率=主营业务收入/平均应收账款余额。

(3)总资产周转率=主营业务收入/平均资产总额。

(4)净资产收益率=税后利润/所有者权益×100%。

(5)流动比率=流动资产/流动负债。

(6)速动比率=(流动资产-存货)/流动负债。

6. 最近五年的企业毛利率

表2-320　　　　　　　　　近5年公司毛利率情况表　　　　　　　　　%

样本公司	2016年	2015年	2014年	2013年	2012年	备注
样本1	20.35	20.93	19.39	21.00	20.91	
样本2	36.06	37.22	37.00	35.92	35.15	
样本3	39.62	39.23	39.77	38.66	37.24	
样本4	14.87	14.65	14.59	15.14	15.11	
样本5	24.27	23.98	21.98	20.20	19.54	
样本6	41.28	41.92	40.44	39.59	38.15	

三、样本公司2016年度合并报表税收数据

1. 整体税费

表2-321　　　　　　　　　整体税费情况表

样本公司	年末应交税费余额/万元	本年应交税费额/万元	整体应缴负担率/%	整体税费入库率/%	母公司企业所得税税率/%	备注
样本1	460.88	4 477.98	4.9	89.7	25.00	
样本2	5 736.64	43 349.77	7.1	86.8	25.00	
样本3	4 633.31	29 092.81	7.8	84.1	25.00	
样本4	23 369.62	59 933.89	4.4	61.0	25.00	

续表2-321

样本公司	年末应交税费余额/万元	本年应交税费额/万元	整体应缴负担率/%	整体税费入库率/%	母公司企业所得税税率/%	备注
样本5	40 567.66	151 232.22	6.0	73.2	25.00	
样本6	2 149.04	48 360.05	7.7	95.6	15.00	

说明：（1）当期应交各项税费额不含个人所得税（部分公司没有公布年末应交个人所得税数据）。

（2）整体应交税费负担率＝当期应交税费额/当期营业总收入数×100%。

（3）整体税费入库率＝(整体应交税费额－年末税费余额)/整体应交税费额×100%。

2. 增值税、企业所得税税负率、入库率

表2-322　　　　　　增值税、企业所得税税负率、入库率情况表　　　　　%

样本公司	增值税应缴负担率	增值税入库率	所得税应缴负担率	所得税入库率	年末应缴余额城建税与流转税之比	年末应缴余额教育附加费与流转税之比	备注
样本1	2.8	94.2	1.3	76.3	6.9	5.0	
样本2	5.2	94.6	1.2	57.6	14.3	10.2	
样本3	5.0	89.9	2.1	69.9	6.9	4.9	
样本4	2.6	87.2	1.4	7.9	8.3	5.9	b
样本5	4.0	74.4	1.4	68.9	4.6	3.2	
样本6	6.0	98.9	1.0	75.7	10.6	17.3	b

说明：（1）增值税应缴负担率＝增值税应缴税额/增值税销售额×100%。

（2）企业所得税应缴负担率＝当期企业所得税应缴税额/营业总收入×100%（部分公司当期企业所得税应缴税额含以前年度调整额）。

（3）税种入库率＝(税种应交税费－税种年末余额)/税种应交税费×100%。

（4）营业总收入额：取自样本公司2016年度财务报告——合并利润表中的"营业总收入"项目数据。

（5）备注栏中b表示2016年公司有营业税收入。

3. 收到税费返还、支付各项税费、年末应交营业税余额

表2-323　　　　收到税费返还、支付各项税费、年末应交营业税余额情况表

样本公司	收到的税费返还金额/万元	支付的各项税费金额/万元	年末应交营业税余额/万元	万元总资产实际贡献税费额/元
样本1	—	4 583.49	—	445.74

续表 2-323

样本公司	收到的税费返还金额/万元	支付的各项税费金额/万元	年末应交营业税余额/万元	万元总资产实际贡献税费额/元
样本 2	8.30	44 203.55	—	1 014.98
样本 3	—	27 696.52	—	831.99
样本 4	—	51 253.87	110.74	348.38
样本 5	1 140.15	132 837.38	—	1 026.82
样本 6	363.29	51 376.43	0.75	1 006.70

说明：（1）收到的税费返还额：取自样本公司2016年度财务报告——合并现金流量表中的"收到的税费返还"项目数据。

（2）支付的各项税费金额：取自样本公司2016年度财务报告——合并现金流量表中的"支付的各项税费"项目数据。

（3）年末应交营业税余额：取自样本公司2016年度报告——财务报告附注中的"应交税费——应交营业税"项目数据。

（4）万元总资产实际贡献税费额＝年度实际支付的各项税费/[（总资产年初余额＋总资产年末余额)/2]（注：各项税费单位是元，平均总资产单位是万元）。

四、税收风险分析

（一）样本公司可能存在的风险

（1）个别样本公司薪酬工资率高于75%（见表2-317）。

在6家样本公司中，薪酬工资率超过75%的有5家。工资只是薪酬的一部分；"五险"是法定的，约为工资的33%。薪酬工资率大于75%可能存在企业有未参保人员问题，其工资的合理性值得关注。

（2）个别样本公司研发投入数据与财报中的相关数据逻辑不符（见表2-318）。

对这个问题的分析，详见本书第一章"第三节 上市公司2016年度存在的主要共性税收问题"。

（3）个别样本公司企业所得税预缴率低于75%（见表2-322）。

样本公司中，企业所得税预交率低于75%的有4家。对这一问题的原理分析，详见本书第一章"第三节 上市公司2016年度存在的主要共性税收问题"。

（4）个别样本公司流转税与其附加交纳不同步（见表2-322）。

对这一问题的原理分析，详见本书第一章"第三节 上市公司2016年度存在的主要共性税收问题"。

5. 个别样本公司可能存在欠缴营业税问题（见表2-323）。

样本公司中，有2家公司应交营业税2016年末有余额，××公司2016年末应交税费——营业税余额110.74万元。对这一问题的原理分析，详见本书第一章"第三节 上市公司2016年度存在的主要共性税收问题"。

（二）行业特殊税收政策

企业所得税方面，研发支出不得加计扣除。

相关文件：《关于完善研究开发费用税前加计扣除政策的通知》（财税〔2015〕119号）。

5261. 汽车零售

汽车零售，指乘用车的零售，包括各种轿车、越野车、商务车及9人以下面包车的专卖店和专门零售和旧车销售。不包括大轿车、载货车和专用车的销售，列入5172（汽车批发）。

国民经济行业代码：5261。

一、2016年行业概况

据中国汽车工业协会数据，2016年汽车产销2 811.88万辆和2 802.82万辆，同比增长14.46%和13.65%，增幅比2015年分别提升11.21个百分点和8.97个百分点。

中汽协统计数据显示，2016年我国实现新能源汽车生产51.7万辆，同比增长51.7%；实现销售50.7万辆，同比增长53%。其中纯电动车型生产41.7万辆，同比增长63.9%；实现销售40.9万辆，同比增长65.1%，占总销量比例达到80%。插电车型生产9.9万辆，同比增长15.7%；实现销售9.8万辆，同比增长17.1%。

中国进口汽车数据库数据显示，2016年汽车进口104.13万辆，同比下滑3.4%；经销商交付客户进口车（AAK）为89.78万辆，同比下滑2.3%（AAK数据来源于中国汽车流通协会，统计总量占进口汽车全部授权品牌经销商交付量90%以上），较2015年分别下滑24.2%和20.6%，降幅减小20.8个百分点和18.3个百分点。

二、样本公司2016年度合并报表财务数据

1. 样本公司

表2-324　　　　　　　　　　　　样本公司名单

样本号	证券代码	证券简称	母公司全称	注册省份	备注
1	601258.SH	庞大集团	庞大汽贸集团股份有限公司	河北	
2	000753.SZ	漳州发展	福建漳州发展股份有限公司	福建	
3	000996.SZ	中国中期	中国中期投资股份有限公司	北京	
4	002607.SZ	亚夏汽车	亚夏汽车股份有限公司	安徽	

说明：行业样本公司选取标准为：上市公司2016年度合并报表中该行业营业收入超过主营业务总收入75%（公司的行业归类同时参考了证监会的行业分类结果和中证行业分类结果），行业代码采用国民经济行业分类（GB/T 4754—2011）的行业代码。

2. 营业总收入、第一行业收入比重及毛利率

表2-325　　　　　　　　　　营业总收入及毛利率情况表

样本公司	营业总收入额/万元	调整后营业总收入变动率/%	第一行业名称	第一行业收入占比/%	第一行业毛利率/%
样本1	6 600 940.12	17.1	销售整车	88	5.0
样本2	314 370.24	0.7	汽车批发零售	82	5.7
样本3	11 321.85	33.8	汽车服务业务	95	7.0
样本4	656 090.30	25.7	汽车销售	90	1.0

说明：第一行业收入占比 = 第一行业收入/营业总收入额×100%。

3. 政府补贴、工资薪酬

表2-326　　　　　　　　　　政府补贴、工资薪酬情况表

样本公司	计入营业外收入的政府补贴额/万元	政府补贴占利润总额的比重/%	年人均工资额/万元	薪酬工资率/%
样本1	5 651.78	7.5	6.77	77.9
样本2	283.82	1.1	7.11	81.9
样本3	—	—	8.07	85.5
样本4	1 004.42	11.7	4.79	81.7

说明：（1）年人均工资额 = 工资总额/领取工资的职工人数。

（2）薪酬工资率 = 工资总额/（薪酬总额 − 辞退福利等非正常工资）×100%。

4. 研发投入

样本公司均没有披露研发投入数据。

5. 主要财务指标

表2-327 　　　　　　　　　2016年主要财务指标表

样本公司	存货周转率/次	应收账款周转率/次	总资产周转率/次	净资产收益率/%	流动比率/次	速动比率/次
样本1	5.42	48.04	0.98	3.03	1.01	0.63
样本2	1.40	21.68	0.68	14.39	1.72	0.70
样本3	6.57	49.58	0.16	3.43	2.29	1.76
样本4	8.30	202.85	1.66	4.61	1.02	0.43

说明：（1）存货周转率＝主营业务成本/平均存货成本。

（2）应收账款周转率＝主营业务收入/平均应收账款余额。

（3）总资产周转率＝主营业务收入/平均资产总额。

（4）净资产收益率＝税后利润/所有者权益×100%。

（5）流动比率＝流动资产/流动负债。

（6）速动比率＝（流动资产－存货）/流动负债。

6. 最近五年的企业毛利率

表2-328 　　　　　　近5年公司毛利率情况表 　　　　　　　　%

样本公司	2016年	2015年	2014年	2013年	2012年	备注
样本1	9.72	9.90	10.34	11.03	10.55	
样本2	10.08	9.48	12.73	12.61	13.02	
样本3	8.49	5.36	6.11	8.58	12.20	
样本4	5.39	5.83	4.92	6.50	6.67	

三、样本公司2016年度合并报表税收数据

1. 整体税费

表2-329 　　　　　　　　　整体税费情况表

样本公司	年末应交税费余额/万元	本年应交税费额/万元	整体应缴负担率/%	整体税费入库率/%	母公司企业所得税税率/%	备注
样本1	27 017.43	141 220.33	2.1	80.9	25.00	
样本2	3 609.79	11 400.91	3.6	68.3	25.00	

续表 2-329

样本公司	年末应交税费余额/万元	本年应交税费额/万元	整体应缴负担率/%	整体税费入库率/%	母公司企业所得税税率/%	备注
样本 3	271.83	—	—	—	25.00	
样本 4	4 133.93	9 013.78	1.4	54.1	25.00	

说明：（1）当期应交各项税费额不含个人所得税（部分公司没有公布年末应交个人所得税数据）。

（2）整体应交税费负担率 = 当期应交税费额/当期营业总收入数 × 100%。

（3）整体税费入库率 =（整体应交税费额 - 年末税费余额）/整体应交税费额 × 100%。

2. 增值税、企业所得税税负率、入库率

表 2-330 　　　　　　　增值税、企业所得税税负率、入库率情况表 　　　　　　　%

样本公司	增值税应缴负担率	增值税入库率	所得税应缴负担率	所得税入库率	年末应缴余额城建税与流转税之比	年末应缴余额教育附加费与流转税之比	备注
样本 1	1.0	73.9	0.6	82.7	4.7	—	b
样本 2	2.1	83.2	0.8	49.3	5.5	4.1	
样本 3	—	—	—	—	—	—	
样本 4	0.6	73.8	0.3	—	—	—	

说明：（1）增值税应缴负担率 = 增值税应缴税额/增值税销售额 × 100%。

（2）企业所得税应缴负担率 = 当期企业所得税应缴税额/营业总收入 × 100%（部分公司当期企业所得税应缴税额含以前年度调整额）。

（3）税种入库率 =（税种应交税费 - 税种年末余额）/税种应交税费 × 100%。

（4）营业总收入额：取自样本公司2016年度财务报告——合并利润表中的"营业总收入"项目数据。

（5）备注栏中b表示2016年公司有营业税收入。

3. 收到税费返还、支付各项税费、年末应交营业税余额

表 2-331 　　　　　　收到税费返还、支付各项税费、年末应交营业税余额情况表

样本公司	收到的税费返还金额/万元	支付的各项税费金额/万元	年末应交营业税余额/万元	万元总资产实际贡献税费额/元
样本 1	—	128 657.27	-68.54	191.69
样本 2	168.06	10 319.60	—	223.56

续表2-331

样本公司	收到的税费返还金额/万元	支付的各项税费金额/万元	年末应交营业税余额/万元	万元总资产实际贡献税费额/元
样本3	0.45	90.66	—	12.95
样本4	170.56	7 558.55	—	191.00

说明：（1）收到的税费返还额：取自样本公司2016年度财务报告——合并现金流量表中的"收到的税费返还"项目数据。

（2）支付的各项税费金额：取自样本公司2016年度财务报告——合并现金流量表中的"支付的各项税费"项目数据。

（3）年末应交营业税余额：取自样本公司2016年度报告——财务报告附注中的"应交税费——应交营业税"项目数据。

（4）万元总资产实际贡献税费额＝年度实际支付的各项税费/[（总资产年初余额+总资产年末余额)/2]（注：各项税费单位是元，平均总资产单位是万元）。

四、税收风险分析

（一）样本公司可能存在的风险

（1）个别样本公司薪酬工资率高于75%（见表2-326）。

在4家样本公司中，薪酬工资率全部超过75%。工资只是薪酬的一部分；"五险"是法定的，约为工资的33%。薪酬工资率大于75%可能存在企业有未参保人员问题，其工资的合理性值得关注。

（2）个别样本公司企业所得税预缴率低于75%（见表2-330）。

样本公司中，企业所得税预交率低于75%的有1家。对这一问题的原理分析，详见本书第一章"第三节 上市公司2016年度存在的主要共性税收问题"。

（3）个别样本公司流转税与其附加交纳不同步（见表2-330）。

对这一问题的原理分析，详见本书第一章"第三节 上市公司2016年度存在的主要共性税收问题"。

（4）个别样本公司可能存在欠缴营业税问题（见表2-331）。

样本公司中，有1家公司应交营业税2016年末有余额，××公司2016年末应交税费——营业税余额为-68.54万元。对这一问题的原理分析，详见本书第一章"第三节 上市公司2016年度存在的主要共性税收问题"。

（二）行业特殊税收政策

（1）消费税。自2016年12月1日起，对超豪华小汽车（每辆零售价格不含增值税在130万元及以上），在生产（进口）环节按现行税率征收消费税基础上，在零售环节加征消费税，税率为10%。

相关文件：财税〔2016〕129号。

（2）企业所得税方面，研发支出不得加计扣除。

相关文件：《关于完善研究开发费用税前加计扣除政策的通知》（财税〔2015〕119号）。

第六节　交通运输、仓储和邮政业

5442. 公路管理与养护（经营性高速公路）

公路管理与养护（经营性高速公路），包括下列公路管理与养护活动：

——公路运营服务：高速公路收费服务、桥梁收费服务、隧道收费服务、其他公路运营服务；

——公路养护服务：高速公路养护服务、桥梁养护服务、隧道养护服务、其他公路养护服务；

——收费站和以公路养护为目的的车辆过秤活动；

——其他公路管理服务。

国民经济行业代码：5442。

一、2016年行业概况

当前，我国的收费高速公路分为政府收费还贷高速公路和经营性收费高速公路两类。经营性收费高速公路的经营者一般通过投资建设及收购等方式获得经营性高速公路资产，通过为过往车辆提供通行服务并按照政府收费标准收取车辆通行费的方式获得经营收益。

车型分类执行交通运输部《收费公路车辆通行费车型分类》标准。

截至2016年底，全国收费公路里程17.11万公里，较2015年底增加6 658公里，占公路总里程469.63万公里的3.6%。其中，高速公路12.45万公里，一级公路2.35万公里，二级公路2.19万公里，独立桥梁隧道1 123公里，分别占全国收费公路里程的72.8%、13.7%、12.8%和0.7%。

2016年度，全国收费公路通行费收入为4 548.5亿元，较2015年度增加450.7亿元，增长11.0%。支出总额为8 691.7亿元，较2015年度增加1 406.7亿元，增长19.3%。通行费收支缺口4 143.3亿元，较2015年度增加956.0亿元，增长30.0%。

截至2016年底，全国经营性公路里程7.06万公里，年通行费收入2 737.7亿元，年支出总额4 730.4 亿元，分别占全国收费公路的41.3%、60.2%和54.4%。经营性公路中，高速公路5.98万公里，一级公路0.53万公里，二级公路0.48万公里，独立桥梁隧道837公里，分别占经营性公路里程的84.6%、7.5%、6.7%和1.2%。经营性高速公路占收费高速公路里程的48.0%。

2016年度，经营性公路通行费收入2 737.7亿元。其中，高速公路2 539.0亿元，一级公路39.7 亿元，二级公路24.4亿元，独立桥梁隧道134.6亿元，分别占经营性公路通行费收入的92.7%、1.5%、0.9%和4.9%。

2016年度，全国收费公路共减免车辆通行费689.2亿元，较2015年度增加144.7亿元。其中，鲜活农产品运输车辆减免329.8亿元，重大节假日小型客车免费通行减免237.8亿元，其他政策性减免121.6亿元，分别占通行费减免总额的47.9%、34.5%和17.6%，分别较2015年度增加48.8亿元、 30.5亿元、65.3亿元。（资料来源：交通运输部《2016年全国收费公路统计公报》）

二、样本公司2016年度合并报表财务数据

1. 样本公司

表2-332　　　　　　　　　　　样本公司名单

样本号	证券代码	证券简称	母公司全称	注册省份	备注
1	600012.SH	皖通高速	安徽皖通高速公路股份有限公司	安徽	
2	600020.SH	中原高速	河南中原高速公路股份有限公司	河南	
3	600033.SH	福建高速	福建发展高速公路股份有限公司	福建	
4	600035.SH	楚天高速	湖北楚天高速公路股份有限公司	湖北	
5	600368.SH	五洲交通	广西五洲交通股份有限公司	广西	
6	600377.SH	宁沪高速	江苏宁沪高速公路股份有限公司	江苏	
7	600548.SH	深高速	深圳高速公路股份有限公司	广东	

续表2-332

样本号	证券代码	证券简称	母公司全称	注册省份	备注
8	000429.SZ	粤高速A	广东省高速公路发展股份有限公司	广东	
9	000828.SZ	东莞控股	东莞发展控股股份有限公司	广东	

说明：行业样本公司选取标准为：上市公司2016年度合并报表中该行业营业收入超过主营业务总收入75%（公司的行业归类同时参考了证监会的行业分类结果和中证行业分类结果），行业代码采用国民经济行业分类（GB/T 4754—2011）的行业代码。

2. 营业总收入、第一行业收入比重及毛利率。

表2-333　　　　　　　　营业总收入及毛利率情况表

样本公司	营业总收入额/万元	调整后营业总收入变动率/%	第一行业名称	第一行业收入占比/%	第一行业毛利率/%
样本1	249 913.56	3.0	通行费收入	98	57.9
样本2	393 373.86	−13.3	公路经营	88	56.5
样本3	252 812.56	−1.9	高速公路经营管理	98	66.7
样本4	127 260.19	3.4	车辆通行费收入	95	65.4
样本5	128 978.46	−38.2	通行费	81	79.0
样本6	920 129.71	5.0	宁沪高速公路	50	73.3
样本7	453 220.92	32.5	通行费收入	81	49.0
样本8	282 504.98	6.3	公路运输	97	55.3
样本9	125 199.13	14.1	通行费收入	83	66.1

说明：第一行业收入占比 = 第一行业收入/营业总收入额×100%。

3. 政府补贴、工资薪酬

表2-334　　　　　　　　政府补贴、工资薪酬情况表

样本公司	计入营业外收入的政府补贴额/万元	政府补贴占利润总额的比重/%	年人均工资额/万元	薪酬工资率/%
样本1	217.28	0.2	8.07	70.1
样本2	2 423.71	2.6	7.43	64.3
样本3	7.50	0.0	7.74	69.1
样本4	90.38	0.2	9.71	75.9

续表2-334

样本公司	计入营业外收入的政府补贴额/万元	政府补贴占利润总额的比重/%	年人均工资额/万元	薪酬工资率/%
样本5	829.25	3.6	7.72	69.8
样本6	1 601.73	0.4	9.59	65.5
样本7	231.23	0.1	8.21	78.8
样本8	70.46	0.0	8.89	63.9
样本9	171.84	0.2	9.05	74.1

说明：（1）年人均工资额＝工资总额/领取工资的职工人数。

（2）薪酬工资率＝工资总额/（薪酬总额－辞退福利等非正常工资）×100%。

（3）赣粤高速：根据江西省人民政府《关于继续给予江西赣粤高速公路股份有限公司财政支持优惠政策的批复》（赣府字〔2002〕6号文）以及《江西省人民政府关于进一步加快交通运输事业发展意见》（赣府发〔2013〕10号），公司本期收到江西省财政厅给予财政支持款5 600万元。

4. 研发投入

表2-335 研发投入情况表

样本公司	研发投入总额/万元	资本化的研发费用金额/万元	研发费用占营业收入的比重/%	管理费用——研究与开发费金额/万元
样本1	—	—	—	—
样本2	220.03	56.03	0.06	—
样本3	—	—	—	—
样本4	—	—	—	—
样本5	74.12		0.06	—
样本6	—			—
样本7	—			—
样本8	617.18 [1]		0.22	617.18
样本9	—			—

说明：（1）研发一种基于手机路径识别+移动支付的高速公路通行与收费的模式，命名为"蓝色通道"，简称BTC。2016年进展：系统开发测试中。研发人员19人，研发投入金额6 171 805.27元，全部费用化。

5. 主要财务指标

表2–336　　　　　　　　　　2016年主要财务指标表

样本公司	存货周转率/次	应收账款周转率/次	总资产周转率/次	净资产收益率/%	流动比率/次	速动比率/次
样本1	—	—	0.20	11.16	—	—
样本2	—	—	0.08	5.42	—	—
样本3	—	—	0.14	8.14	—	—
样本4	—	—	0.14	9.30	—	—
样本5	—	—	0.11	7.47	—	—
样本6	—	—	0.25	16.06	—	—
样本7	—	—	0.14	9.35	—	—
样本8	—	—	0.20	14.18	—	—
样本9	—	—	0.15	17.12	—	—

说明：（1）总资产周转率＝主营业务收入/平均资产总额。

（2）净资产收益率＝税后利润/所有者权益×100%。

（3）其他指标不适用。

6. 最近五年的企业毛利率

表2–337　　　　　　　　　　近5年公司毛利率情况表　　　　　　　　　　　　%

样本公司	2016年	2015年	2014年	2013年	2012年	备注
样本1	57.49	60.01	60.29	61.47	62.69	
样本2	54.28	59.28	59.60	55.43	53.40	
样本3	65.99	63.44	67.29	66.94	66.58	
样本4	65.04	63.75	63.49	63.33	62.35	
样本5	72.41	46.36	29.09	14.63	17.57	
样本6	52.57	49.59	48.97	51.48	47.99	
样本7	44.11	50.92	52.90	53.46	51.81	
样本8	54.65	43.84	41.68	30.45	41.29	
样本9	65.49	64.11	67.88	64.88	66.21	

三、样本公司2016年度合并报表税收数据

1. 整体税费

表2-338 整体税费情况表

样本公司	年末应交税费余额/万元	本年应交税费额/万元	整体应缴负担率/%	整体税费入库率/%	母公司企业所得税税率/%	备注
样本1	14 418.41	47 880.85	19.2	69.9	25.00	
样本2	30 893.76	31 528.20	8.0	2.0	25.00	
样本3	16 036.92	35 665.63	14.1	55.0	25.00	
样本4	2 763.32	16 497.14	13.0	83.2	25.00	
样本5	3 935.32	12 520.42	9.7	68.6	25.00	
样本6	22 677.21	127 922.61	13.9	82.3	25.00	
样本7	15 619.22	56 876.95	12.5	72.5	25.00	
样本8	10 141.54	44 575.04	15.8	77.2	25.00	
样本9	5 685.97	26 063.82	20.8	78.2	25.00	

说明：（1）当期应缴各项税费额不含个人所得税（部分公司没有公布年末应交个人所得税数据）。

（2）整体应交税费负担率＝当期应缴税费额/当期营业总收入数×100%。

（3）整体税费入库率＝（整体应交税费额－年末税费余额）/整体应交税费额×100%。

2. 增值税、企业所得税税负率、入库率

表2-339 增值税、企业所得税税负率、入库率情况表 %

样本公司	增值税应缴负担率	增值税入库率	所得税应缴负担率	所得税入库率	年末应缴余额城建税与流转税之比	年末应缴余额教育附加费与流转税之比	备注
样本1	3.2	83.6	15.0	66.9	—	—	b
样本2	—	92.6	1.2	65.3	17.1	12.3	b
样本3	3.0	87.8	10.7	43.7	8.5	6.1	b
样本4	1.7	67.2	9.9	86.9	11.4	5.2	b
样本5	5.2	86.1	3.6	59.7	18.9	15.3	b
样本6	2.4	79.5	10.1	81.3	6.3	—	b

续表2-339

样本公司	增值税应缴负担率	增值税入库率	所得税应缴负担率	所得税入库率	年末应缴余额城建税与流转税之比	年末应缴余额教育附加费与流转税之比	备注
样本7	3.8	76.1	8.4	68.7	6.8	3.2	b
样本8	2.8	83.2	12.2	74.8	6.9	5.2	b
样本9	3.9	76.8	16.2	76.3	5.8	4.1	b

说明：（1）增值税应缴负担率＝增值税应缴税额/增值税销售额（测算值）×100%。

（2）企业所得税应缴负担率＝当期企业所得税应缴税额/营业总收入×100%（部分公司当期企业所得税应缴税额含以前年度调整额）。

（3）税种入库率＝（税种应交税费－税种年末余额）/税种应交税费×100%。

（4）营业总收入额：取自样本公司2016年度报告——合并利润表中的"营业总收入"栏。

（5）备注栏中b表示2016年公司有营业税收入。

3. 收到税费返还、支付各项税费、年末应交营业税余额

表2-340　　　　收到税费返还、支付各项税费、年末应交营业税余额情况表

样本公司	收到的税费返还金额/万元	支付的各项税费金额/万元	年末应交营业税余额/万元	万元总资产实际贡献税费额/元
样本1	—	42 527.47	—	336.70
样本2	—	33 510.42	—	69.99
样本3	—	32 764.06	—	180.63
样本4	—	14 570.61	43.77	163.80
样本5	50.63	11 797.93	461.87	99.34
样本6	—	111 009.13	—	305.14
样本7	6.82	67 062.22	—	209.39
样本8	—	43 118.00	—	276.40
样本9	1 065.54	25 168.71	—	292.04

说明：（1）收到的税费返还额：取自样本公司2016年度报告——合并现金流量表中的"收到的税费返还"栏。

（2）支付的各项税费金额：取自样本公司2016年度报告——合并现金流量表中的"支

付的各项税费"栏。

（3）年末应交营业税余额：取自样本公司2016年度报告——财务报告附注中的"应交税费——应交营业税"。

（4）万元总资产实际贡献税费额＝年度实际支付的各项税费/［（总资产年初余额+总资产年末余额)/2］（注：各项税费单位是元，平均总资产单位是万元）。

四、税收风险分析

（一）样本公司可能存在的风险

（1）个别样本公司薪酬工资率高于75%（见表2-334）。

在9家样本公司中，薪酬工资率超过75%有2家。工资只是薪酬的一部分；"五险"是法定的，约为工资的33%。薪酬工资率大于75%可能存在企业有未参保人员问题，其工资的合理性值得关注。

（2）个别样本公司研发投入数据与财报中的相关数据逻辑不符（见表2-335）。

对这个问题的分析，详见本书第一章"第三节 上市公司2016年度存在的主要共性税收问题"。

（3）个别样本公司企业所得税预缴率低于75%（见表2-339）。

样本公司中，企业所得税预交率低于75%有6家。对这一问题的原理分析，详见本书第一章"第三节 上市公司2016年度存在的主要共性税收问题"。

（4）个别样本公司流转税与其附加交纳不同步（见表2-339）。

对这一问题的原理分析，详见本书第一章"第三节 上市公司2016年度存在的主要共性税收问题"。

（5）个别样本公司可能存在欠缴营业税问题（见表2-320）。

样本公司中，有2家公司应交营业税2016年末有余额，××公司2016年末应交税费——营业税余额为461.87万元。对这一问题的原理分析，详见本书第一章"第三节 上市公司2016年度存在的主要共性税收问题"。

（二）行业特殊税收政策

2016年营改增行业。

相关文件：《关于全面推开营业税改征增值税试点的通知》（财税〔2016〕36号）。

5521. 远洋货物运输

水上货物运输，包括下列远洋货物运输活动：

——国际杂货船运输服务；

——国际散货船运输服务；

——国际冷藏船运输服务；

——国际油轮运输服务；

——国际集装箱船运输服务；

——配备驾驶员国际船舶租赁服务；

——其他国际货物运输服务。

国民经济行业代码：5521。

一、2016年行业概况

2016年，超大型油轮（VLCC）市场三条典型航线（中东—远东TD3、中东—美湾TD1、西非—中国TD15）的运价全年均值同比跌幅均超过30%，外贸白油市场三种船型（LR2、LR1、MR）的三条典型航线（中东—日本TC1、中东—日本TC5、西印度—日本TC12）的运价全年均值同比跌幅分别为38%、39%、38%。

2016年沿海散运市场先抑后扬，BDI、CBCFI分别在2016年2月和3月创下了290点和371点的历史低位。

中国出口集装箱运价综合指数（CCFI）在2016年上半年创出历史新低632点。

2016年，国际航运业重要指标国际BDI指数稳步上行，从2月份最低的290 点升至11月份最高的1 257点。

二、样本公司2016年度合并报表财务数据

1. 样本公司

表2-341　　　　　　　　　　　　　样本公司名单

样本号	证券代码	证券简称	母公司全称	注册省份	备注
1	600026.SH	中远海能	中远海运能源运输股份有限公司	上海	

续表2-341

样本号	证券代码	证券简称	母公司全称	注册省份	备注
2	600428.SH	中远海特	中远海运特种运输股份有限公司	广东	
3	601872.SH	招商轮船	招商局能源运输股份有限公司	上海	
4	601919.SH	中远海控	中远海运控股股份有限公司	天津	

说明：行业样本公司选取标准为：上市公司2016年度合并报表中该行业营业收入超过主营业务总收入75%（公司的行业归类同时参考了证监会的行业分类结果和中证行业分类结果），行业代码采用国民经济行业分类（GB/T 4754—2011）的行业代码。

2. 营业总收入、第一行业收入比重及毛利率

表2-342　　　　　　　营业总收入及毛利率情况表

样本公司	营业总收入额/万元	调整后营业总收入变动率/%	第一行业名称	第一行业收入占比/%	第一行业毛利率/%
样本1	1 300 556.63	−26.0	油品运输	73	32.0
样本2	588 317.04	−14.0	航运收入	91	7.8
样本3	602 506.73	−2.1	油轮运输	82	43.9
样本4	7 116 018.09	9.4	集装箱航运及相关业务	94	−2.7

说明：第一行业收入占比 = 第一行业收入/营业总收入额×100%。

3. 政府补贴、工资薪酬

表2-343　　　　　　　政府补贴、工资薪酬情况表

样本公司	计入营业外收入的政府补贴额/万元	政府补贴占利润总额的比重/%	年人均工资额/万元	薪酬工资率/%
样本1	23 954.30	11.0	19.35	70.3
样本2	10 140.59	103.0	12.97	68.8
样本3	79 424.62	35.2	21.04	94.4
样本4	54 264.67	−6.3	20.10	76.0

说明：（1）年人均工资额 = 工资总额/领取工资的职工人数。

（2）薪酬工资率 = 工资总额/（薪酬总额 − 辞退福利等非正常工资）×100%。

（3）政府补贴占利润总额的比重为负数时表明企业亏损。

4. 研发投入

表 2-344　　　　　　　　　　　　　研发投入情况表

样本公司	研发投入总额/万元	资本化的研发费用金额/万元	研发费用占营业收入的比重/%	管理费用—研究与开发费金额/万元
样本 1	—	—	—	—
样本 2	—	—	—	—
样本 3	—	—	—	—
样本 4	1 660.25		0.02	1 659.20

5. 主要财务指标

表 2-345　　　　　　　　　　　　2016年主要财务指标表

样本公司	存货周转率/次	应收账款周转率/次	总资产周转率/次	净资产收益率/%	流动比率/次	速动比率/次
样本 1	18.86	8.82	0.21	6.53	1.24	1.09
样本 2	26.95	12.65	0.30	0.56	0.65	0.43
样本 3	10.97	6.33	0.17	11.91	2.09	1.97
样本 4	47.37	15.09	0.53	−44.19	1.35	1.21

说明：（1）存货周转率＝主营业务成本/平均存货成本。

（2）应收账款周转率＝主营业务收入/平均应收账款余额。

（3）总资产周转率＝主营业务收入/平均资产总额。

（4）净资产收益率＝税后利润/所有者权益×100%。

（5）流动比率＝流动资产/流动负债。

（6）速动比率＝（流动资产－存货）/流动负债。

6. 最近五年的企业毛利率

表 2-346　　　　　　　　　　近5年公司毛利率情况表　　　　　　　　　　%

样本公司	2016年	2015年	2014年	2013年	2012年	备注
样本 1	25.02	18.42	11.08	1.21	−0.93	
样本 2	10.42	9.89	8.98	6.38	7.98	
样本 3	39.08	38.30	19.47	−2.87	2.34	
样本 4	−0.99	4.14	7.02	0.82	−0.53	

三、样本公司2016年度合并报表税收数据

1. 整体税费

表2-347　　　　　　　　　　整体税费情况表

样本公司	年末应交税费余额/万元	本年应交税费额/万元	整体应缴负担率/%	整体税费入库率/%	母公司企业所得税税率/%	备注
样本1	13 199.05	53 891.57	4.1	75.5	25.00	
样本2	1 065.68	6 985.81	1.2	84.7	25.00	
样本3	89.75	1 095.18	0.2	91.8	25.00	
样本4	84 580.36	127 708.43	1.8	33.8	25.00	

说明：（1）当期应交各项税费额不含个人所得税（部分公司没有公布年末应交个人所得税数据）。

（2）整体应交税费负担率=当期应交税费额/当期营业总收入数×100%。

（3）整体税费入库率=（整体应交税费额−年末税费余额)/整体应交税费额×100%。

2. 增值税、企业所得税税负率、入库率

表2-348　　　　　增值税、企业所得税税负率、入库率情况表　　　　　%

样本公司	增值税应缴负担率	增值税入库率	所得税应缴负担率	所得税入库率	年末应缴余额城建税与流转税之比	年末应缴余额教育附加费与流转税之比	备注
样本1	1.5	99.7	2.3	60.2	11.9	8.5	
样本2	0.4	96.6	0.4	68.4	10.5	7.3	
样本3	0.1	100.0	0.1	86.3	—	—	
样本4	0.8	65.0	0.7	—	5.7	4.9	b

说明：（1）增值税应缴负担率=增值税应缴税额/增值税销售额×100%。

（2）企业所得税应缴负担率=当期企业所得税应缴税额/营业总收入×100%（部分公司当期企业所得税应缴税额含以前年度调整额）。

（3）税种入库率=（税种应交税费−税种年末余额)/税种应交税费×100%。

（4）营业总收入额：取自样本公司2016年度财务报告——合并利润表中的"营业总收入"项目数据。

（5）备注栏中b表示2016年公司有营业税收入。

3. 收到税费返还、支付各项税费、年末应交营业税余额

表2-349　　　　收到税费返还、支付各项税费、年末应交营业税余额情况表

样本公司	收到的税费返还金额/万元	支付的各项税费金额/万元	年末应交营业税余额/万元	万元总资产实际贡献税费额/元
样本1	19 323.56	56 349.50	—	78.48
样本2	4 504.40	7 301.20	—	37.22
样本3	—	1 770.89	—	5.07
样本4	49 396.31	113 654.11	51.35	81.14

说明：（1）收到的税费返还额：取自样本公司2016年度财务报告——合并现金流量表中的"收到的税费返还"项目数据。

（2）支付的各项税费金额：取自样本公司2016年度财务报告——合并现金流量表中的"支付的各项税费"项目数据。

（3）年末应交营业税余额：取自样本公司2016年度报告——财务报告附注中的"应交税费——应交营业税"项目数据。

（4）万元总资产实际贡献税费额 = 年度实际支付的各项税费/〔（总资产年初余额+总资产年末余额)/2〕（注：各项税费单位是元，平均总资产单位是万元）。

四、税收风险分析

（一）样本公司可能存在的风险

（1）个别样本公司薪酬工资率高于75%（见表2-343）。

在4家样本公司中，薪酬工资率超过75%的有2家。工资只是薪酬的一部分；"五险"是法定的，约为工资的33%。薪酬工资率大于75%可能存在企业有未参保人员问题，其工资的合理性值得关注。

（2）个别样本公司研发投入数据与财报中的相关数据逻辑不符（见表2-344）。

对这个问题的分析，详见本书第一章"第三节　上市公司2016年度存在的主要共性税收问题"。

（3）个别样本公司企业所得税预缴率低于75%（见表2-348）。

样本公司中，企业所得税预交率低于75%的有2家。对这一问题的原理分析，详见本书第一章"第三节　上市公司2016年度存在的主要共性税收问题"。

（4）个别样本公司流转税与其附加交纳不同步（见表2-348）。

对这一问题的原理分析，详见本书第一章"第三节　上市公司2016年

度存在的主要共性税收问题"。

（5）个别样本公司可能存在欠缴营业税问题（见表2-349）。

样本公司中，有1家公司应交营业税2016年末有余额，××公司2016年末应交税费——营业税余额51.35万元。对这一问题的原理分析，详见本书第一章"第三节 上市公司2016年度存在的主要共性税收问题"。

（二）行业特殊税收政策

无。

5532. 货运港口

货运港口，指货运港口的管理活动。包括下列货运港口服务：

——沿海货运港口活动：沿海港口货物管理活动，沿海港口船舶停靠活动，沿海港口货物打包、拆卸活动，其他沿海货运港口活动；

——内河货运港口活动：内河港口货物管理活动，内河港口船舶停靠活动，内河港口货物打包、拆卸活动，其他内河货运港口活动。

国民经济行业代码：5532。

一、2016年行业概况

交通运输部统计数据显示，2016年全国规模以上港口货物吞吐量完成118.3亿吨，同比增长3.2%，增速较上年提升1.3个百分点；其中沿海港口完成80.8亿吨，同比增长3.0%。全国规模以上港口完成集装箱吞吐量2.2亿标准箱，同比增长3.6%；其中沿海港口完成1.9亿标准箱，同比增长3.4%。

近三年中国规模以上港口货物吞吐量增速分别为3.2%、1.6%和4.8%。

二、样本公司2016年度合并报表财务数据

1. 样本公司

表2-350　　　　　　　　　样本公司名单

样本号	证券代码	证券简称	母公司全称	注册省份	备注
1	600017.SH	日照港	日照港股份有限公司	山东	
2	600018.SH	上港集团	上海国际港务(集团)股份有限公司	上海	
3	600190.SH	锦州港	锦州港股份有限公司	辽宁	
4	600317.SH	营口港	营口港务股份有限公司	辽宁	
5	601018.SH	宁波港	宁波舟山港股份有限公司	浙江	

续表 2-350

样本号	证券代码	证券简称	母公司全称	注册省份	备注
6	601880.SH	大连港	大连港股份有限公司	辽宁	
7	000022.SZ	深赤湾A	深圳赤湾港航股份有限公司	广东	
8	000582.SZ	北部湾港	北部湾港股份有限公司	广西	j
9	002040.SZ	南京港	南京港股份有限公司	江苏	

说明：（1）行业样本公司选取标准为：上市公司2016年度合并报表中该行业营业收入超过主营业务总收入75%（公司的行业归类同时参考了证监会的行业分类结果和中证行业分类结果），行业代码采用国民经济行业分类（GB/T 4754—2011）的行业代码。

（2）备注栏中j表示2012年以来公司发生过借壳行为。

2. 营业总收入、第一行业收入比重及毛利率

表 2-351 营业总收入及毛利率情况表

样本公司	营业总收入额/万元	调整后营业总收入变动率/%	第一行业名称	第一行业收入占比/%	第一行业毛利率/%
样本1	427 686.56	−2.3	装卸业务	80	23.3
样本2	3 135 917.85	6.3	港口物流	100	30.0
样本3	255 267.03	41.4	装卸	100	16.9
样本4	366 558.59	−3.2	装卸业务	94	33.9
样本5	1 632 532.90	−2.0	装卸业务	78	31.0
样本6	1 281 448.39	44.2	装卸业务	100	10.8
样本7	190 510.71	1.7	装卸业务	94	45.2
样本8	299 454.15	−2.0	港口板块	100	34.5
样本9	22 273.77	40.8	装卸业务	100	46.5

说明：第一行业收入占比 = 第一行业收入/营业总收入额×100%。

3. 政府补贴、工资薪酬

表 2-352 政府补贴、工资薪酬情况表

样本公司	计入营业外收入的政府补贴额/万元	政府补贴占利润总额的比重/%	年人均工资额/万元	薪酬工资率/%
样本1	504.17	1.6	10.34	65.6
样本2	48 325.14	4.9	26.10	76.8
样本3	4 101.44	60.6	6.65	60.7
样本4	223.82	0.3	10.15	65.4

续表2-352

样本公司	计入营业外收入的政府补贴额/万元	政府补贴占利润总额的比重/%	年人均工资额/万元	薪酬工资率/%
样本5	17 063.10	5.5	11.44	71.5
样本6	16 105.90	20.7	11.58	64.6
样本7	104.64	0.1	18.62	75.6
样本8	695.27	1.2	8.36	67.9
样本9	466.77	4.8	9.14	67.6

说明：（1）年人均工资额＝工资总额/领取工资的职工人数。

（2）薪酬工资率＝工资总额/（薪酬总额－辞退福利等非正常工资）×100%。

4. 研发投入

表2-353 研发投入情况表

样本公司	研发投入总额/万元	资本化的研发费用金额/万元	研发费用占营业收入的比重/%	管理费用——研究与开发费金额/万元
样本1	—	—	—	—
样本2	3 795.04	—	0.12	—
样本3	—	—	—	—
样本4	—	—	—	—
样本5	2 259.30	—	0.14	—
样本6	—	—	—	—
样本7	2 821.53	—	1.48	—
样本8	—	—	—	—
样本9	—	—	—	—

5. 主要财务指标

表2-354 2016年主要财务指标表

样本公司	存货周转率/次	应收账款周转率/次	总资产周转率/次	净资产收益率/%	流动比率/次	速动比率/次
样本1	38.36	5.94	0.22	1.73	0.48	0.46
样本2	4.55	12.15	0.29	11.38	0.70	0.48
样本3	13.01	27.75	0.21	0.94	1.13	0.34
样本4	55.68	7.76	0.22	4.83	1.71	1.69
样本5	51.17	7.96	0.31	6.82	0.81	0.64

续表2-354

样本公司	存货周转率/次	应收账款周转率/次	总资产周转率/次	净资产收益率/%	流动比率/次	速动比率/次
样本6	16.47	17.31	0.42	3.11	1.49	1.29
样本7	65.51	10.50	0.28	11.64	1.13	1.07
样本8	25.27	6.67	0.24	7.37	0.84	0.73
样本9	37.44	4.55	0.08	10.91	1.38	1.36

说明：（1）存货周转率＝主营业务成本/平均存货成本。

（2）应收账款周转率＝主营业务收入/平均应收账款余额。

（3）总资产周转率＝主营业务收入/平均资产总额。

（4）净资产收益率＝税后利润/所有者权益×100%。

（5）流动比率＝流动资产/流动负债。

（6）速动比率＝（流动资产－存货)/流动负债。

6. 最近五年的企业毛利率

表2-355　　　　　　　　　近5年公司毛利率情况表　　　　　　　　　%

样本公司	2016年	2015年	2014年	2013年	2012年	备注
样本1	16.86	20.61	25.99	27.95	28.44	
样本2	30.08	33.17	36.59	33.66	32.07	
样本3	11.08	24.26	24.39	28.26	35.48	
样本4	32.57	32.37	31.13	34.77	36.89	
样本5	24.87	24.60	30.95	35.88	46.70	
样本6	10.83	16.37	17.31	22.74	34.19	
样本7	44.86	46.45	45.48	48.89	52.65	
样本8	34.35	31.12	26.95	30.33	7.33	
样本9	48.64	37.14	34.96	34.42	45.44	

三、样本公司2016年度合并报表税收数据

1. 整体税费

表2-356　　　　　　　　　整体税费情况表

样本公司	年末应交税费余额/万元	本年应交税费额/万元	整体应缴负担率/%	整体税费入库率/%	母公司企业所得税税率/%	备注
样本1	4 030.67	16 654.41	3.9	75.8	25.00	

续表2-356

样本公司	年末应交税费余额/万元	本年应交税费额/万元	整体应缴负担率/%	整体税费入库率/%	母公司企业所得税税率/%	备注
样本2	135 744.94	301 874.72	9.6	55.0	25.00	
样本3	570.65	8 397.02	3.3	93.2	25.00	
样本4	7 242.28	27 270.89	7.4	73.4	25.00	
样本5	21 891.40	112 111.10	6.9	80.5	25.00	
样本6	10 282.68	37 065.83	2.9	72.3	25.00	
样本7	4 850.48	12 520.96	6.6	61.3	25.00	
样本8	3 828.61	16 729.85	5.6	77.1	15.00	
样本9	2 088.12	3 387.77	15.2	38.4	25.00	

说明：（1）当期应交各项税费额不含个人所得税（部分公司没有公布年末应交个人所得税数据）。

（2）整体应交税费负担率＝当期应交税费额/当期营业总收入数×100%。

（3）整体税费入库率＝（整体应交税费额－年末税费余额）/整体应交税费额×100%。

2. 增值税、企业所得税税负率、入库率

表2-357　　　　　　　　增值税、企业所得税税负率、入库率情况表　　　　　　　　%

样本公司	增值税应缴负担率	增值税入库率	所得税应缴负担率	所得税入库率	年末应缴余额城建税与流转税之比	年末应缴余额教育附加费与流转税之比	备注
样本1	1.5	93.6	1.8	84.9	9.4	6.7	
样本2	2.0	87.3	6.8	43.9	3.2	8.0	
样本3	1.5	96.6	0.4	85.4	8.1	5.8	
样本4	2.4	88.5	4.3	62.0	7.1	5.1	
样本5	2.2	94.3	3.7	70.8	6.2	4.5	b
样本6	1.1	89.7	1.4	57.1	2.3	1.6	b
样本7	0.7	72.6	5.3	80.3	—	—	
样本8	2.0	91.1	2.8	67.9	8.3	6.1	b
样本9	7.6	96.7	6.5	—	8.3	5.9	

说明：（1）增值税应缴负担率＝增值税应缴税额/增值税销售额×100%。

（2）企业所得税应缴负担率＝当期企业所得税应缴税额/营业总收入×100%（部分公司当期企业所得税应缴税额含以前年度调整额）。

（3）税种入库率 =（税种应交税费 – 税种年末余额）/税种应交税费 × 100%。

（4）营业总收入额：取自样本公司2016年度财务报告——合并利润表中的"营业总收入"项目数据。

（5）备注栏中b表示2016年公司有营业税收入。

3. 收到税费返还、支付各项税费、年末应交营业税余额

表2-358　　　收到税费返还、支付各项税费、年末应交营业税余额情况表

样本公司	收到的税费返还金额/万元	支付的各项税费金额/万元	年末应交营业税余额/万元	万元总资产实际贡献税费额/元
样本1	—	16 562.96	—	86.17
样本2	12 984.15	279 421.45	—	259.57
样本3	—	8 327.26	—	68.70
样本4	—	24 159.48	—	147.06
样本5	—	110 882.30	2.40	196.00
样本6	215.56	32 455.76	2.11	106.36
样本7	—	12 483.94	—	184.48
样本8	355.40	16 326.86	1.21	132.63
样本9	12.85	1 383.22	—	47.84

说明：（1）收到的税费返还额：取自样本公司2016年度财务报告——合并现金流量表中的"收到的税费返还"项目数据。

（2）支付的各项税费金额：取自样本公司2016年度财务报告——合并现金流量表中的"支付的各项税费"项目数据。

（3）年末应交营业税余额：取自样本公司2016年度报告——财务报告附注中的"应交税费——应交营业税"项目数据。

（4）万元总资产实际贡献税费额 = 年度实际支付的各项税费/[（总资产年初余额+总资产年末余额)/2]（注：各项税费单位是元，平均总资产单位是万元）。

四、税收风险分析

（一）样本公司可能存在的风险

（1）个别样本公司薪酬工资率高于75%（见表2-352）。

在9家样本公司中，薪酬工资率超过75%的有2家。工资只是薪酬的一部分；"五险"是法定的，约为工资的33%。薪酬工资率大于75%可能存在企业有未参保人员问题，其工资的合理性值得关注。

（2）个别样本公司研发投入数据与财报中的相关数据逻辑不符（见表2-353）。

对这个问题的分析，详见本书第一章"第三节 上市公司2016年度存在的主要共性税收问题"。

（3）个别样本公司企业所得税预缴率低于75%（见表2-357）。

样本公司中，企业所得税预交率低于75%有5家。对这一问题的原理分析，详见本书第一章"第三节 上市公司2016年度存在的主要共性税收问题"。

（4）个别样本公司流转税与其附加交纳不同步（见表2-357）。

对这一问题的原理分析，详见本书第一章"第三节 上市公司2016年度存在的主要共性税收问题"。

（5）个别样本公司可能存在欠缴营业税问题（见表2-358）。

样本公司中，有3家公司应交营业税2016年末有余额，××公司2016年末应交税费——营业税余额为2.40万元。对这一问题的原理分析，详见本书第一章"第三节 上市公司2016年度存在的主要共性税收问题"。

（二）行业税收新政、行业特殊税收政策

码头用地免土地税。

相关文件：国税地字〔1989〕123号。

5611. 航空旅客运输

航空旅客运输：指以旅客运输为主的航空运输活动。

国民经济行业代码：5611。

一、2016年行业概况

国家统计局《2016年国民经济和社会发展统计公报》显示，2016年度全年旅客运输周转量31 306亿人公里，增长4.1%，其中民航旅客运输周转量8 360亿人公里，较上年增长14.8%；2016年度全年货物运输周转量185 295亿吨公里，较上年增长4.0%，其中民航货物运输周转量221亿吨公里，较上年增长6.3%。2017年全国民航工作会议暨航空安全工作会议指出，民航旅客周转量在综合交通运输体系中的比重达26.4%，比2015年末提升3.3个百分点。

中国民航总局统计，2004—2015年，国内民航全行业运输飞机期末在册架数从754架增长至2 650架，运力复合增长率约为12.1%；2016年1至11月新增飞机270架；截至2015年末，中国民航运输业航线数量达到3 326条，同比增加174条航线。

中国民航总局统计，2014年、2015年和2016年，国内民航运输业客座率分别为81.4%、82.2%和82.7%，货邮载运率分别为71.9%、72.5%和72.8%。

二、样本公司2016年度合并报表财务数据

1. 样本公司

表2-359　　　　　　　　　　　样本公司名单

样本号	证券代码	证券简称	母公司全称	注册省份	备注
1	600029.SH	南方航空	中国南方航空股份有限公司	广东	
2	600115.SH	东方航空	中国东方航空股份有限公司	上海	
3	600221.SH	海南航空	海南航空股份有限公司	海南	
4	601021.SH	春秋航空	春秋航空股份有限公司	上海	
5	601111.SH	中国国航	中国国际航空股份有限公司	北京	
6	603885.SH	吉祥航空	上海吉祥航空股份有限公司	上海	
7	200152.SZ	山航B	山东航空股份有限公司	山东	

说明：行业样本公司选取标准为：上市公司2016年度合并报表中该行业营业收入超过主营业务总收入75%（公司的行业归类同时参考了证监会的行业分类结果和中证行业分类结果），行业代码采用国民经济行业分类（GB/T 4754—2011）的行业代码。

2. 营业总收入、第一行业收入比重及毛利率

表2-360　　　　　　　　　　营业总收入及毛利率情况表

样本公司	营业总收入额/万元	调整后营业总收入变动率/%	第一行业名称	第一行业收入占比/%	第一行业毛利率/%
样本1	11 479 200.00	3.0	客运	91	
样本2	9 856 000.00	5.0	航空业务收入	92	16.0
样本3	4 067 813.00	15.5	客运收入	91	19.7
样本4	842 940.43	4.1	航空运输业	95	8.9
样本5	11 396 399.00	4.6	航空客运	89	
样本6	992 849.21	21.7	航空运输业务	99	21.4
样本7	1 374 236.55	13.5	航空运输服务	97	11.2

说明：第一行业收入占比＝第一行业收入/营业总收入额×100%。

3. 政府补贴、工资薪酬

表 2-361　　　　　　　　　　　政府补贴、工资薪酬情况表

样本公司	计入营业外收入的政府补贴额/万元	政府补贴占利润总额的比重/%	年人均工资额/万元	薪酬工资率/%
样本 1	288 400.00	37.7	14.07	—
样本 2	93 500.00	14.4	21.08	80.3
样本 3	86 538.50	21.3	23.10	75.5
样本 4	90 282.04	70.3	24.33	85.2
样本 5	100 024.90	9.8	18.58	75.1
样本 6	24 367.95	14.7	27.62	86.0
样本 7	14 993.72	21.1	20.26	82.9

说明：（1）年人均工资额 = 工资总额/领取工资的职工人数。

（2）薪酬工资率 = 工资总额/（薪酬总额 − 辞退福利等非正常工资）× 100%。

4. 研发投入

表 2-362　　　　　　　　　　　研发投入情况表

样本公司	研发投入总额/万元	资本化的研发费用金额/万元	研发费用占营业收入的比重/%	管理费用——研究与开发费金额/万元
样本 1	16 353.00	13 893.00	0.14	—
样本 2	—	—	—	—
样本 3	—	—	—	—
样本 4	7 238.01	—	0.86	—
样本 5	1 442.50	—	0.01	—
样本 6	—	—	—	—
样本 7	1 100.78	—	0.08	1 100.78

5. 主要财务指标

表 2-363　　　　　　　　　　　2016 年主要财务指标表

样本公司	存货周转率/次	应收账款周转率/次	总资产周转率/次	净资产收益率/%	流动比率/次	速动比率/次
样本 1	60.34	40.99	0.59	12.28	0.20	0.14
样本 2	38.38	35.86	0.49	10.85	0.23	0.13
样本 3	1 104.44	42.55	0.30	7.00	0.90	0.74

续表2-363

样本公司	存货周转率/次	应收账款周转率/次	总资产周转率/次	净资产收益率/%	流动比率/次	速动比率/次
样本4	119.72	73.64	0.47	13.74	1.29	1.20
样本5	51.12	32.81	0.52	10.61	0.30	0.21
样本6	138.25	44.39	0.65	21.33	0.62	0.49
样本7	101.94	47.51	1.08	14.88	0.43	0.34

说明：（1）存货周转率＝主营业务成本/平均存货成本。

（2）应收账款周转率＝主营业务收入/平均应收账款余额。

（3）总资产周转率＝主营业务收入/平均资产总额。

（4）净资产收益率＝税后利润/所有者权益×100%。

（5）流动比率＝流动资产/流动负债。

（6）速动比率＝（流动资产－存货）/流动负债。

6. 最近五年的企业毛利率

表2-364　　　　　　　　　　近5年公司毛利率情况表　　　　　　　　　　%

样本公司	2016年	2015年	2014年	2013年	2012年	备注
样本1	16.06	18.02	12.15	11.28	15.32	
样本2	16.21	17.79	11.26	8.72	12.70	
样本3	22.91	26.88	23.14	22.26	25.32	
样本4	12.80	20.11	14.78	12.97	12.68	
样本5	23.48	23.17	16.20	15.35	19.10	
样本6	22.04	25.98	18.69	16.46	19.74	
样本7	13.48	15.77	12.89	15.03	21.98	

三、样本公司2016年度合并报表税收数据

1. 整体税费

表2-365　　　　　　　　　　整体税费情况表

样本公司	年末应交税费余额/万元	本年应交税费额/万元	整体应缴负担率/%	整体税费入库率/%	母公司企业所得税税率/%	备注
样本1	89 900.00	370 200.00	3.2	75.7	25.00	
样本2	167 400.00	487 100.00	4.9	65.6	25.00	

续表2-365

样本公司	年末应交税费余额/万元	本年应交税费额/万元	整体应缴负担率/%	整体税费入库率/%	母公司企业所得税税率/%	备注
样本3	83 287.90	439 463.90	10.8	81.0	25.00	
样本4	19 248.76	273 347.71	32.4	93.0	25.00	
样本5	136 174.20	514 520.60	4.5	73.5	25.00	
样本6	34 569.89	206 552.42	20.8	83.3	25.00	a
样本7	11 582.28	68 771.09	5.0	83.2	25.00	

说明：（1）当期应交各项税费额不含个人所得税（部分公司没有公布年末应交个人所得税数据）。

（2）整体应交税费负担率＝当期应交税费额/当期营业总收入数×100%。

（3）整体税费入库率＝（整体应交税费额－年末税费余额）/整体应交税费额×100%。

（4）备注栏中a表示财务报告中"应交税费——增值税年初余额或年末余额"的列示不符合增值税在财务报表项目中的列示规定。

2. 增值税、企业所得税税负率、入库率

表2-366　　　　　　　增值税、企业所得税税负率、入库率情况表　　　　　%

样本公司	增值税应缴负担率	增值税入库率	所得税应缴负担率	所得税入库率	年末应缴余额城建税与流转税之比	年末应缴余额教育附加费与流转税之比	备注
样本1	1.0	95.7	2.0	71.3	—	—	
样本2	3.3	100.0	1.4	78.2	40.9	—	b
样本3	9.7	100.0	0.8	—	—	—	
样本4	—	—	4.2	100.0	—	—	
样本5	2.3	99.4	1.9	58.2	—	—	
样本6	—	—	4.1	59.4	3.4	16.8	a
样本7	2.0	99.7	2.7	98.7	22.1	16.0	

说明：（1）增值税应缴负担率＝增值税应缴税额/增值税销售额×100%。

（2）企业所得税应缴负担率＝当期企业所得税应缴税额/营业总收入×100%（部分公司当期企业所得税应缴税额含以前年度调整额）。

（3）税种入库率＝（税种应交税费－税种年末余额）/税种应交税费×100%。

（4）营业总收入额：取自样本公司2016年度财务报告——合并利润表中的"营业总收入"项目数据。

（5）备注栏中a表示财务报告中"应交税费——增值税年初余额或年末余额"的列示不符合增值税在财务报表项目中的列示规定。

（6）备注栏中b表示2016年公司有营业税收入。

3. 收到税费返还、支付各项税费、年末应交营业税余额

表2-367　　　收到税费返还、支付各项税费、年末应交营业税余额情况表

样本公司	收到的税费返还金额/万元	支付的各项税费金额/万元	年末应交营业税余额/万元	万元总资产实际贡献税费额/元
样本1	67 700.00	304 300.00	—	157.28
样本2	293 700.00	473 800.00	2 200.00	233.54
样本3	—	423 783.90		309.87
样本4	—	285 217.78	—	1 598.95
样本5	7 341.20	508 784.30		232.41
样本6	11 311.50	201 518.26	—	1 310.18
样本7	—	66 826.83		524.32

说明：（1）收到的税费返还额：取自样本公司2016年度财务报告——合并现金流量表中的"收到的税费返还"项目数据。

（2）支付的各项税费金额：取自样本公司年2016度财务报告——合并现金流量表中的"支付的各项税费"项目数据。

（3）年末应交营业税余额：取自样本公司2016年度报告——财务报告附注中的"应交税费——应交营业税"项目数据。

（4）万元总资产实际贡献税费额=年度实际支付的各项税费/[（总资产年初余额+总资产年末余额)/2]（注：各项税费单位是元，平均总资产单位是万元）。

四、税收风险分析

（一）样本公司可能存在的风险

（1）个别样本公司薪酬工资率高于75%（见表2-361）。

在7家样本公司中，薪酬工资率超过75%的有6家。工资只是薪酬的一部分；"五险"是法定的，约为工资的33%。薪酬工资率大于75%可能存在企业有未参保人员问题，其工资的合理性值得关注。

（2）个别样本公司研发投入数据与财报中的相关数据逻辑不符（见表2-362）。

对这个问题的分析，详见本书第一章"第三节　上市公司2016年度存在的主要共性税收问题"。

（3）个别样本公司企业所得税预缴率低于75%（见表2-366）。

样本公司中，企业所得税预缴率低于75%的有3家。对这一问题的原理分析，详见本书第一章"第三节 上市公司2016年度存在的主要共性税收问题"。

（4）个别样本公司流转税与其附加交纳不同步（见表2-366）。

对这一问题的原理分析，详见本书第一章"第三节 上市公司2016年度存在的主要共性税收问题"。

（5）个别样本公司可能存在欠缴营业税问题（见表2-367）。

样本公司中，有1家公司应交营业税2016年末有余额，××公司2016年末应交税费——营业税余额为2 200.00万元。对这一问题的原理分析，详见本书第一章"第三节 上市公司2016年度存在的主要共性税收问题"。

（二）行业特殊税收政策

无。

5631. 机场

机场，指旅客机场的管理活动。包括下列机场服务：

——旅客安全检查活动；

——旅客行李托运活动；

——旅客进出站活动；

——机场摆渡车活动；

——机场货物搬运活动；

——停机坪管理活动；

——机场候机厅管理服务；

——其他机场活动。

国民经济行业代码：5631。

一、2016年行业概况

据统计，2016年我国民航业全年完成运输总周转量960.9亿吨公里、旅客运输量4.88亿人次、货邮运输量667万吨，同比分别增长12.8%、11.8%、6%。

2016年全国机场共实现飞机起降架次923.8万架次，同比增长7.9%；旅客吞吐量101 635.7万人次，同比增长11.1%；货邮吞吐量1 510.4万吨，同比增长7.2%。亚太地区部分枢纽机场运营情况见表2-368。

表2-368　　　　　　　2016年亚太地区部分枢纽机场运营情况表

项目	飞机起降架次/架次		旅客吞吐量/万人次		货邮吞吐量/万吨	
	2016年	同比增长/%	2016年	同比增长/%	2016年	同比增长/%
首都机场	606 081	2.70	9 439.30	5.00	194.3	2.80
香港机场	411 530	1.40	7 050.20	2.90	452.1	3.20
浦东机场	479 902	6.80	6 600.20	9.80	344.0	5.00
白云机场	435 231	6.20	5 973.20	8.20	165.2	7.40
仁川机场	339 673	11.20	5 776.50	17.20	271.4	4.60

（数据来源：2016年民航机场生产数据统计公报、相关机场官网）

二、样本公司2016年度合并报表财务数据

1. 样本公司

表2-369　　　　　　　　　　样本公司名单

样本号	证券代码	证券简称	母公司全称	注册省份	备注
1	600004.SH	白云机场	广州白云国际机场股份有限公司	广东	
2	600009.SH	上海机场	上海国际机场股份有限公司	上海	
3	000089.SZ	深圳机场	深圳市机场股份有限公司	广东	

说明：行业样本公司选取标准为：上市公司2016年度合并报表中该行业营业收入超过主营业务总收入75%（公司的行业归类同时参考了证监会的行业分类结果和中证行业分类结果），行业代码采用国民经济行业分类（GB/T 4754—2011）的行业代码。

2. 营业总收入、第一行业收入比重及毛利率

表2-370　　　　　　　　　　营业总收入及毛利率情况表

样本公司	营业总收入额/万元	调整后营业总收入变动率/%	第一行业名称	第一行业收入占比/%	第一行业毛利率/%
样本1	616 668.31	9.5	航空服务业	92	40.5
样本2	695 147.45	10.6	航空及相关服务	96	45.4
样本3	303 630.86	2.8	航空主业	77	17.8

说明：第一行业收入占比 = 第一行业收入/营业总收入额×100%。

3. 政府补贴、工资薪酬

表 2-371　　　　　　　　　　政府补贴、工资薪酬情况表

样本公司	计入营业外收入的政府补贴额/万元	政府补贴占利润总额的比重/%	年人均工资额/万元	薪酬工资率/%
样本1	468.36	0.2	10.11	65.8
样本2	174.00	0.0	19.75	83.2
样本3	342.97	0.5	12.53	73.2

说明：（1）年人均工资额 = 工资总额/领取工资的职工人数。

（2）薪酬工资率 = 工资总额/(薪酬总额 − 辞退福利等非正常工资) × 100%。

4. 研发投入

四家公司均没有披露研发投入数据。

5. 主要财务指标

表 2-372　　　　　　　　　　主要财务指标明细表

样本公司	存货周转率/次	应收账款周转率/次	总资产周转率/次	净资产收益率/%	流动比率/次	速动比率/次
样本1	51.33	9.04	0.41	13.53	0.80	0.74
样本2	190.08	7.24	0.26	13.17	2.60	2.59
样本3	447.26	9.74	0.25	5.38	1.67	1.67

说明：（1）存货周转率 = 主营业务成本/平均存货成本。

（2）应收账款周转率 = 主营业务收入/平均应收账款余额。

（3）总资产周转率 = 主营业务收入/平均资产总额。

（4）净资产收益率 = 税后利润/所有者权益 × 100%。

（5）流动比率 = 流动资产/流动负债。

（6）速动比率 = (流动资产 − 存货)/流动负债。

6. 最近五年的企业毛利率

表 2-373　　　　　　　　　近5年公司毛利率情况表　　　　　　　　　　　　%

样本公司	2016年	2015年	2014年	2013年	2012年	备注
样本1	39.61	40.10	38.62	36.57	38.95	
样本2	45.13	45.94	43.76	43.95	37.93	
样本3	27.26	30.26	20.82	34.04	41.05	

三、样本公司2016年度合并报表税收数据

1. 整体税费

表2-374　　　　　　　　　　　　整体税费情况表

样本公司	年末应交税费余额/万元	本年应交税费额/万元	整体应缴负担率/%	整体税费入库率/%	母公司企业所得税税率/%	备注
样本1	16 868.79	—	—	—	25.00	a
样本2	47 240.77	98 654.99	14.2	52.1	25.00	
样本3	8 403.11	—	—	—	25.00	a

说明：（1）当期应缴各项税费额不含个人所得税（部分公司没有公布年末应交个人所得税数据）。

（2）整体应交税费负担率＝当期应交税费额/当期营业总收入数×100%。

（3）整体税费入库率＝（整体应交税费额－年末税费余额）/整体应交税费额×100%。

（4）备注栏中a表示财务报告中"应交税费——增值税年初余额或年末余额"的列示不符合增值税在财务报表项目中的列示规定。

2. 增值税、企业所得税税负率、入库率

表2-375　　　　　增值税、企业所得税税负率、入库率情况表　　　　　　%

样本公司	增值税应缴负担率	增值税入库率	企业所得税应缴负担率	所得税入库率	年末应缴税余额：城建税与流转税之比	年末应缴税余额：教育附加费与流转税之比	备注
样本1	—	—	8.6	70.3	—	—	a,b
样本2	2.5	56.0	10.8	47.9	1.2	4.5	b
样本3	—	—	5.7	65.8	8.9	6.3	a,b

说明：（1）增值税应缴负担率＝增值税应缴税额/增值税销售额×100%。

（2）企业所得税应缴负担率＝当期企业所得税应缴税额/营业总收入×100%（部分公司当期企业所得税应缴税额含以前年度调整额）。

（3）税种入库率＝（税种应交税费－税种年末余额）/税种应交税费×100%。

（4）营业总收入额：取自样本公司2016年度报告——合并利润表中的"营业总收入"栏。

（5）备注栏中a表示财务报告中"应交税费——增值税年初余额或年末余额"的列示不符合增值税在财务报表项目中的列示规定。

（6）备注栏中b表示2016年公司有营业税收入。

3. 收到税费返还、支付各项税费、年末应交营业税余额

表2-376　　　收到税费返还、支付各项税费、年末应交营业税余额情况表

样本公司	收到的税费返还金额/万元	支付的各项税费金额/万元	年末应交营业税余额/万元	万元总资产实际贡献税费额/元
样本1	180.90	62 758.53	—	416.08
样本2	—	112 061.92	—	426.23
样本3	—	18 174.88	—	148.76

说明：（1）收到的税费返还额：取自样本公司2016年度报告——合并现金流量表中的"收到的税费返还"栏。

（2）支付的各项税费金额：取自样本公司2016年度报告——合并现金流量表中的"支付的各项税费"栏。

（3）年末应交营业税余额：取自样本公司2016年度报告——财务报告附注中的"应交税费——应交营业税"。

（4）万元总资产实际贡献税费额＝年度实际支付的各项税费/[（总资产年初余额+总资产年末余额)/2]（注：各项税费单位是元，平均总资产单位是万元）。

四、税收风险分析

（一）样本公司可能存在的风险

（1）个别样本公司薪酬工资率高于75%（见表2-371）。

在3家样本公司中，薪酬工资率超过75%的有2家。工资只是薪酬的一部分；"五险"是法定的，约为工资的33%。薪酬工资率大于75%可能存在企业有未参保人员问题，其工资的合理性值得关注。

（2）个别样本公司企业所得税预缴率低于75%（见表2-374）。

样本公司中，企业所得税预交率全部低于75%。对这一问题的原理分析，详见本书第一章"第三节 上市公司2016年度存在的主要共性税收问题"。

（3）个别样本公司流转税与其附加交纳不同步（见表2-375）。

对这一问题的原理分析，详见本书第一章"第三节 上市公司2016年度存在的主要共性税收问题"。

（二）行业税收新政、行业特殊税收政策

民航机场规定用地免土地税。

相关文件：国税地字〔1989〕32号。

6020. 快递服务

快递服务，指在承诺的时限内快速完成的寄递服务。

国民经济行业代码：6020。

一、2016年行业概况

国家邮政局数据显示，2016年中国快递业务量达到312.8亿件，同比增长51.4%，2011—2016年的复合增速为53.5%；收入规模达到3 974.4亿元，同比增长43.5%，2011—2016年的复合增速为39.3%。

二、样本公司2016年度合并报表财务数据

1. 样本公司

表2-377　　　　　　　　　　　样本公司名单

样本号	证券代码	证券简称	母公司全称	注册省份	备注
1	600233.SH	圆通速递	圆通速递股份有限公司	辽宁	j,3,5
2	002120.SZ	韵达股份	韵达控股股份有限公司	浙江	j,3,5
3	002352.SZ	顺丰控股	顺丰控股股份有限公司	安徽	j,3,5
4	002468.SZ	申通快递	申通快递股份有限公司	浙江	j,3,5

说明：（1）行业样本公司选取标准为：上市公司2016年度合并报表中该行业营业收入超过主营业务总收入75%（公司的行业归类同时参考了证监会的行业分类结果和中证行业分类结果），行业代码采用国民经济行业分类（GB/T 4754—2011）的行业代码。

（2）备注栏中3表示2016年主营业务发生变更。

（3）备注栏中5表示2016年发生重大资产重组。

（4）备注栏中j表示2012年以来公司发生过借壳行为。

2. 营业总收入、第一行业收入比重及毛利率

表2-378　　　　　　　　　　营业总收入及毛利率情况表

样本公司	营业总收入额/万元	调整后营业总收入变动率/%	第一行业名称	第一行业收入占比/%	第一行业毛利率/%
样本1	1 681 782.56	39.0	快递行业	97	12.9
样本2	734 971.54	45.4	快递业务	93	30.8

续表2-378

样本公司	营业总收入额/万元	调整后营业总收入变动率/%	第一行业名称	第一行业收入占比/%	第一行业毛利率/%
样本3	5 748 269.81	19.5	速运物流	99	19.5
样本4	988 067.13	28.1	快递服务	99	19.9

说明：第一行业收入占比 = 第一行业收入/营业总收入额×100%。

3. 政府补贴、工资薪酬

表2-379 政府补贴、工资薪酬情况表

样本公司	计入营业外收入的政府补贴额/万元	政府补贴占利润总额的比重/%	年人均工资额/万元	薪酬工资率/%
样本1	4 376.65	2.4	5.62	77.0
样本2	2 934.09	1.8	6.17	80.1
样本3	26 601.70	5.1	10.32	87.8
样本4	6 210.11	3.7	6.36	80.0

说明：（1）年人均工资额 = 工资总额/领取工资的职工人数。

（2）薪酬工资率 = 工资总额/（薪酬总额 − 辞退福利等非正常工资）×100%。

4. 研发投入

表2-380 研发投入情况表

样本公司	研发投入总额/万元	资本化的研发费用金额/万元	研发费用占营业收入的比重/%	管理费用—研究与开发费金额/万元
样本1	5 011.59	—	0.30	—
样本2	3 175.76	—	0.43	3 175.76
样本3	56 057.00	29 067.62	0.98	—
样本4	—	—	—	—

5. 主要财务指标

表2-381 2016年主要财务指标表

样本公司	存货周转率/次	应收账款周转率/次	总资产周转率/次	净资产收益率/%	流动比率/次	速动比率/次
样本1	100.78	116.09	2.65	27.81	2.25	0.70
样本2	76.31	34.06	1.93	37.80	1.10	0.27

续表 2-381

样本公司	存货周转率/次	应收账款周转率/次	总资产周转率/次	净资产收益率/%	流动比率/次	速动比率/次
样本 3	168.86	24.10	2.55	22.46	1.16	0.69
样本 4	42.76	21.41	2.07	89.26	2.49	2.02

说明：（1）存货周转率 = 主营业务成本/平均存货成本。

（2）应收账款周转率 = 主营业务收入/平均应收账款余额。

（3）总资产周转率 = 主营业务收入/平均资产总额。

（4）净资产收益率 = 税后利润/所有者权益 × 100%。

（5）流动比率 = 流动资产/流动负债。

（6）速动比率 =（流动资产 − 存货）/流动负债。

6. 最近五年的企业毛利率

表 2-382 　　　　　　　　　近5年公司毛利率情况表 　　　　　　　　　%

样本公司	2016年	2015年	2014年	2013年	2012年	备注
样本 1	13.56	22.49	21.45	26.62	29.88	j,3,5
样本 2	31.16	25.08	21.11	19.80	20.28	j,3,5
样本 3	19.69	14.35	13.15	13.98	13.32	j,3,5
样本 4	19.85	13.79	13.78	14.55	14.66	j,3,5

说明：（1）备注栏中3表示2016年主营业务发生变更。

（2）备注栏中5表示2016年发生重大资产重组。

（3）备注栏中j表示2012年以来公司发生过借壳行为。

三、样本公司2016年度合并报表税收数据

1. 整体税费

表 2-383 　　　　　　　　　　整体税费情况表

样本公司	年末应交税费余额/万元	本年应交税费额/万元	整体应缴负担率/%	整体税费入库率/%	母公司企业所得税税率/%	备注
样本 1	24 348.77	65 371.58	3.9	62.8	25.00	
样本 2	21 372.95	48 837.38	6.6	56.2	25.00	

续表2-383

样本公司	年末应交税费余额/万元	本年应交税费额/万元	整体应缴负担率/次	整体税费入库率/%	母公司企业所得税税率/%	备注
样本3	36 237.32	246 100.06	4.3	85.3	25.00	
样本4	26 290.53	58 468.21	5.9	55.0	25.00	

说明：（1）当期应交各项税费额不含个人所得税（部分公司没有公布年末应交个人所得税数据）。

（2）整体应交税费负担率=当期应交税费额/当期营业总收入数×100%。

（3）整体税费入库率=（整体应交税费额－年末税费余额）/整体应交税费额×100%。

2. 增值税、企业所得税税负率、入库率

表2-384　　　　　　增值税、企业所得税税负率、入库率情况表　　　　　　　%

样本公司	增值税应缴负担率	增值税入库率	所得税应缴负担率	所得税入库率	年末应缴余额城建税与流转税之比	年末应缴余额教育附加费与流转税之比	备注
样本1	0.9	59.9	2.7	64.1	1.6	1.4	
样本2	0.9	82.0	5.4	50.9	5.4	—	
样本3	2.3	93.0	1.5	74.1	7.2	5.1	b
样本4	1.3	76.9	4.4	48.0	6.5	6.6	b

说明：（1）增值税应缴负担率=增值税应缴税额/增值税销售额×100%。

（2）企业所得税应缴负担率=当期企业所得税应缴税额/营业总收入×100%（部分公司当期企业所得税应缴税额含以前年度调整额）。

（3）税种入库率=（税种应交税费－税种年末余额）/税种应交税费×100%。

（4）营业总收入额：取自样本公司2016年度财务报告——合并利润表中的"营业总收入"项目数据。

（5）备注栏中b表示2016年公司有营业税收入。

3. 收到税费返还、支付各项税费、年末应交营业税余额

表2-385　　　　收到税费返还、支付各项税费、年末应交营业税余额情况表

样本公司	收到的税费返还金额/万元	支付的各项税费金额/万元	年末应交营业税余额/万元	万元总资产实际贡献税费额/元
样本1	—	63 425.05		730.23
样本2	185.85	33 580.87		644.86

续表2-385

样本公司	收到的税费返还金额/万元	支付的各项税费金额/万元	年末应交营业税余额/万元	万元总资产实际贡献税费额/元
样本3	5 972.59	262 968.93	10.11	667.00
样本4	18.11	67 955.45	2.67	1 257.46

说明：（1）收到的税费返还额：取自样本公司2016年度财务报告——合并现金流量表中的"收到的税费返还"项目数据。

（2）支付的各项税费金额：取自样本公司2016年度财务报告——合并现金流量表中的"支付的各项税费"项目数据。

（3）年末应交营业税余额：取自样本公司2016年度报告——财务报告附注中的"应交税费——应交营业税"项目数据。

（4）万元总资产实际贡献税费额＝年度实际支付的各项税费/[（总资产年初余额+总资产年末余额)/2]（注：各项税费单位是元，平均总资产单位是万元）。

四、税收风险分析

（一）样本公司可能存在的风险

（1）个别样本公司薪酬工资率高于75%（见表2-379）。

在4家样本公司中，薪酬工资率全部超过75%。工资只是薪酬的一部分；"五险"是法定的，约为工资的33%。薪酬工资率大于75%可能存在企业有未参保人员问题，其工资的合理性值得关注。

（2）个别样本公司研发投入数据与财报中的相关数据逻辑不符（见表2-380）。

对这个问题的分析，详见本书第一章"第三节 上市公司2016年度存在的主要共性税收问题"。

（3）个别样本公司企业所得税预缴率低于75%（见表2-384）。

样本公司中，企业所得税预交率全部低于75%。对这一问题的原理分析，详见本书第一章"第三节 上市公司2016年度存在的主要共性税收问题"。

（4）个别样本公司流转税与其附加交纳不同步（见表2-384）。

对这一问题的原理分析，详见本书第一章"第三节 上市公司2016年度存在的主要共性税收问题"。

（5）个别样本公司可能存在欠缴营业税问题（见表2-385）。

样本公司中，有2家公司应交营业税2016年末有余额，××公司2016年末应交税费——营业税余额为10.11万元。对这一问题的原理分析，详见本书第一章"第三节 上市公司2016年度存在的主要共性税收问题"。

（二）行业税收新政、行业特殊税收政策

无。

第七节　住宿和餐饮业

6110. 旅游饭店

旅游饭店，指按照国家有关规定评定的旅游饭店和具有同等质量、水平的饭店活动。

国民经济行业代码：6110。

一、2016年行业概况

国家旅游局统计数据显示，2016年国内旅游44.44亿人次，比2015年增长11%。

据迈点咨询数据统计，2016年全国星级酒店平均入住率为58.36%，同比下降0.29%；每间可供房收入214.60元，同比下降2.62%。

二、样本公司2016年度合并报表财务数据

1. 样本公司

表2-386　　　　　　　　　　样本公司名单

样本号	证券代码	证券简称	母公司全称	注册省份	备注
1	600258.SH	首旅酒店	北京首旅酒店(集团)股份有限公司	北京	
2	600754.SH	锦江股份	上海锦江国际酒店发展股份有限公司	上海	
3	000428.SZ	华天酒店	华天酒店集团股份有限公司	湖南	

说明：行业样本公司选取标准为：上市公司2016年度合并报表中该行业营业收入超过主营业务总收入75%（公司的行业归类同时参考了证监会的行业分类结果和中证行业分类结果），行业代码采用国民经济行业分类（GB/T 4754—2011）的行业代码。

2. 营业总收入、第一行业收入比重及毛利率

表 2-387 营业总收入及毛利率情况表

样本公司	营业总收入额/万元	调整后营业总收入变动率/%	第一行业名称	第一行业收入占比/%	第一行业毛利率/%
样本1	652 277.92	389.4	酒店运营	80	94.0
样本2	1 063 554.43	91.2	经济型酒店营运	98	91.5
样本3	100 377.65	-16.0	酒店服务业	92	59.8

说明：第一行业收入占比 = 第一行业收入/营业总收入额 × 100%。

3. 政府补贴、工资薪酬

表 2-388 政府补贴、工资薪酬情况表

样本公司	计入营业外收入的政府补贴额/万元	政府补贴占利润总额的比重/%	年人均工资额/万元	薪酬工资率/%
样本1	5 850.92	11.1	4.99	75.8
样本2	6 137.47	6.3	6.72	84.2
样本3	1 297.04	-3.0	3.85	77.4

说明：（1）年人均工资额 = 工资总额/领取工资的职工人数。

（2）薪酬工资率 = 工资总额/(薪酬总额 - 辞退福利等非正常工资) × 100%。

（3）政府补贴占利润总额的比重为负数时表明企业亏损。

4. 研发投入

样本公司均未公布研发投入数据。

5. 主要财务指标

表 2-389 2016年主要财务指标表

样本公司	存货周转率/次	应收账款周转率/次	总资产周转率/次	净资产收益率/%	流动比率/次	速动比率/次
样本1	9.31	61.41	0.61	12.78	0.24	0.19
样本2	15.72	19.86	0.30	6.94	0.80	0.75
样本3	0.20	13.37	0.11	-9.47	0.71	0.19

说明：（1）存货周转率 = 主营业务成本/平均存货成本。

（2）应收账款周转率 = 主营业务收入/平均应收账款余额。

（3）总资产周转率 = 主营业务收入/平均资产总额。

（4）净资产收益率 = 税后利润/所有者权益 × 100%。

（5）流动比率＝流动资产/流动负债。

（6）速动比率＝（流动资产－存货）/流动负债。

6. 最近五年的企业毛利率

表2-390 　　　　　　　　　　　近5年公司毛利率情况表 　　　　　　　　　　%

样本公司	2016年	2015年	2014年	2013年	2012年	备注
样本1	94.49	86.39	33.44	32.25	32.84	
样本2	90.55	91.10	89.41	88.80	88.23	
样本3	56.55	54.26	51.16	63.73	59.70	

三、样本公司2016年度合并报表税收数据

1. 整体税费

表2-391 　　　　　　　　　　　整体税费情况表

样本公司	年末应交税费余额/万元	本年应交税费额/万元	整体应缴负担率/%	整体税费入库率/%	母公司企业所得税税率/%	备注
样本1	12 712.46	76 141.22	11.7	83.3	25.00	
样本2	32 993.87	86 056.75	8.1%	61.7	25.00	
样本3	3 029.35	10 157.37	10.1%	70.2	25.00	

说明：（1）当期应交各项税费额不含个人所得税（部分公司没有公布年末应交个人所得税数据）。

（2）整体应交税费负担率＝当期应交税费额/当期营业总收入数×100%。

（3）整体税费入库率＝（整体应交税费额－年末税费余额）/整体应交税费额×100%。

2. 增值税、企业所得税税负率、入库率

表2-392 　　　　　　　增值税、企业所得税税负率、入库率情况表 　　　　　　%

样本公司	增值税应缴负担率	增值税入库率	所得税应缴负担率	所得税入库率	年末应缴余额城建税与流转税之比	年末应缴余额教育附加费与流转税之比	备注
样本1	—	99.1	4.0	59.5	33.7	28.8	b
样本2	4.5	73.7	2.9	46.7	—	—	b
样本3	2.6	85.7	0.9	6.9	6.9	4.7	b

说明：（1）增值税应缴负担率＝增值税应缴税额/增值税销售额（测算值）×100%。

（2）企业所得税应缴负担率＝当期企业所得税应缴税额/营业总收入×100%（部分公

司当期企业所得税应缴税额含以前年度调整额)。

(3)税种入库率=(税种应交税费－税种年末余额)/税种应交税费×100%。

(4)营业总收入额:取自样本公司2016年度财务报告——合并利润表中的"营业总收入"项目数据。

(5)备注栏中b表示2016年公司有营业税收入。

3. 收到税费返还、支付各项税费、年末应交营业税余额

表2-393　　　　　收到税费返还、支付各项税费、年末应交营业税余额情况表

样本公司	收到的税费返还金额/万元	支付的各项税费金额/万元	年末应交营业税余额/万元	万元总资产实际贡献税费额/元
样本1	—	66 094.10	159.61	621.94
样本2	1 813.59	77 786.66	—	218.43
样本3	1 271.95	18 837.65	66.60	204.40

说明:(1)收到的税费返还额:取自样本公司2016年度财务报告——合并现金流量表中的"收到的税费返还"项目数据。

(2)支付的各项税费金额:取自样本公司2016年度财务报告——合并现金流量表中的"支付的各项税费"项目数据。

(3)年末应交营业税余额:取自样本公司2016年度报告——财务报告附注中的"应交税费——应交营业税"项目数据。

(4)万元总资产实际贡献税费额=年度实际支付的各项税费/[(总资产年初余额+总资产年末余额)/2](注:各项税费单位是元,平均总资产单位是万元)。

四、税收风险分析

(一)样本公司可能存在的风险

(1)个别样本公司薪酬工资率高于75%(见表2-388)。

在3家样本公司中,薪酬工资率全部超过75%。工资只是薪酬的一部分;"五险"是法定的,约为工资的33%。薪酬工资率大于75%可能存在企业有未参保人员问题,其工资的合理性值得关注。

(2)个别样本公司企业所得税预缴率低于75%(见表2-392)。

样本公司中,企业所得税预交率低于75%的有2家。对这一问题的原理分析,详见本书第一章"第三节 上市公司2016年度存在的主要共性税收问题"。

(2)个别样本公司流转税与其附加交纳不同步(见表2-392)。

对这一问题的原理分析，详见本书第一章"第三节 上市公司2016年度存在的主要共性税收问题"。

4. 个别样本公司可能存在欠缴营业税问题（见表2-393）。

样本公司中，有2家公司应交营业税2016年末有余额，××公司2016年末应交税费——营业税余额为159.61万元。对这一问题的原理分析，详见本书第一章"第三节 上市公司2016年度存在的主要共性税收问题"。

（二）行业特殊税收政策

（1）2016年营改增行业。

相关文件：财税〔2016〕36号《关于全面推开营业税改征增值税试点的通知》。

（2）研发费用不得加计扣除。

相关文件：《关于完善研究开发费用税前加计扣除政策的通知》（财税〔2015〕119号）。

第八节 信息传输、软件和信息技术服务业

6321. 有线广播电视传输服务

有线广播电视传输服务，指有线广播电视网和信号的传输服务。

国民经济行业代码：6321。

一、2016年行业概况

中国广播电视网络有限公司的《中国有线电视行业发展公报》显示，2016年全年有线电视用户增长0.5%，达到2.52亿户，占全国家庭电视收视市场的比重为59.6%，与去年同期持平。数字电视用户2.09亿户，数字化率82.82%。同时，全国有线电视行业双向化、高清化、智能化程度进一步提升。其中，双向网覆盖用户超过1.5亿户，双向网渗透用户6 735.5万户，双向网络承载能力进一步加强；高清用户年度净增1 555.2万户，总量达到7 749.2万户，业务渗透率超过30%；智能终端数量达到384.6万户，相比上年实现大幅增长。

国家统计局数据显示，有线电视高清用户快速增加，新增市场份额超九成。双向网络覆盖率过半，用户数量达到15 127万户，占有线电视用户

总量的59.93%。有线宽带业务提速增长，用户规模突破2 576万户，占有线电视用户总量的比重达到10.21%。

《中国有线电视行业发展公报》显示，全国广电宽带业务2016年呈现快速增长态势，用户数同比增长39.18%，达到2 559.3万户。

二、样本公司2016年度合并报表财务数据

1. 样本公司名单

表2-394 样本公司名单

样本号	证券代码	证券简称	母公司全称	注册省份	备注
1	600037.SH	歌华有线	北京歌华有线电视网络股份有限公司	北京	
2	600831.SH	广电网络	陕西广电网络传媒（集团）股份有限公司	陕西	
3	600936.SH	广西广电	广西广播电视信息网络股份有限公司	广西	
4	600959.SH	江苏有线	江苏省广电有线信息网络股份有限公司	江苏	
5	600996.SH	贵广网络	贵州省广播电视信息网络股份有限公司	贵州	
6	601929.SH	吉视传媒	吉视传媒股份有限公司	吉林	
7	002238.SZ	天威视讯	深圳市天威视讯股份有限公司	广东	j

说明：（1）行业样本公司选取标准：上市公司2016年度合并报表中该行业营业收入超过主营业务总收入75%（公司的行业归类同时参考了证监会的行业分类结果和中证行业分类结果），行业代码采用国民经济行业分类（GB/T 4754—2011）的行业代码。

（2）备注栏中j表示2012年以来公司发生过借壳行为。

2. 营业总收入、第一行业收入比重及毛利率

表2-395 营业总收入及毛利率情况表

样本公司	营业总收入额/万元	调整后营业总收入变动率/%	第一行业名称	第一行业收入占比/%	第一行业毛利率/%
样本1	266 483.23	3.8	有线电视行业	100	26.6
样本2	259 618.51	8.8	有线电视及其增值业务	83	37.6
样本3	279 528.39	14.4	有线电视基本收视费收入	100	25.7

续表2-395

样本公司	营业总收入额/万元	调整后营业总收入变动率/%	第一行业名称	第一行业收入占比/%	第一行业毛利率/%
样本4	542 182.37	16.3	有线电视服务	100	35.9
样本5	228 917.46	8.9	有线电视行业	100	43.1
样本6	221 470.24	1.8	有线电视行业	100	43.5
样本7	168 790.26	-5.6	有线电视传输行业	80	39.6

说明：第一行业收入占比=第一行业收入/营业总收入额×100%。

3. 政府补贴、工资薪酬

表2-396   **政府补贴、工资薪酬情况表**

样本公司	计入营业外收入的政府补贴额/万元	政府补贴占利润总额的比重/%	年人均工资额/万元	薪酬工资率/%
样本1	15 946.49	21.9	14.33	69.7
样本2	1 255.19	9.4	7.58	76.1
样本3	4 005.48	13.3	8.52	75.0
样本4	4 529.19	4.2	13.10	75.5
样本5	2 152.03	4.9	12.64	75.1
样本6	2 043.33	5.6	7.84	77.7
样本7	547.13	1.8	13.81	80.5

说明：（1）年人均工资额=工资总额/领取工资的职工人数。

（2）薪酬工资率=工资总额/（薪酬总额-辞退福利等非正常工资）×100%。

4. 研发投入

表2-397   **研发投入情况表**

样本公司	研发投入总额/万元	资本化的研发费用金额/万元	研发费用占营业收入的比重/%	管理费用-研究与开发费金额/元
样本1	4 146.92	—	1.56	4 146.92
样本2	1.83	—	—	—
样本3	8 674.70	4 295.29	3.10	—
样本4	16 996.27	13 193.96	3.13	1 901.27
样本5	8 521.57	829.82	3.72	7 691.75

续表2-397

样本公司	研发投入总额/万元	资本化的研发费用金额/万元	研发费用占营业收入的比重/%	管理费用—研究与开发费金额/万元
样本6	10 149.94	—	4.58	—
样本7	6 812.92	551.51	4.04	—

5. 主要财务指标

表2-398 　　　　　　　　　　**2016年主要财务指标表**

样本公司	存货周转率/次	应收账款周转率/次	总资产周转率/次	净资产收益率/%	流动比率/次	速动比率/次
样本1	10.60	11.11	0.18	6.15	6.72	4.29
样本2	13.72	14.13	0.44	5.98	0.65	0.36
样本3	5.35	13.58	0.46	11.53	0.72	0.45
样本4	5.63	13.62	0.22	6.98	1.02	0.87
样本5	11.10	9.99	0.45	23.82	1.25	1.08
样本6	1.96	7.81	0.23	5.94	1.04	0.62
样本7	45.70	34.99	0.46	11.68	1.90	1.83

说明：（1）存货周转率＝主营业务成本/平均存货成本。

（2）应收账款周转率＝主营业务收入/平均应收账款余额。

（3）总资产周转率＝主营业务收入/平均资产总额。

（4）净资产收益率＝税后利润/所有者权益×100%。

（5）流动比率＝流动资产/流动负债。

（6）速动比率＝（流动资产－存货）/流动负债。

6. 最近五年的企业毛利率

表2-399 　　　　　　　　　　**近5年公司毛利率情况表** 　　　　　　　　　　%

样本公司	2016年	2015年	2014年	2013年	2012年	备注
样本1	26.56	19.99	15.16	9.41	6.50	
样本2	33.31	34.63	34.97	40.33	42.94	
样本3	25.70	32.62	35.76	37.74	37.66	
样本4	35.92	36.69	34.86	35.78	37.19	
样本5	43.10	43.74	42.67	40.66	37.66	

续表2-399

样本公司	2016年	2015年	2014年	2013年	2012年	备注
样本6	43.49	46.26	45.47	45.87	49.96	
样本7	37.27	33.91	36.86	40.85	39.69	j

说明：备注栏中 j 表示2012年以来公司发生过借壳行为。

三、样本公司2016年度合并报表税收数据

1. 整体税费

表2-400 整体税费情况表

样本公司	年末应交税费余额/万元	本年应交税费额/万元	整体应缴负担率/%	整体税费入库率/%	母公司企业所得税税率/%	备注
样本1	658.62	6 131.40	2.3	89.3	0	
样本2	486.93	1 120.25	0.4	56.5	0	
样本3	329.68	681.60	0.2	51.6	15.00	
样本4	839.84	7 442.65	1.4	88.7	25.00	
样本5	246.97	2 823.85	1.2	91.3	0	
样本6	3 247.86	3 744.90	1.7	13.3	25.00	
样本7	943.23	3 569.53	2.1	73.6	0	

说明：（1）当期应交各项税费额不含个人所得税（部分公司没有公布年末应交个人所得税数据）。

（2）整体应交税费负担率＝当期应交税费额/当期营业总收入数×100%。

（3）整体税费入库率＝（整体应交税费额－年末税费余额）/整体应交税费额×100%。

（4）备注栏中 j 表示2012年以来公司发生过借壳行为。

2. 增值税、企业所得税税负率、入库率

表2-401 增值税、企业所得税税负率、入库率情况表 %

样本公司	增值税应缴负担率	增值税入库率	所得税应缴负担率	所得税入库率	年末应缴余额城建税与流转税之比	年末应缴余额教育附加费与流转税之比	备注
样本1	1.0	92.8	0.1	—	4.0	2.7	
样本2	0.0	578.3	0.0	71.9	40.8	29.6	

续表2-401

样本公司	增值税应缴负担率	增值税入库率	所得税应缴负担率	所得税入库率	年末应缴余额城建税与流转税之比	年末应缴余额教育附加费与流转税之比	备注
样本3	0.0	—	0.0	100.0	16.9	11.7	b
样本4	0.4	79.6	0.0	100.0	3.2	3.5	b
样本5	0.6	98.4	0.0	76.1	10.7	17.0	b
样本6	1.0	—	0.1	74.7	1.3	0.9	b
样本7	1.4	84.5	0.3	29.7	7.3	5.2	b

说明：（1）增值税应缴负担率 = 增值税应缴税额/增值税销售额 × 100%。

（2）企业所得税应缴负担率 = 当期企业所得税应缴税额/营业总收入 × 100%（部分公司当期企业所得税应缴税额含以前年度调整额）。

（3）税种入库率 = (税种应交税费 − 税种年末余额)/税种应交税费 × 100%。

（4）营业总收入额：取自样本公司2016年度财务报告——合并利润表中的"营业总收入"项目数据。

（5）备注栏中a表示财务报告中"应交税费——增值税年初余额或年末余额"的列示不符合增值税在财务报表项目中的列示规定。

（6）备注栏中b表示2016年公司有营业税收入。

3. 收到税费返还、支付各项税费、年末应交营业税余额

表2-402　　　　收到税费返还、支付各项税费、年末应交营业税余额情况表

样本公司	收到的税费返还金额/万元	支付的各项税费金额/万元	年末应交营业税余额/万元	万元总资产实际贡献税费额/元
样本1	—	6 362.30	—	43.72
样本2	0.30	2 220.73	—	37.24
样本3	—	736.71	46.39	12.24
样本4	—	7 069.08	32.15	28.14
样本5	—	2 635.43	30.69	51.67
样本6	—	2 115.98	290.91	21.51
样本7	9.51	3 460.82	87.10	94.01

说明：（1）收到的税费返还额：取自样本公司2016年度财务报告——合并现金流量表中的"收到的税费返还"项目数据。

（2）支付的各项税费金额：取自样本公司2016年度财务报告——合并现金流量表中的"支付的各项税费"项目数据。

（3）年末应交营业税余额：取自样本公司2016年度报告——财务报告附注中的"应交税费——应交营业税"项目数据。

（4）万元总资产实际贡献税费额＝年度实际支付的各项税费/[（总资产年初余额+总资产年末余额）/2]（注：各项税费单位是元，平均总资产单位是万元）。

四、税收风险分析

（一）样本公司可能存在的风险

（1）个别样本公司薪酬工资率高于75%（见表2-396）。

在7家样本公司中，薪酬工资率超过75%的有6家。工资只是薪酬的一部分；"五险"是法定的，约为工资的33%。薪酬工资率大于75%可能存在企业有未参保人员问题，其工资的合理性值得关注。

（2）个别样本公司研发投入数据与财报中的相关数据逻辑不符（见表2-397）。

对这个问题的分析，详见本书第一章"第三节 上市公司2016年度存在的主要共性税收问题"。

（3）个别样本公司企业所得税预缴率低于75%（见表2-401）。

样本公司中，企业所得税预交率低于75%的有3家。对这一问题的原理分析，详见本书第一章"第三节 上市公司2016年度存在的主要共性税收问题"。

（4）个别样本公司流转税与其附加交纳不同步（见表2-401）。

对这一问题的原理分析，详见本书第一章"第三节 上市公司2016年度存在的主要共性税收问题"。

（5）个别样本公司可能存在欠缴营业税问题（见表2-402）。

样本公司中，有5家公司应交营业税2016年末有余额，××公司2016年末应交税费——营业税余额290.91万元。对这一问题的原理分析，详见本书第一章"第三节 上市公司2016年度存在的主要共性税收问题"。

（二）行业特殊税收政策

（1）文化企业企业所得税政策。

相关文件：《关于文化体制改革中经营性文化事业单位转制为企业的若干税收优惠政策的通知》（财税〔2009〕34号）。

《关于支持文化企业发展若干税收政策问题的通知》（财税〔2009〕31号）。

《关于转制文化企业名单及认定问题的通知》（财税〔2009〕105号）。

《关于文化体制改革试点中支持文化产业发展若干税收政策问题的通知》（财税〔2005〕2号）。

（2）固定资产可以加速折旧。

相关文件：财税〔2014〕75号。

6510. 软件开发

软件开发，指为用户提供计算机软件、信息系统或者设备中嵌入的软件，或者在系统集成、应用服务等技术服务时提供软件的开发和经营活动；包括基础软件、支撑软件、应用软件、嵌入式软件、信息安全软件、计算机（应用）系统、工业软件以及其他软件的开发和经营活动。

国民经济行业代码：6510。

一、2016年行业概况

工信部统计数据显示，2016年全国软件和信息技术服务业完成软件业务收入4.9万亿元，同比增长14.9%，增速比2015年回落0.8个百分点；出口增速稳中回升，全国软件业实现出口519亿美元，同比增长5.8%，增速比2015年提高4.1个百分点。其中，外包服务出口增长5%，扭转2015年同期负增长局面。

二、样本公司2016年度合并报表财务数据

1. 样本公司名单

表2-403　　　　　　　　　　样本公司名单

样本号	证券代码	证券简称	母公司全称	注册省份	备注
1	600588.SH	用友网络	用友网络科技股份有限公司	北京	
2	600718.SH	东软集团	东软集团股份有限公司	辽宁	
3	002063.SZ	远光软件	远光软件股份有限公司	广东	
4	002230.SZ	科大讯飞	科大讯飞股份有限公司	安徽	
5	300036.SZ	超图软件	北京超图软件股份有限公司	北京	
6	300075.SZ	数字政通	北京数字政通科技股份有限公司	北京	
7	300348.SZ	长亮科技	深圳市长亮科技股份有限公司	广东	
8	300378.SZ	鼎捷软件	鼎捷软件股份有限公司	上海	

续表2-403

样本号	证券代码	证券简称	母公司全称	注册省份	备注
9	300451.SZ	创业软件	创业软件股份有限公司	浙江	
10	300523.SZ	辰安科技	北京辰安科技股份有限公司	北京	

说明：行业样本公司选取标准为：上市公司2016年度合并报表中该行业营业收入超过主营业务总收入75%（公司的行业归类同时参考了证监会的行业分类结果和中证行业分类结果），行业代码采用国民经济行业分类（GB/T 4754—2011）的行业代码。

2. 营业总收入、第一行业收入比重及毛利率

表2-404 **营业总收入及毛利率情况表**

样本公司	营业总收入额/万元	调整后营业总收入变动率/%	第一行业名称	第一行业收入占比/%	第一行业毛利率/%
样本1	511 334.89	14.9	技术服务及培训	97	68.0
样本2	773 484.81	−0.2	自主软件、产品及服务	79	35.2
样本3	109 432.91	19.6	电力	91	61.9
样本4	332 047.67	32.8	软件和信息技术服务业	96	52.0
样本5	83 315.06	78.3	GIS软件	91	66.2
样本6	96 733.61	48.6	数字化城市管理领域	98	36.3
样本7	65 080.89	49.2	银行核心系统类	81	53.0
样本8	114 001.28	11.8	ERP软件销售及服务	100	82.4
样本9	54 864.53	28.8	医疗卫生信息化应用软件	77	57.6
样本10	54 758.01	32.6	应急平台软件及配套产品	76	59.0

说明：第一行业收入占比 = 第一行业收入/营业总收入额 × 100%。

3. 政府补贴、工资薪酬

表2-405 **政府补贴、工资薪酬情况表**

样本公司	计入营业外收入的政府补贴额/万元	政府补贴占利润总额的比重/%	年人均工资额/万元	薪酬工资率/%
样本1	35 251.15	119.3	16.94	75.5
样本2	23 248.83	12.3	13.87	79.5
样本3	2 940.84	21.0	12.04	82.9
样本4	18 025.50	32.1	14.55	85.1
样本5	3 355.73	23.0	10.10	83.1

续表2-405

样本公司	计入营业外收入的政府补贴额/万元	政府补贴占利润总额的比重/%	年人均工资额/万元	薪酬工资率/%
样本6	3 648.70	23.5	3.29	76.6
样本7	521.69	4.5	12.53	84.7
样本8	2 819.20	47.4	15.50	83.6
样本9	3 547.77	48.0	8.52	81.7
样本10	2 031.58	18.8	16.66	79.7

说明：（1）年人均工资额＝工资总额/领取工资的职工人数。

（2）薪酬工资率＝工资总额/（薪酬总额－辞退福利等非正常工资）×100%。

（3）政府补贴占利润总额的比重为负数时，表明企业亏损。

4. 研发投入

表2-406   研发投入情况表

样本公司	研发投入总额/万元	资本化的研发费用金额/万元	研发费用占营业收入的比重/%	管理费用——研究与开发费金额/万元
样本1	107 222.33	13 840.87	21.00	—
样本2	87 969.42	10 878.68	11.37	—
样本3	24 264.63	2 807.37	22.17	21 457.27
样本4	70 913.18	37 182.23	21.36	33 730.94
样本5	16 278.26	2 438.58	19.54	—
样本6	8 649.27	3 302.77	8.94	3 161.15
样本7	4 385.25	1 756.05	6.74	2 629.20
样本8	13 956.31	—	12.24	13 956.31
样本9	8 453.08	—	15.41	8 453.08
样本10	8 117.99	1 015.82	14.83	7 102.17

5. 主要财务指标

表2-407   2016年主要财务指标表

样本公司	存货周转率/次	应收账款周转率/次	总资产周转率/次	净资产收益率/%	流动比率/次	速动比率/次
样本1	54.80	3.27	0.44	3.52	1.37	1.17
样本2	4.48	4.29	0.65	26.76	2.17	1.52

续表2-407

样本公司	存货周转率/次	应收账款周转率/次	总资产周转率/次	净资产收益率/%	流动比率/次	速动比率/次
样本3	11.99	2.26	0.50	7.57	4.74	4.59
样本4	3.58	2.06	0.35	7.50	2.19	1.85
样本5	78.19	3.62	0.52	11.04	2.51	1.83
样本6	5.69	1.65	0.46	9.52	1.65	1.36
样本7	169.15	2.20	0.60	13.42	4.04	4.02
样本8	25.32	4.98	0.68	3.50	1.62	1.15
样本9	7.29	2.05	0.54	9.74	2.21	1.91
样本10	1.14	2.62	0.55	15.22	3.23	2.51

说明：（1）存货周转率＝主营业务成本/平均存货成本。

（2）应收账款周转率＝主营业务收入/平均应收账款余额。

（3）总资产周转率＝主营业务收入/平均资产总额。

（4）净资产收益率＝税后利润/所有者权益×100%。

（5）流动比率＝流动资产/流动负债。

（6）速动比率＝（流动资产－存货）/流动负债。

6. 最近五年的企业毛利率

表2-408 　　　　　　　　近五年公司毛利率情况表 　　　　　　　　　　%

样本公司	2016年	2015年	2014年	2013年	2012年	备注
样本1	68.64	67.85	67.52	62.29	84.06	
样本2	30.57	31.37	28.65	28.77	32.05	
样本3	62.08	62.53	73.32	78.96	77.01	
样本4	50.52	48.90	55.63	53.01	53.74	
样本5	63.38	64.45	66.43	68.21	63.18	
样本6	36.52	39.44	44.35	39.32	55.96	
样本7	52.35	54.05	59.15	53.99	61.89	
样本8	82.43	80.28	80.46	80.72	82.04	
样本9	48.95	49.48	48.30	47.29	44.08	
样本10	55.78	60.74	64.11	53.66	55.78	

三、样本公司2016年度合并报表税收数据

1. 整体税费

表2-409　　　　　　　　　　　整体税费情况表

样本公司	年末应交税费余额/万元	本年应交税费额/万元	整体应缴负担率/%	整体税费入库率/%	母公司企业所得税税率/%	备注
样本1	26 581.57	63 736.56	12.5	58.3	15.00	
样本2	11 248.78	52 005.83	6.7	78.4	10.00	
样本3	3 984.56	5 701.02	4.2	30.1	10.00	
样本4	3 098.67	7 104.21	15.4	56.4	15.00	
样本5	1 486.09	2 694.06	11.6	44.8	15.00	
样本6	2 471.03	9 161.83	8.4	73.0	10.00	
样本7	11 510.19	24 633.70	7.4	53.3	15.00	
样本8	837.80	5 125.76	16.2	83.7	15.00	
样本9	5 176.63	37 574.64	18.4	86.2	10.00	
样本10	3 048.11	6 683.84	8.0	54.4	10.00	

说明：（1）当期应交各项税费额不含个人所得税（部分公司没有公布年末应交个人所得税数据）。

（2）整体应交税费负担率＝当期应交税费额/当期营业总收入数×100%。

（3）整体税费入库率＝（整体应交税费额－年末税费余额）/整体应交税费额×100%。

2. 增值税、企业所得税税负率、入库率

表2-410　　　　　　　增值税、企业所得税税负率、入库率情况表　　　　　　　%

样本公司	增值税应缴负担率	增值税入库率	所得税应缴负担率	所得税入库率	年末应缴余额城建税与流转税之比	年末应缴余额教育附加费与流转税之比	备注
样本1	9.6	65.3	1.5	18.2	11.0	—	b
样本2	4.1	74.3	1.5	85.8	5.9	—	
样本3	6.9	73.8	0.3	49.1	7.4	5.5	
样本4	3.8	67.7	2.7	27.0	6.9	4.9	b
样本5	5.0	72.8	2.0	—	7.0	5.0	
样本6	5.8	77.9	2.3	—	7.8	5.5	

续表2-410

样本公司	增值税应缴负担率	增值税入库率	所得税应缴负担率	所得税入库率	年末应缴余额城建税与流转税之比	年末应缴余额教育附加费与流转税之比	备注
样本7	3.5	27.6	2.2	6.9	1.8	—	
样本8	8.1	94.6	2.8	—	5.8	4.0	b
样本9	8.4	77.5	1.1	—	7.9	5.5	
样本10	6.9	49.1	3.0	16.1	7.0	5.0	

说明：（1）增值税应缴负担率＝增值税应缴税额/增值税销售额×100%（不计算超3%退税）。

（2）企业所得税应缴负担率＝当期企业所得税应缴税额/营业总收入×100%（部分公司当期企业所得税应缴税额含以前年度调整额）。

（3）税种入库率＝（税种应交税费－税种年末余额）/税种应交税费×100%。

（4）营业总收入额：取自样本公司2016年度财务报告——合并利润表中的"营业总收入"项目数据。

（5）备注栏中b表示2016年公司有营业税收入。

3. 收到税费返还、支付各项税费、年末应交营业税余额

表2-411　　收到税费返还、支付各项税费、年末应交营业税余额情况表

样本公司	收到的税费返还金额/万元	支付的各项税费金额/万元	年末应交营业税余额/万元	万元总资产实际贡献税费额/元
样本1	28 443.01	57 431.69	1,224.06	497.81
样本2	10 831.60	54 676.11	—	458.26
样本3	2 066.42	8 280.26	—	379.53
样本4	5 228.94	19 076.89	81.19	202.90
样本5	1 308.83	5 385.97	—	333.37
样本6	3 336.25	9 368.97	—	444.76
样本7	174.61	2 226.53	—	205.94
样本8	2 541.22	11 990.69	424.50	719.53
样本9	2 490.03	5 464.07	—	540.58
样本10	1 453.33	4 986.93	—	501.82

说明：（1）收到的税费返还额：取自样本公司2016年度财务报告——合并现金流量表中的"收到的税费返还"项目数据。

（2）支付的各项税费金额：取自样本公司2016年度财务报告——合并现金流量表中的"支付的各项税费"项目数据。

（3）年末应交营业税余额：取自样本公司2016年度报告——财务报告附注中的"应交税费——应交营业税"项目数据。

（4）万元总资产实际贡献税费额＝年度实际支付的各项税费/〔（总资产年初余额+总资产年末余额)/2〕（注：各项税费单位是元，平均总资产单位是万元）。

四、税收风险分析

（一）样本公司可能存在的风险

（1）个别样本公司薪酬工资率高于75%（见表2-405）。

在10家样本公司中，薪酬工资率全部超过75%。工资只是薪酬的一部分；"五险"是法定的，约为工资的33%。薪酬工资率大于75%可能存在企业有未参保人员问题，其工资的合理性值得关注。

（2）个别样本公司研发投入数据与财报中的相关数据逻辑不符（见表2-406）。

对这个问题的分析，详见本书第一章"第三节 上市公司2016年度存在的主要共性税收问题"。

（3）个别样本公司企业所得税预缴率低于75%（见表2-410）。

样本公司中，企业所得税预缴率低于75%的有5家。对这一问题的原理分析，详见本书第一章"第三节 上市公司2016年度存在的主要共性税收问题"。

（4）个别样本公司流转税与其附加交纳不同步（见表2-410）。

对这一问题的原理分析，详见本书第一章"第三节 上市公司2016年度存在的主要共性税收问题"。

（5）个别样本公司可能存在欠缴营业税问题（见表2-411）。

样本公司中，有3家公司应交营业税2016年末有余额，××公司2016年末应交税费——营业税余额1 224.06万元。对这一问题的原理分析，详见本书第一章"第三节 上市公司2016年度存在的主要共性税收问题"。

（二）行业特殊税收政策

1. 增值税

增值税一般纳税人销售其自行开发生产的软件产品，按17%税率征收增值税后，对其增值税实际税负超过3%的部分实行即征即退政策。

相关文件：《关于软件产品增值税政策的通知》（财税〔2011〕100号）。

2. 企业所得税

（1）国家规划布局内的重点软件企业和集成电路设计企业，如当年未享受免税优惠的，可减按10%的税率征收企业所得税。

（2）符合条件的软件企业按照《财政部 国家税务总局关于软件产品增值税政策的通知》（财税〔2011〕100号）规定取得的即征即退增值税款，由企业专项用于软件产品研发和扩大再生产并单独进行核算，可以作为不征税收入，在计算应纳税所得额时从收入总额中减除。

（3）符合条件软件企业的职工培训费用，应单独进行核算并按实际发生额在计算应纳税所得额时扣除。

相关文件：《关于进一步鼓励软件产业和集成电路产业发展企业所得税政策的通知》（财税〔2012〕27号）。

第九节　金融业

6620. 货币银行服务

货币银行服务，指除中央银行以外的各类银行所从事存款、贷款和信用卡等货币媒介活动，还包括在中国开展货币业务的外资银行及分支机构的活动。

国民经济行业代码：6620。

一、2016年行业概况

2016年末，我国银行业金融机构本外币资产总额为232万亿元，同比增长15.8%；本外币负债总额为215万亿元，同比增长16.0%。

2016年末，商业银行不良贷款余额15 123亿元，较上季末增加183亿元；商业银行不良贷款率1.74%，较上季末下降0.02个百分点，全年不良贷款率基本保持稳定。

2016年商业银行实现净利润16 490亿元，同比增长3.54%；平均资产利润率为0.98%，平均资本利润率13.38%，盈利能力较强。2016年末，商业银行贷款损失准备余额为26 676亿元，拨备覆盖率为176.40%，贷款拨备率为3.08%，资本充足率为13.28%，处于国际同业良好水平。

2016年末，商业银行流动性比例为47.55%，较上季末上升0.62个百分点；人民币超额备付金率2.33%，较上季末上升0.58个百分点。（资料来源：中国银监会网站）

银监会统计，截至2016年末，银行业金融机构资产余额232.25万亿元，同比增长16.5%；全年实现净利润1.65万亿元，同比增长3.54%；截至12月末，银行业不良贷款率1.74%，资本利润率13.38%，资本充足率13.28%。

二、样本公司2016年度合并报表财务数据

1. 样本公司名单

表2-412　　　　　　　　　　样本公司名单

样本号	证券代码	证券简称	母公司全称	注册省份	备注
1	600000.SH	浦发银行	上海浦东发展银行股份有限公司	上海	
2	600015.SH	华夏银行	华夏银行股份有限公司	北京	
3	600016.SH	民生银行	中国民生银行股份有限公司	北京	
4	600036.SH	招商银行	招商银行股份有限公司	广东	
5	600908.SH	无锡银行	无锡农村商业银行股份有限公司	江苏	
6	601288.SH	农业银行	中国农业银行股份有限公司	北京	
7	601328.SH	交通银行	交通银行股份有限公司	上海	
8	601398.SH	工商银行	中国工商银行股份有限公司	北京	
9	601939.SH	建设银行	中国建设银行股份有限公司	北京	
10	601988.SH	中国银行	中国银行股份有限公司	北京	

说明：行业样本公司选取标准为：随机。

2. 营业总收入、第一行业收入比重及毛利率

表2-413　　　　　　　　　营业总收入及毛利率情况表

样本公司	营业总收入额/万元	调整后营业总收入变动率/%	第一行业名称	第一行业收入占比/%	第一行业毛利率/%
样本1	16 079 200.00	9.7	贷款收入	74	
样本2	6 402 500.00	8.8	贷款	94	
样本3	15 521 100.00	0.5	公司银行业务	47	
样本4	20 902 500.00	3.7	批发银行业务	48	
样本5	252 164.90	5.2	公司业务	62	

续表2-413

样本公司	营业总收入额/万元	调整后营业总收入变动率/%	第一行业名称	第一行业收入占比/%	第一行业毛利率/%
样本6	50 601 600.00	−5.6	公司银行业务	47	
样本7	19 312 900.00	−0.4	公司银行业务	49	
样本8	67 589 100.00	−3.1	公司金融业务	47	
样本9	60 509 000.00	0.0	公司银行业务	40	
样本10	48 363 000.00	2.0	公司金融业务	43	

说明：第一行业收入占比 = 第一行业收入/营业总收入额×100%。

3. 政府补贴、工资薪酬

表2-414 **政府补贴、工资薪酬情况表**

样本公司	计入营业外收入的政府补贴额/万元	政府补贴占利润总额的比重/%	年人均工资额/万元	薪酬工资率/%
样本1	—		31.08	77.7
样本2	—		23.86	74.6
样本3	—		29.82	69.8
样本4	—		29.88	66.2
样本5	243.30	0.2	21.22	69.2
样本6	291 900.00	1.3	14.25	—
样本7	—		19.29	70.3
样本8	—		—	
样本9	—		17.13	74.1
样本10	—		18.06	71.3

说明：（1）年人均工资额 = 工资总额/领取工资的职工人数。

（2）薪酬工资率 = 工资总额/（薪酬总额 − 辞退福利等非正常工资）×100%。

4. 研发投入

表2-415 **研发投入情况表**

样本公司	研发投入总额/万元	资本化的研发费用金额/万元	研发费用占营业收入的比重/%	管理费用——研究与开发费金额/万元
样本1	—	—	—	—
样本2	—	—	—	—

续表2-415

样本公司	研发投入总额/万元	资本化的研发费用金额/万元	研发费用占营业收入的比重/%	管理费用——研究与开发费金额/万元
样本3	—	—	—	—
样本4	436 000.00	—	2.09	—
样本5	—	—	—	—
样本6	—	—	—	—
样本7	—	—	—	—
样本8	—	—	—	—
样本9	—	—	—	—
样本10	—	—	—	—

其他银行没有披露研发投入数据。

5. 主要财务指标

表2-416　　　　　　　　　　　　　**2016年主要财务指标表**

样本公司	存货周转率/次	应收账款周转率/次	总资产周转率/次	净资产收益率/%	流动比率/次	速动比率/次
样本1			0.03	16.35		
样本2			0.03	15.75		
样本3			0.03	15.13		
样本4			0.04	16.27		
样本5	不适用	不适用	0.02	11.52	不适用	不适用
样本6			0.03	15.14		
样本7			0.02	12.22		
样本8			0.03	15.24		
样本9			0.03	15.44		
样本10			0.03	12.58		

说明：（1）总资产周转率＝主营业务收入/平均资产总额。

（2）净资产收益率＝税后利润/所有者权益×100%。

三、样本公司近五年净息差情况

表2-417　　　　　　　　　　　　　近五年净息差情况表　　　　　　　　　　　　%

样本公司	2016年	2015年	2014年	2013年	2012年	备注
样本1	2.03	2.45	2.50	2.46	2.58	
样本2	2.42	2.56	2.69	2.67	2.71	
样本3	1.86	2.26	2.59	2.49	2.94	
样本4	2.50	2.75	2.52	2.82	3.03	
样本5	1.96	2.11	2.40	2.53		
样本6	2.25	2.66	2.92	2.79	2.81	
样本7	1.88	2.14	2.23	2.52	2.59	
样本8	2.16	2.47	2.66	2.57	2.66	
样本9	2.20	2.63	2.80	2.74	2.75	
样本10	1.83	2.12	2.25	2.24	2.15	

四、样本公司2016年度合并报表税收数据

1. 整体税费

表2-418　　　　　　　　　　　　　整体税费情况表

样本公司	年末应交税费余额/万元	本年应交税费额/万元	整体应缴负担率/%	整体税费入库率/%	母公司企业所得税税率/%	备注
样本1	1 762 000.00	3 514 200.00	21.9	49.9	25.00	b
样本2	545 400.00	1 228 100.00	19.2	55.6	25.00	b
样本3	1 140 000.00	2 787 900.00	18.0	59.1	25.00	b
样本4	1 952 300.00	4 832 900.00	23.1	59.6	25.00	b
样本5	9 905.30	42 820.20	17.0	76.9	25.00	b
样本6	2 157 800.00	6 589 800.00	13.0	67.3	25.00	a,b
样本7	969 300.00	3 061 800.00	15.9	68.3	25.00	b
样本8	6 355 700.00	13 164 800.00	19.5	51.7	25.00	b
样本9	4 490 000.00	9 823 200.00	16.2	54.3	25.00	a,b
样本10	2 805 500.00	7 274 700.00	15.0	61.4	25.00	a,b

说明：（1）当期应交各项税费额不含个人所得税（部分公司没有公布年末应交个人所得税数据）。

（2）整体应交税费负担率＝当期应交税费额/当期营业总收入数×100%。

（3）整体税费入库率＝（整体应交税费额－年末税费余额）/整体应交税费额×100%。

（4）备注栏中a表示财务报告中"应交税费——增值税年初余额或年末余额"的列示不符合增值税在财务报表项目中的列示规定。

（5）备注栏中b表示2016年公司有营业税收入。

2. 增值税、企业所得税税负率、入库率

表2-419　　　　　　增值税、企业所得税税负率、入库率情况表　　　　　%

样本公司	增值税应缴负担率	增值税入库率	所得税应缴负担率	所得税入库率	年末应缴余额城建税与流转税之比	年末应缴余额教育附加费与流转税之比	备注
样本1	—	65.2	13.6	36.9	—	—	b
样本2	—	74.4	10.1	100.0	—	—	b
样本3	5.7	63.4	11.4	53.0	—	—	b
样本4	—	100.0	14.4	48.2	—	—	b
样本5	4.7	74.5	11.2	73.3	6.9	4.9	b
样本6	—	68.3	8.4	61.6	—	—	a,b
样本7	—	67.6	7.3	63.6	—	—	b
样本8	—	73.2	12.5	37.5	7.5	5.4	b
样本9	—	65.8	9.9	41.0	—	—	a,b
样本10	—	72.7	9.4	51.3	7.0	5.0	a,b

说明：（1）增值税应缴负担率＝增值税应缴税额/增值税销售额（测算值）×100%。

（2）企业所得税应缴负担率＝当期企业所得税应缴税额/营业总收入×100%（部分公司当期企业所得税应缴税额含以前年度调整额）。

（3）税种入库率＝（税种应交税费－税种年末余额)/税种应交税费×100%。

（4）营业总收入额：取自样本公司年度财务报告——合并利润表中的"营业总收入"项目数据。

（5）备注栏中a表示财务报告中"应交税费——增值税年初余额或年末余额"的列示不符合增值税在财务报表项目中的列示规定。

（6）备注栏中b表示2016年公司有营业税收入。

3. 收到税费返还、支付各项税费、年末应交营业税余额

表2-420　　　　收到税费返还、支付各项税费、年末应交营业税余额情况表

样本公司	收到的税费返还金额/万元	支付的各项税费金额/万元	年末应交营业税余额/万元	万元总资产实际贡献税费额/元
样本1	—	3 229 800.00	—	59.25
样本2	—	1 121 000.00	—	51.22

续表2-420

样本公司	收到的税费返还金额/万元	支付的各项税费金额/万元	年末应交营业税余额/万元	万元总资产实际贡献税费额/元
样本3	—	2 548 700.00	—	48.94
样本4	—	4 162 600.00	—	72.92
样本5	—	42 904.30	—	35.74
样本6	—	8 953 400.00	800.00	47.93
样本7	—	3 370 900.00	—	43.33
样本8	—	14 332 500.00	8 300.00	61.85
样本9	—	10 274 300.00	6 800.00	52.27
样本10	—	8 267 400.00	22 500.00	47.29

说明：（1）收到的税费返还额：取自样本公司2016年度财务报告——合并现金流量表中的"收到的税费返还"项目数据。

（2）支付的各项税费金额：取自样本公司2016年度财务报告——合并现金流量表中的"支付的各项税费"项目数据。

（3）年末应交营业税余额：取自样本公司2016年度报告——财务报告附注中的"应交税费——应交营业税"项目数据。

（4）万元总资产实际贡献税费额 = 年度实际支付的各项税费/[（总资产年初余额+总资产年末余额)/2]（注：各项税费单位是元，平均总资产单位是万元）。

四、税收风险分析

（一）样本公司可能存在的风险

（1）个别样本公司薪酬工资率高于75%（见表2-414）。

在10家样本公司中，薪酬工资率超过75%的有1家。工资只是薪酬的一部分；"五险"是法定的，约为工资的33%。薪酬工资率大于75%可能存在企业有未参保人员问题，其工资的合理性值得关注。

（2）个别样本公司研发投入数据与财报中的相关数据逻辑不符（见表2-415）。

对这个问题的分析，详见本书第一章"第三节 上市公司2016年度存在的主要共性税收问题"。

（3）个别样本公司企业所得税预缴率低于75%（见表2-419）。

样本公司中，企业所得税预交率低于75%的有9家。对这一问题的原理分析，详见本书第一章"第三节 上市公司2016年度存在的主要共性税收问题"。

（4）个别样本公司流转税与其附加交纳不同步（见表2-419）。

对这一问题的原理分析，详见本书第一章"第三节 上市公司2016年度存在的主要共性税收问题"。

（5）个别样本公司可能存在欠缴营业税问题（见表2-420）。

样本公司中，有4家公司应交营业税2016年末有余额，××公司2016年末应交税费——营业税余额22 500.00万元。对这一问题的原理分析，详见本书第一章"第三节 上市公司2016年度存在的主要共性税收问题"。

（二）行业特殊税收政策

1. 增值税

2016年营改增行业。

相关文件：《关于全面推开营业税改征增值税试点的通知》（财税〔2016〕36号）。

2. 企业所得税

（1）自2015年5月1日起，银行业金融机构依据《存款保险条例》的有关规定，按照不超过万分之一点六的存款保险费率，计算交纳的存款保险保费，准予在企业所得税税前扣除。

（2）准予在企业所得税税前扣除的存款保险保费，不包括存款保险保费滞纳金。

相关文件：《关于银行业金融机构存款保险保费企业所得税税前扣除有关政策问题的通知》（财税〔2016〕106号）。

6712. 证券经纪交易服务

证券经纪交易服务，指在金融市场上代他人进行交易、代理发行证券和其他有关活动，包括证券经纪、证券承销与保荐、融资融券业务、客户资产管理业务等活动。

国民经济行业代码：6712。

一、2016年行业概况

据证券业协会统计，截至2016年12月31日，中国的证券公司全年实现营业收入3 279.94亿元，同比下降 42.97%；主营业务收入分别为代理买卖证券业务净收入（含席位租赁）1 052.95亿元、证券承销与保荐业务净收入519.99亿元、财务顾问业务净收入164.16亿元、投资咨询业务净收入50.54亿元、资产管理业务净收入296.46亿元、证券投资收益（含公允价值变动）568.47亿元、利息净收入381.79亿元，实现净利润1 234.45亿元，124家公司实现盈利。

截至2016年12月31日，证券公司总资产为5.79万亿元，同比下降9.71%；净资产为1.64万亿元，同比增长 13.23%；净资本为1.47万亿元，客户交易结算资金余额（含信用交易资金）1.44万亿元，托管证券市值33.77万亿元，资产管理业务受托资金总额17.82万亿元。

2016年，上证指数下跌12.31%，沪深300下跌11.28%，中小板指下跌22.89%，创业板指下跌27.71%。

2016年，沪深两市股票基金交易额138.91万亿元，较上年下降48.72%；日均交易量为0.52万亿元，较上年的1.03万亿下降49.51%。

2016年末两融余额9 392.49亿元，较上年末下降20.01%。

据中国证券登记结算有限责任公司统计，截至2017年1月底，投资者数为11 906.67万。

二、样本公司2016年度合并报表财务数据

1. 样本公司

表2-421　　　　　　　　　　　　样本公司名单

样本号	证券代码	证券简称	母公司全称	注册省份	备注
1	600030.SH	中信证券	中信证券股份有限公司	广东	
2	600109.SH	国金证券	国金证券股份有限公司	四川	
3	600369.SH	西南证券	西南证券股份有限公司	重庆	
4	600837.SH	海通证券	海通证券股份有限公司	上海	
5	600909.SH	华安证券	华安证券股份有限公司	安徽	

说明：行业样本公司选取标准为：随机。

2. 营业总收入、第一行业收入比重及毛利率

表2-422　　　　　　　　　　营业总收入及毛利率情况表

样本公司	营业总收入额/万元	调整后营业总收入变动率/%	第一行业名称	第一行业收入占比/%	第一行业毛利率/%
样本1	687 693.90	-55.4	财富管理	60	—

续表2-422

样本公司	营业总收入额/万元	调整后营业总收入变动率/%	第一行业名称	第一行业收入占比/%	第一行业毛利率/%
样本2	1 169 545.36	-53.8	证券经纪业务	61	
样本3	180 397.23	-34.2	证券经纪业务	44	
样本4	357 315.76	-33.4	证券经纪业务	34	
样本5	2 576 465.17	-31.5	个人金融	40	

说明：第一行业收入占比 = 第一行业收入/营业总收入额 × 100%。

3. 政府补贴、工资薪酬

表2-423　　　　　　　政府补贴、工资薪酬情况表

样本公司	计入营业外收入的政府补贴额/万元	政府补贴占利润总额的比重/%	年人均工资额/万元	薪酬工资率/%
样本1	17 354.18	1.2	55.49	85.5
样本2	9 882.52	5.7	62.77	91.1
样本3	3 664.24	3.3	45.72	88.1
样本4	56 802.86	5.1	50.47	
样本5	137.25	0.2	15.99	81.8

说明：（1）年人均工资额 = 工资总额/领取工资的职工人数。

（2）薪酬工资率 = 工资总额/(薪酬总额 - 辞退福利等非正常工资) × 100%。

4. 研发投入

表2-424　　　　　　　研发投入情况表

样本公司	研发投入总额	资本化的研发费用金额	研发费用占营业收入的比重	管理费用——研究与开发费金额
样本1	—	—	—	—
样本2	—	—	—	—
样本3	—	—	—	—
样本4	10 874.29	6 012.37	0.39	
样本5	—			

5. 主要财务指标

表2-425　　　　　　　　　　　　　2016年主要财务指标表

样本公司	存货周转率/次	应收账款周转率/次	总资产周转率/次	净资产收益率/%	流动比率/次	速动比率/次
样本1			0.06	7.36		
样本2			0.09	7.65		
样本3	不适用	不适用	0.05	4.84	不适用	不适用
样本4			0.05	7.39		
样本5			0.05	8.49		

说明：（1）总资产周转率＝主营业务收入/平均资产总额。

（2）净资产收益率＝税后利润/所有者权益×100%。

6. 最近五年的企业毛利率

不适用。

三、样本公司2016年度合并报表税收数据

1. 整体税费

表2-426　　　　　　　　　　　　　整体税费情况表

样本公司	年末应交税费余额/万元	本年应交税费额/万元	整体应缴负担率/%	整体税费入库率/%	母公司企业所得税税率	备注
样本1	166 152.97	530 731.04	14.0	68.7	25.00	
样本2	36 245.49	87 542.72	18.7	58.6	25.00	
样本3	4 932.05	46 888.34	12.9	89.5	25.00	
样本4	208 299.46	363 260.51	13.0	42.7	25.00	
样本5	6 980.94	27 421.96	15.8	74.5	25.00	

说明：（1）当期应交各项税费额不含个人所得税（部分公司没有公布年末应交个人所得税数据）。

（2）整体应交税费负担率＝当期应交税费额/当期营业总收入数×100%。

（3）整体税费入库率＝（整体应交税费额－年末税费余额）/整体应交税费额×100%。

2. 增值税、企业所得税税负率、入库率

表2-427　　　　　　　　增值税、企业所得税税负率、入库率情况表　　　　　　　%

样本公司	增值税应缴负担率	增值税入库率	所得税应缴负担率	所得税入库率	年末应缴余额城建税与流转税之比	年末应缴余额教育附加费与流转税之比	备注
样本1	3.8	88.5	9.2	57.4	6.4	—	b
样本2	6.0	82.4	12.1	44.3	6.6	—	b
样本3	5.5	91.1	5.8	93.8	8.9	6.3	b
样本4	3.7	65.0	8.5	26.5	7.0	—	b
样本5	1.4	90.8	11.5	72.9	27.5	20.3	b

说明：（1）增值税应缴负担率＝增值税应缴税额/增值税销售额（测算值×100%。

（2）企业所得税应缴负担率＝当期企业所得税应缴税额/营业总收入×100%（部分公司当期企业所得税应缴税额含以前年度调整额）。

（3）税种入库率＝（税种应交税费－税种年末余额)/税种应交税费×100%。

（4）营业总收入额：取自样本公司2016年度财务报告——合并利润表中的"营业总收入"项目数据。

（5）备注栏中b表示2016年公司有营业税收入。

3. 收到税费返还、支付各项税费、年末应交营业税余额

表2-428　　　　收到税费返还、支付各项税费、年末应交营业税余额情况表

样本公司	收到的税费返还金额/万元	支付的各项税费金额/万元	年末应交营业税余额/万元	万元总资产实际贡献税费额/元
样本1	781 150.05	1 981.87	128.74	781 150.05
样本2	105 909.40	—	203.06	105 909.40
样本3	70 744.05	—	99.12	70 744.05
样本4	612 509.93	444.70	107.71	612 509.93
样本5	30 639.35	—	84.40	30 639.35

说明：（1）收到的税费返还额：取自样本公司2016年度财务报告——合并现金流量表中的"收到的税费返还"项目数据。

（2）支付的各项税费金额：取自样本公司2016年度财务报告——合并现金流量表中的"支付的各项税费"项目数据。

（3）年末应交营业税余额：取自样本公司2016年度报告——财务报告附注中的"应交

税费——应交营业税"项目数据。

（4）万元总资产实际贡献税费额＝年度实际支付的各项税费/[（总资产年初余额＋总资产年末余额)/2]（注：各项税费单位是元，平均总资产单位是万元）。

四、税收风险分析

（一）样本公司可能存在的风险

（1）个别样本公司薪酬工资率高于75%（见表2-423）。

在5家样本公司中，薪酬工资率超过75%的有4家。工资只是薪酬的一部分；"五险"是法定的，约为工资的33%。薪酬工资率大于75%可能存在企业有未参保人员问题，其工资的合理性值得关注。

（2）个别样本公司研发投入数据与财报中的相关数据逻辑不符（见表2-424）。

对这个问题的分析，详见本书第一章"第三节 上市公司2016年度存在的主要共性税收问题"。

（3）个别样本公司企业所得税预缴率低于75%（见表2-427）。

样本公司中，企业所得税预交率低于75%的有4家。对这一问题的原理分析，详见本书第一章"第三节 上市公司2016年度存在的主要共性税收问题"。

（4）个别样本公司流转税与其附加交纳不同步（见表2-425）。

对这一问题的原理分析，详见本书第一章"第三节 上市公司2016年度存在的主要共性税收问题"。

（5）个别样本公司可能存在欠缴营业税问题（见表2-428）。

样本公司中，有5家公司应交营业税2016年末有余额，××公司2016年末应交税费——营业税余额最多，达203.06万元。对这一问题的原理分析，详见本书第一章"第三节 上市公司2016年度存在的主要共性税收问题"。

（二）行业特殊税收政策

1. 增值税

（1）2016年营改增行业。

相关文件：《关于全面推开营业税改征增值税试点的通知》（财税〔2016〕36号）。

（2）自2016年12月5日起，对内地单位投资者通过深港通买卖香港联交所上市股票取得的差价收入，在营改增试点期间按现行政策规定征免增值税。

相关文件：《关于深港股票市场交易互联互通机制试点有关税收政策的通知》（财税〔2016〕127号）。

2. 企业所得税

自2016年12月5日起，对内地企业投资者通过深港通投资香港联交所上市股票取得的转让差价所得，计入其收入总额，依法征收企业所得税。

自2016年12月5日起，对内地企业投资者通过深港通投资香港联交所上市股票取得的股息红利所得，计入其收入总额，依法计征企业所得税。其中，内地居民企业连续持有H股满12个月取得的股息红利所得，依法免征企业所得税。

相关文件：《关于深港股票市场交易互联互通机制试点有关税收政策的通知》（财税〔2016〕127号）。

第十节　房地产业

7010. 房地产开发经营

房地产开发经营，指房地产开发企业进行的房屋、基础设施建设等开发，以及转让房地产开发项目或者销售、出租房屋等活动。

国民经济行业代码：7010。

一、2016年行业概况

据国家统计局数据，2016年全国商品房销售面积为157 349万平方米，同比增长22.5%；商品房销售额为117 627亿元，同比增长34.8%。土地市场方面，2016年全国土地出让面积共计20.82万公顷，同比下降5.9%；合同成交价款为3.56万亿元，同比增长19.3%。2016年全国房地产开发投资完成102 581亿元，同比增长6.88%；新开工面积16.69亿平方米，同比增长8.08%。

2016年千亿规模房企数量已达到12家，销售金额达到2.4万亿元规模，市场占有率超过20%。

2016年全国房屋建设施工面积126.4亿平方米，同比增长2.0%。

二、样本公司2016年度合并报表财务数据

1. 样本公司

表2-429 样本公司名单

样本号	证券代码	证券简称	母公司全称	注册省份	备注
1	600048.SH	保利地产	保利房地产(集团)股份有限公司	广东	
2	600376.SH	首开股份	北京首都开发股份有限公司	北京	
3	600383.SH	金地集团	金地(集团)股份有限公司	广东	
4	600466.SH	蓝光发展	四川蓝光发展股份有限公司	四川	j
5	600708.SH	光明地产	光明房地产集团股份有限公司	上海	j
6	601155.SH	新城控股	新城控股集团股份有限公司	江苏	
7	000002.SZ	万科A	万科企业股份有限公司	广东	
8	000031.SZ	中粮地产	中粮地产(集团)股份有限公司	广东	
9	000402.SZ	金融街	金融街控股股份有限公司	北京	
10	000540.SZ	中天金融	中天金融集团股份有限公司	贵州	

说明：（1）行业样本公司选取标准为：上市公司2016年度合并报表中该行业营业收入超过主营业务总收入75%（公司的行业归类同时参考了证监会的行业分类结果和中证行业分类结果），行业代码采用国民经济行业分类（GB/T 4754—2011）的行业代码。

（2）备注栏中j表示2012年以来公司发生过借壳行为。

2. 营业总收入、第一行业收入比重及毛利率

表2-430 营业总收入及毛利率情况表

样本公司	营业总收入额/万元	调整后营业总收入变动率/%	第一行业名称	第一行业收入占比/%	第一行业毛利率/%
样本1	15 477 327.57	25.4	房地产销售	95	28.0
样本2	2 988 326.46	26.5	房地产行业	100	33.8
样本3	5 550 850.17	69.4	房地产销售	94	28.7
样本4	2 132 881.24	21.2	房地产开发	93	23.1
样本5	2 078 184.62	67.8	房地产开发	95	21.3
样本6	2 796 928.25	18.7	房地产开发销售	97	27.1
样本7	24 047 723.69	23.0	房地产	97	29.0
样本8	1 802 519.15	31.3	商品房销售	95	34.0

续表 2-430

样本公司	营业总收入额/万元	调整后营业总收入变动率/%	第一行业名称	第一行业收入占比/%	第一行业毛利率/%
样本 9	1 985 254.37	27.5	房产开发	88	26.1
样本 10	1 959 704.62	27.4	房地产开发与经营	95	33.9

说明：第一行业收入占比 = 第一行业收入/营业总收入额 × 100%。

3. 政府补贴、工资薪酬

表 2-431 政府补贴、工资薪酬情况表

样本公司	计入营业外收入的政府补贴额/万元	政府补贴占利润总额的比重/%	年人均工资额/万元	薪酬工资率/%
样本 1	183.79	0.0	8.41	81.2
样本 2	3 750.56	0.9	34.14	78.0
样本 3	4 698.51	0.4	47.85	87.6
样本 4	2 118.55	1.4	11.58	81.8
样本 5	3 546.37	2.1	9.03	76.5
样本 6	1 501.76	0.4	22.90	86.0
样本 7	—	—	11.67	86.4
样本 8	350.56	0.2	13.92	75.6
样本 9	1 721.47	0.4	24.01	80.4
样本 10	2 794.48	0.8	17.46	79.8

说明：（1）年人均工资额 = 工资总额/领取工资的职工人数。

（2）薪酬工资率 = 工资总额/（薪酬总额 − 辞退福利等非正常工资）×100%。

4. 研发投入

表 2-432 研发投入情况表

样本公司	研发投入总额/万元	资本化的研发费用金额/万元	研发费用占营业收入的比重/%	管理费用——研究与开发费金额/万元
样本 1	—	—	—	—
样本 2	—	—	—	—
样本 3	3 404.50	—	0.06	—
样本 4	6 414.10	4 115.28	0.30	2 299.29
样本 5	—	—	—	—
样本 6	—	—	—	—

续表2-432

样本公司	研发投入总额/万元	资本化的研发费用金额/万元	研发费用占营业收入的比重/%	管理费用——研究与开发费金额/万元
样本7	—	—	—	—
样本8	—	—	—	—
样本9	—	—	—	—
样本10	—	—	—	—

5. 主要财务指标

表2-433　　　　　　　　　　**2016年主要财务指标表**

样本公司	存货周转率/次	应收账款周转率/次	总资产周转率/%	净资产收益率/%	流动比率/次	速动比率/次
样本1	0.37	65.11	0.36	15.53	1.74	0.35
样本2	0.19	115.03	0.19	7.52	1.98	0.57
样本3	0.52	813.08	0.38	17.84	1.82	0.62
样本4	0.36	47.65	0.33	9.86	1.63	0.27
样本5	0.43	17.17	0.42	12.06	1.66	0.32
样本6	0.56	1,774.79	0.33	22.44	1.13	0.43
样本7	0.41	104.88	0.33	19.68	1.24	0.34
样本8	0.35	96.54	0.31	11.61	1.65	0.65
样本9	0.23	22.20	0.18	10.60	2.61	0.50
样本10	0.39	10.43	0.31	21.90	2.29	0.76

说明：（1）存货周转率＝主营业务成本/平均存货成本。

（2）应收账款周转率＝主营业务收入/平均应收账款余额。

（3）总资产周转率＝主营业务收入/平均资产总额。

（4）净资产收益率＝税后利润/所有者权益×100%。

（5）流动比率＝流动资产/流动负债。

（6）速动比率＝（流动资产－存货）/流动负债。

6. 最近五年的企业毛利率

表2-434　　　　　　　　　　**近5年公司毛利率情况表**　　　　　　　　　　%

样本公司	2016年	2015年	2014年	2013年	2012年	备注
样本1	29.00	33.20	32.03	32.16	36.19	

续表2-434

样本公司	2016年	2015年	2014年	2013年	2012年	备注
样本2	33.90	40.58	34.55	36.78	41.62	
样本3	29.27	28.59	28.93	26.91	32.05	
样本4	24.97	29.65	60.98	60.49	54.91	j
样本5	21.10	24.46	15.07	19.04	20.68	j
样本6	27.87	26.81	26.13	28.46	27.85	
样本7	29.41	29.35	29.94	31.47	36.56	
样本8	34.26	26.45	37.68	30.26	29.48	
样本9	30.03	30.05	30.62	37.53	31.47	
样本10	33.77	35.44	31.29	41.93	34.02	

说明：备注栏中 j 表示2012年以来公司发生过借壳行为。

三、样本公司2016年度合并报表税收数据

1. 整体税费

表2-435　　　　　　　　　　　　整体税费情况表　　　　　　　　　　　　%

样本公司	年末应交税费余额/万元	本年应交税费额/万元	整体应缴负担率/%	整体税费入库率/%	母公司企业所得税税率/%	备注
样本1	-943 775.00	—	—	—	25.00	a,b
样本2	165 634.16	665 586.94	22.3	75.1	25.00	b
样本3	244 241.48	682 344.50	12.3	64.2	25.00	b
样本4	208 622.34	336 073.70	15.8	37.9	25.00	b
样本5	142 840.46	275 115.50	13.2	48.1	25.00	b
样本6	178 492.38	337 864.02	12.1	47.2	25.00	b
样本7	950 193.06	3 593 966.42	14.9	73.6	25.00	b
样本8	331 192.26	424 736.78	23.6	22.0	25.00	b
样本9	285 437.30	397 987.19	20.0	28.3	25.00	a,b
样本10	96 891.94	224 297.77	11.4	56.8	25.00	a,b

说明：（1）当期应交各项税费额不含个人所得税（部分公司没有公布年末应交个人所得税数据）。

（2）整体应交税费负担率 = 当期应交税费额/当期营业总收入数 × 100%。

（3）整体税费入库率＝（整体应交税费额－年末税费余额）/整体应交税费额×100％。

（4）备注栏中a表示财务报告"中应交税费——增值税年初余额或年末余额"的列示不符合增值税在财务报表项目中的列示规定。

（5）备注栏中j表示2012年以来公司发生过借壳行为。

2. 增值税、企业所得税税负率、入库率

表2-436　　　　增值税、企业所得税税负率、入库率情况表　　　　%

样本公司	增值税应缴负担率	增值税入库率	所得税应缴负担率	所得税入库率	年末应缴余额城建税与流转税之比	年末应缴余额教育附加费与流转税之比	备注
样本1	—	—	4.2	—	11.5	8.3	a,b
样本2	3.8	77.8	6.9	40.2	7.7	5.9	b
样本3	—	—	5.6	32.9	—	—	b
样本4	4.0	63.1	4.8	14.6	6.2	4.6	b
样本5	4.9	65.9	2.9	13.7	5.9	4.9	b
样本6	2.4	60.8	3.6	13.7	4.9	3.8	b
样本7	0.5	25.1	5.4	53.5	10.7	8.3	b
样本8	5.7	84.0	5.5	46.3	2.6	5.6	b
样本9	—	—	4.2	99.2	8.7	6.3	a,b
样本10	—	—	3.3	33.2	21.7	16.5	a,b

说明：（1）增值税应缴负担率＝增值税应缴税额/增值税销售额（测算值）×100％。

（2）企业所得税应缴负担率＝当期企业所得税应缴税额/营业总收入×100％（部分公司当期企业所得税应缴税额含以前年度调整额）。

（3）税种入库率＝（税种应交税费－税种年末余额）/税种应交税费×100％。

（4）营业总收入额：取自样本公司年度财务报告——合并利润表中的"营业总收入"项目数据。

（5）备注栏中a表示财务报告中"应交税费——增值税年初余额或年末余额"的列示不符合增值税在财务报表项目中的列示规定。

（6）备注栏中b表示2016年公司有营业税收入。

3. 收到税费返还、支付各项税费、年末应交营业税余额

表2-437　　　　收到税费返还、支付各项税费、年末应交营业税余额情况表

样本公司	收到的税费返还金额/万元	支付的各项税费金额/万元	年末应交营业税余额/万元	万元总资产实际贡献税费额/元
样本1	—	2 326 031.73	−317 080.76	533.60

续表2-437

样本公司	收到的税费返还金额/万元	支付的各项税费金额/万元	年末应交营业税余额/万元	万元总资产实际贡献税费额/元
样本2	9 614.39	632 553.22	—	392.97
样本3	—	539 000.55	—	367.94
样本4	—	293 061.26	−504.29	452.22
样本5	10 672.60	207 388.81	—	421.35
样本6	—	277 614.56	—	324.75
样本7	—	3 376 031.20	—	468.25
样本8	11.69	243 603.68	—	411.84
样本9	—	326 136.10	2 192.72	298.50
样本10	—	122 335.46	−8 181.55	193.32

说明:(1)收到的税费返还额:取自样本公司2016年度财务报告——合并现金流量表中的"收到的税费返还"项目数据。

(2)支付的各项税费金额:取自样本公司2016年度财务报告——合并现金流量表中的"支付的各项税费"项目数据。

(3)年末应交营业税余额:取自样本公司2016年度报告——财务报告附注中的"应交税费——应交营业税"项目数据。

(4)万元总资产实际贡献税费额＝年度实际支付的各项税费/〔(总资产年初余额+总资产年末余额)/2〕(注:各项税费单位是元,平均总资产单位是万元)。

四、税收风险分析

(一)样本公司可能存在的风险

(1)个别样本公司薪酬工资率高于75%(见表2-431)。

在10家样本公司中,薪酬工资率全部超过75%。工资只是薪酬的一部分;"五险"是法定的,约为工资的33%。薪酬工资率大于75%可能存在企业有未参保人员问题,其工资的合理性值得关注。

(2)个别样本公司披露了研发投入数据(见表2-432)。

样本公司中与两户企业披露了研发投入数据,有1户企业在管理费用中有研发费用。财税〔2015〕119号文件规定,房地产开发企业研发投入不允许加计扣除。

（3）个别样本公司企业所得税预缴率低于75%（见表2-436）。

样本公司中，企业所得税预交率低于75%的有7家。对这一问题的原理分析，详见本书第一章"第三节 上市公司2016年度存在的主要共性税收问题"。

（4）个别样本公司流转税与其附加交纳不同步（见表2-436）。

对这一问题的原理分析，详见本书第一章"第三节 上市公司2016年度存在的主要共性税收问题"。

（5）个别样本公司可能存在欠缴营业税问题（见表2-437）。

样本公司中，有4家公司应交营业税2016年末有余额，其中三户企业的余额是负数、一户企业是正数，余额为2 192.72万元。对这一问题的原理分析，详见本书第一章"第三节 上市公司2016年度存在的主要共性税收问题"。

（二）行业特殊税收政策

1. 增值税

2016年营改增行业。

相关文件：《关于全面推开营业税改征增值税试点的通知》（财税〔2016〕36号）。

2. 企业所得税

（1）研发支出不得加计扣除。

相关文件：《关于完善研究开发费用税前加计扣除政策的通知》（财税〔2015〕119号）。

（2）自2016年12月9日起，企业按规定对开发项目进行土地增值税清算后，当年企业所得税汇算清缴出现亏损且有其他后续开发项目的，该亏损应按照税法规定向以后年度结转，用以后年度所得弥补。后续开发项目，是指正在开发以及中标的项目。

企业按规定对开发项目进行土地增值税清算后，当年企业所得税汇算清缴出现亏损且有其他后续开发项目的，该亏损应按照税法规定向以后年度结转，用以后年度所得弥补。后续开发项目，是指正在开发以及中标的项目。

相关文件：《关于房地产开发企业土地增值税清算涉及企业所得税退税有关问题的公告》（国家税务总局公告2016年第81号）。

第十一节　租赁和商务服务业

7271. 旅行社服务

旅行社服务，包括下列旅行社服务：

——旅行社管理服务；

——向游客提供旅行、旅游、交通、住宿、餐饮等代理服务；

——其他旅行社服务。

国民经济行业代码：7271。

一、2016年行业概况

国家统计数据显示，全年国内游客44亿人次，比上年增长11.2%；国内旅游收入39 390亿元，增长15.2%。入境游客13 844万人次，增长3.5%。其中，外国人2 813万人次，增长8.3%；香港、澳门和台湾同胞11 031万人次，增长2.3%。在入境游客中，过夜游客5927万人次，增长4.2%。国际旅游收入1200亿美元，增长5.6%。国内居民出境13 513万人次，增长5.7%。其中因私出境12 850万人次，增长5.6%；赴港澳台出境8 395万人次，下降2.2%。

二、样本公司2016年度合并报表财务数据

1. 样本公司名单

表2-438　　　　　　　　　　　　样本公司名单

样本号	证券代码	证券简称	母公司全称	注册省份	备注
1	900929.SH	锦旅B股	上海锦江国际旅游股份有限公司	上海	
2	000610.SZ	西安旅游	西安旅游股份有限公司	陕西	
3	000796.SZ	凯撒旅游	海航凯撒旅游集团股份有限公司	陕西	j
4	002707.SZ	众信旅游	众信旅游集团股份有限公司	北京	

说明：（1）行业样本公司选取标准为：上市公司2016年度合并报表中该行业营业收入超过主营业务总收入75%（公司的行业归类同时参考了证监会的行业分类结果和中证行业分类结果），行业代码采用国民经济行业分类（GB/T 4754—2011）的行业代码。

（2）备注栏中j表示2012年以来公司发生过借壳行为。

2. 营业总收入、第一行业收入比重及毛利率

表 2-439 营业总收入及毛利率情况表

样本公司	营业总收入额/万元	调整后营业总收入变动率/%	第一行业名称	第一行业收入占比/%	第一行业毛利率/%
样本 1	190 753.11	-16.3	旅游及相关业务	98	6.5
样本 2	80 036.36	5.3	旅游业务	92	10.0
样本 3	663 601.01	34.5	旅游服务	87	14.1
样本 4	1 010 399.86	20.7	旅游服务	100	10.3

说明：第一行业收入占比 = 第一行业收入/营业总收入额 × 100%。

3. 政府补贴、工资薪酬

表 2-440 政府补贴、工资薪酬情况表

样本公司	计入营业外收入的政府补贴额/万元	政府补贴占利润总额的比重/%	年人均工资额/万元	薪酬工资率/%
样本 1	690.29	9.4	9.98	68.2
样本 2	199.49	12.1	4.16	63.3
样本 3	158.98	0.5	5.61	74.0
样本 4	451.00	1.4	7.04	76.6

说明：（1）年人均工资额 = 工资总额/领取工资的职工人数。

（2）薪酬工资率 = 工资总额/（薪酬总额 - 辞退福利等非正常工资）× 100%。

4. 研发投入

表 2-441 研发投入情况表

样本公司	研发投入总额/万元	资本化的研发费用金额/万元	研发费用占营业收入的比重/%	管理费用——研究与开发费金额/万元
样本 1	—	—	—	—
样本 2	—	—	—	—
样本 3	628.18	—	0.09	628.18
样本 4	—	—	—	—

5. 主要财务指标

表 2-442 2016年主要财务指标表

样本公司	存货周转率/次	应收账款周转率/次	总资产周转率/次	净资产收益率/%	流动比率/次	速动比率/次
样本 1	5,819.50	26.55	1.10	5.14	1.89	1.69

续表2-442

样本公司	存货周转率/次	应收账款周转率/次	总资产周转率/次	净资产收益率/%	流动比率/次	速动比率/次
样本2	3.89	48.28	0.63	1.35	1.69	0.23
样本3	358.10	13.15	1.49	12.12	0.98	0.73
样本4	10 166.53	20.80	2.80	12.10	1.21	0.90

说明：（1）存货周转率＝主营业务成本/平均存货成本。

（2）应收账款周转率＝主营业务收入/平均应收账款余额。

（3）总资产周转率＝主营业务收入/平均资产总额。

（4）净资产收益率＝税后利润/所有者权益×100%。

（5）流动比率＝流动资产/流动负债。

（6）速动比率＝（流动资产－存货）/流动负债。

6. 最近五年的企业毛利率

表2-443　　　　　　　　　近5年公司毛利率情况表　　　　　　　　　　%

样本公司	2016年	2015年	2014年	2013年	2012年	备注
样本1	7.31	7.82	9.72	10.09	9.51	
样本2	6.28	6.37	7.53	16.38	23.54	
样本3	18.14	19.36	46.10	47.66	45.58	j
样本4	10.35	9.16	8.77	10.00	9.93	

说明：备注栏中 j 表示2012年以来公司发生过借壳行为。

三、样本公司2016年度合并报表税收数据

1. 整体税费

表2-444　　　　　　　　　　　　整体税费情况表

样本公司	年末应交税费余额/万元	本年应交税费额/万元	整体应缴负担率/%	整体税费入库率/%	母公司企业所得税税率/%	备注
样本1	1 204.77	3 334.99	1.7	63.9	25.00	
样本2	800.36	1 919.63	2.4	58.3	25.00	
样本3	4 811.07	17 320.22	2.6	72.2	25.00	
样本4	3 079.50	13 579.53	1.3	77.3	25.00	

说明：（1）当期应交各项税费额不含个人所得税（部分公司没有公布年末应交个人

所得税数据）。

（2）整体应交税费负担率＝当期应交税费额/当期营业总收入数×100%。

（3）整体税费入库率＝（整体应交税费额－年末税费余额）/整体应交税费额×100%。

2. 增值税、企业所得税税负率、入库率

表 2-445　　　　　　增值税、企业所得税税负率、入库率情况表　　　　　%

样本公司	增值税应缴负担率	增值税入库率	所得税应缴负担率	所得税入库率	年末应缴余额城建税与流转税之比	年末应缴余额教育附加费与流转税之比	备注
样本1	0.7	84.1	0.9	50.7	—	—	b
样本2	0.5	90.3	1.0	31.6	12.6	7.9	b
样本3	1.5	84.0	1.1	58.6	7.0	3.4	b
样本4	0.5	90.6	0.8	68.1	6.2	3.1	b

说明：（1）增值税应缴负担率＝增值税应缴税额/增值税销售额（测算值）×100%。

（2）企业所得税应缴负担率＝当期企业所得税应缴税额/营业总收入×100%（部分公司当期企业所得税应缴税额含以前年度调整额）。

（3）税种入库率＝（税种应交税费－税种年末余额）/税种应交税费×100%。

（4）营业总收入额：取自样本公司年2016度财务报告——合并利润表中的"营业总收入"项目数据。

（5）备注栏中b表示2016年公司有营业税收入。

3. 收到税费返还、支付各项税费、年末应交营业税余额

表 2-446　　　收到税费返还、支付各项税费、年末应交营业税余额情况表

样本公司	收到的税费返还金额/万元	支付的各项税费金额/万元	年末应交营业税余额/万元	万元总资产实际贡献税费额/元
样本1	—	3 032.76	—	175.63
样本2	—	1 740.74	0.09	137.13
样本3	2.01	15 584.09	234.09	348.73
样本4	—	11 586.67	—	320.95

说明：（1）收到的税费返还额：取自样本公司2016年度财务报告——合并现金流量表中的"收到的税费返还"项目数据。

（2）支付的各项税费金额：取自样本公司2016年度财务报告——合并现金流量表中的"支付的各项税费"项目数据。

（3）年末应交营业税余额：取自样本公司2016年度报告——财务报告附注中的"应交

税费——应交营业税"项目数据。

（4）万元总资产实际贡献税费额＝年度实际支付的各项税费/〔(总资产年初余额+总资产年末余额)/2〕(注：各项税费单位是元，平均总资产单位是万元)。

四、税收风险分析

（一）样本公司可能存在的风险

（1）个别样本公司薪酬工资率高于75%（见表2-440）。

在4家样本公司中，薪酬工资率超过75%的有1家。工资只是薪酬的一部分；"五险"是法定的，约为工资的33%。薪酬工资率大于75%可能存在企业有未参保人员问题，其工资的合理性值得关注。

（2）有1家公司披露了研发投入数据，并在管理费用中列支。

财税〔2015〕119号文件规定，租赁和商务服务业的研发投入不得加计扣除。

（3）个别样本公司企业所得税预缴率低于75%（见表2-445）。

样本公司中，企业所得税预交率低于75%的有4家。对这一问题的原理分析，详见本书第一章"第三节 上市公司2016年度存在的主要共性税收问题"。

（4）个别样本公司流转税与其附加交纳不同步（见表2-445）。

对这一问题的原理分析，详见本书第一章"第三节 上市公司2016年度存在的主要共性税收问题"。

（5）个别样本公司可能存在欠缴营业税问题（见表2-446）。

样本公司中，有2家公司应交营业税2016年末有余额，××公司2016年末应交税费——营业税余额为234.09万元。对这一问题的原理分析，详见本书第一章"第三节 上市公司2016年度存在的主要共性税收问题"。

（二）行业特殊税收政策

（1）2016年营改增行业。

相关文件：《关于全面推开营业税改征增值税试点的通知》（财税〔2016〕36号）。

（2）研发支出不得加计扣除。

相关文件：《关于完善研究开发费用税前加计扣除政策的通知》（财税〔2015〕119号）。

附　录

附录1　2016年度缴税额前百家上市公司缴税数据

按上市公司合并报表统计，2016年度缴税额位列前三名的上市公司分别为中国石化（07石油和天然气开采业）3 160亿元、中国石油（07石油和天然气开采业）2 726亿元和工商银行（66货币金融服务）1 433亿元，与上年相比较，变动率分别为-3.47%、-18.31%和9.29%。2015年缴税额前三家公司分别是中国石油、中国石化和工商银行。

2016年缴税额前百名上市公司的缴税额合计20 510亿元，占整个上市公司缴税额的72.29%，具体见附表1-1。

附表1-1　　　　　　　　　　2016年缴税额前百名公司的缴税情况

序号	证券名称20170601	证监会行业分类（大类）代码名称（2017年第一季度结果）	支付的各项税费2016年合并报表/万元	调整后支付税费变动率/%	调整后营业总收入变动率/%
1	中国石化	07石油和天然气开采业	31 606 200	-3.47	-4.43
2	中国石油	07石油和天然气开采业	27 263 200	-18.31	-6.29
3	工商银行	66货币金融服务	14 332 500	9.29	-3.12
4	建设银行	66货币金融服务	10 274 300	-9.07	-0.02
5	农业银行	66货币金融服务	8 953 400	-4.56	-5.62
6	中国银行	66货币金融服务	8 267 400	-2.78	1.96
7	中国建筑	48土木工程建筑业	5 319 192	12.56	8.99
8	中国平安	68保险业	4 804 200	2.54	14.91
9	招商银行	66货币金融服务	4 162 600	19.74	3.75
10	万科A	70房地产业	3 376 031	34.83	22.98
11	交通银行	66货币金融服务	3 370 900	1.98	-0.36

续附表1-1

序号	证券名称 20170601	证监会行业分类（大类）代码 名称（2017年第一季度结果）	支付的各项税费2016年合并报表/万元	调整后支付税费变动率/%	调整后营业总收入变动率/%
12	中国中铁	48土木工程建筑业	3 352 524	10.15	3.08
13	中国神华	06煤炭开采和洗选业	3 273 000	-12.67	3.42
14	浦发银行	66货币金融服务	3 229 800	17.00	9.72
15	上汽集团	36汽车制造业	3 130 776	37.48	12.82
16	兴业银行	66货币金融服务	2 742 900	-7.85	1.76
17	中信银行	66货币金融服务	2 595 200	4.65	5.96
18	民生银行	66货币金融服务	2 548 700	-0.79	0.51
19	中国铁建	48土木工程建筑业	2 389 276	7.29	4.79
20	绿地控股	70房地产业	2 365 013	48.28	19.21
21	保利地产	70房地产业	2 326 032	9.02	25.39
22	贵州茅台	15酒、饮料和精制茶制造业	1 751 052	25.05	20.06
23	上海石化	25石油加工、炼焦及核燃料加工业	1 665 202	-4.09	-3.60
24	中国中车	37铁路、船舶、航空航天和其它运输设备制造业	1 590 250	5.40	-5.04
25	光大银行	66货币金融服务	1 528 400	-8.06	0.94
26	中国交建	48土木工程建筑业	1 502 475	-8.06	6.76
27	平安银行	66货币金融服务	1 381 100	-8.57	12.01
28	华能国际	44电力、热力生产和供应业	1 349 794	-21.18	-11.71
29	长江电力	44电力、热力生产和供应业	1 326 300	4.40	3.17
30	中国太保	68保险业	1 216 700	-1.53	8.01
31	中国人寿	68保险业	1 162 800	-13.88	7.51
32	格力电器	38电气机械及器材制造业	1 133 390	-17.71	9.50
33	中国联通	63电信、广播电视和卫星传输服务	1 126 094	-4.40	-1.03
34	华夏银行	66货币金融服务	1 121 000	2.39	8.80
35	招商蛇口	70房地产业	1 111 796	-4.60	29.15
36	中国电建	48土木工程建筑业	1 046 665	5.69	13.30
37	中国中冶	48土木工程建筑业	1 035 396	-10.21	1.03

续附表1-1

序号	证券名称 20170601	证监会行业分类（大类）代码 名称（2017年第一季度结果）	支付的各项税 费2016年合 并报表/万元	调整后支 付税费变 动率/%	调整后营 业总收入 变动率/%
38	北京银行	66货币金融服务	903 700	9.13	7.66
39	美的集团	38电气机械及器材制造业	882 434	6.01	14.71
40	华夏幸福	70房地产业	880 539	38.30	40.40
41	长城汽车	36汽车制造业	874 996	10.54	29.70
42	华电国际	44电力、热力生产和供应业	862 763	−14.20	−10.80
43	华侨城A	78公共设施管理业	819 684	14.99	10.07
44	大唐发电	44电力、热力生产和供应业	793 275	−19.29	−4.47
45	中兴通讯	39计算机、通信和其他电子 设备制造业	790 647	6.21	1.04
46	海螺水泥	30非金属矿物制品业	782 787	6.23	9.72
47	中信证券	67资本市场服务	781 150	−16.58	−32.16
48	国电电力	44电力、热力生产和供应业	776 401	−6.17	2.95
49	五粮液	15酒、饮料和精制茶制造业	727 610	9.24	13.32
50	兖州煤业	06煤炭开采和洗选业	704 691	6.83	47.78
51	长安汽车	36汽车制造业	690 156	24.38	17.63
52	国泰君安	67资本市场服务	686 176	23.43	−31.47
53	宝钢股份	31黑色金属冶炼及压延加工 业	672 370	13.44	13.16
54	青岛海尔	38电气机械及器材制造业	634 810	−13.09	32.59
55	首开股份	70房地产业	632 553	39.99	26.53
56	上海建工	48土木工程建筑业	630 846	37.41	6.56
57	中国核电	44电力、热力生产和供应业	624 842	18.09	14.53
58	江苏银行	66货币金融服务	614 317	28.34	11.81
59	海通证券	67资本市场服务	612 510	47.99	−26.45
60	南京银行	66货币金融服务	590 382	64.39	16.60
62	洋河股份	15酒、饮料和精制茶制造业	575 835	8.67	7.04
63	国投电力	44电力、热力生产和供应业	563 893	−7.82	−6.42
64	上海银行	66货币金融服务	561 060	7.45	3.77
65	中煤能源	06煤炭开采和洗选业	556 566	−4.70	2.30

续附表1-1

序号	证券名称 20170601	证监会行业分类（大类）代码名称（2017年第一季度结果）	支付的各项税费2016年合并报表/万元	调整后支付税费变动率/%	调整后营业总收入变动率/%
66	申万宏源	67 资本市场服务	556 220	43.29	-51.68
67	金地集团	70 房地产业	539 001	-10.51	69.43
68	青岛啤酒	15 酒、饮料和精制茶制造业	526 120	6.91	-5.53
69	建发股份	51 批发业	516 671	22.03	13.66
70	中国国航	56 航空运输业	508 784	6.96	4.62
71	葛洲坝	48 土木工程建筑业	493 622	5.32	21.85
72	东方航空	56 航空运输业	473 800	40.34	5.03
73	华泰证券	67 资本市场服务	461 750	12.79	-35.58
74	大秦铁路	53 铁路运输业	461 312	-23.41	-15.05
75	陕西煤业	06 煤炭开采和洗选业	455 619	1.79	1.91
76	浙能电力	44 电力、热力生产和供应业	448 650	-14.30	-1.29
77	比亚迪	36 汽车制造业	436 162	42.22	29.32
78	荣盛发展	70 房地产业	428 145	32.69	30.60
79	广汽集团	36 汽车制造业	425 320	86.68	67.98
80	海南航空	56 航空运输业	423 784	13.37	15.48
81	金隅股份	30 非金属矿物制品业	416 347	15.03	16.65
82	中国铝业	32 有色金属冶炼及压延加工业	415 217	-12.49	16.68
83	广发证券	67 资本市场服务	409 045	-34.71	-38.07
84	双汇发展	13 农副食品加工业	407 409	17.61	15.99
85	上海电气	34 通用设备制造业	400 489	-11.32	-0.48
86	华锦股份	25 石油加工、炼焦及核燃料加工业	399 055	48.51	-5.84
87	伊利股份	14 食品制造业	392 174	7.31	0.41
88	泛海控股	70 房地产业	384 384	22.97	79.41
89	兴业证券	67 资本市场服务	380 584	65.44	-34.24
90	国信证券	67 资本市场服务	371 867	-41.13	-56.25
91	上海医药	52 零售业	361 942	13.01	14.45
92	中国银河	67 资本市场服务	360 609	-16.44	-49.58
93	中油资本	34 通用设备制造业	358 228	-10.96	-6.28

续附表1-1

序号	证券名称 20170601	证监会行业分类（大类）代码名称（2017年第一季度结果）	支付的各项税费2016年合并报表/万元	调整后支付税费变动率/%	调整后营业总收入变动率/%
94	苏宁云商	52 零售业	355 479	-12.82	9.62
95	潍柴动力	36 汽车制造业	354 965	9.02	25.64
96	宁波银行	66 货币金融服务	338 915	21.41	21.16
97	泰禾集团	70 房地产业	329 557	66.75	39.93
98	石化油服	11 开采辅助活动	327 486	-40.63	-28.87
99	金融街	70 房地产业	326 136	7.91	27.55
100	招商证券	67 资本市场服务	308 737	-30.72	-53.76

说明：（1）基础数据来源：同花顺iFinD。

（2）统计整理：上市公司税收研究中心。

附录2　2016年度收到税费返还额最多的百家上市公司数据

2016年，收到的税费返还额最多的三家公司分别为中兴通讯（000063.SZ）744 803.80万元、荣盛石化（002493.SZ）554 677.06万元和TCL集团（000100.SZ）530 130.50万元。2015年，收到各种税费返还最多的三家上市公司分别是中兴通讯、中国石油和美的集团，分别为723 910.80万元、474 900.00万元和390 081.90万元。2016年收到税收返还最多的100家公司情况见附表2-1。

附表2-1　　　　　　上市公司2016年度收到的税费返还前100家公司情况

序号	证券名称	证监会行业分类（大类）代码名称（2017年第一季度结果）	收到的税费返还、2016年报合并报表/万元	支付的各项税费2016年报合并报表/万元
1	中兴通讯	39 计算机、通信和其他电子设备制造业	744 803.80	790 646.60
2	荣盛石化	28 化学纤维制造业	554 677.06	97 193.16
3	TCL集团	39 计算机、通信和其他电子设备制造业	530 130.50	306 977.60
4	美的集团	38 电气机械及器材制造业	512 440.20	882 434.20

续附表2-1

序号	证券名称	证监会行业分类（大类）代码名称（2017年第一季度结果）	收到的税费返还、2016年报合并报表/万元	支付的各项税费2016年报合并报表/万元
5	京东方A	39计算机、通信和其他电子设备制造业	391 765.07	60 470.60
6	中国联通	63电信、广播电视和卫星传输服务	310 708.77	1 126 093.81
7	中国石油	07石油和天然气开采业	310 000.00	27 263 200.00
8	东方航空	56航空运输业	293 700.00	473 800.00
9	长江电力	44电力、热力生产和供应业	287 067.92	1 326 299.69
10	江苏国泰	51批发业	278 857.81	59 458.39
11	海康威视	39计算机、通信和其他电子设备制造业	259 200.83	291 371.32
12	中国石化	07石油和天然气开采业	243 400.00	31 606 200.00
13	中国核电	44电力、热力生产和供应业	211 274.36	624 842.10
14	中集集团	33金属制品业	199 615.20	129 240.30
15	汇鸿集团	51批发业	182 457.42	48 522.23
16	中国重工	37铁路、船舶、航空航天和其它运输设备制造业	167 978.24	120 665.38
17	中国交建	48土木工程建筑业	148 099.43	1 502 474.57
18	中国船舶	37铁路、船舶、航空航天和其它运输设备制造业	144 445.81	64 222.57
19	*ST常林	51批发业	132 864.75	70 229.27
20	东方创业	51批发业	130 239.38	17 670.82
21	蓝思科技	39计算机、通信和其他电子设备制造业	126 837.25	64 937.09
22	物产中大	51批发业	125 967.91	268 879.33
23	格力电器	38电气机械及器材制造业	113 933.77	1 133 389.88
24	中船防务	37铁路、船舶、航空航天和其它运输设备制造业	111 631.19	30 426.52
25	中国中车	37铁路、船舶、航空航天和其它运输设备制造业	111 618.40	1 590 249.50
26	大华股份	39计算机、通信和其他电子设备制造业	110 779.81	102 160.97

续附表2-1

序号	证券名称	证监会行业分类（大类）代码名称（2017年第一季度结果）	收到的税费返还、2016年报合并报表/万元	支付的各项税费2016年报合并报表/万元
27	四川长虹	39计算机、通信和其他电子设备制造业	110 312.81	189 969.68
28	比亚迪	36汽车制造业	106 893.80	436 162.40
29	中国电建	48土木工程建筑业	106 683.61	1 046 665.14
30	建发股份	51批发业	106 142.81	516 670.67
31	福田汽车	36汽车制造业	105 871.06	139 063.37
32	振华重工	35专用设备制造业	91 711.76	52 527.64
33	歌尔股份	39计算机、通信和其他电子设备制造业	91 100.84	51 198.61
34	海信科龙	38电气机械及器材制造业	89 948.99	107 490.18
35	兖州煤业	06煤炭开采和洗选业	83 746.00	704 691.20
36	国投电力	44电力、热力生产和供应业	82 067.90	563 893.39
37	申达股份	51批发业	81 580.22	23 788.59
38	青岛海尔	38电气机械及器材制造业	79 896.46	634 810.27
39	立讯精密	39计算机、通信和其他电子设备制造业	68 208.05	43 685.61
40	烽火通信	39计算机、通信和其他电子设备制造业	67 928.59	53 397.73
41	南方航空	56航空运输业	67 700.00	304 300.00
42	北方国际	48土木工程建筑业	67 598.15	25 854.56
43	金龙汽车	36汽车制造业	65 406.49	62 680.73
44	中材国际	35专用设备制造业	61 716.85	69 016.74
45	江淮汽车	36汽车制造业	60 921.10	220 719.30
46	欧菲光	39计算机、通信和其他电子设备制造业	60 709.56	30 565.09
47	厦门国贸	51批发业	57 803.69	209 447.54
48	宇通客车	36汽车制造业	56 669.99	108 735.22
49	葛洲坝	48土木工程建筑业	55 995.98	493 621.80
50	同方股份	39计算机、通信和其他电子设备制造业	55 599.98	165 695.47

续附表 2-1

序号	证券名称	证监会行业分类（大类）代码名称（2017年第一季度结果）	收到的税费返还、2016年报合并报表/万元	支付的各项税费2016年报合并报表/万元
51	远大控股	51批发业	55 375.48	48 186.17
52	新宝股份	38电气机械及器材制造业	53 626.52	23 715.60
53	海油工程	11开采辅助活动	53 082.96	110 726.72
54	紫光股份	39计算机、通信和其他电子设备制造业	52 758.39	139 056.83
55	中国铁建	48土木工程建筑业	51 805.50	2 389 275.70
56	上海建工	48土木工程建筑业	50 911.77	630 846.08
57	力帆股份	36汽车制造业	50 797.03	39 121.61
58	中国化学	48土木工程建筑业	49 705.17	212 546.88
59	中远海控	55水上运输业	49 396.31	113 654.11
60	隆鑫通用	37铁路、船舶、航空航天和其它运输设备制造业	49 047.51	44 412.36
61	浙江东方	51批发业	46 927.50	55 979.42
62	万华化学	26化学原料及化学制品制造业	45 636.17	223 916.77
63	中国中冶	48土木工程建筑业	45 531.70	1 035 395.60
64	深天马A	39计算机、通信和其他电子设备制造业	42 282.84	26 225.37
65	共进股份	39计算机、通信和其他电子设备制造业	41 693.73	15 275.82
66	华邦健康	26化学原料及化学制品制造业	38 721.29	51 672.55
67	特变电工	38电气机械及器材制造业	38 492.42	168 284.11
68	徐工机械	35专用设备制造业	38 210.49	93 303.94
69	兰生股份	51批发业	37 128.21	35 633.20
70	长电科技	39计算机、通信和其他电子设备制造业	36 802.87	22 487.04
71	外高桥	51批发业	36 693.19	62 356.31
72	波导股份	39计算机、通信和其他电子设备制造业	36 081.92	3 230.46
73	深康佳A	39计算机、通信和其他电子设备制造业	35 803.15	65 622.19
74	中国中铁	48土木工程建筑业	35 548.40	3 352 523.70
75	江苏舜天	51批发业	34 950.75	9 947.75

续附表 2-1

序号	证券名称	证监会行业分类（大类）代码名称（2017年第一季度结果）	收到的税费返还、2016年报合并报表/万元	支付的各项税费 2016 年报合并报表/万元
76	华孚色纺	17 纺织业	34 778.68	39 675.69
77	金隅股份	30 非金属矿物制品业	34 195.95	416 346.89
78	龙头股份	17 纺织业	34 120.36	13 675.38
79	北新建材	30 非金属矿物制品业	34 015.46	91 473.34
80	美菱电器	38 电气机械及器材制造业	33 591.97	44 904.98
81	信威集团	39 计算机、通信和其他电子设备制造业	33 571.67	79 736.84
82	东旭光电	39 计算机、通信和其他电子设备制造业	33 530.18	55 824.00
83	南山铝业	32 有色金属冶炼及压延加工业	32 983.49	135 383.45
84	浙江永强	21 家具制造业	32 322.36	28 517.94
85	均胜电子	36 汽车制造业	31 832.45	72 957.96
86	海螺水泥	30 非金属矿物制品业	31 614.24	782 786.83
87	上汽集团	36 汽车制造业	31 580.47	3 130 775.93
88	首钢股份	31 黑色金属冶炼及压延加工业	31 473.86	174 634.87
89	得邦照明	38 电气机械及器材制造业	31 369.03	22 247.79
90	奥佳华	35 专用设备制造业	31 017.36	22 555.70
91	中化国际	26 化学原料及化学制品制造业	30 751.69	75 731.73
92	中环股份	38 电气机械及器材制造业	30 571.81	36 868.57
93	凯迪生态	44 电力、热力生产和供应业	30 528.94	63 250.75
94	奥马电器	38 电气机械及器材制造业	30 039.46	21 102.14
95	山鹰纸业	22 造纸及纸制品业	29 694.89	82 579.69
96	中利集团	38 电气机械及器材制造业	29 146.52	67 709.43
97	海信电器	39 计算机、通信和其他电子设备制造业	29 043.24	112 251.59
98	用友网络	65 软件和信息技术服务业	28 443.01	57 431.69
99	福日电子	51 批发业	27 813.60	12 474.17
100	万丰奥威	36 汽车制造业	27 688.66	41 801.07

说明：（1）基础数据来源：同花顺 iFinD。

（2）统计整理：上市公司税收研究中心。

附录3　2016年度研发投入最多的百家上市公司

2016年，研发投入金额超过百亿元的公司有四家，分别为中国石油（07石油和天然气开采业）1 756 500.00万元、中兴通讯（39计算机、通信和其他电子设备制造业）1 276 210.00万元、中国建筑（48土木工程建筑业）1 059 247.10万元、中国中铁（48土木工程建筑业）1 041 932.30万元。前百家公司研发投入情况见附表3-1。

附表3-1　　　　　　　上市公司2016年度研发投入额前100家公司情况

序号	证券代码	公司简称	证监会行业分类（大类）代码名称	研发费用总额2016年报合并报表/万元
1	601857.SH	中国石油	07石油和天然气开采业	1 756 500.00
2	000063.SZ	中兴通讯	39计算机、通信和其他电子设备制造业	1 276 210.00
3	601668.SH	中国建筑	48土木工程建筑业	1 059 247.10
4	601390.SH	中国中铁	48土木工程建筑业	1 041 932.30
5	601766.SH	中国中车	37铁路、船舶、航空航天和其它运输设备制造业	968 449.90
6	601186.SH	中国铁建	48土木工程建筑业	944 288.30
7	600104.SH	上汽集团	36汽车制造业	940 871.09
8	601800.SH	中国交建	48土木工程建筑业	790 719.27
9	601669.SH	中国电建	48土木工程建筑业	622 420.52
10	601618.SH	中国中冶	48土木工程建筑业	607 723.20
11	000333.SZ	美的集团	38电气机械及器材制造业	604 580.00
12	002594.SZ	比亚迪	36汽车制造业	452 161.40
13	600036.SH	招商银行	66货币金融服务	436 000.00
14	000100.SZ	TCL集团	39计算机、通信和其他电子设备制造业	426 584.19
15	000725.SZ	京东方A	39计算机、通信和其他电子设备制造业	413 943.59
16	600170.SH	上海建工	48土木工程建筑业	386 436.60
17	600019.SH	宝钢股份	31黑色金属冶炼及压延加工业	366 200.00

续附表 3-1

序号	证券代码	公司简称	证监会行业分类（大类）代码名称	研发费用总额 2016年报合并报表/万元
18	000338.SZ	潍柴动力	36汽车制造业	355 967.37
19	600690.SH	青岛海尔	38电气机械及器材制造业	324 876.13
20	000625.SZ	长安汽车	36汽车制造业	320 300.00
21	601633.SH	长城汽车	36汽车制造业	318 023.64
22	601989.SH	中国重工	37铁路、船舶、航空航天和其它运输设备制造业	301 459.20
23	601727.SH	上海电气	34通用设备制造业	268 400.00
24	600166.SH	福田汽车	36汽车制造业	255 289.13
25	600741.SH	华域汽车	36汽车制造业	244 534.97
26	002415.SZ	海康威视	39计算机、通信和其他电子设备制造业	243 340.06
27	601238.SH	广汽集团	36汽车制造业	238 900.00
28	600362.SH	江西铜业	32有色金属冶炼及压延加工业	232 799.00
29	600418.SH	江淮汽车	36汽车制造业	215 831.17
30	000825.SZ	太钢不锈	31黑色金属冶炼及压延加工业	201 703.08
31	000550.SZ	江铃汽车	36汽车制造业	193 731.28
32	600498.SH	烽火通信	39计算机、通信和其他电子设备制造业	186 041.23
33	300104.SZ	乐视网	64互联网和相关服务	185 956.31
34	000938.SZ	紫光股份	39计算机、通信和其他电子设备制造业	178 377.63
35	600100.SH	同方股份	39计算机、通信和其他电子设备制造业	170 958.50
36	000932.SZ	*ST华菱	31黑色金属冶炼及压延加工业	165 780.00
37	000066.SZ	中国长城	39计算机、通信和其他电子设备制造业	148 541.49
38	601117.SH	中国化学	48土木工程建筑业	146 547.38
39	600066.SH	宇通客车	36汽车制造业	145 769.53
40	002456.SZ	欧菲光	39计算机、通信和其他电子设备制造业	144 809.19

续附表3-1

序号	证券代码	公司简称	证监会行业分类（大类）代码名称	研发费用总额2016年报合并报表/万元
41	000761.SZ	本钢板材	31 黑色金属冶炼及压延加工业	143 739.80
42	600089.SH	特变电工	38 电气机械及器材制造业	143 736.47
43	002236.SZ	大华股份	39 计算机、通信和其他电子设备制造业	142 485.77
44	000709.SZ	河钢股份	31 黑色金属冶炼及压延加工业	141 319.14
45	002202.SZ	金风科技	34 通用设备制造业	138 498.72
46	300433.SZ	蓝思科技	39 计算机、通信和其他电子设备制造业	138 449.62
47	002624.SZ	完美世界	64 互联网和相关服务	135 127.48
48	002241.SZ	歌尔股份	39 计算机、通信和其他电子设备制造业	133 883.58
49	600068.SH	葛洲坝	48 土木工程建筑业	130 773.47
50	600875.SH	东方电气	34 通用设备制造业	128 595.90
51	002024.SZ	苏宁云商	52 零售业	125 798.30
52	600276.SH	恒瑞医药	27 医药制造业	118 434.83
53	600699.SH	均胜电子	36 汽车制造业	115 962.93
54	600060.SH	海信电器	39 计算机、通信和其他电子设备制造业	115 402.30
55	600031.SH	三一重工	35 专用设备制造业	112 450.20
56	600196.SH	复星医药	27 医药制造业	110 611.78
57	600820.SH	隧道股份	48 土木工程建筑业	108 617.32
58	600839.SH	四川长虹	39 计算机、通信和其他电子设备制造业	108 408.74
59	000050.SZ	深天马A	39 计算机、通信和其他电子设备制造业	107 771.40
60	600588.SH	用友网络	65 软件和信息技术服务业	107 222.33
61	600570.SH	恒生电子	65 软件和信息技术服务业	105 090.96
62	600150.SH	中国船舶	37 铁路、船舶、航空航天和其它运输设备制造业	104 795.00

续附表3-1

序号	证券代码	公司简称	证监会行业分类（大类）代码名称	研发费用总额 2016年报合并 报表/万元
63	600307.SH	酒钢宏兴	31 黑色金属冶炼及压延加工业	104 072.65
64	000898.SZ	鞍钢股份	31 黑色金属冶炼及压延加工业	100 200.00
65	000630.SZ	铜陵有色	32 有色金属冶炼及压延加工业	100 024.56
66	600536.SH	中国软件	65 软件和信息技术服务业	97 176.62
67	601777.SH	力帆股份	36 汽车制造业	96 553.21
68	002475.SZ	立讯精密	39 计算机、通信和其他电子设备制造业	93 231.09
69	000157.SZ	中联重科	35 专用设备制造业	89 873.78
70	600198.SH	大唐电信	39 计算机、通信和其他电子设备制造业	89 398.35
71	000778.SZ	新兴铸管	33 金属制品业	89 193.40
72	601231.SH	环旭电子	39 计算机、通信和其他电子设备制造业	88 429.45
73	600718.SH	东软集团	65 软件和信息技术服务业	87 969.42
74	600320.SH	振华重工	35 专用设备制造业	85 154.44
75	600143.SH	金发科技	29 橡胶和塑料制品业	84 725.04
76	601600.SH	中国铝业	32 有色金属冶炼及压延加工业	81 413.00
77	002065.SZ	东华软件	65 软件和信息技术服务业	81 013.14
78	600282.SH	南钢股份	31 黑色金属冶炼及压延加工业	80 178.00
79	002396.SZ	星网锐捷	39 计算机、通信和其他电子设备制造业	78 867.07
80	600267.SH	海正药业	27 医药制造业	77 503.96
81	600487.SH	亨通光电	38 电气机械及器材制造业	76 320.81
82	000977.SZ	浪潮信息	39 计算机、通信和其他电子设备制造业	76 075.00
83	002371.SZ	北方华创	39 计算机、通信和其他电子设备制造业	75 790.95
84	600808.SH	马钢股份	31 黑色金属冶炼及压延加工业	75 257.00
85	601877.SH	正泰电器	38 电气机械及器材制造业	74 671.62
86	000488.SZ	晨鸣纸业	22 造纸及纸制品业	73 568.90

续附表3-1

序号	证券代码	公司简称	证监会行业分类（大类）代码名称	研发费用总额2016年报合并报表/万元
87	600660.SH	福耀玻璃	30非金属矿物制品业	72 758.61
88	600416.SH	湘电股份	34通用设备制造业	72 694.86
89	002405.SZ	四维图新	65软件和信息技术服务业	72 606.44
90	600309.SH	万华化学	26化学原料及化学制品制造业	72 552.33
91	000572.SZ	海马汽车	36汽车制造业	72 014.79
92	002230.SZ	科大讯飞	65软件和信息技术服务业	70 913.18
93	600583.SH	海油工程	11开采辅助活动	70 395.00
94	000418.SZ	小天鹅A	38电气机械及器材制造业	69 507.77
95	000425.SZ	徐工机械	35专用设备制造业	69 410.02
96	600522.SH	中天科技	38电气机械及器材制造业	68 197.91
97	000521.SZ	美菱电器	38电气机械及器材制造业	68 028.61
98	600406.SH	国电南瑞	65软件和信息技术服务业	67 301.31
99	601607.SH	上海医药	52零售业	67 055.00
100	002493.SZ	荣盛石化	28化学纤维制造业	66 004.64

说明：（1）基础数据来源：同花顺iFinD。

（2）统计整理：上市公司税收研究中心。

附录4　证监会行业分类与国民经济行业分类比较

1. 中国证监会的上市公司行业分类规范及分类结果

2012年10月26日，中国证券监督管理委员会（以下简称中国证监会）公布了《上市公司行业分类指引（2012年修订）》。在《行业分类指引》中将上市公司行业分类原则与方法确定为：

（1）以上市公司营业收入等财务数据为主要分类标准和依据，所采用财务数据为经过会计师事务所审计并已公开披露的合并报表数据。

（2）当上市公司某类业务的营业收入比重大于或等于50%，则将其划入该业务相对应的行业。

（3）当上市公司没有一类业务的营业收入比重大于或等于50%，但某类业务的收入和利润均在所有业务中最高，而且均占到公司总收入和总利润的30%以上（包含本数），则该公司归属该业务对应的行业类别。

（4）不能按照上述分类方法确定行业归属的，由上市公司行业分类专家委员会根据公司实际经营状况判断公司行业归属；归属不明确的，划为综合类。

上市公司的经济活动分为门类、大类两级，门类19个，大类90个。

根据上述原则和方法，证监会将上市公司的行业分为19个门类90个大类（行业代码和名称见附表4-1），并且每季度公布一次上市公司的行业分类结果。

截至2017年4月30日，在沪深证券交易所上市的公司涵盖了中国证监会的18个行业门类（缺"O居民服务、修理和其他服务业"门类的公司）。

2. 2011版国民经济行业分类规范

目前，国内在统计、计划、财政、税收、工商等国家宏观管理中使用的国民经济行业分类标准是2011年修订的国民经济行业分类（GB/T 4754—2011）。其规范主要有：

（1）行业（industry），是指从事相同性质的经济活动的所有单位的集合。

（2）主要活动（principal activity），当一个单位对外从事两种以上的经济活动时，占其单位增加值份额最大的一种活动称为主要活动。如果无法用增加值确定单位的主要活动，可依据销售收入、营业收入或从业人员确定主要活动。

（3）行业分类标准，主要以产业活动单位（法人单位的附属单位）和法人单位作为划分行业的单位。

具备下列条件的单位为法人单位：

——依法成立，有自己的名称、组织机构和场所，能够独立承担民事责任；

——独立拥有和使用（或授权使用）资产，承担负债，有权与其他单位签订合同；

——会计上独立核算，能够编制资产负债表。

（4）确定单位行业归属的原则，按照单位的主要经济活动确定其行业性质。当单位从事一种经济活动时，则按照该经济活动确定单位的行业；当单位从事两种以上的经济活动时，则按照主要活动确定单位的行业。

（5）国民经济行业分类标准编码方法，采用线分类法和分层次编码方法，将国民经济行业划分为门类、大类、中类和小类四级。代码由一个拉丁字母和四位阿拉伯数字组成。

门类代码用一个拉丁字母表示，即用字母A、B、C……依次代表不同门类；大类代码用两位阿拉伯数字表示，打破门类界限，从01开始按顺序编码；中类代码用三位阿拉伯数字表示，前两位为大类代码，第三位为中类顺序代码；小类代码用四位阿拉伯数字表示，前三位为中类代码，第四位为小类顺序代码。

中类和小类根据需要设立带有"其他"字样的收容项，收容项的代码尾数为"9"。

当本标准大类、中类不再细分时，代码补"0"直至第四位。

标准的代码结构如附图4-1所示：

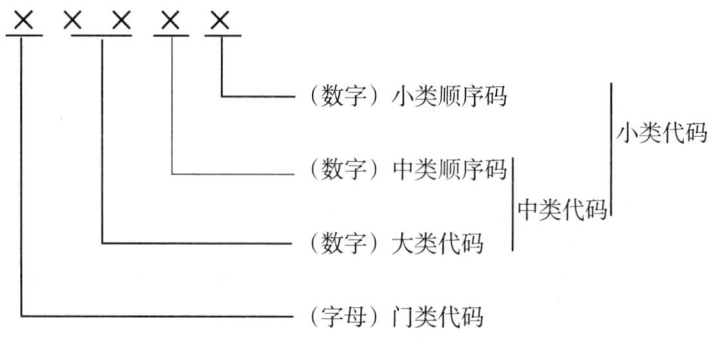

附图4-1

3. 证监会的上市公司行业分类与国民经济行业分类的主要相同之处。

除"S综合"门类、"S90综合"大类（证监会独有）外，二者的前18个行业门类和89个行业大类在名称和代码上是一致的（国民经济行业分类的S公共管理、社会保障和社会组织门类、T国际组织门类为非经济行业）。

4. 证监会的上市公司行业分类与国民经济行业分类的主要不同之处。

（1）行业分级不同。证监会是两级（门类和大类）分类，国民经济是四级（门类、大类、中类和小类）分类。

（2）分类单位维度不同。证监会的行业分类单位维度是合并报表范围内，合并报表范围执行《企业会计准则第33号——合并财务报表》的规定，可以包含多个国内经济行业中的法人单位。国民经济行业分类的单位是一个法人单位。证监会行业分类与国民经济行业分类对比情况见附表4-1。

附表4-1 证监会行业分类与国民经济行业分类对比表

证监会行业分类（2012）			国民经济行业分类（GB/T 4754—2011）		
门类代码	大类代码	类别名称	门类代码	大类代码	类别名称
A		农林牧渔业	A		农林牧渔业
	01	农业		01	农业
	02	林业		02	林业
	03	畜牧业		03	畜牧业
	04	渔业		04	渔业
	05	农林牧渔服务业		05	农林牧渔服务业
B		采矿业	B		采矿业
	06	煤炭开采和洗选业		06	煤炭开采和洗选业
	07	石油和天然气开采业		07	石油和天然气开采业
	08	黑色金属矿采选业		08	黑色金属矿采选业
	09	有色金属矿采选业		09	有色金属矿采选业
	10	非金属矿采选业		10	非金属矿采选业
	11	开采辅助活动		11	开采辅助活动
	12	其他采矿业		12	其他采矿业
C		制造业	C		制造业
	13	农副食品加工业		13	农副食品加工业
	14	食品制造业		14	食品制造业
	15	酒、饮料和精制茶制造业		15	酒、饮料和精制茶制造业
	16	烟草制品业		16	烟草制品业
	17	纺织业		17	纺织业
	18	纺织服装、服饰业		18	纺织服装、服饰业
	19	皮革、毛皮、羽毛及其制品和制鞋业		19	皮革、毛皮、羽毛及其制品和制鞋业
	20	木材加工和木、竹、藤、棕、草制品业		20	木材加工和木、竹、藤、棕、草制品业
	21	家具制造业		21	家具制造业
	22	造纸和纸制品业		22	造纸和纸制品业
	23	印刷和记录媒介复制业		23	印刷和记录媒介复制业

续附表4-1

证监会行业分类（2012）			国民经济行业分类（GB/T 4754—2011）		
门类代码	大类代码	类别名称	门类代码	大类代码	类别名称
	24	文教、工美、体育和娱乐用品制造业		24	文教、工美、体育和娱乐用品制造业
	25	石油加工、炼焦和核燃料加工业		25	石油加工、炼焦和核燃料加工业
	26	化学原料和化学制品制造业		26	化学原料和化学制品制造业
	27	医药制造业		27	医药制造业
	28	化学纤维制造业		28	化学纤维制造业
	29	橡胶和塑料制品业		29	橡胶和塑料制品业
	30	非金属矿物制品业		30	非金属矿物制品业
	31	黑色金属冶炼和压延加工业		31	黑色金属冶炼和压延加工业
	32	有色金属冶炼和压延加工业		32	有色金属冶炼和压延加工业
	33	金属制品业		33	金属制品业
	34	通用设备制造业		34	通用设备制造业
	35	专用设备制造业		35	专用设备制造业
	36	汽车制造业		36	汽车制造业
	37	铁路、船舶、航空航天和其他运输设备制造业		37	铁路、船舶、航空航天和其他运输设备制造业
	38	电气机械和器材制造业		38	电气机械和器材制造业
	39	计算机、通信和其他电子设备制造业		39	计算机、通信和其他电子设备制造业
	40	仪器仪表制造业		40	仪器仪表制造业
	41	其他制造业		41	其他制造业
	42	废弃资源综合利用业		42	废弃资源综合利用业
G		交通运输、仓储和邮政业	G		交通运输、仓储和邮政业
	53	铁路运输业		53	铁路运输业
	54	道路运输业		54	道路运输业

续附表4-1

证监会行业分类（2012）			国民经济行业分类（GB/T 4754—2011）		
门类代码	大类代码	类别名称	门类代码	大类代码	类别名称
	55	水上运输业		55	水上运输业
	56	航空运输业		56	航空运输业
	57	管道运输业		57	管道运输业
	58	装卸搬运和运输代理业		58	装卸搬运和运输代理业
	59	仓储业		59	仓储业
	60	邮政业		60	邮政业
H		住宿和餐饮业	H		住宿和餐饮业
	61	住宿业		61	住宿业
	62	餐饮业		62	餐饮业
I		信息传输、软件和信息技术服务业	I		信息传输、软件和信息技术服务业
	63	电信、广播电视和卫星传输服务		63	电信、广播电视和卫星传输服务
	64	互联网和相关服务		64	互联网和相关服务
	65	软件和信息技术服务业		65	软件和信息技术服务业
J		金融业	J		金融业
	66	货币金融服务		66	货币金融服务
	67	资本市场服务		67	资本市场服务
	68	保险业		68	保险业
	69	其他金融业		69	其他金融业
K		房地产业	K		房地产业
	70	房地产业		70	房地产业
L		租赁和商务服务业	L		租赁和商务服务业
	71	租赁业		71	租赁业
	72	商务服务业		72	商务服务业
M		科学研究和技术服务业	M		科学研究和技术服务业
	73	研究和试验发展		73	研究和试验发展

续附表4-1

证监会行业分类（2012）			国民经济行业分类（GB/T 4754—2011）		
门类代码	大类代码	类别名称	门类代码	大类代码	类别名称
	74	专业技术服务业		74	专业技术服务业
	75	科技推广和应用服务业		75	科技推广和应用服务业
N		水利、环境和公共设施管理业	N		水利、环境和公共设施管理业
	76	水利管理业		76	水利管理业
	77	生态保护和环境治理业		77	生态保护和环境治理业
	78	公共设施管理业		78	公共设施管理业
O		居民服务、修理和其他服务业	O		居民服务、修理和其他服务业
	79	居民服务业		79	居民服务业
	80	机动车、电子产品和日用产品修理业		80	机动车、电子产品和日用产品修理业
	81	其他服务业		81	其他服务业
P		教育	P		教育
	82	教育		82	教育
Q		卫生和社会工作	Q		卫生和社会工作
	83	卫生		83	卫生
	84	社会工作		84	社会工作
R		文化、体育和娱乐业	R		文化、体育和娱乐业
	85	新闻和出版业		85	新闻和出版业
	86	广播、电视、电影和影视录音制作业		86	广播、电视、电影和影视录音制作业
	87	文化艺术业		87	文化艺术业
	88	体育		88	体育
	89	娱乐业		89	娱乐业
S		综合			
	90	综合			

附录5 2016年年末"应交税费——营业税"有余额公司数据

附表5-1 　　2016年年末"应交税费——营业税"有余额公司明细表（一）

序号	证券名称	证监会行业分类（大类）代码名称 （2017年第一季度结果）	应交税费—— 营业税/万元
1	中国建筑	48土木工程建筑业	61 719.90
2	龙元建设	48土木工程建筑业	47 382.22
3	重庆建工	47房屋建筑业	45 156.61
4	中国银行	66货币金融服务	22 500.00
5	中国交建	48土木工程建筑业	20 581.10
6	同方股份	39计算机、通信和其他电子设备制造业	19 382.66
7	城投控股	70房地产业	16 798.57
8	东方园林	48土木工程建筑业	9 474.52
9	中国核建	48土木工程建筑业	9 243.02
10	神州长城	50建筑装饰和其他建筑业	8 329.80
11	工商银行	66货币金融服务	8 300.00
12	东湖高新	48土木工程建筑业	7 803.54
13	荣盛发展	70房地产业	6 946.98
14	建设银行	66货币金融服务	6 800.00
15	安迪苏	27医药制造业	6 760.48
16	成都路桥	48土木工程建筑业	6 728.72
17	粤泰股份	70房地产业	6 465.56
18	世茂股份	70房地产业	5 079.94
19	长江电力	44电力、热力生产和供应业	4 428.11
20	*ST松江	70房地产业	4 210.33
21	哈投股份	44电力、热力生产和供应业	3 871.07
22	长江投资	54道路运输业	3 514.04
23	中油工程	11开采辅助活动	3 190.09
24	久联发展	26化学原料及化学制品制造业	2 973.04
25	宜华健康	83卫生	2 847.76
26	天津磁卡	39计算机、通信和其他电子设备制造业	2 702.11

续附表5-1

序号	证券名称	证监会行业分类（大类）代码名称（2017年第一季度结果）	应交税费——营业税/万元
27	云投生态	02林业	2 633.28
28	世纪星源	77生态保护和环境治理业	2 608.69
29	山东高速	54道路运输业	2 569.88
30	上海建工	48土木工程建筑业	2 428.35
31	葛洲坝	48土木工程建筑业	2 308.24
32	云南城投	70房地产业	2 205.12
33	东方航空	56航空运输业	2 200.00
34	金融街	70房地产业	2 192.72
35	杉杉股份	38电气机械及器材制造业	2 178.97
36	西藏城投	70房地产业	2 171.09
37	览海投资	83卫生	2 091.40
38	中信证券	67资本市场服务	1 981.87
39	西水股份	68保险业	1 970.91
40	上海电气	34通用设备制造业	1 958.30
41	罗顿发展	50建筑装饰和其他建筑业	1 932.67
42	神火股份	32有色金属冶炼及压延加工业	1 889.97
43	尚荣医疗	35专用设备制造业	1 809.01
44	招商蛇口	70房地产业	1 540.57
45	中国电建	48土木工程建筑业	1 506.08
46	天海投资	55水上运输业	1 437.50
47	飞乐音响	38电气机械及器材制造业	1 436.98
48	嘉凯城	70房地产业	1 429.52
49	中兴通讯	39计算机、通信和其他电子设备制造业	1 427.30
50	中国联通	63电信、广播电视和卫星传输服务	1 354.78
51	易华录	65软件和信息技术服务业	1 314.34
52	林州重机	35专用设备制造业	1 255.86
53	云南旅游	78公共设施管理业	1 254.31
54	用友网络	65软件和信息技术服务业	1 224.06
55	长春经开	70房地产业	1 157.04
56	巴安水务	48土木工程建筑业	1 156.55

续附表5-1

序号	证券名称	证监会行业分类（大类）代码名称（2017年第一季度结果）	应交税费——营业税/万元
87	新疆城建	48 土木工程建筑业	584.64
88	汇鸿集团	51 批发业	572.23
89	深康佳A	39 计算机、通信和其他电子设备制造业	565.78
90	云煤能源	25 石油加工、炼焦及核燃料加工业	558.97
91	宋都股份	70 房地产业	546.76
92	坚瑞沃能	38 电气机械及器材制造业	543.49
93	博天环境	77 生态保护和环境治理业	541.59
94	东方集团	51 批发业	521.83
95	兰太实业	26 化学原料及化学制品制造业	515.71
96	中国太保	68 保险业	500.00
97	西藏天路	48 土木工程建筑业	499.16
98	中国武夷	70 房地产业	498.11
99	美好置业	70 房地产业	473.08
100	五洲交通	54 道路运输业	461.87
101	飞利信	65 软件和信息技术服务业	459.82
102	四创电子	39 计算机、通信和其他电子设备制造业	456.48
103	风华高科	39 计算机、通信和其他电子设备制造业	455.03
104	福星股份	70 房地产业	454.17
105	海通证券	67 资本市场服务	444.70
106	深大通	72 商务服务业	442.18
107	农尚环境	48 土木工程建筑业	440.90
108	大唐发电	44 电力、热力生产和供应业	439.50
109	新奥股份	26 化学原料及化学制品制造业	434.17
110	鼎捷软件	65 软件和信息技术服务业	424.50
111	南京新百	52 零售业	414.25
112	宁波建工	48 土木工程建筑业	412.81
113	号百控股	72 商务服务业	398.03
114	*ST金宇	17 纺织业	381.75
115	建发股份	51 批发业	381.11
116	申万宏源	67 资本市场服务	380.85

续附表5-1

序号	证券名称	证监会行业分类（大类）代码名称（2017年第一季度结果）	应交税费——营业税/万元
117	东旭光电	39计算机、通信和其他电子设备制造业	378.92
118	国泰君安	67资本市场服务	376.76
119	柳钢股份	31黑色金属冶炼及压延加工业	364.80
120	蒙草生态	77生态保护和环境治理业	363.70
121	金瑞矿业	06煤炭开采和洗选业	352.66
122	紫光股份	39计算机、通信和其他电子设备制造业	352.18
123	清新环境	77生态保护和环境治理业	349.21
124	恒大高新	26化学原料及化学制品制造业	343.52
125	大东南	29橡胶和塑料制品业	338.13
126	山东地矿	90综合	337.13
127	ST山水	39计算机、通信和其他电子设备制造业	328.16
128	太极实业	39计算机、通信和其他电子设备制造业	327.27
129	卧龙地产	70房地产业	327.19
130	宁波华翔	36汽车制造业	326.99
131	金隅股份	30非金属矿物制品业	321.01
132	陕西金叶	23印刷和记录媒介复制业	313.59
133	电广传媒	63电信、广播电视和卫星传输服务	312.09
134	金鸿能源	45燃气生产和供应业	311.38
135	美都能源	90综合	308.03
136	鲁北化工	26化学原料及化学制品制造业	305.90
137	美尔雅	18纺织服装、服饰业	299.29
138	吉视传媒	63电信、广播电视和卫星传输服务	290.91
139	新都退	61住宿业	283.52
140	蓝色光标	72商务服务业	264.91
141	人福医药	27医药制造业	264.61
142	中百集团	52零售业	261.69
143	*ST新梅	70房地产业	257.58
144	深圳能源	44电力、热力生产和供应业	254.34
145	飞马国际	72商务服务业	250.41
146	国祯环保	77生态保护和环境治理业	244.78

续附表5-1

序号	证券名称	证监会行业分类（大类）代码名称 （2017年第一季度结果）	应交税费—— 营业税/万元
147	湖北广电	86广播、电视、电影和影视录音制作业	244.19
148	东易日盛	50建筑装饰和其他建筑业	241.70
149	苏宁云商	52零售业	240.50
150	凯迪生态	44电力、热力生产和供应业	239.53
151	江西长运	54道路运输业	238.59
152	凯撒旅游	72商务服务业	234.09
153	*ST匹凸	70房地产业	230.59
154	盐湖股份	26化学原料及化学制品制造业	222.99
155	勤上股份	38电气机械及器材制造业	219.86
156	中航地产	70房地产业	218.37
157	恒锋信息	65软件和信息技术服务业	217.19
158	航天发展	39计算机、通信和其他电子设备制造业	216.91
159	深天地A	30非金属矿物制品业	216.46
160	财信发展	70房地产业	216.05
161	迪威视讯	65软件和信息技术服务业	211.15
162	国际医学	52零售业	210.84
163	国创高新	25石油加工、炼焦及核燃料加工业	209.65
164	恒通科技	30非金属矿物制品业	204.16
165	津劝业	52零售业	203.22
166	光正集团	45燃气生产和供应业	203.20
167	宏达新材	26化学原料及化学制品制造业	200.00
168	山煤国际	51批发业	197.96
169	汉邦高科	39计算机、通信和其他电子设备制造业	191.25
170	国轩高科	38电气机械及器材制造业	189.53
171	洪城水业	46水的生产和供应业	188.17
172	海航基础	52零售业	186.95
173	信达地产	70房地产业	181.53
174	ST成城	51批发业	181.48
175	银亿股份	70房地产业	180.61
176	国电电力	44电力、热力生产和供应业	174.15

续附表5-1

序号	证券名称	证监会行业分类（大类）代码名称（2017年第一季度结果）	应交税费——营业税/万元
177	欧亚集团	52零售业	172.56
178	万邦达	48土木工程建筑业	167.92
179	*ST昌鱼	13农副食品加工业	165.53
180	巴士在线	72商务服务业	162.51
181	双良节能	38电气机械及器材制造业	162.27
182	山东金泰	27医药制造业	160.07
183	首旅酒店	61住宿业	159.61
184	北辰实业	70房地产业	158.96
185	华东电脑	65软件和信息技术服务业	157.43
186	华映科技	39计算机、通信和其他电子设备制造业	157.19
187	鹏起科技	32有色金属冶炼及压延加工业	154.72
188	中国软件	65软件和信息技术服务业	152.41
189	重庆百货	52零售业	150.48
190	方正科技	39计算机、通信和其他电子设备制造业	146.42
191	千方科技	65软件和信息技术服务业	141.95
192	*ST众和	17纺织业	141.80
193	*ST皇台	15酒、饮料和精制茶制造业	141.06
194	东方创业	51批发业	138.93
195	青岛啤酒	15酒、饮料和精制茶制造业	138.04
196	中钢国际	48土木工程建筑业	131.38
197	兖州煤业	06煤炭开采和洗选业	131.30
198	悦达投资	90综合	130.83
199	新界泵业	34通用设备制造业	129.90
200	报喜鸟	18纺织服装、服饰业	129.21
201	四川九洲	39计算机、通信和其他电子设备制造业	128.38
202	天沃科技	35专用设备制造业	122.50
203	襄阳轴承	34通用设备制造业	120.67
204	新集能源	06煤炭开采和洗选业	118.51
205	冠城大通	70房地产业	118.12
206	峨眉山A	78公共设施管理业	117.78

续附表5-1

序号	证券名称	证监会行业分类（大类）代码名称 （2017年第一季度结果）	应交税费—— 营业税/万元
207	帝龙文化	41其他制造业	112.56
208	海王生物	52零售业	110.74
209	瑞和股份	50建筑装饰和其他建筑业	110.35
210	交运股份	54道路运输业	105.35
211	珠江控股	70房地产业	103.75
212	正邦科技	13农副食品加工业	99.07
213	长航凤凰	55水上运输业	99.00
214	宁波富邦	32有色金属冶炼及压延加工业	95.99
215	史丹利	26化学原料及化学制品制造业	95.33
216	海马汽车	36汽车制造业	92.85
217	波导股份	39计算机、通信和其他电子设备制造业	92.36
218	泰格医药	83卫生	91.70
219	泰合健康	27医药制造业	91.24
220	博深工具	34通用设备制造业	90.65
221	厦华电子	39计算机、通信和其他电子设备制造业	89.69
222	中核科技	34通用设备制造业	89.28
223	大通燃气	52零售业	88.72
224	*ST准油	11开采辅助活动	88.11
225	鲁银投资	90综合	87.49
226	西藏旅游	78公共设施管理业	87.11
227	天威视讯	63电信、广播电视和卫星传输服务	87.10
228	华润三九	27医药制造业	86.61
229	泰达股份	51批发业	85.79
230	智慧农业	34通用设备制造业	85.75
231	国电南瑞	65软件和信息技术服务业	85.48
232	ST亚太	70房地产业	84.95
233	山东路桥	48土木工程建筑业	83.58
234	诚志股份	26化学原料及化学制品制造业	82.65
235	江西铜业	32有色金属冶炼及压延加工业	82.28
236	海航创新	70房地产业	81.37

续附表5-1

序号	证券名称	证监会行业分类（大类）代码名称（2017年第一季度结果）	应交税费——营业税/万元
237	科大讯飞	65软件和信息技术服务业	81.19
238	新能泰山	44电力、热力生产和供应业	80.48
239	桂冠电力	44电力、热力生产和供应业	80.40
240	中航电子	37铁路、船舶、航空航天和其它运输设备制造业	80.31
241	雪峰科技	26化学原料及化学制品制造业	80.08
242	柘中股份	38电气机械及器材制造业	79.82
243	闽灿坤B	38电气机械及器材制造业	78.49
244	舜喆B	70房地产业	78.13
245	标准股份	35专用设备制造业	75.08
246	光洋股份	36汽车制造业	72.73
247	烽火通信	39计算机、通信和其他电子设备制造业	72.30
248	富春股份	65软件和信息技术服务业	72.25
249	伊力特	15酒、饮料和精制茶制造业	72.07
250	*ST柳化	26化学原料及化学制品制造业	70.18
251	苏宁环球	70房地产业	69.96
252	亿阳信通	65软件和信息技术服务业	68.66
253	长江润发	35专用设备制造业	67.52
254	华天酒店	61住宿业	66.60
255	三特索道	78公共设施管理业	66.48
256	西王食品	13农副食品加工业	65.07
257	南方传媒	85新闻和出版业	64.94
258	冀东水泥	30非金属矿物制品业	64.06
259	亚盛集团	01农业	63.37
260	桐昆股份	28化学纤维制造业	62.71
261	永创智能	35专用设备制造业	62.69
262	荣丰控股	70房地产业	62.51
263	北方国际	48土木工程建筑业	61.32
264	格林美	42废弃资源综合利用业	60.09
265	中工国际	48土木工程建筑业	59.87
266	中捷资源	35专用设备制造业	59.10

续附表5-1

序号	证券名称	证监会行业分类（大类）代码名称 （2017年第一季度结果）	应交税费—— 营业税/万元
267	*ST天仪	36 汽车制造业	59.09
268	中毅达	48 土木工程建筑业	58.68
269	新洋丰	26 化学原料及化学制品制造业	58.13
270	吉林森工	20 木材加工及木、竹、藤、棕、草制品业	57.95
271	昆百大A	52 零售业	57.91
272	精达股份	38 电气机械及器材制造业	57.81
273	远达环保	77 生态保护和环境治理业	57.76
274	恒顺醋业	14 食品制造业	57.02
275	建设机械	35 专用设备制造业	55.04
276	华银电力	44 电力、热力生产和供应业	54.77
277	新兴铸管	33 金属制品业	52.02
278	红阳能源	06 煤炭开采和洗选业	52.01
279	北大荒	01 农业	51.94
280	天茂集团	68 保险业	51.90
281	广汽集团	36 汽车制造业	51.42
282	中远海控	55 水上运输业	51.35
283	高升控股	65 软件和信息技术服务业	50.07
284	欢瑞世纪	86 广播、电视、电影和影视录音制作业	49.59
285	航天电子	35 专用设备制造业	47.95
286	拓维信息	65 软件和信息技术服务业	47.68
287	皖江物流	55 水上运输业	47.65
288	惠天热电	44 电力、热力生产和供应业	47.58
289	中国重工	37 铁路、船舶、航空航天和其它运输设备制造业	47.52
290	南岭民爆	26 化学原料及化学制品制造业	46.69
291	广西广电	63 电信、广播电视和卫星传输服务	46.39
292	武汉中商	52 零售业	46.39
293	华北制药	27 医药制造业	46.24
294	商赢环球	26 化学原料及化学制品制造业	45.22
295	华建集团	74 专业技术服务业	45.12
296	北部湾旅	78 公共设施管理业	45.09

续附表5-1

序号	证券名称	证监会行业分类（大类）代码名称 （2017年第一季度结果）	应交税费—— 营业税/万元
297	威华股份	20 木材加工及木、竹、藤、棕、草制品业	44.28
298	东北制药	27 医药制造业	44.28
299	楚天高速	54 道路运输业	43.77
300	长春燃气	45 燃气生产和供应业	43.35
301	罗牛山	03 畜牧业	43.23
302	民盛金科	38 电气机械及器材制造业	41.82
303	星辉娱乐	24 文教、工美、体育和娱乐用品制造业	41.64
304	新海宜	39 计算机、通信和其他电子设备制造业	40.63
305	海南高速	70 房地产业	40.51
306	闽东电力	44 电力、热力生产和供应业	39.92
307	五洋科技	34 通用设备制造业	39.33
308	建摩B	37 铁路、船舶、航空航天和其它运输设备制造业	39.30
309	华资实业	13 农副食品加工业	37.88
310	东富龙	35 专用设备制造业	37.05
311	现代投资	54 道路运输业	36.99
312	皖通科技	65 软件和信息技术服务业	36.75
313	陕西煤业	06 煤炭开采和洗选业	36.71
314	科陆电子	40 仪器仪表制造业	36.39
315	东方通信	39 计算机、通信和其他电子设备制造业	36.20
316	广誉远	27 医药制造业	35.77
317	大地传媒	85 新闻和出版业	35.69
318	睿康股份	38 电气机械及器材制造业	35.62
319	盛运环保	34 通用设备制造业	35.42
320	信邦制药	27 医药制造业	34.73
321	长园集团	39 计算机、通信和其他电子设备制造业	33.93
322	中设集团	74 专业技术服务业	33.84
323	凯瑞德	17 纺织业	33.71
324	浦东金桥	70 房地产业	33.52
325	斯太尔	36 汽车制造业	33.00
326	瀚蓝环境	46 水的生产和供应业	32.93

续附表5-1

序号	证券名称	证监会行业分类（大类）代码名称 （2017年第一季度结果）	应交税费—— 营业税/万元
327	双星新材	29橡胶和塑料制品业	32.89
328	云天化	26化学原料及化学制品制造业	32.62
329	福日电子	51批发业	32.49
330	江苏有线	63电信、广播电视和卫星传输服务	32.15
331	海汽集团	54道路运输业	31.95
332	合力泰	39计算机、通信和其他电子设备制造业	31.79
333	贵广网络	63电信、广播电视和卫星传输服务	30.69
334	桂东电力	44电力、热力生产和供应业	30.18
335	银星能源	44电力、热力生产和供应业	30.14
336	江苏吴中	90综合	29.44
337	德创环保	77生态保护和环境治理业	28.99
338	中国国旅	72商务服务业	28.96
339	恒康医疗	27医药制造业	28.23
340	中储股份	59仓储业	28.04
341	金种子酒	15酒、饮料和精制茶制造业	27.87
342	亚宝药业	27医药制造业	26.63
343	长城影视	86广播、电视、电影和影视录音制作业	26.52
344	厦门钨业	32有色金属冶炼及压延加工业	26.35
345	分众传媒	72商务服务业	25.97
346	广安爱众	44电力、热力生产和供应业	25.89
347	恒泰艾普	11开采辅助活动	25.88
348	新力金融	69其他金融业	25.66
349	信雅达	65软件和信息技术服务业	25.56
350	五矿发展	51批发业	25.29
351	梦网荣信	65软件和信息技术服务业	25.04
352	大湖股份	04渔业	24.93
353	中信重工	35专用设备制造业	24.73
354	漳泽电力	44电力、热力生产和供应业	24.23
355	哈高科	13农副食品加工业	23.36
356	长江传媒	85新闻和出版业	22.98

续附表 5-1

序号	证券名称	证监会行业分类（大类）代码名称 （2017年第一季度结果）	应交税费—— 营业税/万元
357	经纬纺机	35 专用设备制造业	22.04
358	达安基因	27 医药制造业	21.98
359	皖能电力	44 电力、热力生产和供应业	21.89
360	盈方微	39 计算机、通信和其他电子设备制造业	21.79
361	横店东磁	38 电气机械及器材制造业	21.59
362	*ST沈机	34 通用设备制造业	21.53
363	渤海股份	46 水的生产和供应业	21.19
364	中科三环	39 计算机、通信和其他电子设备制造业	21.15
365	郴电国际	44 电力、热力生产和供应业	20.79
366	泛海控股	70 房地产业	20.78
367	佳发安泰	65 软件和信息技术服务业	20.63
368	长源电力	44 电力、热力生产和供应业	20.61
369	外运发展	58 装卸搬运和其他运输代理业	20.32
370	*ST宝实	34 通用设备制造业	20.13
371	西藏矿业	08 黑色金属矿采选业	19.79
372	万业企业	70 房地产业	19.65
373	新纶科技	26 化学原料及化学制品制造业	19.55
374	超声电子	39 计算机、通信和其他电子设备制造业	19.38
375	南京熊猫	39 计算机、通信和其他电子设备制造业	19.27
376	上峰水泥	30 非金属矿物制品业	19.01
377	澳洋科技	28 化学纤维制造业	18.37
378	秀强股份	30 非金属矿物制品业	17.70
379	航天通信	51 批发业	17.36
380	浙数文化	85 新闻和出版业	17.23
381	*ST坊展	90 综合	17.16
382	西安饮食	62 餐饮业	17.13
383	环能科技	35 专用设备制造业	17.10
384	金鹰股份	17 纺织业	16.85
385	孚日股份	17 纺织业	16.80
386	现代制药	27 医药制造业	16.68

续附表 5-1

序号	证券名称	证监会行业分类（大类）代码名称（2017年第一季度结果）	应交税费——营业税/万元
387	龙江交通	54 道路运输业	16.54
388	智慧松德	35 专用设备制造业	16.42
389	天原集团	26 化学原料及化学制品制造业	16.35
390	大连重工	35 专用设备制造业	16.24
391	创新医疗	41 其他制造业	16.05
392	黑猫股份	26 化学原料及化学制品制造业	15.68
393	敦煌种业	01 农业	15.61
394	厦门信达	51 批发业	15.53
395	国统股份	30 非金属矿物制品业	15.28
396	皖新传媒	85 新闻和出版业	15.18
397	欧比特	39 计算机、通信和其他电子设备制造业	15.05
398	新开源	26 化学原料及化学制品制造业	15.04
399	青海春天	14 食品制造业	14.99
400	星河生物	01 农业	14.93
401	生意宝	64 互联网和相关服务	14.88
402	金马股份	36 汽车制造业	14.69
403	ST景谷	02 林业	14.63
404	美克家居	52 零售业	14.61
405	四维图新	65 软件和信息技术服务业	14.22
406	天奇股份	34 通用设备制造业	14.18
407	博汇纸业	22 造纸及纸制品业	14.15
408	西部资源	36 汽车制造业	13.95
409	神州高铁	37 铁路、船舶、航空航天和其它运输设备制造业	13.93
410	东方电气	34 通用设备制造业	13.77
411	盛达矿业	09 有色金属矿采选业	13.70
412	华升股份	17 纺织业	13.59
413	西部创业	53 铁路运输业	13.55
414	大秦铁路	53 铁路运输业	13.49
415	新湖中宝	70 房地产业	13.20
416	美欣达	17 纺织业	13.01

续附表5-1

序号	证券名称	证监会行业分类（大类）代码名称 （2017年第一季度结果）	应交税费—— 营业税/万元
417	隆鑫通用	37铁路、船舶、航空航天和其它运输设备制造业	12.78
418	康芝药业	27医药制造业	12.77
419	山东矿机	35专用设备制造业	12.65
420	瑞泰科技	30非金属矿物制品业	12.62
421	航发动力	37铁路、船舶、航空航天和其它运输设备制造业	12.57
422	海立股份	34通用设备制造业	12.49
423	先锋新材	41其他制造业	12.45
424	和佳股份	35专用设备制造业	12.36
425	甘肃电投	44电力、热力生产和供应业	12.09
426	华宏科技	35专用设备制造业	11.95
427	华金资本	90综合	11.84
428	得利斯	13农副食品加工业	11.80
429	深深房A	70房地产业	11.76
430	天铁股份	29橡胶和塑料制品业	11.25
431	中葡股份	15酒、饮料和精制茶制造业	11.23
432	焦点科技	64互联网和相关服务	11.05
433	*ST上普	39计算机、通信和其他电子设备制造业	10.98
434	*ST智慧	65软件和信息技术服务业	10.76
435	轴研科技	34通用设备制造业	10.76
436	石化机械	35专用设备制造业	10.65
437	东方明珠	63电信、广播电视和卫星传输服务	10.56
438	中体产业	70房地产业	10.50
439	*ST青松	30非金属矿物制品业	10.36
440	南方汇通	26化学原料及化学制品制造业	10.23
441	潞安环能	06煤炭开采和洗选业	10.18
442	顺丰控股	60邮政业	10.11
443	中文传媒	85新闻和出版业	10.11
444	久远银海	65软件和信息技术服务业	9.91
445	航天动力	35专用设备制造业	9.81
446	熊猫金控	69其他金融业	9.75

续附表5-1

序号	证券名称	证监会行业分类（大类）代码名称（2017年第一季度结果）	应交税费——营业税/万元
447	*ST云网	62餐饮业	9.59
448	内蒙华电	44电力、热力生产和供应业	9.38
449	华侨城A	78公共设施管理业	8.99
450	力生制药	27医药制造业	8.96
451	工大高新	65软件和信息技术服务业	8.93
452	三峡水利	44电力、热力生产和供应业	8.63
453	博世科	77生态保护和环境治理业	8.38
454	张家界	78公共设施管理业	7.81
455	青龙管业	30非金属矿物制品业	7.68
456	洛阳玻璃	30非金属矿物制品业	7.56
457	岳阳兴长	25石油加工、炼焦及核燃料加工业	7.52
458	上海凤凰	37铁路、船舶、航空航天和其它运输设备制造业	7.50
459	北京文化	86广播、电视、电影和影视录音制作业	7.50
460	四环生物	27医药制造业	7.45
461	文投控股	86广播、电视、电影和影视录音制作业	7.43
462	东方锆业	32有色金属冶炼及压延加工业	7.28
463	远方光电	40仪器仪表制造业	7.26
464	群兴玩具	24文教、工美、体育和娱乐用品制造业	7.20
465	中鼎股份	29橡胶和塑料制品业	7.03
466	北斗星通	39计算机、通信和其他电子设备制造业	6.97
467	百川能源	45燃气生产和供应业	6.93
468	美康生物	27医药制造业	6.90
469	鲁商置业	70房地产业	6.82
470	西宁特钢	31黑色金属冶炼及压延加工业	6.81
471	中国西电	38电气机械及器材制造业	6.74
472	国脉科技	65软件和信息技术服务业	6.66
473	华中数控	34通用设备制造业	6.61
474	皖天然气	45燃气生产和供应业	6.49
475	阳光照明	38电气机械及器材制造业	6.47
476	浙江东方	51批发业	6.33

续附表5-1

序号	证券名称	证监会行业分类（大类）代码名称（2017年第一季度结果）	应交税费——营业税/万元
477	海德股份	70房地产业	6.22
478	中材科技	30非金属矿物制品业	6.21
479	鹏欣资源	32有色金属冶炼及压延加工业	6.20
480	锦龙股份	67资本市场服务	6.10
481	申华控股	52零售业	6.09
482	恒立实业	35专用设备制造业	6.06
483	铁龙物流	53铁路运输业	6.02
484	西部牧业	03畜牧业	6.00
485	东方网络	64互联网和相关服务	5.98
486	好当家	04渔业	5.93
487	青岛双星	29橡胶和塑料制品业	5.92
488	粤传媒	72商务服务业	5.88
489	京能置业	70房地产业	5.70
490	景旺电子	39计算机、通信和其他电子设备制造业	5.69
491	新大洲A	06煤炭开采和洗选业	5.45
492	佳都科技	65软件和信息技术服务业	5.38
493	万丰奥威	36汽车制造业	5.38
494	拓邦股份	38电气机械及器材制造业	5.27
495	蓝盾股份	65软件和信息技术服务业	5.06
496	省广股份	72商务服务业	5.00
497	东贝B股	34通用设备制造业	5.00
498	春兰股份	38电气机械及器材制造业	4.96
499	*ST三维	26化学原料及化学制品制造业	4.92
500	丽鹏股份	33金属制品业	4.79
501	北方华创	39计算机、通信和其他电子设备制造业	4.77
502	江南高纤	28化学纤维制造业	4.70
503	金龙机电	38电气机械及器材制造业	4.64
504	大商股份	52零售业	4.59
505	秦川机床	34通用设备制造业	4.55
506	泰禾集团	70房地产业	4.54

续附表 5-1

序号	证券名称	证监会行业分类（大类）代码名称 （2017年第一季度结果）	应交税费—— 营业税/万元
507	兴民智通	36 汽车制造业	4.46
508	龙洲股份	54 道路运输业	4.41
509	万润科技	39 计算机、通信和其他电子设备制造业	4.36
510	深南电 A	44 电力、热力生产和供应业	4.36
511	万林股份	72 商务服务业	4.31
512	中国核电	44 电力、热力生产和供应业	4.20
513	北京利尔	30 非金属矿物制品业	4.00
514	华英农业	03 畜牧业	4.00
515	中航高科	37 铁路、船舶、航空航天和其它运输设备制造业	3.98
516	恩华药业	27 医药制造业	3.94
517	锡业股份	32 有色金属冶炼及压延加工业	3.91
518	朗迪集团	29 橡胶和塑料制品业	3.90
519	正泰电器	38 电气机械及器材制造业	3.89
520	赢时胜	65 软件和信息技术服务业	3.69
521	永安林业	21 家具制造业	3.67
522	中利集团	38 电气机械及器材制造业	3.51
523	中联重科	35 专用设备制造业	3.48
524	万家乐	38 电气机械及器材制造业	3.41
525	白云山	27 医药制造业	3.36
526	中珠医疗	27 医药制造业	3.33
527	宝硕股份	67 资本市场服务	3.27
528	建研集团	74 专业技术服务业	3.21
529	青海华鼎	34 通用设备制造业	3.21
530	泰晶科技	41 其他制造业	3.16
531	老白干酒	15 酒、饮料和精制茶制造业	3.15
532	上海梅林	14 食品制造业	3.12
533	华媒控股	85 新闻和出版业	3.10
534	广电运通	34 通用设备制造业	3.10
535	华电重工	74 专业技术服务业	3.06
536	天润乳业	14 食品制造业	2.93

续附表5-1

序号	证券名称	证监会行业分类（大类）代码名称 （2017年第一季度结果）	应交税费—— 营业税/万元
537	德艺文创	87 文化艺术业	2.91
538	中粮糖业	13 农副食品加工业	2.89
539	天宸股份	90 综合	2.89
540	健民集团	52 零售业	2.82
541	广博股份	24 文教、工美、体育和娱乐用品制造业	2.81
542	亚星锚链	37 铁路、船舶、航空航天和其它运输设备制造业	2.77
543	辉隆股份	52 零售业	2.76
544	申通快递	60 邮政业	2.67
545	弘业股份	51 批发业	2.66
546	奥佳华	35 专用设备制造业	2.66
547	旭光股份	39 计算机、通信和其他电子设备制造业	2.61
548	千金药业	27 医药制造业	2.55
549	华联股份	72 商务服务业	2.53
550	时代万恒	51 批发业	2.52
551	出版传媒	85 新闻和出版业	2.51
552	恒天海龙	28 化学纤维制造业	2.50
553	皖维高新	28 化学纤维制造业	2.49
554	赤天化	26 化学原料及化学制品制造业	2.44
555	宁波港	55 水上运输业	2.40
556	巨轮智能	35 专用设备制造业	2.29
557	天康生物	13 农副食品加工业	2.24
558	康德莱	35 专用设备制造业	2.18
559	金路集团	26 化学原料及化学制品制造业	2.15
560	晨光生物	13 农副食品加工业	2.14
561	湖南投资	54 道路运输业	2.14
562	岳阳林纸	22 造纸及纸制品业	2.12
563	大连港	55 水上运输业	2.11
564	国检集团	74 专业技术服务业	2.07
565	南宁百货	52 零售业	2.05
566	中航电测	39 计算机、通信和其他电子设备制造业	2.02

续附表5-1

序号	证券名称	证监会行业分类（大类）代码名称 （2017年第一季度结果）	应交税费—— 营业税/万元
567	博晖创新	35专用设备制造业	2.00
568	山河智能	35专用设备制造业	1.95
569	惠博普	11开采辅助活动	1.95
570	沃华医药	27医药制造业	1.90
571	*ST新赛	01农业	1.90
572	国海证券	67资本市场服务	1.86
573	信维通信	39计算机、通信和其他电子设备制造业	1.84
574	长城电工	38电气机械及器材制造业	1.83
575	中金黄金	09有色金属矿采选业	1.83
576	亚通股份	55水上运输业	1.80
577	华联综超	52零售业	1.77
578	怡亚通	72商务服务业	1.77
579	泸州老窖	15酒、饮料和精制茶制造业	1.75
580	凤凰光学	40仪器仪表制造业	1.75
581	欣龙控股	17纺织业	1.68
582	迪森股份	44电力、热力生产和供应业	1.64
583	和科达	34通用设备制造业	1.62
584	巨星科技	33金属制品业	1.61
585	精功科技	35专用设备制造业	1.60
586	神农基因	01农业	1.60
587	株冶集团	32有色金属冶炼及压延加工业	1.57
588	煌上煌	13农副食品加工业	1.57
589	幸福蓝海	86广播、电视、电影和影视录音制作业	1.55
590	S*ST前锋	70房地产业	1.53
591	石大胜华	26化学原料及化学制品制造业	1.45
592	唐人神	13农副食品加工业	1.44
593	吉电股份	44电力、热力生产和供应业	1.42
594	鱼跃医疗	35专用设备制造业	1.39
595	振东制药	27医药制造业	1.38
596	莱茵生物	27医药制造业	1.24

续附表5-1

序号	证券名称	证监会行业分类（大类）代码名称 （2017年第一季度结果）	应交税费——营业税/万元
597	荃银高科	01农业	1.23
598	福建金森	02林业	1.22
599	联建光电	72商务服务业	1.22
600	菲达环保	35专用设备制造业	1.21
601	GQY视讯	39计算机、通信和其他电子设备制造业	1.21
602	北部湾港	55水上运输业	1.21
603	科华恒盛	38电气机械及器材制造业	1.18
604	申达股份	51批发业	1.16
605	祥龙电业	48土木工程建筑业	1.16
606	新华文轩	85新闻和出版业	1.16
607	万向钱潮	36汽车制造业	1.14
608	国投电力	44电力、热力生产和供应业	1.14
609	宜昌交运	54道路运输业	1.10
610	中国医药	27医药制造业	1.10
611	天润数娱	64互联网和相关服务	1.07
612	国泰集团	26化学原料及化学制品制造业	1.02
613	益佰制药	27医药制造业	1.00
614	尖峰集团	30非金属矿物制品业	1.00
615	顺网科技	64互联网和相关服务	0.99
616	四川美丰	26化学原料及化学制品制造业	0.90
617	深桑达A	51批发业	0.90
618	江粉磁材	39计算机、通信和其他电子设备制造业	0.90
619	黄河旋风	30非金属矿物制品业	0.84
620	界龙实业	23印刷和记录媒介复制业	0.83
621	农产品	72商务服务业	0.81
622	*ST天成	38电气机械及器材制造业	0.76
623	一心堂	52零售业	0.75
624	焦作万方	32有色金属冶炼及压延加工业	0.74
625	华联控股	70房地产业	0.71
626	富临运业	54道路运输业	0.71

续附表5-1

序号	证券名称	证监会行业分类（大类）代码名称 （2017年第一季度结果）	应交税费—— 营业税/万元
627	当代明诚	86广播、电视、电影和影视录音制作业	0.71
628	梦洁股份	17纺织业	0.70
629	华电能源	44电力、热力生产和供应业	0.69
630	航民股份	17纺织业	0.68
631	*ST宏盛	70房地产业	0.67
632	华统股份	13农副食品加工业	0.65
633	彩虹股份	39计算机、通信和其他电子设备制造业	0.64
634	悦心健康	30非金属矿物制品业	0.63
635	东方电子	38电气机械及器材制造业	0.62
636	珠江实业	70房地产业	0.60
637	中成股份	51批发业	0.57
638	中兵红箭	30非金属矿物制品业	0.55
639	视觉中国	87文化艺术业	0.54
640	精伦电子	39计算机、通信和其他电子设备制造业	0.54
641	中天能源	45燃气生产和供应业	0.54
642	广宇集团	70房地产业	0.54
643	森远股份	35专用设备制造业	0.54
644	太安堂	27医药制造业	0.52
645	浙江永强	21家具制造业	0.52
646	浔兴股份	41其他制造业	0.52
647	新潮能源	90综合	0.50
648	广联达	65软件和信息技术服务业	0.46
649	华孚色纺	17纺织业	0.42
650	马应龙	51批发业	0.41
651	五洲新春	34通用设备制造业	0.40
652	金禾实业	26化学原料及化学制品制造业	0.40
653	大洋电机	38电气机械及器材制造业	0.38
654	汤臣倍健	14食品制造业	0.37
655	金山股份	44电力、热力生产和供应业	0.37
656	江苏舜天	51批发业	0.37

续附表5-1

序号	证券名称	证监会行业分类（大类）代码名称 （2017年第一季度结果）	应交税费—— 营业税/万元
657	华闻传媒	85新闻和出版业	0.37
658	广晟有色	09有色金属矿采选业	0.37
659	强力新材	26化学原料及化学制品制造业	0.33
660	四方达	30非金属矿物制品业	0.33
661	爱尔眼科	83卫生	0.31
662	佳讯飞鸿	39计算机、通信和其他电子设备制造业	0.30
663	海峡股份	55水上运输业	0.28
664	博瑞传播	85新闻和出版业	0.28
665	酒钢宏兴	31黑色金属冶炼及压延加工业	0.28
666	兰州黄河	15酒、饮料和精制茶制造业	0.28
667	唐山港	55水上运输业	0.26
668	山东黄金	09有色金属矿采选业	0.26
669	哈药股份	27医药制造业	0.25
670	人民同泰	51批发业	0.25
671	广弘控股	13农副食品加工业	0.25
672	旗滨集团	30非金属矿物制品业	0.25
673	山大华特	27医药制造业	0.24
674	力帆股份	36汽车制造业	0.24
675	海南橡胶	01农业	0.23
676	云南能投	14食品制造业	0.23
677	黔源电力	44电力、热力生产和供应业	0.22
678	深基地B	59仓储业	0.21
679	新华百货	52零售业	0.20
680	宝钢股份	31黑色金属冶炼及压延加工业	0.19
681	天山股份	30非金属矿物制品业	0.17
682	安源煤业	06煤炭开采和洗选业	0.17
683	乔治白	18纺织服装、服饰业	0.16
684	三峡新材	30非金属矿物制品业	0.15
685	苏利股份	26化学原料及化学制品制造业	0.15
686	通葡股份	15酒、饮料和精制茶制造业	0.15

续附表5-1

序号	证券名称	证监会行业分类（大类）代码名称 （2017年第一季度结果）	应交税费—— 营业税/万元
687	蓝科高新	35专用设备制造业	0.15
688	飞天诚信	65软件和信息技术服务业	0.14
689	贵航股份	36汽车制造业	0.14
690	湖南黄金	09有色金属矿采选业	0.14
691	兴发集团	26化学原料及化学制品制造业	0.14
692	万达电影	86广播、电视、电影和影视录音制作业	0.13
693	拓普集团	36汽车制造业	0.13
694	天地源	70房地产业	0.13
695	华锦股份	25石油加工、炼焦及核燃料加工业	0.13
696	太原重工	35专用设备制造业	0.12
697	象屿股份	72商务服务业	0.11
698	古越龙山	15酒、饮料和精制茶制造业	0.10
699	好想你	13农副食品加工业	0.10
700	必康股份	27医药制造业	0.10
701	永泰能源	06煤炭开采和洗选业	0.10
702	恒源煤电	06煤炭开采和洗选业	0.10
703	深华发A	39计算机、通信和其他电子设备制造业	0.10
704	西安旅游	78公共设施管理业	0.09
705	顺发恒业	70房地产业	0.08
706	兰花科创	06煤炭开采和洗选业	0.08
707	博彦科技	65软件和信息技术服务业	0.07
708	歌力思	18纺织服装、服饰业	0.06
709	数源科技	90综合	0.05
710	海峡环保	46水的生产和供应业	0.05
711	中船科技	48土木工程建筑业	0.05
712	*ST华菱	31黑色金属冶炼及压延加工业	0.05
713	中原证券	67资本市场服务	0.05
714	闽发铝业	32有色金属冶炼及压延加工业	0.04
715	英力特	26化学原料及化学制品制造业	0.04
716	通策医疗	83卫生	0.03

续附表5-1

序号	证券名称	证监会行业分类（大类）代码名称（2017年第一季度结果）	应交税费——营业税/万元
717	天海防务	74专业技术服务业	0.03
718	国电南自	38电气机械及器材制造业	0.03
719	跨境通	52零售业	0.02
720	路通视信	39计算机、通信和其他电子设备制造业	0.02
721	千山药机	35专用设备制造业	0.01
722	云南白药	27医药制造业	0.01
723	滨化股份	26化学原料及化学制品制造业	0.0040
724	金陵药业	27医药制造业	0.0003
725	太龙药业	27医药制造业	0.0001

附表5-2　　**2016年年末"应交税费——营业税"有余额公司明细表（二）**

序号	证券名称	证监会行业分类（大类）代码名称（2017年第一季度结果）	应交税费——营业税/万元
726	方大特钢	31黑色金属冶炼及压延加工业	−0.01
727	润达医疗	51批发业	−0.01
728	红日药业	27医药制造业	−0.02
729	广电电气	38电气机械及器材制造业	−0.03
730	天喻信息	39计算机、通信和其他电子设备制造业	−0.25
731	老凤祥	41其他制造业	−0.38
732	浙江众成	29橡胶和塑料制品业	−0.45
733	新疆众和	39计算机、通信和其他电子设备制造业	−0.52
734	杰赛科技	65软件和信息技术服务业	−0.65
735	全新好	61住宿业	−0.82
736	鑫茂科技	38电气机械及器材制造业	−3.99
737	南宁糖业	13农副食品加工业	−4.71
738	香溢融通	71租赁业	−5.44
739	鼎信通讯	65软件和信息技术服务业	−6.13
740	园城黄金	09有色金属矿采选业	−7.80
741	维尔利	77生态保护和环境治理业	−13.42
742	同达创业	51批发业	−13.43
743	万泽股份	70房地产业	−14.12

续附表 5-2

序号	证券名称	证监会行业分类（大类）代码名称（2017年第一季度结果）	应交税费——营业税/万元
744	中国高科	70 房地产业	−17.83
745	奥维通信	39 计算机、通信和其他电子设备制造业	−22.90
746	中远海科	65 软件和信息技术服务业	−26.65
747	海泰发展	90 综合	−47.19
748	明星电力	44 电力、热力生产和供应业	−58.38
749	庞大集团	52 零售业	−68.54
750	天保基建	70 房地产业	−69.09
751	外高桥	51 批发业	−122.73
752	张江高科	90 综合	−130.12
753	莱茵体育	70 房地产业	−181.44
754	空港股份	48 土木工程建筑业	−223.32
755	赣粤高速	54 道路运输业	−376.52
756	四川成渝	54 道路运输业	−396.77
757	爱建集团	69 其他金融业	−469.05
758	蓝光发展	70 房地产业	−504.29
759	国投安信	67 资本市场服务	−589.50
760	凤凰股份	70 房地产业	−672.64
761	苏州高新	70 房地产业	−757.31
762	大连友谊	52 零售业	−1,014.19
763	南国置业	70 房地产业	−1,874.47
764	中铁工业	35 专用设备制造业	−2,037.57
765	三湘印象	70 房地产业	−2,607.37
766	银座股份	52 零售业	−2,865.73
767	大名城	70 房地产业	−4,162.01
768	大众公用	45 燃气生产和供应业	−5,694.53
769	中天金融	70 房地产业	−8,181.55
770	中华企业	70 房地产业	−8,741.03
771	中国中冶	48 土木工程建筑业	−17,437.70
772	中国中铁	48 土木工程建筑业	−22,332.60
773	小商品城	72 商务服务业	−35,703.25
774	保利地产	70 房地产业	−317,080.76

附录6　上市公司2016年度分行业研发投入情况

　　2 668家上市公司在年报中披露了2016年度研发投入数据，占样本公司的82.74%；研发投入总计4 554.48亿元，其中资本化研发投入487.19亿元，计入管理费用的研发支出金额合计2 746.68亿元。

　　按行业统计，最舍得研发投入的前三个的行业（大类）分别为计算机、通信和其他电子设备制造业744亿元、土木工程建筑业617亿元、汽车制造业497亿元，房屋建筑业和铁路运输业公司没有披露研发投入数据。其他行业研发情况见附表6-1。

附表6-1　　　　　　　　　　**2016年上市公司行业研发投入情况**

行业代码和名称（大类）	披露研发投入公司数量	公司数量	研发费用总额/万元	求和项:营业总收入总额/万元	研发投入占比/%
01农业	15	16	52 166	2 994 071	1.74
02林业	2	4	463	200 432	0.23
03畜牧业	11	14	39 078	9 823 770	0.40
04渔业	5	10	11 632	1 374 543	0.85
05农林牧渔服务业	2	2	3 768	167 851	2.24
06煤炭开采和洗选业	22	27	261 641	56 900 025	0.46
07石油和天然气开采业	4	5	1 764 537	355 446 528	0.50
08黑色金属矿采选业	4	5	40 605	1 309 344	3.10
09有色金属矿采选业	14	24	155 370	28 151 359	0.55
11开采辅助活动	15	15	264 801	13 315 314	1.99
13农副食品加工业	35	43	261 175	29 717 730	0.88
14食品制造业	37	39	219 275	17 702 424	1.24
15酒、饮料和精制茶制造业	34	41	146 725	19 843 302	0.74
17纺织业	38	42	206 850	8 999 854	2.30
18纺织服装、服饰业	32	33	171 061	10 924 326	1.57
19皮革、毛皮、羽毛及其制品和制鞋业	8	9	26 261	1 613 731	1.63
20木材加工及木、竹、藤、棕、草制品业	7	9	24 582	1 680 025	1.46

续附表6-1

行业代码和名称（大类）	披露研发投入公司数量	公司数量	研发费用总额/万元	求和项:营业总收入总额/万元	研发投入占比/%
21 家具制造业	17	17	115 087	4 299 674	2.68
22 造纸及纸制品业	27	28	281 501	11 564 355	2.43
23 印刷和记录媒介复制业	10	11	47 696	1 238 006	3.85
24 文教、工美、体育和娱乐用品制造业	12	12	65 607	1 893 397	3.47
25 石油加工、炼焦及核燃料加工业	16	17	49 603	15 958 727	0.31
26 化学原料及化学制品制造业	201	213	1 459 660	76 762 955	1.90
27 医药制造业	182	184	2 020 380	52 504 788	3.85
28 化学纤维制造业	21	22	215 561	18 582 706	1.16
29 橡胶和塑料制品业	62	64	636 627	17 891 732	3.56
30 非金属矿物制品业	68	82	578 008	32 840 488	1.76
31 黑色金属冶炼及压延加工业	30	32	1 796 112	91 194 117	1.97
32 有色金属冶炼及压延加工业	63	64	1 053 967	86 917 019	1.21
33 金属制品业	55	57	461 965	21 847 771	2.11
34 通用设备制造业	120	122	1 467 523	38 193 545	3.84
35 专用设备制造业	187	187	1 757 647	42 383 188	4.15
36 汽车制造业	106	106	4 967 654	183 277 689	2.71
37 铁路、船舶、航空航天和其他运输设备制造业	38	38	1 945 333	48 251 331	4.03
38 电气机械及器材制造业	199	201	3 440 666	103 535 256	3.32
39 计算机、通信和其他电子设备制造业	287	291	7 443 744	132 017 004	5.64
40 仪器仪表制造业	43	43	217 708	3 529 746	6.17
41 其他制造业	16	19	34 153	9 603 926	0.36
42 废弃资源综合利用业	3	4	38 539	1 274 181	3.02
44 电力、热力生产和供应业	28	66	144 975	71 901 132	0.20
45 燃气生产和供应业	8	18	6 676	8 363 880	0.08
46 水的生产和供应业	10	15	6 925	3 236 610	0.21

续附表6-1

行业代码和名称（大类）	披露研发投入公司数量	公司数量	研发费用总额/万元	求和项:营业总收入总额/万元	研发投入占比/%
47 房屋建筑业	1	2	3 172	4 431 899	0.07
48 土木工程建筑业	51	63	6 167 782	373 759 588	1.65
49 建筑安装业	1	1	3 029	208 453	1.45
50 建筑装饰和其他建筑业	21	29	325 240	11 608 467	2.80
51 批发业	38	70	185 658	139 569 977	0.13
52 零售业	22	89	291 660	117 159 765	0.25
53 铁路运输业	0	4	0	6 868 099	
54 道路运输业	14	33	13 602	9 784 214	0.14
55 水上运输业	9	29	31 085	27 909 988	0.11
56 航空运输业	4	12	26 134	41 893 136	0.06
58 装卸搬运和其他运输代理业	2	4	7 255	1 804 546	0.40
59 仓储业	8	9	13 967	2 443 945	0.57
60 邮政业	3	4	64 244	9 153 091	0.70
61 住宿业	1	8	631	1 947 485	0.03
62 餐饮业	1	3	34	244 802	0.01
63 电信、广播电视和卫星传输服务	14	14	156 631	32 743 883	0.48
64 互联网和相关服务	39	41	779 191	14 068 899	5.54
65 软件和信息技术服务业	163	164	2 296 685	22 938 535	10.01
66 货币金融服务	1	25	436 000	376 698 528	0.12
67 资本市场服务	9	32	85 282	27 496 127	0.31
68 保险业	2	6	15 717	172 301 021	0.01
69 其他金融业	2	7	1 466	1 808 674	0.08
70 房地产业	30	128	53 928	154 953 423	0.03
71 租赁业	2	4	1 561	2 751 281	0.06
72 商务服务业	25	40	93 116	38 997 625	0.24

续附表6-1

行业代码和名称（大类）	披露研发投入公司数量	公司数量	研发费用总额/万元	求和项:营业总收入总额/万元	研发投入占比/%
73研究和试验发展	3	3	7 331	165 463	4.43
74专业技术服务业	25	26	139 708	3 429 707	4.07
77生态保护和环境治理业	21	22	115 017	4 388 484	2.62
78公共设施管理业	3	16	8 158	4 590 231	0.18
82教育	1	3	2 211	385 205	0.57
83卫生	7	7	21 183	1 511 023	1.40
85新闻和出版业	16	22	157 602	10 247 901	1.54
86广播、电视、电影和影视录音制作业	12	20	44 664	5 034 801	0.89
87文化艺术业	6	7	17 353	659 799	2.63
88体育	1	1	1 000	24 098	4.15
90综合	16	23	74 207	3 634 564	2.04
总计	2668	3222	45 544 806	3 266 844 576	1.39

说明：（1）基础数据来源：同花顺 iFinD。

（2）统计整理：上市公司税收研究中心。

附录7　上市公司2016年度分行业经营毛利率情况

据3 153家非金融类上市公司财务报告合并报表（以下如没有特别说明的，统计口径都是合并报表）的数据统计，2016年，样本公司"营业总收入"共计268 870.44亿元，"营业成本"共计215 345.74亿元，平均毛利率19.9%，比上年增加0.6个百分点。

按中国证监会的行业分类结果，毛利率最高的三个大类行业分别为住宿业87.9%（同比增加6.1个百分点）、酒饮料和精制茶制造业61.6%（同比增加2.4个百分点）和餐饮业55.4%（同比增加1.1个百分点）。经营毛利率上升的行业46个，下降的行业26个。其余行业毛利率情况见附表7-1。

附表7-1　　　　　　　　　**上市公司2016年度行业经营毛利率情况**

行业大类代码及名称	公司数量	2016年度毛利率/%	2015年度毛利率/%	变动值/%
01农业	16	23.88	23.23	0.66
02林业	4	25.14	26.26	−1.12
03畜牧业	14	25.75	15.45	10.30
04渔业	10	17.51	15.86	1.64
05农林牧渔服务业	2	20.13	24.95	−4.82
06煤炭开采和洗选业	27	30.01	27.32	2.70
07石油和天然气开采业	5	23.13	22.75	0.38
08黑色金属矿采选业	5	9.11	14.51	−5.40
09有色金属矿采选业	24	11.46	9.51	1.95
11开采辅助活动	15	−2.49	13.95	−16.45
13农副食品加工业	43	14.63	13.68	0.95
14食品制造业	39	35.48	34.14	1.34
15酒、饮料和精制茶制造业	41	61.55	59.17	2.38
17纺织业	42	20.76	20.42	0.33
18纺织服装、服饰业	33	32.40	34.83	−2.42
19皮革、毛皮、羽毛及其制品和制鞋业	9	33.83	32.64	1.19
20木材加工及木、竹、藤、棕、草制品业	9	26.22	24.93	1.29
21家具制造业	17	36.35	34.68	1.67
22造纸及纸制品业	28	21.43	20.34	1.09
23印刷和记录媒介复制业	11	33.55	37.16	−3.61
24文教、工美、体育和娱乐用品制造业	12	30.18	31.92	−1.74
25石油加工、炼焦及核燃料加工业	17	24.07	17.31	6.76
26化学原料及化学制品制造业	213	18.71	18.68	0.03
27医药制造业	184	46.47	44.95	1.52
28化学纤维制造业	22	9.96	8.16	1.80
29橡胶和塑料制品业	64	22.59	22.13	0.46
30非金属矿物制品业	82	27.98	25.20	2.78
31黑色金属冶炼及压延加工业	32	11.61	4.54	7.07
32有色金属冶炼及压延加工业	64	7.49	4.73	2.76

续附表7-1

行业大类代码及名称	公司数量	2016年度毛利率/%	2015年度毛利率/%	变动值/%
33金属制品业	57	18.31	17.21	1.10
34通用设备制造业	122	28.34	28.48	−0.14
35专用设备制造业	187	23.50	23.09	0.41
36汽车制造业	106	16.88	16.03	0.85
37铁路、船舶、航空航天和其他运输设备制造业	38	17.79	16.31	1.48
38电气机械及器材制造业	201	26.38	25.43	0.95
39计算机、通信和其他电子设备制造业	291	21.12	21.00	0.12
40仪器仪表制造业	43	38.17	38.60	−0.44
41其他制造业	19	14.34	10.72	3.62
42废弃资源综合利用业	4	26.58	28.81	−2.23
44电力、热力生产和供应业	66	27.91	33.03	−5.12
45燃气生产和供应业	18	17.75	16.29	1.46
46水的生产和供应业	15	35.42	36.01	−0.59
47房屋建筑业	2	6.09	8.32	−2.23
48土木工程建筑业	63	11.20	12.66	−1.46
49建筑安装业	1	13.81	16.77	−2.95
50建筑装饰和其他建筑业	29	17.07	17.84	−0.77
51批发业	70	6.53	6.08	0.45
52零售业	89	17.38	17.48	−0.10
53铁路运输业	4	14.93	24.34	−9.41
54道路运输业	33	34.22	35.12	−0.90
55水上运输业	29	14.72	16.83	−2.10
56航空运输业	12	19.78	21.30	−1.52
58装卸搬运和其他运输代理业	4	14.54	12.78	1.77
59仓储业	9	12.32	9.64	2.68
60邮政业	4	19.50	19.24	0.26
61住宿业	8	87.87	81.68	6.19
62餐饮业	3	55.35	54.28	1.07

续附表7-1

行业大类代码及名称	公司数量	2016年度毛利率/%	2015年度毛利率/%	变动值/%
63电信、广播电视和卫星传输服务	14	23.85	25.45	−1.60
64互联网和相关服务	41	28.94	35.08	−6.14
65软件和信息技术服务业	164	36.73	36.57	0.16
66货币金融服务	25	—	—	—
67资本市场服务	32	—	—	—
68保险业	6	—	—	—
69其他金融业	7	—	—	—
70房地产业	128	27.69	28.63	−0.94
71租赁业	4	35.32	45.02	−9.70
72商务服务业	40	12.50	14.18	−1.69
73研究和试验发展	3	36.97	28.14	8.83
74专业技术服务业	26	26.58	27.18	−0.60
77生态保护和环境治理业	22	30.77	32.61	−1.84
78公共设施管理业	16	50.49	50.73	−0.24
82教育	3	40.00	49.22	−9.22
83卫生	7	38.11	38.22	−0.11
85新闻和出版业	22	30.09	30.65	−0.55
86广播、电视、电影和影视录音制作业	20	35.59	37.32	−1.73
87文化艺术业	7	46.99	50.17	−3.18
88体育	1	33.33	34.77	−1.43
90综合	23	21.23	21.55	−0.32
总计	3222	19.90	19.64	0.26

说明：（1）基础数据来源：同花顺iFinD。

（2）统计整理：上市公司税收研究中心。

附录8 2016年上市公司年报会计监管报告（节选）

2017年7月17日，中国证监会会计部在中国证监会网站（www.csrc.gov.cn）发布了《2016年上市公司年报会计监管报告》。以下摘录其与税收有关的内容。

2016年上市公司年报会计监管报告（节选）

中国证监会会计部

截至2017年4月30日，沪深两市2016年已上市的3 050家公司（其中A股3 032家），除*ST烯碳未按期披露年报外，其余3 049家均按时披露了2016年年度报告。105家上市公司财务报告被出具非标准审计意见，其中，保留意见20家、无法表示意见10家、带强调事项段的无保留意见75家。1 658家主板上市公司中，除豁免披露内控评价报告和内控审计报告的上市公司，以及*ST烯碳未按规定披露内控评价报告和内控审计报告外，88家上市公司财务报告内部控制被出具非标准审计意见，其中，带强调事项段的无保留意见68家，否定意见20家。

为掌握上市公司执行会计准则、企业内部控制规范和财务信息披露规则的情况，证监会会计部组织专门力量抽样审阅了612家上市公司2016年年度财务报告，审阅中重点关注了股权投资和企业合并、收入确认、金融工具、公允价值、资产减值、非经常性损益、所得税、政府补助等方面的会计处理、财务信息披露情况及其存在的问题，并对内部控制评价与审计报告的披露情况进行分析和总结，形成本监管报告。

年报审阅过程中，证监会会计部发布了六份年报会计监管简报，三期《会计监管工作通讯（年报分析专刊）》，及时向有关方面通报上市公司2016年年度财务报告和内控报告存在的问题105项，涉及84家上市公司。同时，证监会会计部通过问询沪深交易所、建议专项核查等方式及时处理发现的问题，并向有关各方传递关于会计准则、内部控制规范执行和财务信息披露等方面的监管标准。

总体而言，上市公司能够较好地理解并执行企业会计准则、内控规范和相关信息披露规则，但仍有部分公司存在执行会计准则不到位、会计专业判断不合理、信息披露不规范的问题。

一、股权投资和企业合并相关问题

股权投资和企业合并相关的会计问题一直是会计准则执行中的难点领域。近年来，上市公司股权投资形式愈发多样化，股权结构及交易安排日益复杂，部分上市公司对于股权投资与企业合并中一些特殊事项的会计处理和披露存在一定问题，使得财务报表使用者很难充分了解交易的商业实质及其影响。

（一）股权投资的分类不恰当

《企业会计准则第2号——长期股权投资》规范了长期股权投资的确认和计量，长期股权投资是指投资方对被投资单位实施控制、重大影响的权益性投资，以及对其合营企业的权益性投资。

《企业会计准则第40号——合营安排》规范了对各参与方在合营安排中权益的会计处理。对被投资单位不具有控制、共同控制和重大影响的权益性投资，应适用《企业会计准则第22号——金融工具确认和计量》。对股权投资的分类是否恰当，直接影响适用的会计准则和具体会计处理是否正确。

1. 长期股权投资与其他金融资产相互混淆

关于是否对被投资单位具有重大影响，企业会计准则给出了原则性定义，即对一个企业的财务和经营政策有参与决策的权力，但并不能够控制或者与其他方一起共同控制这些政策的制定。实务中应结合直接或间接拥有被投资单位的比例、是否在被投资单位的董事会或类似权力机构中派有代表等因素进行判断。

当投资方直接或间接持有被投资单位20%以上但低于50%的表决权时，一般认为对被投资单位具有重大影响，除非有明确的证据表明不能参与被投资单位的生产经营决策，不具有重大影响。

根据《公开发行证券公司信息披露编报规则第15号——财务报告的一般规定（2014年修订）》（以下简称"15号文"），对于持有被投资单位20%或以上表决权但不具有重大影响的，公司应披露相关判断和依据。

年报分析发现，部分上市公司持有被投资单位股权比例较高，却认定对被投资单位不具有重大影响，也未披露相关信息，无从辨别其分类是否恰当。较为典型的例子，上市公司持有一个或多个被投资单位股权，持股比例均高于20%，将其分类为以成本计量的可供出售金融资产，也未披露管理层判断其对被投资单位不具有重大影响的依据。还有个别上市公司持有被投资单位超过30%的股份，却仅由于该投资已委托其他方管理而将其分类为可供出售金融资产。

2. 对有限合伙企业投资的分类不恰当

近年来，上市公司作为有限合伙人参与合伙企业投资的情形日益普遍。由于合伙企业是契约性组织，有限合伙人在合伙企业中承担风险、分享收益，其对合伙企业的影响程度，不仅受出资比例的影响，更主要由合伙企业章程确定。根据企业会计准则相关规定，公司需要综合考虑相关事实和情况，尤其是对合伙企业的权力、可变回报等因素，判断有限合伙人是否对合伙企业存在控制、共同控制或重大影响，以确定其分类和后续会计处理，同时需要充分披露判断的依据和理由。

年报分析发现，个别上市公司作为有限合伙人持有合伙企业较大份额（例如99%），仍将其分类为以成本计量的可供出售金融资产，也未披露对该合伙企业不具有控制、共同控制、重大影响的判断理由，无法合理判断其分类是否恰当。

（二）权益性交易的认定与处理存在误区

根据企业会计准则和相关规定，对于控股股东直接或间接代公司偿债、债务豁免或捐赠的行为，经济实质上属于控股股东对公司的资本性投入，应作为权益性交易处理。年报分析发现，个别上市公司的控股股东代为承担其已发生的税款、担保支出等费用，实质上属于控股股东对该公司的资本性投入，但上市公司将该笔投入作为利得计入损益，而未作为权益性交易计入所有者权益（资本公积）。

（三）非同一控制下企业合并未充分确认可辨认资产和负债

非同一控制企业合并中，购买方应在取得控制权日以公允价值重新确认和计量被购买方所有可辨认资产和负债，包括被购买方财务报表中已确认的各项资产和负债，以及被购买方财务报表中原未予以确认的资产和负债，例如内部研发形成的非专利技术、内部产生的品牌等。

年报分析中发现，部分上市公司在非同一控制下企业合并中确认了大额商誉，商誉占合并对价的比例高达90%。大额商誉形成的可能原因之一是上市公司未能充分识别和确认被购买方拥有的无形资产，导致应确认为无形资产的金额被直接计入商誉。

（四）企业合并中或有对价的确认与计量不正确

近年来，上市公司在并购交易中设置或有对价的安排日益普遍，尤其是业绩补偿条款多样化。例如，企业合并协议中约定，如果购买日后发生或有事项或满足特定条件，购买方有义务通过发行额外证券、支付额外现金或其他资产等方式追加合并对价，或者有权通过减少尚未支付的剩余对价或要求返还部分已经支付的对价等方式调减合并对价。根据企业会计准则及其相关规定，非同一控制下企业合并中，购买方应当将合并协议中约定的或有对价作为合并对价的一部分，按照其在购买日的公允价值计入企业合并成本。购买日及后续会计期间对于或有对价的公允价值的计量均应基于标的企业未来业绩预测情况、或有对价支付方信用风险及偿付能力、其他方连带担保责任、货币的时间价值等因素予以确定。

年报分析发现，大多数附有业绩补偿条款的并购交易在确定企业合并成本时没有考虑或有对价的影响，在购买日及后续会计期间，将或有对价的公允价值简单计量为零，且未披露相关公允价值计量所采用的重要估计和判断。

（五）合并报表层面对集团内交易相关税收影响的抵销和调整不正确

合并财务报表范围内的企业间转让土地使用权所产生的未实现内部交易损益应予抵销。但是，对于因转让土地使用权而缴纳的土地增值税，由于是法定事项，在集团内部转让土地使用权缴纳土地增值税可以抵减未来税金的权利已经成立的情况下，该事项与未实现内部交易损益不同，原则上不应抵销。年报分析发现，部分上市公司将集团内部转让土地使用权缴纳的土地增值税直接按内部交易抵销。需要说明的是，考虑到土地增值税的特殊性，对于并非作为自用的内部土地使用权转让，在预计将减少未来缴纳土地增值税税金的情况下，可以列报为资产。

此外，纳入合并财务报表范围内的公司间发生交易，其中一方将自产产品销售给另一方，如按照税法规定，出售方属增值税免税项目，销售自产产品免征增值税，而购入方属增值税应税项目，其购入产品过程中可以计算相应的增值税进项税额用于抵扣。由于税项是法定事项，在集团内部企业间进行产品转移时，进项税抵扣的权利已经成立，原则上不应抵销，在合并报表层面体现为一项资产。考虑到进项税抵扣权利相对应的收入是建立在加工后的产品最终对外销售的基础上的，在合并财务报表中可以确认为一项递延收益，随着后续加工后的产品完成对外销售时再转入损益中确认。年报分析发现，部分公司没有考虑该类集团内交易增值税进项税额的特殊性，导致合并报表层面的抵销和列报不正确。

二、收入确认问题

收入是上市公司财务报表使用者最为关注的财务指标之一。近年来，无论是传统行业还是新兴行业，业务模式不断创新，交易安排日趋复杂，相应地，上市公司收入确认问题也日益凸显。

（一）与奖励积分相关的收入未递延处理

根据企业会计准则及相关规定，企业在销售产品或提供劳务时授予客户奖励积分的，应当将销售取得或应收的货款，在商品销售或提供劳务产生的收入与奖励积分之间进行分配，与奖励积分相关的部分应首先确认为递延收益，待客户兑换奖励积分或积分失效时，结转计入当期损益。

年报分析发现，个别上市公司在销售商品或提供劳务时向客户授予奖励积分，按照取得或应收的货款总额确认收入，未将与奖励积分相关的收入递延处理，而是仅将未来奖励积分兑换义务确认预计负债。

（二）将经营活动中代第三方收取的款项确认为收入

根据《企业会计准则第14号——收入》的规定，收入是指企业在日常活动中形成的、会导致所有者权益增加的、与所有者投入资本无关的经济利益的总流入。企业在确认收入时，应当根据上述定义进行判断，只有由企业本身所从事的日常活动所产生的经济利益的总流入才能确认为企业的收入。在某些交易安排下，企业在日常经营活动中从客户所收取的款项中可能包含了代第三方收取的款项，在这种情况下，该代收款项并不会为企业带来经济利益的流入，也并不会导致企业所有者权益的增加，不能确认为企业的收入。

年报分析发现，部分上市公司在供应商与客户商谈确定所需商品规格、数量及采购单价后，分别与供应商和客户签订购销合同，公司并不承担任何与商品相关的风险，销售合同款中与商品价款相关的部分，主要是代供应商向客户收取价款，相应地，这部分业务的毛利率较低，个别公司毛利率不足1%。在此类业务中，上市公司没有考虑其在该项交易安排中是否承担转让商品的主要责任、在转让商品之前或之后是否承担了商品的主要风险，判断其是主要责任人还是代理人，而是将合同价款中实质上代供应商向客户收取的价款也确认为销售收入。

（三）会员费收入未在会员受益期内分期确认

根据企业会计准则及相关规定，会员费只允许取得会籍，所有其他服务或商品都要按其公允价值另行收费的，在款项收回不存在重大不确定性时确认收入。会员费能使会员在约定期间内得到各种服务或商品，或者以低于非会员的价格销售商品或提供服务的，应在整个受益期内分期确认收入。

年报分析发现，个别上市公司销售会员卡取得的收入，仅由于会员在会员期内得到各种服务还需另行付费，即在收到款项并开具发票时就一次性全额确认收入，而没有进一步考虑会员费是否能使会员以低于非会员的价格取得商品或服务等因素。如果销售会员卡取得的收费实质上是与未来提供的商品或服务相关，应在未来提供商品或服务的期限内分期确认收入。

三、金融工具确认、计量与披露问题（略）

四、公允价值计量问题（略）

五、资产减值计提与相关信息披露问题（略）

六、非经常性损益相关问题（略）

七、所得税会计处理与信息披露问题

除会计与税法的计量基础不同外，递延所得税的确认与计量还需要考虑资产收益实现方式、未来应纳税所得额是否充足等因素的影响。部分上市公司所得税会计处理存在考虑因素不全面、递延所得税资产确认不够谨慎等问题。所得税调整信息不规范、不充分的情况也较为普遍。

（一）权益法核算投资递延所得税的确认未考虑持有意图

根据企业会计准则及相关规定，对于采用权益法核算的长期股权投资，其账面价值与计税基础产生的暂时性差异是否应确认相关的递延所得税影响，应考虑该项投资的持有意图：如果企业拟长期持有该项投资，对于采用权益法核算的长期股权投资账面价值与计税基础之间的差异一般不确认相关的递延所得税影响；在持有意图由长期持有转变为拟近期出售的情况下，因长期股权投资账面价值与计税基础不同产生的有关暂时性差异，均应确认相关的递延所得税影响。

年报分析发现，有的上市公司在未区分长期持有还是拟转让或处置意图的情况下，将采用权益法核算的长期股权投资账面价值与计税基础之间的差异确认了相关的递延所得税影响。

（二）递延所得税资产的确认不够谨慎

根据企业会计准则规定，对于按照税法规定可以结转以后年度的可抵扣亏损，在预计可利用可抵扣亏损的未来期间内很可能取得足够应纳税所得额的，应当以很可能取得的应纳税所得额为限，确认相应的递延所得税

资产。年报分析发现，部分上市公司没有结合实际经营情况合理预计未来是否很可能取得足够的应纳税所得额，递延所得税资产的确认不够谨慎。如有些上市公司经营情况并未发生实质性好转，仅由于本年处置股权等偶发性交易产生的收益实现了扭亏为盈，而将以前年度未确认相关所得税影响的可抵扣亏损于本年度确认了递延所得税资产；甚至个别公司连续发生亏损，也确认了与可抵扣亏损相关的递延所得税资产。

（三）所得税调整信息披露不充分

根据企业会计准则和15号文的规定，对于本期会计利润和所得税费用的调整过程，公司应从税前会计利润出发，考虑一系列调整因素的影响后得出所得税费用。这些调整因素包括永久性差异影响、未确认递延所得税的暂时性差异的影响、集团内公司不同税率影响、税率变动影响等。期末存在未确认为递延所得税资产的可抵扣暂时性差异和可抵扣亏损的，应列示期初余额、期末余额及可抵扣亏损到期年度等。

年报分析发现，部分上市公司未按照上述规定披露，存在的主要问题有：第一，未披露本期会计利润与所得税费用的调整过程；第二，未披露未确认为递延所得税资产的可抵扣暂时性差异和可抵扣亏损信息；第三，所得税调整过程不符合所得税费用和会计利润的内在逻辑，背离调节项本身的性质，如调节项"不可抵扣的成本、费用和损失的影响"为负数，递延所得税资产披露不能勾稽等；第四，高新技术企业证书到期后仍然采用优惠税率计算递延所得税，未披露管理层判断公司能够继续适用优惠税率的依据。

八、政府补助相关问题

按照企业会计准则及相关规定，政府补助应区分为与资产相关的政府补助和与收益相关的政府补助，分别进行处理。与资产相关的政府补助，应当在相关资产使用寿命内平均分配，计入当期损益；与收益相关的政府补助，应根据相关费用或损失的情况，相应计入损益。企业对于综合性项目的政府补助，需要将其分解为与资产相关的部分和与收益相关的部分，分别进行会计处理，难以区分的，应将政府补助整体归类为与收益相关的政府补助。

年报分析发现，个别上市公司对于同一政府补助项目，以前年度将该项目收到的款项作为与资产相关的政府补助，2016年则将同一项目收到的款项作为与收益相关的政府补助，一次性计入当期损益，未披露该变动相关信息。此外，部分公司未按要求披露与政府补助相关的信息，尤其是政府补助对公司利润影响的信息披露不充分。

九、其他信息披露问题

除上述提及的信息披露问题外，部分上市公司在持续经营、分部报告、会计政策等领域存在信息披露不充分问题，甚至个别公司财务报告在文字表述、附注列示、数据计算等方面存在简单错误。

（一）与持续经营相关的信息披露不充分（略）

（二）分部报告的披露不充分（略）

（三）会计政策披露不充分

上市公司收入确认、研究开发支出资本化等会计政策披露仍存在条文化、原则化，未与公司具体业务结合，主要业务披露不完整、业务模式表述不清晰等问题。

1. 未结合生产经营特点披露收入确认的会计政策

根据15号文的相关规定，公司应当结合实际生产经营特点制定个性化的收入确认政策，披露具体收入确认时点及计量方法，同类业务采用不同经营模式在不同时点确认收入的，应当分别披露。年报分析中发现，部分上市公司未结合生产经营特点披露其收入确认政策，未能说明收入确认的具体时点。如部分上市公司包含多项差别较大且对公司毛利贡献重大的业务，但公司只披露了其中部分业务的收入确认政策；又如，部分上市公司在业务和经营模式发生重大变化的情况下，收入确认的会计政策仍照搬以前年度报告，未披露新增业务模式的相关收入确认政策。

2. 研究开发支出资本化会计政策披露不充分

根据15号文的规定，上市公司应结合公司内部研究开发项目特点，披露划分研究阶段和开发阶段的具体标准，以及开发阶段支出资本化的具体条件。年报分析发现，部分上市公司对研发支出资本化会计政策的披露照搬会计准则的原则性规定，未根据自身行业和研发项目特征进行个性化披露，无法让报表使用者了解公司研发流程及其主要阶段的特点和区分标准。此外，个别上市公司盈利能力较弱，而当年开发支出费用化和资本化金额较大，其是否正确划分对投资者整体理解财务报表具有较为重大的影响，但该公司并未按照15号文的要求对开发支出相关会计政策进行披露。

(四) 简单错误

部分上市公司年报在文字表述、附注列示、数据计算、数字勾稽、内容关联方面频繁出现错误。例如，附注与报表项目不符，上市公司在投资收益中包含处置子公司相关的其他综合收益转入金额，但是在其他综合收益的变动中无相应转出项；在净负债和净亏损的情况下，上市公司简单套用加权平均净资产收益率的计算公式计算出较大的正数净资产收益率；上市公司的孙公司吸收合并另一家孙公司，该事项属于内部交易事项不应对集团现金流量产生影响，但在合并现金流量表中披露有"收到的其他与投资活动有关的现金"等。

十、内部控制信息披露问题 (略)

附录9　中注协上市公司2016年年报审计情况快报 (节选)

2017年5月8日，中国注册会计师协会在其官方网站 (www. cicpa. org. cn) 发布了《上市公司2016年年报审计情况快报 (第十一期)》。现节选如下：

一、会计师事务所出具上市公司年报审计报告总体情况

截至4月30日，40家事务所共为3 136家上市公司出具了财务报表审计报告，其中，沪市主板1 225家，深市主板476家，中小企业板833家，创业板602家。从审计报告意见类型看，3 031家上市公司被出具了标准无保留意见审计报告，75家上市公司被出具了带强调事项段的无保留意见审计报告，20家上市公司被出具了保留意见的审计报告，10家上市公司被出具了无法表示意见审计报告。

二、出具非标准审计报告的情况

(一) 带强调事项段的无保留意见财务报表审计报告

1. *ST八钢。审计报告强调事项段内容如下：我们提醒财务报表使用者关注：截至2016年12月31日，八一钢铁流动负债合计金额超过流动资

产合计金额417 731.08万元。虽然八一钢铁在财务报表附注中披露了拟采取的应对措施，但其持续经营能力仍存在重大不确定性。本段内容不影响已发表的审计意见。

2. *ST锐电。审计报告强调事项段内容如下：我们提醒财务报表使用者关注，如财务报表附注十所述，截至财务报表批准日，苏州美恩超导有限公司等对华锐风电公司提出的诉讼尚在审理中，其结果具有不确定性。华锐风电公司2015年度亏损44.52亿元，2016年度亏损30.99亿元，且每股净资产已低于股本，我们提醒财务报表使用者关注华锐风电公司的经营风险。本段内容不影响已发表的审计意见。

3. 山东金泰。审计报告强调事项段内容如下：我们提醒财务报表使用人关注，截至2016年12月31日金泰股份公司合并财务报表累计亏损40 206.84万元，2016年度合并利润表实现净利润151.50万元，2016年度合并主营业务收入、合并净利润分别比上年同期下降54.61%、67.01%。母公司2016年度实现净利润–836.60万元；金泰股份公司本部经营困难，不能按规定履行纳税义务，职工的薪酬和社保费未按时发放和缴纳。该等情形将影响金泰股份公司的持续经营能力。金泰股份公司在财务报表附注十四已披露了拟采取的改善措施，但可能导致对持续经营能力产生疑虑的重大事项或情况仍然存在重大不确定性，可能无法在正常的经营过程中变现资产、清偿债务。

4. *ST坊展。审计报告强调事项段内容如下：我们提醒财务报表使用者关注，如财务报表附注三、2所述，廊坊发展公司2016年度由于营业规模较小及投资损失等原因亏损人民币25 235 390.27元，且连续亏损，经营面临困难。廊坊发展公司已在财务报表附注十三、3中披露了拟采取的改善措施，但其持续经营能力仍然具有不确定性。本段内容不影响已发表的审计意见。

5. 中粮生化。审计报告强调事项段内容如下：我们提醒财务报表使用者关注，正如财务报表附注十五、其他重要事项所述，中粮生化于2015年12月14日与安徽省蚌埠市人民政府、蚌埠市禹会区人民政府签订了《征收补偿协议书》。根据协议相关内容，中粮生化应在2019年12月31日前完成母公司及子公司安徽中粮生化燃料酒精有限公司（以下简称"酒精公司"）的整体搬迁工作。《搬迁补偿协议》约定的最低补偿金额无法补偿中粮生化及子公司酒精公司账面搬迁涉及资产的账面价值及搬迁费用、停工损失等。根据《企业会计准则第8号——资产减值》相关规定，中粮生化对相关长期资产进行了减值测试。经测算，长期资产在2015年12月31日计提资产减值准备529 505 569.18元，其中中粮生化母公司计提减值准备421 732 118.44元，酒精公司计提减值准备107 773 450.74元。2016年度，公司启动了氨基酸生产线固定资产拆卸、整理、变卖等工作，同时对氨基酸生产线等待清理人员展开协商解除劳动合同工作，整体搬迁工作稳步推进。同时，公司根据实际经营情况对柠檬酸及燃料乙醇生产线搬迁进度进行了调整。由于中粮生化整体搬迁工作量大且时间跨度较长，目前计划的搬迁方案可能会根据未来经营情况的变化做出调整，中粮生化在整体搬迁过程中发生的实际损失可能与截止2015年12月31日计提的减值准备存在差异。本段内容不影响已发表的审计意见。

6. 世纪星源。审计报告强调事项段内容如下：我们提醒财务报表使用者关注：1. 如财务报表附注（十四）3、（1）所述，肇庆项目投资账面价值折合人民币444 767 845.15元，占世纪星源公司资产的比例较大。2008年世纪星源公司与广金国际控股公司合作开发该项目，项目实际执行情况由于受到历史原因、规划调整等客观因素的影响，以及现正筹划的与保利华南实业有限公司的合作事项的影响，开发进度存在重大不确定性。2. 如财务报表附注（十四）3、（3）所述，南油福华项目涉及其他非流动资产59 664 319.80元，涉及预收账款200 000 000.00元。由于《合作开发协议》、《补充协议》及《备忘录》约定的项目公司尚未设立，《搬迁补偿安置协议》尚未签署，并存在合作纠纷及仲裁事项，导致该项目实施存在重大不确定性。上述二段内容不影响已发表的审计意见。

7. *ST新都。审计报告强调事项段内容如下：（一）如财务报表附注十所述，根据深圳中院裁定批准的《深圳新都酒店股份有限公司重整计划》及公司重整管理人认定，对公司因担保等产生的债务及共益债务计提预计负债。2015年12月31日预计负债余额为295 053 335.77元，2016年度偿付债务26 399 540.00元，支付共益债务10 888 605.03元，同时公司管理人账户产生利息收入878 183.99元，截至2016年12月31日止，或有债务及共益债务所计提的预计负债余额为258 643 374.73元，公司已足额提存至公司管理人账户。（二）如财务报表附注十三（四）所述，因2013年、2014年连续两个会计年度的财务会计报告被出具无法表示意见的审计报告，深圳证券交易所决定公司股票自2015年5月21日起暂停上市。2016年5月3

日，公司向深圳证券交易所提出公司股票恢复上市的申请，截至本财务报表报出日，公司尚未收到深圳证券交易所是否同意公司恢复上市的批复。若公司股票恢复上市申请未能获得深圳证券交易所核准，本公司股票将被终止上市。本段内容不影响已发表的审计意见。

8. 北大医药。天健会计师事务所审计报告强调事项段内容如下：我们提醒财务报表使用者关注如下事项：北大医药公司于2014年11月18日收到中国证券监督管理委员会《调查通知书》（编号：沪专调查字2014477号），因北大医药公司涉嫌违反证券法律法规，根据《中华人民共和国证券法》的有关规定，中国证券监督管理委员会决定对北大医药公司立案调查；2016年12月19日，北大医药公司收到中国证券监督管理委员会《行政处罚事先告知书》（处罚字〔2016〕105号）。截至本审计报告日，中国证券监督管理委员会正式行政处罚决定尚未下达。本段内容不影响发表的审计意见。

9. 成都路桥。审计报告强调事项段内容如下：我们提醒财务报表使用者关注，如财务报表附注"十二、（二）其他对投资者决策有影响的重要交易和事项所述，成都市武侯区人民法院（以下简称"武侯人民法院"）就李勤诉成都路桥公司决议效力确认纠纷裁定，暂缓成都路桥公司执行2016年第一次临时股东大会决议、2016年第二次临时股东大会决议事项；自裁定作出后，未经武侯人民法院许可，成都路桥公司不得召开股东大会；暂缓成都路桥公司执行2017年第一次临时股东大会决议事项。如需执行上述决议中的部分事项，须经武侯人民法院许可。上述诉讼争议事项以及法院的保全裁定涉及成都路桥公司已经公告生效并开始实施的股东大会决议，导致成都路桥公司股东大会决议的实施存在不确定性，同时可能导致成都路桥公司的正常生产经营活动受到严重影响。截至财务报表批准日，案件尚在审理中，本段内容不影响已发表的审计意见。

10. 银江股份。审计报告强调事项段内容如下：我们提醒财务报表使用者关注，如财务报表附注十三、2所述，因收购标的北京亚太安讯科技有限责任公司2015年度未完成业绩承诺，李欣应向银江股份有限公司补偿其持有的25 240 153股银江股份有限公司股票，因李欣已将其股票质押给浙江浙商资产管理有限公司，导致其无法履行补偿义务。银江股份有限公司已将本事项当事人李欣和本事项衍生案件当事人浙江浙商资产管理有限公司共同诉至浙江省高级人民法院，截至本报告日，案件尚未判决。本段内容不影响已发表的审计意见。

11. 天龙光电。审计报告强调事项段内容如下：我们提醒财务报表使用者关注，如财务报表附注二、2所述，江苏华盛天龙光电设备股份有限公司目前主营业务收入较少，经常性业务持续亏损，且2016年度亏损金额较大。虽然江苏华盛天龙光电设备股份有限公司已在财务报表附注中充分披露了拟采取的措施，但其持续经营能力仍然存在重大不确定性。本段内容不影响已发表的审计意见。

12. 天和防务。天健会计师事务所审计报告强调事项段内容如下：我们提醒财务报表使用者关注，（1）天和防务公司连续两年亏损，2015年及2016年归属于母公司所有者的净利润分别为-55 327 063.10元及-70 695 660.03元；（2）截至2016年12月31日，天和防务公司账龄为2年以上的应收账款余额为398 691 421.77元，相应计提的坏账准备合计数为128 097 242.00元，净额为270 594 179.77元，上述应收账款净额占期末资产总额的比例为16.49%。本段内容不影响已发表的审计意见。

（二）保留意见的财务报表审计报告

1. 天津磁卡。审计报告保留意见段如下：如"附注十二、其他重要事项"第2点所述，天津磁卡公司在2016年度年报编制过程中发现：天津磁卡公司在海南环球金卡有限公司等8家公司工商登记信息显示为其股东但账面并无相应的对外投资记录。因该8家公司现已处于吊销及停业状态，天津磁卡公司无法获得上述8家公司相关财务数据，因而无法确认上述8家公司对天津磁卡公司截至2016年12月31日的财务状况以及2016年度的经营成果和现金流量的影响。我们提醒财务报表使用者关注，如财务报表编制基础所述，天津磁卡公司截至2016年12月31日累计亏损673 779,806.85元，欠付大股东天津环球磁卡集团有限公司借款205 351 214.08元，2016年度经营活动净现金流量为-88 128 524.36元。针对上述可能导致对持续经营假设产生疑虑的情况，天津磁卡公司管理层制定了相应的应对计划，可能导致对持续经营能力产生疑虑的重大事项或情况仍然存在不确定性。本段内容不影响已发表的审计意见。

2. *ST新亿。审计报告保留意见段如下：导致保留意见的事项：如附注十二、8所述，新亿股份公司2016年12月31日的应收票据余额为48 400万元。由于该等应收票据系由收回原撤销交易的预付账款所形成，新亿股份公司仅能提供与该等交易相关的合同、付款凭据及银行（商业）承兑汇票，我们无法实施恰当的审计程序，以获取充分、适当的审计证据证明该等交易的真实性及期末应收票据的可收回性。

3. 秋林集团。瑞华会计师事务所审计报告保留意见段如下：

（1）在审计过程中，我们注意到秋林集团公司孙公司金桔莱黄金珠宝首饰（天津）有限公司、秋林（天津）珠宝销售有限公司对外签订的产品销售合同中有7.3亿元的关于提货方式及地址约定"由销货方负责运送到购买方经营场所"，有1.98亿元采购合同提货方式及地址约定"自提、买方承担运费"，但该等公司的账簿和报表中未查见与上述采购、销售业务相关的运费支出；该等公司亦未提供其他有效的物流、运输等我们认为可以信赖的凭据。我们无法获取充分、适当的审计证据以核实该等采购、销售业务对收入、成本的影响及相关费用确认的完整性。

（2）秋林集团公司2016年与关联方皇嘉贵金属经营有限公司发生资金往来35 500万元，其中2016年3月7日向其支付资金16 000万元，2016年3月31日收回，该资金往来既签有借款合同又签有采购合同及解除合同协议；2016年4月20日向其支付13 000万元，2016年6月23日收回，该资金往来签有采购合同及解除合同协议；2016年3月31日向其支付6 500万元，当天收回，该资金往来签有采购合同及解除合同协议。该等大额资金支付，最终没有实现交易目的，我们无法取得充分、适当的审计证据以判断秋林集团公司与该关联方之间大额资金往来的目的和性质，以及对财务报表的可能影响。

4. ST成城。审计报告保留意见段如下：哈尔滨物贸商城分公司和哈尔滨物华商城有限责任公司报表反映2016年12月31日资产总额32 476 204.40元、负债总额31 004 118.36元，2016年度营业收入4 020 964.29元，亏损5 129 056.85元。由于上述分公司和子公司截至审计报告日未提供会计账簿、会计凭证等会计核算资料，我们无法对上述分公司和子公司实施审计程序。

（1）成城股份2016年度亏损达2.14亿元，截至2016年12月31日累计未分配利润-5.40亿元；部分子公司业务仍处于停滞状态；截至2016年12月31日，成城股份未及时清偿的银行逾期借款及民间逾期借贷本金和利息60 941万元、账外开具商业承兑汇票败诉欠款本金及利息5 658万元。以上事项导致我们对成城股份的持续经营能力存在疑虑。虽然成城股份的大股东通过与债权人协商收购了成城股份部分债务，并免除了成城股份承担债务的责任，公司管理层也在采取措施改善其持续经营能力，但持续经营能力仍存在重大不确定性。

（2）成城股份因对外担保导致的资产负债表日后未决诉讼事项：

①成城股份对武汉晋昌源经贸有限公司担保3.31亿元，担保的借款已于2015年度逾期，2017年1月，交通银行湖北省分行将武汉晋昌源经贸有限公司和成城股份起诉到湖北省高级人民法院，要求清偿借款本金及利息，截至审计报告日，该案尚处于审理阶段，对成城股份的影响情况存在不确定性。

②成城股份对天津晟普祥商贸有限公司2笔银行承兑汇票担保5 000万元，2015年度逾期后，盛京银行股份有限公司天津分行将其持有的债权转让给润德（唐山）投资管理有限公司，2017年3月，润德（唐山）投资管理有限公司将其中的1笔债权本金22 132 863.51元起诉到天津市第二中级人民法院，要求债务人天津晟普祥商贸有限公司及担保人成城股份等6被告承担清偿责任及代为清偿责任，该案的第一次开庭时间定为2017年5月3日，因此对成城股份的影响情况存在不确定性。

（3）2017年3月，《中国证监会行政处罚决定书》（〔2017〕23号）对成城股份2012年度出售上海物华广场一、二层裙楼商铺的虚假交易事项作出了认定。根据成城股份提供的资料显示，上述虚假交易的收入18 444万元通过另一未实现的湖南成城精密科技有限公司股权收购事项转变为应收深圳市中技实业（集团）有限公司和大陶精密科技（香港）股份有限公司的债权，上述应收款项在本次审计报告日前已全部收回，由于交易房产已不属于成城股份控制，成城股份无法对该交易进行追溯重述。

5. 航天通信。审计报告保留意见段如下：如财务报表附注十三、1所述，航天通信子公司智慧海派科技有限公司（以下简称智慧海派）的部分销售、采购业务通过供应链企业（含贸易企业，下同）完成，智慧海派在确认与供应链企业相关业务的销售收入时，采用经销的收入确认政策；我们认为，由于其所涉及的供应链企业下游客户和上游供应商均存在受智慧海派控制的情况，且相关内部控制缺失，我们无法准确判断智慧海派与供应链企业的交易是经销还是代理，进而影响我们对相关财务报表金额及关联方交易披露的判断。

6. 中润资源。审计报告保留意见段如下：

（1）如财务报表附注十三（三）所述，截至2016年12月31日，中润资源公司应收山东安盛资产管理集团有限公司(以下简称安盛资产)股权及债权款项人民币36 930.00万元;应收齐鲁置业有限公司(以下简称齐鲁置业)股权转让款人民币22 932.23万元,中润资源公司按照账龄组合计提坏账损失。安盛资产和齐鲁置业未按照合同约定履行付款义务。2017年4月18日,经中润资源董事会决议通过,中润资源与宁波梅山保税港区华信盛歌股权投资基金管理有限公司(以下简称华信盛歌)签订《合作框架协议》,拟将持有的上述债权转让给华信盛歌,但未明确具体交易条款和交易价格。截至审计报告日,我们无法就上述其他应收款项的可回收金额获取充分适当的审计证据。

(2)如财务报表附注十三(三)所述,截至2016年12月31日,中润资源公司应收李晓明购矿诚意金8 000.00万美元,折合人民币55 496.00万元,中润资源公司按照账龄组合计提坏账损失。该款项为2015年度中润资源公司非公开发行股票并购买铁矿国际(蒙古)有限公司、明生有限公司、蒙古新拉勒高特铁矿有限公司各100%股权的一项诚意金安排。截至审计报告日,本次非公开发行股份尚未获得中国证监会核准,但本次非公开发行股份项目股东大会对董事会的授权及相关申报材料已过有效期,中润资源公司尚未确定跟进方案,我们无法就应收购矿诚意金款项性质的认定以及中润资源对该款项的可回收金额获取充分适当的审计证据。

7. ST亚太。审计报告保留意见段如下:2016年度,根据××会计师事务所出具的专项审计报告(大信专审字〔2017〕第1-00584号)及北京市康达(广州)律师事务所出具的法律意见书(〔2017〕康广法意字第006号),海南亚太公司下属子公司兰州同创嘉业房地产开发有限公司(以下简称"同创嘉业")将兰州亚太西部置业有限公司及兰州亚太房地产开发集团有限公司于2008—2012年度为同创嘉业"亚太玫瑰园"项目代垫费用共计78 268 688.00元作为前期会计差错更正,调整记入同创嘉业开发成本-土地成本和其他应付款。对于上述前期土地成本的调整,我们无法获取充分、适当的审计证据,无法确认其真实性、准确性和完整性。

8. 中科新材。审计报告保留意见段如下:如财务报表附注五、9所述,中科新材取得的按成本计量的可供出售金融资产,系对厦门金英马影视传媒股份有限公司的股权投资,取得成本218 625 000.00元,截至2016年12月31日止累计已计提减值准备141 370 772.90元。由于审计范围受到限制,我们无法就该项可供出售金融资产的账面价值获取充分、适当的审计证据，也无法确定是否有必要对该项可供出售金融资产减值准备的金额进行调整。

9. 巴士在线。审计报告保留意见段如下：北京金视博华广告有限公司（以下简称金视博华）系巴士在线公司全资子公司巴士在线科技有限公司（以下简称巴士科技公司）的广告代理客户。巴士科技公司2016年度为金视博华代理的品牌发布广告确认营业收入人民币7 407.16万元（2015年11—12月：838.16万元）。截止2016年12月31日，巴士科技公司应收金视博华7 403.21万元，其中：超过合同约定收款期限的应收账款余额6 236.40万元。我们无法实施满意的审计程序就巴士科技公司与金视博华是否存在关联关系获取充分、适当的审计证据。同时，我们亦无法确定上述交易及其他可能未被识别出的关联交易是否会对公司财务报表中的会计处理和披露产生影响。

10. *ST准油。审计报告保留意见段如下：

（1）贵公司的非财务报告内部控制存在如下重大缺陷：印章管理和使用存在个别人员未严格履行职责、未经审批将公章借出用印，不符合公司印章管理规定的情形。（详见《新疆准东石油技术股份有限公司2016年度内部控制评价报告》四（二））我们无法判断公司是否还存在未经批准的对外担保事项以及对财务报表可能产生的影响。

（2）2016年11月1日，公司收到中国证券监督管理委员会新疆监管局2016年10月31日签发的《中国证券监督管理委员会调查通知书》（编号：新调查通字〔2016〕43号）。因公司涉嫌违反证券法律法规，根据《中华人民共和国证券法》的有关规定，决定对公司进行立案调查。截止审计报告签发日，证监会立案调查工作尚未结束，我们无法判断证监会立案调查结论对公司财务报表可能产生的影响。

11. 民盛金科。审计报告保留意见段如下：如财务报告附注五（十五）所述，民盛金科公司本年度内非同一控制下企业合并广东合利金融科技服务有限公司（以下简称合利金融公司），形成商誉119 389.24万元。民盛金科公司进行了期末商誉减值测试，结论认为合利金融公司净资产公允价值没有低于投资成本，包含分摊商誉的资产组的可回收金额不低于其账面价值，因而无需计提商誉减值。截至本财务报告批准报出日，合利金融公司仍处于亏损状况，且我们对民盛金科公司提供的商誉减值测试的相关资料进行了必要分析和充分讨论，但无法对商誉减值测试所依据的业绩增长假设的合理性获取充分、适当的审计证据，因此我们无法对商誉减值测试结论的适当性作出准确判断。

12. 众和股份。审计报告保留意见段如下：

（1）贵公司本报告期通过签订三方协议方式将账面应收四家客户款项共计8 868.17万元与应付喀什某公司（以下简称债权方）款项对抵。由于贵公司未能提供债权方相关信息，我们无法核实该对抵交易的真实性和合理性。该项交易影响相关债权债务的列报准确性、资产减值损失计提的充分性及相关信息披露的完整性。

（2）贵公司期末应收账款余额中应收另外四家客户款项合计22 518.50万元，属于单项金额重大的应收款项，贵公司按账龄计提了坏账准备2 689.57万元。根据贵公司坏账准备计提政策：单项金额重大的应收款项应单独进行减值测试，如不存在减值再并入具有类似风险组合特征的应收款项中计提坏账准备。由于贵公司未能提供该四家客户单项测试不存在减值的依据，我们无法判断相关坏账准备计提是否充分适当。

（3）贵公司期末存货中有7 284万元已发出，由于贵公司提供的该存货出库信息不充分，我们无法通过监盘、函证及其他必要的审计程序来获取充分适当的审计证据以核实该存货资产负债表日的存在和状况。

我们提醒财务报表使用者关注，如财务报表附注二、（二）所述，贵公司连续两年亏损，截至财务报告批准报出日，贵公司仍存在大额逾期银行借款、逾期应交税费和逾期应付利息，存在部分银行存款账户被冻结和采矿权处于司法网上拍卖准备工作的情况。贵公司披露了拟采取的改善措施，截止报告日尚未有实质进展，其持续经营能力仍然存在重大不确定性。本段内容不影响已发表的审计意见。

13. 凯瑞德。审计报告保留意见段如下：

（1）如凯瑞德公司2016年度财务报表附注十四、7（1）所述，2015年度凯瑞德公司经股东会审议批准拟出售公司持有的德州锦棉纺织有限公司100%股权、纺织资产以及部分债权债务组成的资产包。凯瑞德公司按照经批准签署的《凯瑞德控股股份有限公司重大资产出售框架协议》、《凯瑞德控股股份有限公司重大资产出售补充协议》与山东德棉集团有限公司进行了资产、负债交割，但交割工作尚未全部完成，凯瑞德公司对上述交易进行了账务处理。截至审计报告日，凯瑞德公司收到转让价款48 852.95万元，其中：山东德棉集团支付的转让价款为28 432.51万元，浙江第五季实业有限公司代山东德棉集团有限公司支付的转让价款为20 420.44万元，尚有33 067.75万元转让价款未收到，虽然浙江第五季实业有限公司对此项应收款项进行了公开承诺代偿，但是否能够足额收回并及时支付未能转出的负债尚存在重大不确定性。上述事项对凯瑞德公司本次重大资产出售存在重大影响，我们尚无法合理判断凯瑞德公司2016年度对上述重大资产出售所涉及事项对财务状况及经营成果的影响程度。

（2）由于未能获取充分适当的审计证据，我们无法判断凯瑞德公司2016年度财务报表附注十二、2中披露的或有事项及预计负债的完整性及准确性我们提醒财务报表使用者关注，如凯瑞德公司2016年度财务报表附注二、（二）1所述，截止2016年12月31日银行借款3 932.50万元已逾期，截止财务报告日有13 612.50万逾期借款；2016年度经营活动产生的现金流量净额为−5 796 921.49元。凯瑞德公司在附注二、（二）2中提出了拟采取的改善措施，但存在可能导致对其持续经营能力产生疑虑的不确定性。如财务报表附注十四、8（2）所述，2016年10月31日，凯瑞德公司因涉嫌信息披露违法违规被中国证券监督管理委员会立案调查，公司股票可能被深圳证券交易所实施退市风险警示并暂停上市。截至本报告出具日，凯瑞德公司尚未收到中国证券监督管理委员会相关调查结论。本段内容不影响已发表的审计意见。

14. 宝馨科技。审计报告保留意见段如下：

（1）宝馨科技公司子公司上海阿帕尼电能技术（集团）有限公司（以下简称上海阿帕尼公司）2016年度净利润为−1.69亿元，截止2016年12月31日合并所有者权益为−1.28亿元。我们无法获知上海阿帕尼公司在被宝馨科技公司收购时点估值所对应的业绩预测与目前其经营所产生巨额亏损相比出现重大差异的原因。

（2）宝馨科技公司子公司上海阿帕尼公司，截止2016年12月31日供暖资产项目中账面存货账面原值为10 512.28万元、固定资产原值为1 954.35万元、在建工程原值为3 141.48万元，从固定资产和在建工程转入划分为持有待售的资产原值为6 796.99万元，合计22 405.10万元，2016年度上海阿帕尼公司对上述资产计提减值准备10 589.76万元。另外，与供暖工程相关预付账款余额为703.77万元，应付账款余额为6 812.34万元。上海阿帕尼公司在供暖项目建设实施过程中，存在工程项目管理内控缺失，项目手续不齐全，合同签订不当等情况，虽然我们在审计过程中实施了现场盘点、检查、函证、问询等程序，但至审计报告报出日上海阿帕尼供暖项目工程造价审结金额为6 545.76万元（含税），与工程相关的设备及物资供应回函确认一致的金额为4 316.87万元（含税），其余部分我们未能获取充分、适当的审计证据核实其相关认定。

（3）如附注十一、（三）所述上海阿帕尼公司因存在重大亏损，宝馨科技公司终止为上海阿帕尼提供财务资助，目前上海阿帕尼公司已无力对公司现有供暖项目正常履约，其中上海阿帕尼公司2016年度因在河北农业大学电蓄热集中供暖项目中未正常履约，中广核保定新能源有限公司就上海阿帕尼公司未正常履约提出其应承担河北农业大学供暖项目2016—2017供暖季超出中广核保定新能源有限公司投资收益内控标准成本部分14 246 644.60元，上海阿帕尼公司将该或有损失作为预计合同亏损计入2016年度营业外支出，目前上海阿帕尼公司正与相关合同方进行协商，除前述事项外，上海阿帕尼公司违约可能造成的赔偿或损失金额尚无法进行估计。

我们提醒财务报表使用者关注：

（1）宝馨科技公司子公司上海阿帕尼公司截止2016年12月31日合并所有者权益为-1.28亿元，已资不抵债。同时宝馨科技公司终止为其提供财务资助，上海阿帕尼公司持续经营能力存在重大不确定性。

（2）上海阿帕尼公司出现巨额亏损且已资不抵债，宝馨科技公司已就其对上海阿帕尼公司投资6 000万元、其他应收款1.44亿元和应收账款2 743.44万元全额计提减值准备。鉴于上述事项的影响，宝馨科技公司在合并报表中将上海阿帕尼公司少数股东分担的2016年当期亏损超过了少数股东在该子公司期初所有者权益中所享有的份额约-6 309.34万元全部归属于母公司宝馨科技公司。

（3）如附注九、（四）所述宝馨科技公司作为瑞典阿帕尼电能技术有限公司电极锅炉在中国区域内唯一合法供应商，零对价授权关联方太平洋电力能源有限公司分别在石家庄国际贸易城项目和瓜州清洁能源项目上直接经销瑞典阿帕尼ETHH40Mi-30高压电极锅炉2台和ETHH40Mi-40高压电极锅炉3台，授权有效期均为2016年9月14日至2016年12月31日。

（4）如附注十二、（二）所述宝馨科技公司子公司上海阿帕尼公司与关联方上海克劳利电力科技有限公司和上海广兴隆锅炉工程公司分别达成调解协议，调解协议中约定上述两公司按约定日期向上海阿帕尼公司归还所欠款项，目前调解协议尚在执行中。

（5）如附注十三、（一）所述宝馨科技公司子公司上海阿帕尼公司2014年度、2015年度、2016年度已连续三年出现了亏损，上海阿帕尼公司股东袁荣民未完成向宝馨科技公司作出上海阿帕尼业绩承诺，宝馨科技公司于2017年2月20日向苏州市虎丘区人民法院提交了《民事起诉状》，起诉袁荣民股权转让合同一案。2017年3月15日，公司收到苏州市虎丘区人民法院送达的案件受理通知书。截至本财务报告报出日，宝馨科技公司与袁荣民之间关于净利润亏损补足事项的案件尚在审理中。本段内容不影响已发表的审计意见。

15. 金亚科技。审计报告保留意见段如下：金亚科技及实际控制人周旭辉分别于2015年6月4日及6月5日收到中国证监会《调查通知书》（编号：成稽调查通字151003、15004号），因公司及实际控制人涉嫌违反证券法律法规，根据《中华人民共和国证券法》的有关规定，决定对公司及周旭辉进行立案调查。相关部门对金亚科技立案调查尚未有最终结论，我们无法判断证监会立案调查结论对金亚科技财务报表可能产生的影响。

（三）无法表示意见的财务报表审计报告

1. *ST昆机。审计报告导致无法表示意见的事项段如下：

（1）涉及存货的事项。我们在对昆明机床公司存货执行监盘程序时，发现公司存货账实不符问题。公司获知此问题后，即开展对2013年至2016年存货问题的自查。基于截至本审计报告日止昆明机床公司对2013年至2016年存货自查结果，如财务报表附注四、27所述，昆明机床公司对与存货相关项目的前期会计差错在2016年度财务报表中进行了更正及披露。截至审计报告日止，根据昆明机床公司提供的自查数据，各年期末账外存货结存情况为：2013年末账外存货结存金额1.28亿元；2014年末账外存货结存金额1.76亿元 2015年末账外存货结存金额1.22亿元 2016年末账外存货结存金额6 366万元。我们对昆明机床公司提供的上述存货自查结果执行进一步审计程序，但由于昆明机床公司尚未提供更正后2013年及之后年度期末产成品结存与原则务列报差异事项的完整证据，且昆明机床公司尚未提供账外存货收发存资料或其他可靠的替代性证据，我们无法取得充分、适当的审计证据，证明账外存货流转及与此相关的经济业务的存在和完整性及金额的可靠性，从而无法确定存货更正数据的准确性及对2016年度财务报表的影响。

（2）涉及销售收入的事项。我们在对昆明机床公司收入执行审计程序时，发现销售收入存在虚计及跨期确认的问题，公司获知此问题后，即开展对2013年至2016年销售收入问题的自查。基于截至本审计报告日止昆明机床公司对2013年至2016年销售收入自查结果，如财务报表附注四、27所述，昆明机床公司对与收入相关项目的前期会计差错在2016年度财务报表中进行了更正及披露。我们对昆明机床公司提供的与收入问题自查更正相关的往来款项追加包括两证在内的核实程序，以及对收入跨期问题追加实施截止测试程序。截止审计报告日，2016年末回函不符应收账款1 237万元，未回函应收账款2 588万元；回函不符预收账款3 956万元，未回函预收账款4 363万元。我们无法取得充分、适当的替代证据，证明更正后应收账款和预收账款的真实及准确性，从而无法确定应收账款和预收账款更正数据对2016年度财务报表的影响。

（3）与重要子公司相关的事项。昆明机床公司子公司西安交大赛尔机泵成套设备有限责任公司（以下简称"西安赛尔公司"），截止2016年12月31日合并资产总额为2.28亿元，净资产为-3 494万元，2016年度合并销售收入为249万元，净利润为-6 847万元。我们在执行审计工作时，发现西安赛尔公司2016年账面记录以银行承兑汇票从第三方非金融机构取得借款662万元，以现金方式存入西安赛尔公司银行账户，部分所附凭据存在票据到期日等信息被涂改的痕迹。我们在执行审计工作时，发现孙公司长沙赛尔透平机械有限公司（以下简称 "长沙赛尔公司"）私设多个财务账套。针对上述问题，昆明机床公司成立专门小组对西安赛尔公司及长沙赛尔公司进行核查。但截止审计报告日，我们尚未获取昆明机床公司对于两家公司上述问题的核查结论，也无法执行进一步审计程序，无法合理判断两家公司存在问题对昆明机床公司合并财务报表的影响。

（4）中国证监会立案调查事项。昆明机床公司于2017年3月22日收到中国证监会《调查通知书》（云证调查字2017004号），因公司涉嫌信息披露违反证券法律法规，根据《中华人民共和国证券法》的有关规定，决定对公司立案调查。由于该立案调查尚未有最终结论，我们无法判断立案调查结果对昆明机床公司财务报表的影响程度。

2. *ST海润。大华会计师事务所审计报告导致无法表示意见的事项段如下：我们在对海润光伏公司2016年12月31日的财务报告内部控制的有效性进行审计时，发现财务报告内控制度存在多项重大缺陷，内部控制失效，对财务报表的影响重大而且具有广泛性，我们执行的审计程序以抽样为基础，在内部控制失效的情况下，通过执行抽样审计程序无法获取充分、适当的审计证据以为对财务报表发表审计意见提供基础。

3. *ST吉恩。审计报告导致无法表示意见的事项段如下：如"财务报表附注三、（二）"所述，吉恩镍业已连续亏损三个会计年度，其财务状况严重恶化，合并口径下累计归属于母公司所有者的净亏损455 041.96万元，2016年度归属于母公司所有者净亏损218 598.01万元；截止2016年12月31日，流动资产为人民币332 475.91万元，流动负债为人民币974 604.84万元，营运资本为人民币−642 128.93万元，资产负债率86.22%；母公司口径下累计亏损499 836.07万元，2016年度亏损386 413.09万元；截止2016年12月31日，流动资产为人民币226 277.55万元，流动负债为人民币1 029 033.11万元，营运资本为人民币−802 755.56万元，资产负债率75.15%；截止2016年12月31日有572 057.39万元银行借款已经逾期；2017年3月2日吉恩镍业因无法偿还到期债务被债权人申请破产重整，截至财务报告批准报出日吉林市中级人民法院尚未裁定受理，重整事项存在重大不确定性；吉恩镍业基于持续经营基本假设为前提对2016年12月31日固定资产、在建工程、无形资产等经营性资产进行减值测试，如公司无法持续经营，相关资产将不能按预定的未来经济利益实现方式获取现金流或需按清算价格确定其期末价值。虽然吉恩镍业已在财务报表附注三（二）中充分披露了拟采取的改善措施，但我们无法取得与评估持续经营能力未来应对计划相关的充分、适当证据，因此我们无法对公司的持续经营能力做出判断。

4. 中安消。审计报告导致无法表示意见的事项段如下：

中安消股份部分子公司主要从事工程业务，根据与客户和供应商分别签订的工程合同及分包或供货合同，该等子公司根据合同约定向供应商支付全部或部分款项，同时按照完工进度确认营业收入和营业成本，并根据合同约定向客户收款。中安消股份因上述业务在其2016年度合并财务报表中列报的营业收入计人民币1 143 418 916.49元，营业成本计人民币941 414 661.83元，应收及预付款项共计人民币2 688 124 368.51元。由于中安消股份未能提供能够证实相关业务经济实质的证据，我们无法对中安消股份上述业务实施满意的审计程序，以对上述业务的经济实质以及相关营业收入和营业成本的确认和计量、应收及预付款项的可收回性等获取充分、适当的审计证据。因此，我们无法确定是否有必要对营业收入及营业成本的本年发生额和上年发生额、应收及预付款项的年末余额和年初余额以及财务报表其他项目作出调整，也无法确定应调整的金额。

5. *ST大控。中勤万信会计师事务所审计报告导致无法表示意见的事项段如下：

（1）因涉嫌多项信息披露违法违规，贵公司于2017年4月12日收到中国证券监督管理委员会《调查通知书》（连调查字2017001号），决定对公司进行立案调查。截止审计报告签发日，证监会立案调查工作尚未结束，我们无法判断证监会立案调查结论对贵公司财务报表可能产生的影响。

（2）贵公司子公司大连福美贵金属贸易有限公司2016年销售收入为1 257 284 667.01元，其对外销售的客户，与其供应商天津大通铜业有限公司的供应商，存在重叠的现象。我们无法取得充分适当的证据判断大连福美贵金属贸易有限公司2016年度对外销售是否具备经济实质。

（3）经贵公司2016年第一次临时股东大会批准，贵公司子公司福美贵金属与天津大通铜业有限公司于2016年5月签订《电解铜买卖合同》，合同金额为30亿元，合同期限为2016年6月1日至2017年5月31日。截止2016年12月31日，大连福美贵金属贸易有限公司对天津大通铜业有限公司预付款项的余额为1 745 862 854.53元，目前我们无法判断在合同剩余期限内天津大通铜业有限公司是否能足额交付对应的货物。

（4）贵公司重大经营合同执行存在不确定性，连续两年亏损，持续经营能力存在重大不确定性。

6. ST华泽。审计报告导致无法表示意见的事项段如下：

（1）陕西星王企业集团有限公司等关联方占用资金，2015年12月31日余额149 748.34万元，2016年12月31日余额148 591.95万元，我们核实了97 922.60万元资金通过银行本票及货币资金方式从华泽钴镍子公司陕西华泽镍钴金属有限公司（以下简称"陕西华泽"）流向了关联方，由于华泽钴镍未能提供关联方与资金占用相关的账证资料，我们无法获取充分、适当的审计证据以合理判断上述资金的性质，也无法确认资金占用余额的准确性、完整性以及对财务报表的影响。

（2）我们实施的函证、访谈程序受到限制，未能获取满意的审计证据，涉及资产金额139 258.92万元，包括应收账款29 532.02万元、预付账款95 074.59万元、其他应收款3 413.17万元、存货3 982.00万元、在建工程 7 257.14 万元，涉及负债金额 43 215.40 万元，包括预收账款 29 127.35 万元、应付账款 14 088.05 万元。由于已获取的审计证据之间存在相互矛盾以及不确定性，华泽钴镍未提供完整的资料，我们无法实施进一步的审计程序或替代程序获取充分、适当的审计证据，因此无法确定是否有必要对上述项目以及财务报表其他项目作出调整，也无法确定应调整的金额。

（3）华泽钴镍孙公司平安鑫海资源开发有限公司（以下简称"平安鑫海"）产成品氢氧化钴 547.77 万元，我们审计盘点时未见到实物，由于平安鑫海内控失效，我们无法核实该存货不存在的原因，进而无法判断其对财务报表相关项目的影响；另外，平安鑫海对生产成本、固定资产、在建工程、研发支出的确认和计量，我们实施的审计程序及获取的审计证据未能令人满意。

（4）华泽钴镍 2015 年、2016 年连续两年巨亏，偿债能力急剧下降；陕西华泽已停产拆迁，平安鑫海"硫酸镍"生产线已停产等。以上情况致使我们对华泽钴镍持续经营能力存在重大疑虑。

（5）华泽钴镍 2015 年 11 月 23 日收到中国证券监督管理委员会调查通知书（编号：成稽调查通字 151014 号），因公司涉嫌信息披露不实等证券违法违规，根据《中华人民共和国证券法》的有关规定，决定对公司进行立案调查；2016 年 6 月 29 日收到中国证券监督管理委员会调查通知书（编号：成稽调查通字 16032 号），因公司关联交易和关联担保涉嫌违反证券法律法规，根据《中华人民共和国证券法》的有关规定，决定对公司立案调查。由于该立案调查尚未有最终结论，我们无法判断立案调查结果对华泽钴镍财务报表的影响程度。

7. 圣莱达。审计报告导致无法表示意见的事项段如下：

（1）未及时披露关联方及关联方交易的事项 2017 年 4 月 15 日，圣莱达公司公告补充披露 2016 年与华民贸易有限公司（以下简称华民贸易）的关联方交易。在报告期内，子公司北京圣莱达电器销售服务有限公司（以下简称北京圣莱达）与华民贸易签订影视设备代采购合同，委托华民贸易代采购合计人民币 4 000 万元的影视设备，相关设备主要用于子公司北京金阳光设备租赁有限公司的经营出租使用。北京圣莱达于 2016 年 2—4 月间合计净支付人民币 4 000 万给华民贸易用于设备代购，2016 年 5 月至 12 月，华民贸易陆续完成代采购摄影器材 1 921.25 万元，北京圣莱达按代购金额的 0.5% 与华民贸易结算代理费 9.6 万元。2016 年 12 月，北京圣莱达对设备租赁业务计划进行调整，经过与华民贸易友好协商，剩余设备代购业务中止，代购设备余款2 069.15万元由华民贸易于2016年12月29日退回北京圣莱达。此项交易中，北京圣莱达向华民贸易预付摄影器材代购资金后，华民贸易未能及时代购交货，报告期内存在未完成代购交易的预付款。2017年4月15日，圣莱达公司公告补充披露2016年与深圳市新喜瑞贸易有限公司（以下简称新喜瑞）的关联方交易。在审计过程中，我们注意到：在报告期内，子公司北京圣莱达于2016年1月8日与新喜瑞签署《酒水购销合同》，约定北京圣莱达委托新喜瑞采购1 000万元的酒水。根据合同约定，北京圣莱达于2016年1月19日向新喜瑞支付1 000万元酒水预付款，并陆续收到合同约定的酒水。由于北京圣莱达未取得酒类产品经营许可证，2016年年末北京圣莱达与新喜瑞协商后同意退货。由于此项交易最终予以撤销，造成报告期内存在未完成交易的预付款，因此北京圣莱达要求新喜瑞按市价进行回购，北京圣莱达于2016年12月29日收到新喜瑞退款880万，2017年1月24日收到退款及酒水回购利润共计240万元。北京圣莱达报告期内未确认关联方酒水回购利润120万元。在审计过程中，我们注意到：2016年子公司北京圣莱达电器销售服务有限公司委托北京天元建业装饰工程有限公司提供装修服务，我们实施了工商查档等审计程序，发现圣莱达公司第一大股东的高管同时也在持有北京天元建业装饰工程有限公司90%股权的投资单位担任高管。圣莱达公司未能及时通过有效的内部控制程序发现并识别此项关联方及关联方交易。圣莱达公司未能及时通过有效的内部控制程序发现并识别上述关联方及关联方交易，我们无法实施满意的审计程序来确定可能由于上述内部控制缺陷所导致的后果，也无法获取充分适当的审计证据以合理保证圣莱达公司关联方和关联方交易的相关信息，以及其对圣莱达公司2016年度财务报表整体的影响程度。

（2）中国证监会立案调查事项圣莱达公司于2017年4月18日收到中国证券监督管理委员会《调查通知书》（编号：稽查总队调查通字171371号），因公司涉嫌信息披露违法违规，根据《中华人民共和国证券法》的有关规定，中国证监会决定对公司立案调查。由于该立案调查尚未有最终结论，我们无法判断立案调查结果对圣莱达公司2016年财务报表整体的影响程度。

8. *ST弘高。审计报告导致无法表示意见的事项段如下：

（1）内部控制出现重大缺陷导致的相关事项。贵公司2016年度原财务总监离职后，一直未任命新财务总监，同时财务部关键岗位人员出现离职和变动，导致在销售与收款环节、采购与付款环节的内部控制上出现了重大缺陷，财务核算出现了混乱，严重影响了财务报表的可靠性和公允性。由于贵公司与财务报告相关的内部控制出现的重大缺陷，截止审计报告出具日，贵公司未能提供真实可靠完整的经营和财务资料，导致我们无法执行必要审计程序，也无法实施必要的替代程序以对贵公司后附财务报表中的营业收入、营业成本、应收款项、应付款项、存货进一步取得充分、适当的审计证据以确定后附财务报表及附注已恰当列示和披露。

（2）涉及收入和成本的事项。我们在执行审计程序过程中发现，贵公司下属的北京弘高建筑装饰工程设计有限公司（以下简称弘高设计）和北京弘高建筑装饰设计工程有限公司于2016年12月对部分已确认收入和成本的项目进行了调整，相关项目调减收入人民币357 376 505.66元，调减成本人民币278 681 339.16元。同时将与调整项目相关的收到资金和支付资金计入"其他应付款"和"其他应收款"，并将其进行抵消处理。截止审计报告日，我们未能取得公司提供的相关项目收入成本调整的依据以及收入成本调整导致的资金收付计入"其他应收款"和"其他应付款"科目并抵消的依据，也无法执行其他程序获取充分、适当的审计证据，对贵公司相关会计处理的真实性、合理性和完整性无法核实。

（3）涉及长期股权投资的事项。贵公司提供的后附财务报表显示，2016年度归属于母公司的净利润为人民币239 763 363.16元，与贵公司2017年2月27日公告的业绩快报中归属于上市公司的净利润人民币415 200 679.27元相比发生大幅下降，其主要原因系子公司弘高设计的净利润出现大幅下滑。截止审计报告出具日，贵公司母公司尚未对其财务报表中的账面净值为人民币282 000 000.00元的长期股权投资–弘高设计进行减值测试，我们无法获取充分、适当的审计证据以判断该事项对母公司财务报表的影响程度。

（4）其他重大事项。2016年06月21日，贵公司实际控制人何宁、甄建涛收到中国证券监督管理委员会下达的《调查通知书》（京调查字16037号、京调查字16038号），因涉嫌违法违规，根据证券、期货、基金法律法规的有关规定，决定对实际控制人立案调查。截止审计报告出具日，由于该立案调查尚未有最终结论，我们无法判断立案调查结果对贵公司可能产生的影响。

9. 欣泰电气。审计报告导致无法表示意见的事项段如下：导致无法表示意见的事项

（1）欣泰电气公司截至2016年12月31日应收账款余额为53 534.58万元，我们实施了检查、函证、工商查档、走访等必要的审计程序，但仍无法确认上述应收账款期末的可收回性，以及对欣泰电气公司财务状况、经营成果和现金流量的影响。

（2）欣泰电气公司截至2016年12月31日其他应收款中包括4 081.05万元的销售人员与非公司人员的个人借款及2 067.34万元往来款项，我们无法获取充分、适当的审计证据以合理判断上述款项的性质；我们无法判断上述款项对欣泰电气公司财务状况、经营成果和现金流量的影响。

（3）欣泰电气公司2016年度生产经营大幅萎缩，截至2016年12月31日预付款项余额为11 642.11万元，较上年同期增加5 541.97万元，我们无法获取充分、适当的审计证据以合理判断上述款项的性质，及其对欣泰电气公司财务状况、经营成果和现金流量的影响。

（4）欣泰电气公司截至2016年12月31日预收款项余额为1 724.37万元，其中1年以上为1 154.52万元，我们无法判断上述预收款项余额是否恰当，以及对欣泰电气公司财务状况、经营成果和现金流量的影响。

（5）审计范围受到限制：

①欣泰电气公司2016年度主要银行账户已被查封，2016年度存在使用个人账户替代公司账户进行资金结算及大额使用现金结算的情形，我们无法获取充分、适当的审计证据以合理判断上述款项的性质，及其对欣泰电气公司财务状况、经营成果和现金流量的影响。

②欣泰电气公司存货1年以上库龄3 924.86万元，由于公司销售主要基于客户订单而组织生产，我们无法获取充分、适当的审计证据以合理判断上述及其他存货是否存在减值及具体减值金额；经过盘点，我们发现公司存货存在1 492.72万元差异，我们无法获取充分、适当的审计证据以合理判断上述存货是否存在，及其对欣泰电气公司财务状况和经营成果的影响。

③欣泰电气公司2016年以来经营环境持续严重恶化，固定资产开工不足，大量设备闲置；在建工程停建；2015年美国科惠力公司（Coherix.inc）作价930.00万元投入的"Coherix商标特许使用权"和"Coherix专利特许使用权"无形资产是否能够产生预计效益具有不确定性；公司对美国

科惠力公司（Coherix. inc. ）存在400.00万美元股权投资与400.00万美元债券投资；欣泰电气子公司经营状况欠佳，其欣泰电气母公司对子公司的长期股权投资能否达到预期目的具有不确定性；我们无法获取充分、适当的审计证据以合理判断上述长期资产是否存在减值及具体减值金额，及其对欣泰电气公司财务状况和经营成果的影响。

④欣泰电气公司开具了部分应付票据，由于公司资金紧张，无力兑付到期票据；部分银行借款逾期，我们无法获取充分、适当的审计证据以合理判断上述无力支付的票据及逾期银行借款对欣泰电气公司财务状况、经营成果和现金流量的影响。

⑤欣泰电气公司存在收入、成本、费用等跨期事项，由于公司内部控制环境薄弱，我们无法保证收入、成本、费用等的真实性与完整性，无法判断上述事项对欣泰电气公司财务状况、经营成果的影响。

⑥欣泰电气公司面临较多的诉讼与仲裁等或有事项，我们无法获取全部或有事项并无法预计这些或有事项对欣泰电气公司财务状况、经营成果和现金流量的影响。

⑦在审计中，我们无法实施满意的审计程序，获取充分适当的审计证据，以识别欣泰电气公司的全部关联方，我们无法合理保证欣泰电气公司关联方和关联方交易的相关信息得到恰当的记录和充分的披露，及这些交易可能对欣泰电气公司的财务报告产生重大影响。

⑧在审计中，我们无法实施满意的审计程序，获取充分适当的审计证据，以识别欣泰电气公司的受限资产得到恰当的记录和充分的披露，及可能对欣泰电气公司的财务报告产生重大影响。

⑨欣泰电气公司境外3家子公司未能提经审计后的财务报表，1家公司未能提供相关财务数据，我们无法判断上述境外财务数据可能对欣泰电气公司合并财务报告产生的重大影响。

⑩欣泰电气公司2016年度被公安机关立案侦查，部分财务资料被司法冻结；上年度财务报表被前任会计师出具了无法表示意见类型的审计报告，我们未能获取充分适当的证据以确定本年年初数是否恰当；无法判断上述事项可能对欣泰电气公司财务报表年末数据产生的重大影响。

（6）持续经营存在重大不确定性。如财务报表附注（十六）、2所述，欣泰电气公司在首次公开发行股票时承诺特定情况下回购所发行股份；公司面临较多仲裁、诉讼等事项；与此同时，公司主要银行账户被查封、存在大量逾期未偿还债务，可供经营活动支出的货币资金严重短缺，且很可能无法在正常的经营过程中变现资产、清偿债务，生产经营大幅萎缩，经营环境及财务状况持续严重恶化；基于以上情况，欣泰电气公司持续经营能力存在重大不确定性。截至审计报告日，欣泰电气公司虽已对改善持续经营能力拟定了相关措施，但仍未能就与改善持续经营能力相关的未来应对计划提供充分、适当的证据。因此，我们无法判断欣泰电气公司运用持续经营假设编制2016年度财务报表是否适当。

10. 三维丝。审计报告导致无法表示意见的事项段如下：

（1）如附注"十二、（五）其他事项"第3点所述，2016年度北京洛卡对齐星电力确认收入89 187 464.38元，截止2016年12月31日应收齐星电力长期应收款104 349 333.34元，计提长期应收款减值准备2 086 986.67元。2016年度公司子公司厦门洛卡对齐星电力确认收入24 071 079.65元，截止2016年12月31日应收齐星电力长期应收款147 336 882.74元，应收账款25 157 632.94元。

我们查阅了厦门洛卡2017年1–3月银行流水，齐星电力未有回款。我们查阅法院公告信息显示这三家公司暂无执行能力。2017年4月25—26日，我们对齐星电力进行现场观察，并且对其负责人进行访谈，目前齐星电力共有11台锅炉，只有3台锅炉在正常运转。我们也访谈了"金融债委会现场工作组"相关工作人员，他表述齐星集团的清产核资已于2017年4月20日正式启动，齐星集团的公章由"金融债委会现场工作组"掌控，所有债权偿还安排需要在清产核资完成后才能制定具体相关重组方案。同时我们还采访了邹平县政府相关负责人，对方明确表示齐星集团由于"短融长投"，债权债务关系极其复杂，西王集团对齐星集团为期三个月的托管方式，就是为了最大限度降低债权人的损失，并落实已恢复运营公司的效能状况，为清产核资后的重组方案提供参考，齐星电力具有区域性资源优势，目前正在进行相关的环保验收，但目前也无法提供对齐星电力债权人的还款计划，所有债权偿还安排必需根据清产核资的结果才能制定具体相关重组方案。由于齐星电力回款逾期较为严重，目前资金紧张，涉及大量被执行案件，现已被西王集团托管，资产重组方案未定，履约能力存在重大不确定性。同时我们也获取了齐星集团对北京洛卡承诺函，齐星集团承诺按照合同约定，全面履行义务，并享有权利，按照合同约定及时向北京洛卡支付到期款项，并且北京洛卡已收到3 541 351.83元回款。因此对于北京洛卡以及厦门洛卡对齐星电力2016年度确认的收入是否满足"与合同相关的经济利益很可能流入"以及应收款项减值计提是否充分的事项，我们无法获取充分适当的审计证据予以确认，我们无法确认该事项对公司2016年年报的影响。

（2）如附注"十二、（五）"第4点所述，公司聘请评估机构对北京洛卡股东全部权益价值进行评估，评估全部权益价值为37 930.27万元，同时评估报告对"齐星集团发生资金链断裂"进行特别事项说明。虽然北京洛卡商誉经评估后未减值，但由于评估报告特别事项说明，对于截止2016年12月31日北京洛卡商誉168 601 066.74元是否存在减值，我们无法获取充分适当的审计证据，确认评估报告结果的可靠性。我们无法确认该事项对公司2016年年报的影响。我们无法获取充分、适当的审计证据以为发表审计意见提供基础，因此，我们不对贵公司财务报表发表审计意见。

（四）带强调事项段的无保留意见内部控制审计报告

1. 西部资源。内部控制审计报告强调事项段内容如下：我们提醒内部控制审计报告使用者注意：本报告期内西部资源公司于2014年底完成收购的控股子公司重庆恒通客车有限公司，因在2013年至2015年生产销售的新能源汽车中，有1 176辆车实际安装电池容量小于公告容量，与《车辆生产企业及产品公告》信息不一致，不符合申报新能源汽车补贴条件，收到中华人民共和国财政部财监〔2016〕64号《财政部行政处罚决定书》和中华人民共和国工业和信息化部工信装罚〔2017〕014号《工业和信息化部行政处罚决定书》。截止本报告日，西部资源公司就上述事项正在进行相应整改。本段内容不影响已对财务报告内部控制发表的审计意见。

2. 汉商集团。内部控制审计报告强调事项段内容如下：我们提醒内部控制审计报告使用者关注：汉阳区城建重点工程征地拆迁指挥部2016年8月19日与汉商集团签订《征地拆迁货币补偿框架协议书》，于2016年8月24日支付汉商集团征地补偿款2 000.00万元。汉商集团已于2017年4月19日对《征地拆迁货币补偿框架协议书》及补充说明进行了公告披露。本段内容不影响已对财务报告内部控制发表的审计意见。

30. 中银绒业。内部控制审计报告强调事项段内容如下：我们提醒内部控制审计报告使用者关注，因涉嫌信息披露违法违规，中银绒业公司于2015年1月29日收到中国证券监督管理委员会《调查通知书》，决定对中银绒业公司立案调查。中国证券监督管理委员会立案调查后，将涉税刑事案件移交司法机关。根据宁夏回族自治区高级人民法院〔2016〕宁刑终56号刑事裁定书，宁夏回族自治区银川市中级人民法院于2016年5月12日作出〔2016〕宁01刑初18号刑事判决书并已生效，没有认定中银绒业公司应付刑事责任。中银绒业公司已经调整案件对各年度财务报表的影响，并经信永中和会计师事务所（特殊普通合伙）核查确认。截至审计报告签发日，中国证券监督管理委员会的尚未结案。本段内容不影响已发表的审计意见。

（五）否定意见的内部控制审计报告（略）